KB233063

주요인물을 통해 본
世說新語의 인물품평

주요인물을 통해 본
世說新語의 인물품평

김 진 영 著

한국학술정보㈜

序

　　正史《晉書》以敍事爲主旨，在於闡明史實間的前因後果以及相互淵源. 從記事的展開過程來看，敍事的核心在於事件本身，在具體且透徹地呈現登場人物的人品、形象(面貌)方面，礙於《晉書》對人物的著墨有限，以至於很難全面的掌握人物的形象. 然而，《晉書》的編纂過程中貢獻良多，被用爲參考依據的《世說新語》在全篇敍事上則集中於人物形象及人品上，有別於《晉書》的是，其在探討人物性格上的深刻以及多變，書中對人物豐富且獨到的描寫功力堪稱藝術，生動地刻畫出歷史事件以及人物的性格，躍然紙上.

　　論者考量《世說新語》有鑑於《晉書》以事件作爲敍事中心，而將敍事核心突顯於人物形象該點上，在研究方式上捨棄既存的橫向個別分析(例，比較、比喻等表現技巧)或典型類別的分析方式，欲探以縱的面向摘選出散置於各篇目中的人物及其相關內容，給予綜合性的人物分析，透過三、四章觀察各品評的特徵以及有關人物的全貌. 以時代演序來探討人物品評的發展過程，做爲本研究的前置作業，可得以下的推演.

　　先秦時代的人物品評以儒學做爲思想基礎，以其做爲對人物行爲的觀察結果；主要以人品高下來評價人物德行，同時亦爲善惡、優劣、交遊以及任官拔擢時的參考基準. 東漢時期代表性的人物品評－班固的<古今人表>，以及曹魏時期劉劭的《人物志》等書的人物品評目的在於知人以及官人上，著重在效用性上，涵蓋從人物薦舉上到認定公正性上的各種難題，到識人任用的各種實用內容．不過演進到了時代風氣特殊的魏晉時期，其間誕生的《世說新語》遂跳脫儒學本位的政敎合一態度，轉向藝術鑑賞，超脫公利的走向．

同時，儘管《世說新語》並不具現代意念的小說型態，不過其書中人物在不同狀況下呈現出多樣面貌，或是某些性格或是個性反覆出現在書中被加以強調及詮釋，因此透過對人物透徹的重點強調，可以全盤地了解該人物的形象．透過此般對人物全面且多重的分析，可將書中魏晉　士人當代的思想主流以及品評特徵等整理如下．

魏晉時期長期處於分裂及戰事下，西晉時期雖曾出現短暫的統一局面，亦旋於八王之亂之後告終．接著北方爲外族佔領，形成十六國割據．結果王室南遷偏安江南，進入東晉時期．時代劇變亂事之際，由於兩漢哲學體系瓦解以及玄學的興期，士人們開始一種重視自我、個性、才能以及感情，迥異於前朝肅穆氛圍的全新態度，追求著前所未有的思想自由與解放．並且，生存意識以及思想也隨著這股風氣改變，形成一種嶄新的人生觀：不再讚揚兩漢以來外在的道德行爲，而是形成一種出於人物及人格本身的高潔性情及卓越才能，超凡清談，秀麗外貌等的悠然自適，追求脫俗氣節與姿態的內在精神世界，至上的價值基準及原則．

非常時期下的產物《世說新語》裏記述了漢末以至魏晉以來人物的精神面貌以及社會生活，特別是在對人物的認知上有相當的理解，沉醉於人物的容貌，識見氣度以及肉體與精神的美感. 人物品評自東漢起轉變爲一種有意識的活動, 其形成社會風氣的話題大致不脫立基於儒敎倫理傳統的才性問題及政治上務實政治的公利性及倫理性的範圍. 不過隨著社會環境變遷, 原來的方向逐漸走向超脫公利的審美態度, 尤其在晉朝建立後, 人物的外貌品格才能等不與倫理道德或社會名望相提並論, 純粹對人格上的審視及評價, 反成爲人物品評的主流. 也就是說, 可以發現在人物的認知上異於昔日, 從漢末的政治實用取向, 轉變成審美及鑑賞; 在人物的評價上亦因著當時社會自由的社會風氣, 不再局限於儒家強調的長幼有序, 取而代之的則是沒有地位、年齡之別, 彼此之間任意地接受或給予批評讚美抑或單純比較等等, 所有的存在都是客觀相對的. 同時, 發現人物性格的複雜多變, 比較或比喻的修辭上、大量用典、誇張或是疊字等多種運用, 生動地將衆多人物的性格或品格表現出來. 另外, 以具象化的手法將人物的型態、類型, 性格的掌握乃至人物與自然的美融爲一體, 成就出一種人格美與自然美的一致. 在這一點上, 正如宗白華於其著作《美學散步》一書中的指摘, 道出魏晉時期的人物品評在中國美學以及文學批評上的極大影響. 《世說新語》雖然是一本不屬於文學批評著作專書之列的志人小說, 然而其在勾勒人物特徵用語的使用上或是文學篇及巧藝篇等記載中, 對魏晉人的文學及藝術上的見解等, 在文學理論上享著相當的價值及好評, 可以推斷其人物品評與文學批評之間的關係相當密切.

雖然魏晉南北朝之於中國歷史, 堪稱史上最混亂的時期, 精神層面上却爲最自由奔放, 內蘊美感的矛盾時期. 在這樣的時代氣氛之下誕生的《世說新語》，書中娓娓道來魏晉　士人們重視個人甚於社會；內在甚於外在；才能及脫俗氣度甚於倫理道德的面貌等的審美百態，在理解該時期審美思想上可說是非常重要的一個角色.

目　　次

第1章 緒　論

第1節　研究目的

　魏晉南北朝시기는 중국역사상 중요한 전환의 시대로 정치, 경제, 사회, 문화, 군사 등 다방면에 걸쳐 커다란 변화가 있었다. 극도의 시대혼란과 맞물려 兩漢 철학의 해체와 淸議, 淸談의 흥기는 전대미문의 사상적 자유와 해방을 촉진하게 되었고, 士人들의 생존의식과 사고 역시 이에 발맞추어 새로운 인생관을 전개하게 되었다. 또한 宗白華는 그의 저서인 ≪美學散步≫에서 ≪世說新語≫에 등장하는 인물의 정치문화배경 및 그 審美특징에 관해 언급하면서 魏晉南北朝가 중국 역사상 가장 혼란한 시기였으나, 정신적인 면에서는 오히려 가장 자유스럽고 美的 성취가 가장 컸던 시기였음을 지적하였다.[1]

　東漢 중기부터 형성된 외척과 환관이라는 두 집단의 전횡으로 정치는 날로 쇠락의 길로 접어들게 되고, 환관이 정권을 독

---

1) 「漢末魏晉六朝는 중국정치에 있어 가장 혼란한 시대였으며, 가장 고통스러운 사회였다. 그러나 정신적인 면에 있어서는 오히려 가장 자유스러웠으며 지혜가 풍부하고 가장 열정적인 시대였다. …… 따라서 이 수백 년간의 시기만이 정신적인 대해방과 인격적으로나 사상적으로 대자유를 누렸다 할 수 있을 것이다. 인간의 내면 속의 아름다움과 추함, 고귀함과 잔혹함, 거룩함과 사악함이 함께 극도로 발휘되었다.(漢末魏晉六朝是中國政治上最混亂, 社會上最痛苦的時代, 然而却是精神史上極自由、極解放, 最富於智慧、最濃於熱情的一個時代. …… 只有這幾百年問是精神上的大解放, 人格上思想上的大自由. 人心裏面的美與醜、高貴與殘忍、聖潔與惡魔, 同樣發揮到了極致.)」 宗白華 著 ≪美學散步≫(上海, 上海人民出版社, 1981) 208쪽 참조.

점한 후 정권은 더욱더 그들의 손에서 좌지우지되었다. 극도로 부패한 정치상황하에서 일부 양심 있는 관료와 士人들은 다방면에서 그들과 대립하였다. 당시 사회분위기에 편승한 이러한 이들의 활동은 정권을 쥐고 있던 환관들에게는 큰 압력이 되었다. 이것이 이른바 淸議이며, 淸議는 부패한 정치상황에서 士人 간에 깨끗한 정치를 구현하고자하는 역할을 하게 되었다.[2] 또한 東漢에 이르러 學術, 經學이 陰陽五行과 뒤섞이고 讖緯說이 성행함에 따라 사회가 온통 미신의 풍조로 만연하게 되고, 아울러 당시 정국이 부패와 혼란의 일로로 내달리게 되자 일부 지식층에서는 이러한 현상들에 대한 비평을 가하게 되어 당시에 비평의 氣風이 크게 유행되었다. 특히 혼란한 정국을 주도하는 환관들과 그들의 추종세력에 대한 士人들의 비평과 인물품평은 불가분의 관계에 놓일 수밖에 없었을 것이다. 東漢 말 정치적 부패에 대해 위정자들을 비평하던 淸議는 결국 잇따른 黨錮의 禍[3]와 정치적 박해로 해를 당하게 되자, 淸議를 일삼던 士人들은 목숨을 부지하기 위해 더 이상 政事를 논하지 않고 당시 유

---

2) 漢代의 관리등용은 지역사회 士人들의 인물평을 참작하여 고관들이 인재를 천거하는 제도로 이루어져 있었다. 漢 末에 오면 유교 지식층의 광범위한 형성에 따라 전국적인 士人들의 인적교류를 바탕으로 한 여론이 형성되었는데, 부패한 환관정치에 대한 그들의 비판적 정치여론을 淸議라고 한다.

3) 黨錮의 禍는 2차에 걸쳐서 일어났다. 1차는 환관의 사주를 받은 桓帝가 조정을 비방한다는 이유로 200여 명을 黨人이라 불러 관리임용을 금한 것을 말한다. 桓帝가 죽자 寶황후는 조카뻘 되는 12세의 靈帝를 옹립하여 황태후로서 조정을 보살피고 寶武와 陳蕃이 대신이 되어 이를 보좌했다. 증대된 환관의 세력을 억제하려고 한 두 대신은 오히려 환관들의 쿠데타로 살해당했으며, 그 당파라고 지목받아 연좌되어 죽은 자가 100명, 금고된 자가 6700명에 이르렀다. 이것이 2차 黨錮이다. 宮崎市定 著·曺秉漢 譯 ≪中國史≫(서울, 역민사, 1986) 146-147쪽 참조.

행하던 老莊의 학문에 의지하며 구체적이고 실제적인 議論으로부터 추상적 개념에 의거한 談論으로 전향하여 품성과 식견의 정도를 나타내는 모호한 言談을 나누거나 정치와 직접 연관이 없는 품평 등으로 당시의 정치에 소극적으로 대처하였다. 즉, 黨錮의 禍 이후 鄕論으로서의 淸議는 점차 사회적 기능을 잃고 사적인 장소에서 정치성을 배제한 채 자유로이 인물의 內在美를 추상적인 언어로 형상화시키는 淸談의 기능이 많아지게 되었다. 중국에 있어 정치 사회적으로 가장 혼란했던 魏晉시대에 이르면 사회의 동란과 허위로 가득 찬 禮敎에 염증을 느낀 대부분의 士人들이 현실로부터 도피하여 老莊사상을 신봉하면서 山水에 감정을 기탁하게 된다. 이렇게 禮法을 무시하고 虛靜超然한 경지를 추구하는 老莊的 談論인 淸談 기풍의 성행으로 전통적 儒學사상은 큰 타격을 입게 되고, 또한 덕행, 절조, 유학, 기개를 중심으로 품평하던 인물품평 역시 큰 변화를 겪게 된다. 인격의 情感과 才能을 首位에 놓고 美의 관점으로부터 출발하여 개인의 個性이나 情感, 容貌와 才能 등을 품평하게 되어 인물에 대한 품평이 정식으로 정치, 사회, 문화 전반에 걸친 제반 談論의 중심과제가 되었다. 이렇듯 당시의 사회는 淸談과 談論의 활동이 이미 일상생활 가운데 한 부분을 차지하고 있었고, 특히 개인의 용모와 행동거지를 인물품평의 내용에 포함한 것으로 보아 言談과 容貌가 평론의 주관점이었음을 짐작할 수 있다. 따라서 品格, 談論과 아울러 外貌를 중시했던 것도 당시 인물품평의 특징인 것이다.

先秦시기의 인물품평은 儒學을 사상적 기반으로 하여 인물행위에 대한 관찰의 결과로써 주로 인물의 德行으로 人品의 高下를 평가하여 善惡, 優劣, 交遊 및 관리등용의 참고기준으로 삼았다. 그리고 班固의 <古今人表>로 대표되는 東漢시기의 인물품평과 함께 철저히 효용성에 바탕을 두고 인물 천거의 어려운 점이나 공정하게 식별하는 데 따르는 여러 가지 難題, 감별된 인물의 선별과 적절한 활용까지의 내용을 총망라하여 서술한 曹魏시기 劉劭 ≪人物志≫ 등의 인물품평의 목적은 知人과 官人에 있었다. 이에 반하여 魏晉시대의 독특한 시대분위기 속에 탄생한 ≪世說新語≫에 이르러서는 인물품평에 있어 儒學을 근거로 한 정치 실용적인 태도에서 예술적이고도 감상적인 超功利的 성향으로 바뀌게 된다. 즉, 교화와 정치적 목적에서 벗어나 인물의 개성이나 才能, 性品에 주안점을 두고 당시의 정치상황과 老莊사상의 영향으로 儒家 전통의 도덕 숭상적 외형미가 아닌 주로 인물의 品格, 外貌, 談論 등을 審美的으로 품평하여 정치와는 상관없이 인물의 명예, 지위, 명성에 영향을 주게 된 것이었다. 전체적으로 볼 때 실용적, 정치적 측면을 완전히 초탈한 審美的 품평이라고 할 수는 없지만 ≪世說新語≫의 분위기는 審美的인 색채가 농후한 성격을 갖고 있다.

≪世說新語≫는 전체 36편에 걸쳐 총 1130여 조[4]의 故事가 실려 있는데, 대부분 東漢 末에서 東晉 末까지 약 200년간 실존하였던 제왕, 사족, 문인, 현자, 은인, 화상, 부녀자 등 총 700여 명(劉孝標의 注에 등장하는 인물을 포함하면 약 1500여 명)[5]의 언행과 일화를 수록하고 있다. 또한 故事 전체가 인물품평에 관한 것이라고 할 수 있을 정도로 인물품평은 ≪世說新語≫에서 큰

---

4) 제2장 注66 참조.
5) ≪世說新語≫에 수록된 등장인물들의 신분을 보면, 700여 명 가운데 500여 명이 관리로 종사했던 사람들이며, 공직에 있지 않다 하더라도 名門에 속해 있으면서 은둔생활을 하는 경우가 많고, 여자의 경우 대개가 그러한 인물들의 妻나 妾인 점으로 보아 ≪世說新語≫의 사회적 범위는 天子와 皇后 등을 포함하는 귀족 상층부임을 알 수 있다. 金鎭玉 <世說新語에 대한 一考察>, 서강대학교 사학과 석사논문, 13-16쪽 참조.

비중을 차지하고 있다. 이렇게 많고 다양한 인물들이 등장한다는 것은 당시 사회생활과 정신풍모를 전체적으로 파악할 수 있다는 점에서는 큰 장점이 될 수는 있겠으나, 반면 그 등장인물들을 전반적으로 고찰하기가 힘들다는 뜻이기도 하다. 즉, 등장인물들이 각각의 篇目에 산재되어 있고, 인물들의 언행과 일화를 각 篇目에 분산시켜놓았기 때문에 개개인의 전체적인 면모를 파악하기가 어렵다. 기존에 발표된 ≪世說新語≫의 인물품평에 관계된 논문들6)은 ≪世說新語≫의 전반적인(書名, 著者, 板本, 內容, 評價

---

6) ≪世說新語≫의 인물품평과 관련 있는 대표적인 학위논문들은 아래와 같다.(그 외 중국과 대만의 기간논문 및 단행본은 참고문헌 참조)
【國外】
1. 朴敬姬 ＜世說新語中人物品鑑之硏究＞ 臺灣國立政治大學 석사논문, 1980: 인물품평의 역사적 배경과 아울러 인물품평의 格式을 연구한 논문이다.
2. 林志孟 ＜世說新語人物考＞ 臺灣文化大學 석사논문, 1982: 판본을 통한 인물의 事蹟을 고증하여 ≪世說新語≫의 史料로서의 가치를 밝히고 있다. 이 논문은 등장인물 가운데 약 200여 명을 선정하여 그들이 등장한 부분의 index 작업만을 한 것이 특징이다.
3. 曾文樑 ＜世說新語硏究＞ 臺灣輔仁大學 박사논문, 1999: ≪世說新語≫의 전반적인 내용을 다루고 있으며, 인물품평의 내용 부분에서는 품평의 내용을 통해 당시 士人들의 생활풍모 및 시대분위기, 관계 등을 조명하고 있다.
4. 張蓓蓓 ＜漢晉人物品鑒硏究＞ 國立臺灣大學 박사논문, 1982: 漢에서 晉에 이르는 600여 년간 인물품평에 관한 주요 작품인 班固의 ＜古今人表＞와 曹魏 初 劉邵의 ≪人物志≫, 그리고 劉義慶의 ≪世說新語≫ 이 세 작품의 비교를 위주로 하고 있다.
5. 賴麗蓉 ＜魏晉人物品鑒硏究＞ 國立臺灣師範大學 박사논문, 1995: ≪人物志≫의 이론 특색 및 미학적 특징과 아울러 ≪世說新語≫의 언어형식과 품평형식을 통해 미학적 가치를 밝히고 있다.
6. 林琇寬 ＜世說新語敍事結構之硏究＞ 國立中興大學 석사논문, 1998: ≪世說新語≫의 서사구조의 특성과 영향을 설명하고 있다.
7. 吳惠玲 ＜世說新語之人物美學硏究＞ 國立臺灣師範大學 석사논문, 1997: 魏晉 名士의 자유로운 정신과 언행을 통한 인물미를 風神

와 影響 등) 내용을 함께 다루어서 인물에 대한 독립적인 영역을 확보하지 못하고 있고, 인물품평에 관한 내용 역시 각 篇目에 분

之美, 才德之美, 形體之美로 나누어 분석하고 있다.

8. 方碧玉 <魏晉人物品評風尙探究－以世說新語爲例> 國立中興大學 석사논문, 1995: ≪世說新語≫가 인물 품평의 주요 史料로써 正史의 보조 역할을 하고 있음을 밝힘과 아울러 인물들의 신분배경과 관계, 품평내용, 시대환경 등을 서술하고 있다.

9. 徐麗眞 <世說新語呈現之魏晉 士人審美觀硏究> 臺灣國立政治大學 박사논문, 1994: 魏晉 문인의 心靈風貌를 自然之美, 才性之美, 人倫之美, 風度之美, 玄理之美, 藝文之美로 나누어 魏晉의 審美觀을 분석하고 있다.

10. 廖麗鳳 <世說新語之人物群像與描寫技巧硏究> 國立臺灣師範大學 석사논문, 1989: 등장인물을 軍政, 藝術, 文學, 隱逸, 疏狂의 부류로 나누고 아울러 인물의 언행을 描述하고 있다.

11. 尤雅姿 <劉義慶及世說新語之散文> 國立臺灣師範大學 석사논문, 1985: ≪世說新語≫의 전반적인 고찰과 아울러 당시 생활 層面 및 표현기교를 설명하고 있다.

12. 廖伯森 <世說新語中人物美學之硏究> 臺灣東海大學 석사논문 1989: 先秦 儒家와 道家에서 시작된 인물미학의 상호비교와, 魏晉시대의 특수한 인물미의 형태를 갖춘 ≪世說新語≫를 통해 당시 士人들이 어떻게 품평활동을 했는지를 살펴보고 있다.

【國內】

1. 金鎭玉 <世說新語에 대한 一考察> 서강대학교 사학과 석사논문 1983: ≪世說新語≫의 史料로써의 가치와 ≪世說新語≫속에 나타난 淸談의 모습을 조명하고 있다.

2. 金長煥 <世說新語 硏究> 서울대학교 중문과 석사논문 1987: ≪世說新語≫의 전반적인 내용을 다루고 있다.

3. 金長煥 <魏晉南北朝 志人小說 硏究> 연세대학교 중문과 박사논문 1992: 魏晉南北朝의 志人小說 가운데 제7장 전성기 내용 부분에서 ≪世說新語≫의 전반적인 내용을 다루고 있다.

4. 李在弘 <世說新語의 내용과 言語特性 硏究> 한국외국어대학교 중국어와 석사논문 1996: ≪世說新語≫의 전반적인 내용과 함께 인물품평방식에 대해 논하고 있다.

5. 金在淑 <魏晉南北朝 藝術思想 硏究－書畵論을 중심으로> 고려대학교 철학과 박사논문 1998: 제4장 품평론에 나타난 美意識 부분에서 審美的 人物品藻의 유행을 논하면서 ≪世說新語≫를 잠시 언급하고 있다.

산된 여러 인물의 품평분석을 통한 귀납적 방법으로 표현기교상의 수법, 그리고 품평자와 피품평자와의 관계만을 분석한 것 등을 비롯하여 대부분 橫的인 분석의 것들이다.

이 가운데 최근의 국내 학위논문인 李在弘의 <世說新語의 내용과 言語特性 研究>는 ≪世說新語≫ 전반에 대한 내용을 연구한 일반론이라 할 수 있다. 주로 ≪世說新語≫의 내용과 형식을 위주로 하고 있는데, 형식면에서는 ≪世說新語≫에서 사용된 묘사와 표현기교 같은 언어특성을 집중적으로 다루고 있으며, 인물품평에 관한 언급은 내용면에서 당시 사상이나 사회적 배경과 함께 다루고 있어 다소 부족한 감이 없지 않다. 漢晉시기의 전반적인 인물품평을 주요 연구대상으로 삼은 것으로는 張蓓蓓의 <漢晉人物品鑒研究>를 들 수 있다. 이 논문은 漢에서 晉에 이르는 600여 년간 인물품평에 관한 주요 작품인 班固의 <古今人表>와 劉劭의 ≪人物志≫, 그리고 劉義慶의 ≪世說新語≫ 이 세 작품의 일반적인 특징(작품의 등장배경, 내용과 형식, 품평의 기준 등)의 비교를 위주로 하고 있다. 그러나 문학적인 관점보다는 史的 관점에서의 기술이 우선시 되고 있으며, 특히 ≪世說新語≫ 부분에서는 인물에 초점을 맞추기보다는 ≪世說新語≫의 고사를 통한 魏晉시기의 사조와 인물의 품격을 파악하고자 했다. 한편 廖麗鳳의 <世說新語之人物群像與描寫技巧研究>의 경우, ≪世說新語≫에 등장하는 인물들을 아동군상, 소년군상, 부녀군상, 궁정인물군상, 예술인물군상, 문학인물군상, 은일인물군상의 대분류를 시도하고, 각각의 典型에 인물의 해당고사를 찾아 분류하였다. 이는 기존의 일반론보다 훨씬 세분화된 연구로 상당한 가치를 지니고 있다고 할 수 있다. 그러나 고정화된 典型에 인물을 대입시키는 방식은 한 인물에 대한 종합적인 접근을 방해하는 약점이 있다는 것이 論者의 생각이다.

따라서 論者는 敍事의 중심이 사건에 있는 ≪晉書≫와는 달리 ≪世說新語≫는 敍事의 핵심이 인물형상(모습)의 부각에 있다는 점에 착안하여, 기존의 橫的 연구방법에 의한 개별적 분석(예를 들어 비교, 비유 등의 표현기교)이나 典型別로 분석하는 순차적 방식이 아닌 縱的인 방법으로써 각 篇目에 산재되어있는 한 인물과 관련된 내용들을 적출, 분석하는 종합적인 인물분석을 통하여 그 품평의 특징과 내용을 살펴보고, 아울러 인물의 전체적인 형상도 살펴보고자 한다. 인물형상화 작업의 필요성은 중국의 王能憲을 비롯한 ≪世說新語≫ 연구자들이 일찍이 지적한 바,7) 앞에서 언급한 對人物 분석8)이라는 방법으로 제3장에서는 인물의 형상을 위주로 하고, 제4장에서는 당시 품평의 특징과 내용을 파악하려고 한다.

第2節 硏究範圍와 內容

≪世說新語≫에 등장하는 700여 명의 일화 가운데 東漢 이전과 관련된 것은 총 5편에 불과하고9) 전체 70% 이상이 東晉의 인물에 관한 것이다. 이 책에서 전체 등장인물들을 모두 분석해내는 것은 시간적으로나 지면적으로 제약이 따른다. 즉, 전면적

---

7) 국내외 학자 가운데 특히 臺灣의 周法高는 이러한 구조방식을 "故事鏈"이라 칭하였다. 周法高 <讀世說新語小記>; ≪中國書目季刊≫ 24권 2기, 臺北, 1990. 9쪽 참조.
8) 물론 인물품평연구는 인물에 대한 내용을 분석하는 것이지만, 여기에서 논자가 말하는 對인물이라는 것은 기존의 對편목 연구에 대한 다른 방식을 말하는 것이다.
9) 제2장 注50 참조.

인 고찰이 불가능하므로 중요 대상을 선정할 수밖에 없다. 따라서 등장인물 가운데 당시 권력의 핵심에 있었거나 ≪世說新語≫에서 등장빈도수가 높은 인물, 즉 司馬睿가 양자강 남쪽의 建康에 東晉을 건설하는 과정에서 江南의 名門들을 흡수하고 북쪽에서 내려온 문벌귀족들을 위무하며 東晉의 기초를 다지는 데 큰 역할을 한 名宰相 王導를 중심으로 하고 있는 당시 최대 문벌귀족 琅琊 왕씨, 王導(등장회수: 86, 품평회수: 24, 피품평회수: 11), 王敦(등장회수: 46, 품평회수: 9, 피품평회수: 9), 王珣(등장회수: 24, 품평회수: 3, 피품평회수: 7), 王衍(등장회수: 41, 품평회수: 14, 피품평회수: 13) 및 王承(등장회수: 12, 품평회수: 0, 피품평회수: 6), 王述(등장회수: 17, 품평회수: 6, 피품평회수: 10), 王坦之(등장회수: 28, 품평회수: 2, 피품평회수: 12)로 대표되는 太原 왕씨, 그리고 東晉 초기 王導와 함께 활약한 대표적 사대부 潁川 유씨 庾亮(등장회수: 56, 품평회수: 11, 피품평회수: 9)과 汝南 주씨 周顗(등장회수: 34, 품평회수: 15, 피품평회수: 16), 蜀을 정벌하여 東晉에 복속시킨 북방의 強族이면서 名將인 譙郡 환씨 桓溫(등장회수: 94, 품평회수: 21, 피품평회수: 8), 막강한 桓溫의 정치적 세력을 견제하던 長平 은씨 殷浩(등장회수: 49, 품평회수: 7, 피품평회수: 14), 桓溫이 죽은 후 東晉의 정치를 담당했으며 등장빈도수가 가장 높은 陳郡 사씨 謝安(등장회수: 115, 품평회수: 44, 피품평회수: 14), 그리고 그와 함께 활동한 高平 치씨 郗超(등장회수: 28, 품평회수: 6, 피품평회수: 6) 등 상호간의 관계를 밝혀보기 위해 13명을 선정하여 분석대상으로 삼았다.

제2장 제1절에서는 超公利的 審美 색채가 농후한 ≪世說新語≫ 등장 이전 先秦시기 孔子와 孟子의 인물품평 특징과 儒敎의 윤리 전통에 입각하여 창작된 東漢시기 班固의 <古今人表>, 인격 내

22

용의 대부분이 道德과 德行, 그리고 儒學의 소양에 한정되어 있는 등 儒敎的 속박에 얽매여 있는 상황에서 개성의 존중, 재능 중시라는 당시 요구를 반영하여 등장한 曹魏시기 劉劭 ≪人物志≫의 구성과 내용에 대해 간단히 살펴보고, 제2절에서 ≪世說新語≫의 창작배경 및 書名, 板本, 著者문제와 전체 36편 각 篇目의 내용을 개괄한다.

이미 앞에서 周法高와 王能憲, 그리고 寧稼雨 등과 같은 ≪世說新語≫ 연구자들이 인물형상화 작업의 필요성에 대해 지적하고 있음을 언급하였다. 이에 論者는 제3장에서 각각의 篇目에 산재되어 있는 등장인물들에 관련된 고사를 적출, 집중시키는 입체적 방법을 통해 드러난 13명의 완정한 형상은 어떠한 모습인지 살펴보고자 한다. 본 장에서는 ≪世說新語≫의 史料로서의 가치를 증명하려는 것이 아니고, ≪世說新語≫에서 묘사하고 있는 인물들의 형상을 살펴보고자 하는 것이 목적이다. ≪世說新語≫는 敍事의 중심이 인물형상의 부각에 있고, 正史인 ≪晉書≫는 敍事의 주된 목적이 史的 사실의 인과관계나 사실관계를 나타내는 것에 있다. 다시 말해서 ≪晉書≫에서는 등장하는 인물의 인품이나 형상을 구체적이고 입체적으로 표현하기보다는 도입부에 초보적인 서술에 그치고 있으며, 기사의 전개 과정으로 볼 때 敍事의 핵심이 사건에 있음을 알 수 있다. 그러나 ≪世說新語≫는 전편을 통하여 敍事의 중심이 인물형상이나 인품 등에 집중되어 있으며, 또한 ≪晉書≫와는 달리 인물성격의 복잡성과 다양성을 발견하고 인물에 대한 풍부하고 빼어난 예술적 표현으로 수많은 인물들이 처해있던 역사적 사회상황과 인물의 성격 등을 생동감 넘치게 표현해내고 있다. ≪世說新語≫가 비록 현대적 의미의 소설과 형태는 다르지만 인물의 형태, 유형, 성격 등을 고찰해봄으로써 소설의 구조에 접근할 수도 있을 것이다.

제3장과 제4장은 상호보완의 관계이다. 인물의 종합적이고 다각적인 분석을 통해 나타난 특징(품평자와 피품평자와의 관계, 표현기법, 품평내용, 품평결과 등)의 서술은 제4장에서 주로 다루고, 제3장에서는 인물의 전체적인 형상을 중심으로 한다.

제4장 제1절 品評者와 被品評者의 關係 부분에서는 西漢 末부터 형성된 莊園이라는 세습재산을 배경으로 새로이 등장한 문벌사족들 간의 상호관계를 別族관계,10) 親族관계, 親屬관계,11) 그리고 世論으로 나누어 분석한다. 世論은 품평자의 구체적인 이름이 등장하지 않는, 예를 들어 '頃下論'12)이라든지, '有人'13) 등과 같은 표현들로, 이들은 표면적 등장인물들과 같은 시대에 살았던 사람들로서 나름대로의 의사표현을 하고 있으며, 직접 대화의 방식으로 인물품평을 하고 있지는 않지만, 형식면에서 큰 역할을 차지하고 있다.

自我에 대한 인식의 발전으로 개인의 평가는 예술감상적인 경향으로 흐르게 되고, 自我의 평가를 예술감상차원으로 승화시키게 됨으로써 그 본질에 대한 이해는 추상적이며, 그 이해를 구체적인 언어로는 형용하기가 어렵게 된다. 따라서 인물품평에 사용

---

10) 공동의 선조를 갖고 있으나, 유파가 서로 다른 族屬.

11) 親族, 別族 등 혈연관계 이외의 주로 혼인으로 맺어진 他人보다 親疏한 관계에 있는 族屬.

12) ≪世說新語≫ 品藻 편 제20조. 「왕승상(王導)이 이르길 "근자에 세간의 논평에서 나를 안기(王承)와 천리(阮瞻)에 견주고 있는데, [나] 또한 이 두 사람을 존중한다."라고 했다.(王丞相云: 「頃下論, 以我比安期·千里, 亦推此二人.」)」.

13) ≪世說新語≫ 容止 편 제15조. 「어떤 사람이 왕태위(王衍)를 찾아갔다가 마침 그 자리에 있던 안풍(王戎), 대장군(王敦), 승상(王導)을 만나 별채로 가서 계윤(王詡), 평자(王澄)를 보았는데, 돌아와서 사람들에게 말하길 "오늘의 방문에서 눈에 보이는 것은 모두 임랑의 주옥이었소."라고 했다.(有人詣王太尉, 遇安豐·大將軍·丞相在坐; 往別室見季胤·平子. 還, 語人口: 「今日之行, 觸目見琳琅珠玉.」)」.

24

된 언어와 표현은 예술적 성향을 띠고 있다. 제2절에서는 比較, 比喩, 方言, 用典, 誇張, 疊字 등을 이용한 인물품평의 표현기법을 통하여 어떠한 예술적 성취를 창출해내었는가를 살펴본다. ≪世說新語≫에서 인물의 우열을 부각시키는 가장 두드러진 품평의 표현기법은 비교이다. 성질이 서로 다른 두 가지 이상의 對象이나 意味를 맞세워 비교하는 기법을 사용하게 되면 그들 사이의 重量의 차이나 상태의 차이 등을 두드러지게 나타내어 글의 굴곡성에 의한 유연미나 운율적인 효과를 가질 수도 있다.14) 특히 인물을 단순 우열 비교하거나 한 名士를 기준으로 하여 피품평자와 서로 비교하는 방법을 통하면 그 특징이나 우열을 파악할 수 있다. 이 책에서는 비교의 방식을 比自己(자신과 비교), 比自家人(親族 또는 親屬과 비교), 比他人(他人과 비교)으로 나누어 분석한다. 아울러 比喩의 방식을 사용하면 인물의 아름다움이나 품격을 자연의 사물이나 현상에 결합 비유하여 품평을 듣는 이로 하여금 시각적으로나 청각적으로 상상을 일으키거나, 추상적인 사물이나 사건을 통하여 구체적으로 형상화시킬 수 있기 때문에 그 인물의 형상화 역시 선명해질 수 있고, 話者나 聽者 모두 용이하게 공통의 느낌과 인식을 갖게 해주는 효과가 있다. 또한 ≪世說新語≫에 자주 보이고 있는 方言의 등장이 단순한 언어적 표현이 아닌 의도적인 사용이었음을 알 수 있다. 따라서 方言의 사용을 당시 정치 상황과 함께 연계하여 살펴보고자 한다. 한편 文人들이 자신의 작품 창작에 典故를 사용하는 큰 이유 중의 하나는 바로 언어의 효율적인 운용을 통해서 의미전달의 함축성을 높일 수 있기 때문이다. 즉 직접적인 표현을 원치 않을 경우에, 또는 그렇게 할 수 없을 때 옛 것을 빌어서 비유하는 형식으로 用典을 하게 된다. 상당

---

14) 趙炳華, 徐東轍 共著 ≪現代文章論≫(서울, 열화당, 1977) 189쪽.

한 학식과 교양의 수준이 요구되는 典故의 빈번한 사용을 통해 ≪世說新語≫가 귀족 문학작품임을 증명할 수 있다. 과장법은 감정에 충실해야 하고 情調가 자연스러워야 한다. 다시 말해 충실한 감정과 情調의 高低에서 오는 자연스러운 표현으로 과장의 효과를 극대화시킬 수 있다.15) ≪世說新語≫는 眞人眞事의 문학작품이지만 간간히 과장이라는 문학적 기교를 십분 활용하여 표현의 묘미를 한층 더해주고 있다. 끝으로 聽者로 하여금 간결함과 음악적 효과를 느낄 수 있게 해주어 문장에 생동감이 넘치게 해주는 효과가 있는 疊字의 사용을 살펴본다. 이 疊字의 사용은 주로 인물의 외모나 품격을 형상화하는 데에 擬聲語나 擬態語로 사용되고 있다.

淸談이라는 魏晉사회의 특수한 인물품평은 그 내용에 있어서도 인물의 성격, 명망, 태도 등의 品格이나 外貌, 시대 특징인 談論 등이 자유롭게 표현되는 대상이 된다. 따라서 제3절 品評의 主要內容에서는 外貌, 品格, 談論의 세 가지로 나눈다. 인물의 품격이나 외모에 대하여 과장적인 수법으로 묘사하고 품평하는 것이나, 수려한 외면적 품격과 외모를 통해 고결한 내면적 인격을 표현하려는 것이 당시의 審美理想과 趣向이었다. 談論 부분에서는 論辯의 주제가 되고 있는 儒家思想과 佛敎思想, 그리고 魏晉淸談의 내용을 다루면서 魏晉淸談의 경우 그 내용과 방식도 아울러 살펴본다.

제5장은 결론으로 제2, 3, 4장의 내용을 요약하고 끝을 맺는다.

부록에는 13명의 교유관계와 상호관계를 도표로 만들어 놓았으며, 아울러 人物綜合의 故事를 두어, 이상 13명의 인물들이 대상을 어떻게 품평하고 있으며, 또한 대상에게 어떻게 품평되고

---

15) 趙炳華, 徐東轍 共著 ≪現代文章論≫(서울, 열화당, 1977) 176쪽.

있는지를 품평자(피품평자), 관계, 비교비유대상, 품평방식, 품평내용, 품평결과 등 이상 6가지 항목으로 나누어 분석하고, 관계표를 만들어 일목요연하게 하였다.

한 인물에 대한 다각적이고 전반적인 분석과 정리를 통해 종합적인 인물분석의 근거자료로 활용하고자 하는 데 관계표의 목적이 있다. 기존 橫的 연구방법에 의한 일관된 연구성과는 여타의 작품 속에서 인물을 분석함에 있어 총체적인 자료로 활용되기보다는 개별적 분석에 치우쳐 있지만, 이 책의 관계표에 의하면 한 눈에 종합적인 인물분석이 가능하게 된다는 것을 알 수 있다. 즉, 기존의 방식이 취하였던 품평방식뿐만 아니라 한 인물과 관련된 종합적인 분석이 가능하다고 할 수 있다.

第2章 人物品評의 起源과 發展

第1節 ≪世說新語≫ 以前의 人物品評

1. 先秦時期

여느 유목민족과는 달리 예부터 農耕社會를 이루어 한 곳에 정착하여 살아 온 中國은 다른 지역에서 자신들의 사회에 이주해 온 이들에 대해 배타적이었으며, 또한 그들에 대한 평가가 주된 관심사였다. 즉, 이주해 온 이들의 행동이 자신들이 힘써 닦아놓은 공동체에 불이익을 가져올 수도 있기 때문에 그들에 대한 조사는 필수불가결이었던 것이다. 이러한 필요에 의해 중국에서는 '人物鑑別法'이 일찍부터 발달했고,16) 이로 인해 鑑別을 생업으로 하는 사람도 생겨났으며 그 사람의 됨됨이를 파악하기 위한 觀相術이나 骨相術 또는 占 같은 다양한 人物鑑別法이 등장하였다. 이는 초기 人物品評 방식의 하나로 주로 인물의 貴賤, 貧富, 禍福, 壽命 등을 논하였다. 비록 미신적이라 할 수 있겠으나 그 중에는 몇몇 합리적인 요소도 들어있고, 더욱이 인물의 內在精神과 外在形體 사이의 모종의 연계에 대한 인식은 후대 인물품평에 큰 영향을 끼치게 되었다.

先秦時期 孔子는 仁政사상과 禮의 수호라는 차원에서 인물을 고찰하고 평론하는 원칙과 방법을 제기하여 인물의 德行과 才

---

16) 三神良三 著, 홍성주 譯 ≪중국의 人間戰略≫(서울, 삶과 함께 출판사, 1988) 11쪽 참조.

能의 관찰평론을 강조하였다. ≪論語≫에 이에 관한 견해가 보이는데, 이것이 바로 孔子가 매우 중시하던 '知人'이론이다. 孔子는 인물에 대해 「聽其言而信其行」하여서는 안 되며, 응당 「聽其言而觀其行」[17] 하여서 「視其所以하고, 觀其所由하며, 察其所安」[18] 하여야 한다고 주장하고 있다. 인물에 대한 관찰과 분석을 통해 孔子는 제자들을 「德行」, 「言語」, 「政事」, 「文學」[19]의 네 부류로 나누었으며, 氣質과 天賦에 따라 인물을 「生而知之」, 「學而知之」, 「困而學之」, 「困而不學」[20]의 四等으로 나누었다. 또한 孔子는 德行을 중시한 君子와 小人에 대한 변별을 위주로 인물품평을 하였다.

> 君子는 義에 깨닫고, 小人은 이익에 깨닫는다.(君子喩於義, 小人喩於利.)[21]

---

17) ≪論語·公冶長≫. 「내가 처음에는 남에 대하여 그의 말을 듣고 그의 행실을 믿었으나, 이제 나는 남에 대하여 그의 말을 듣고 다시 그의 행실을 살펴보게 되었다.(始吾於人也, 聽其言而信其行, 今吾於人也, 聽其言而觀其行.)」.

18) ≪論語·爲政≫. 「그 하는 것을 보며, 그 이유를 살피며, 그 편안히 여김을 살펴본다면 사람들이 어떻게 자신을 숨길 수 있겠는가, 사람들이 어떻게 자신을 숨길 수 있겠는가.(視其所以, 觀其所由, 察其所安, 人焉瘦哉, 人焉瘦哉.)」.

19) ≪論語·先進≫에 「德行에는 顏淵, 閔子騫, 冉伯牛, 仲弓이고 言語에는 宰我와 子貢. 政事에는 冉有와 季路. 文學에는 子游와 子夏이다.(德行, 顏淵閔子騫冉伯牛仲弓. 言語, 宰我子貢. 政事, 冉有季路. 文學, 子游子夏.)」라는 기록으로 德行, 言語, 政事, 文學을 孔門四科라 한다.

20) ≪論語·季氏≫. 「태어나면서 아는 자가 上等이요, 배워서 아는 자가 다음이요, 不通하여 배우는 자가 또 그 다음이니, 不通한 데도 배우지 않으면 백성으로서 下等이 된다.(生而知之者, 上也, 學而知之者, 次也, 困而學之, 又其次也, 困而不學, 民斯爲下矣.)」.

21) ≪論語·里仁≫.

君子는 남의 아름다움을 이루어주고, 남의 악을 이
루어주지 않으니, 小人은 이와 반대이다.(君子成人之
美, 不成人之惡, 小人反是.)22)

君子는 德을 생각하고 小人은 처하는 곳을 생각하
며, 군자는 刑法을 생각하고 小人은 은혜를 생각한
다.(君子懷德, 小人懷土. 君子懷刑, 小人懷惠.)23)

君子는 두루 사랑하고 偏黨하지 않으며, 小人은 偏
黨하고 두루 사랑하지 않는다.(君子周而不比, 小人比
而不周.)24)

孔子의 뒤를 이어 孟子는 한층 더 나아가 개인 人格의 道德的
평가를 善, 信, 美, 大, 聖, 神의 여섯 등급으로 나누었으며,25) 또한
일반사람과 구별하여 인물을 君子, 大人, 大丈夫로 품평하였다.

---

22) ≪論語·顔淵≫.
23) ≪論語·里仁≫.
24) ≪論語·爲政≫.
25) ≪孟子·盡心下≫. 「호생불해가 "악정자는 어떤 사람입니까?"라고
묻자, 맹자는 "선한 사람이고 신용 있는 사람이오."라고 하였다. 다
시 묻기를 "무엇을 선하다 하고 무엇을 신용 있다 하는 겁니까?"라
고 하니 맹자는 대답하기를, "친근하고 싶어지게 하는 것을 선하다
하고, 자신이 선한 덕성을 지니고 있는 것을 신용 있다 하고, 충만
하게 채워져 있는 것을 아름답다 하고, 충만하게 채워져 있으면서
광휘가 있는 것을 위대하다 하고, 위대하면서 감화시키는 것을 성
스럽다하고, 성스러우면서 알아볼 수 없는 것을 신령스럽다 한다.
악정자는 앞의 두 가지 중에 놓여 있고, 뒤의 네 가지 밑에 있는
사람이다."라고 하였다.(浩生不害問曰, "樂正子, 何人也?" 孟子曰,
"善人也, 信人也.", "何謂善? 何謂信?" 曰, "可欲之謂善, 有諸己之謂
信, 充實之謂美, 充實而有光輝之謂大, 大而化之之謂聖, 聖而不可知
之之謂神. 樂正子, 二之中, 四之下也.")」 여기에서 주목할 만한 것은
孟子가 美를 개인 인격에 대한 순수한 윤리, 도덕적 평가인 善, 信
과 구별하고, 또 美를 善과 信보다 우위에 두었다는 것이다.

君子가 일반사람과 다른 것은 그 마음을 두기 때문이니, 君子는 仁을 마음에 두며, 禮를 마음에 둔다. 仁한 자는 남을 사랑하고, 禮가 있는 자는 남을 공경한다. 남을 사랑하는 자는 남이 항상 사랑해주고, 남을 공경하는 자는 남이 항상 공경해준다.(君子所以異於人者, 以其存心也. 君子以仁存心, 以禮存心. 仁者愛人, 有禮者敬人. 愛人者, 人恒愛之. 敬人者, 人恒敬之.)26)

大人은 말함에 꼭 신실하기를 기약하지 않고, 행함에 꼭 과감하기를 기약하지 않는다. 오직 義가 있는 곳에 따를 뿐이다.(大人者, 言不必信, 行不必果, 惟義所在.)27)

천하의 넓은 집(仁)에 거처하며, 천하의 바른 자리(禮)에 서며, 천하의 대도(義)를 행하는 데 뜻을 얻으면, 백성과 함께 그 도를 행한다. 뜻을 얻지 못하면 홀로 그 도를 행하여 富貴가 마음을 방탕하게 하지 못하도록 하며, 貧賤이 절개를 옮겨 놓지 못하게 하며, 威武가 지조를 굽히게 할 수 없도록 하니 이런 사람을 일컬어 大丈夫라 하는 것이다.(居天下之廣居, 立天下之正位, 行天下之大道, 得志, 與民由之. 不得志, 獨行其道. 富貴不能淫, 貧賤不能移, 威武不能屈, 此之謂大丈夫.)28)

이상에서 살펴 본 것들은 인물의 행위에 대한 관찰의 결과라 할 수 있는데 주로 관찰을 통한 인물의 德行으로 人品의 高下를 평가하여 善惡, 優劣, 交遊 및 관리등용의 참고기준으로 삼고

---

26) ≪孟子・離婁下≫.
27) ≪孟子・離婁下≫.
28) ≪孟子・滕文公下≫.

있다. 이러한 관점은 孔子를 계승한 것으로 先秦時期에는 儒學을 사상적 기반으로 하여 直覺的인 관찰을 통한 인물의 外貌와 德行을 好惡의 판단기준으로 삼았다.

2. 東漢時期

의식적으로 인물품평의 사회분위기가 형성된 것은 東漢時代부터이다. 漢 武帝가 즉위한 후 가장 큰 사건은 전국적으로 察擧制度를 실시한 것이다. 전국 각지에서 孝廉으로 한 사람이 뽑혔으며, 이후 孝廉은 東漢 이후로 더욱 번성하여 당시 인재를 뽑는 수단으로 선발제도에 가장 깊게 영향을 끼치고 광범위하게 사용되었다. 이것은 漢代가 中國 역사상 첫 번째 강력한 중앙집권화의 통일국가를 이루어 장기간 안정된 봉건국가를 유지할 수 있었던 것에 察擧制度를 통한 인재등용이 큰 몫을 했음을 의미한다. 이러한 방식의 관리임용은 賢士를 뽑아 왕의 곁에서 策問하는 데 그 목적을 둔 것으로, 임용된 관리들은 대체적으로 지식을 갖춘 전문가들로 正言하는 것을 업무로 삼았다. 漢代에 인재를 선발하는 데에는 州郡察擧외에 公府徵辟의 방법도 있었는데, 이는 정부에서 관료를 뽑는 또 다른 수단으로 賢士와 그 명성을 위주로 하여 왕이 선발하였다. 이러한 방법으로 벼슬을 하는 것에는 일정한 법칙이나 기준은 없이 다만 왕의 초징으로 이루어졌다. 다시 말해 왕의 측근에서 그의 현명함과 예의를 보여 왕의 눈에 들기만 하면 바로 임용되는 것이다. 西漢 武帝시기의 枚乘, 魯中公, 昭帝시기의 韓福, 元帝시기의 翼奉 등이 이러한 방법으로 선발 임용되었다. 이러한 察擧와 徵辟은 모두 특별 채용의 성질의 人事였지만, 일반적으로 가장 중시되고 결정의 기준으로 삼았던 것은 바로 儒學的인 소양과 道德的 행위였다. 그러므로 漢代의 任用과 立身은 당시 시대분위기와 맞물려 모두 '儒學'이라는 수단을 통해 이루어 질 수 있었다. 관리선발의 주요한 근거가 되었던 鄕里間의 평론과 名士들의 인물품평도 역시 이러한 유가적 관점에 근거를 두고 있었다. 이러한 인물품평은 관리로서의 前途에도 직접적으로 영향을 끼치게 되어 사회 전체의 중시를 받게 되었고, 이에 인물을 품평하는 권위 있는 人士들이 등장하였다. 이들은 조정을 비판하고 인물을 품평하였으며 서로 치켜세워 주면서 사회에 큰 세력을 형성하였다. 漢 末에는 郭太와 許劭의 인물품평이 가장 유명했고 그 영향력도 가장 강했다. 이들에 관한 기록29)을 살펴보면 당시 인물품평이 얼마나 성행하였는지 짐작할 수 있다.

　　곽림종은 비록 인물품평에 능했지만 과격한 말로 논하지 않았기에 환관의 전횡에 화를 입지 않을 수 있었다.(郭林宗雖善人論,　而不爲危言覈論,　故宦官擅政而不能傷也.)

　　허소와 허정은 모두 높은 명성을 갖추고 있었으며, 모두 향당의 인물을 평론하기를 좋아하여 매 달 항상 그 품제를 바꾸었다. 그래서 여남 지방에 月旦評이라는 풍속이 생겨나게 되었다.(劭與靖俱有高名, 好共覈論鄕黨人物, 每月輒更其品題, 故汝南俗有月旦評焉.)

　　전국에서 士人을 선발하는 자를 말하면 모두 허소와 곽태를 일컬었다.(天下言拔士者, 咸稱許郭.)

이상에서 본 바와 같이 이들은 인물품평과 談論에 뛰어났으

---

29) ≪後漢書≫ 卷68에 이들의 傳記가 있다.

며, 許劭, 許靖 형제의 경우 汝南 지방의 月旦評을 주재할 정도
로 大名士로 자리 잡고 있었다. 이처럼 인물을 발탁할 때 이들
에게 의뢰를 하고, 달마다 品鑑의 제목을 바꾸어 평론을 한 것
으로 보아 당시에 인물품평이 얼마나 성행하고 있었는지를 알
수 있다.

東漢 明帝부터 章帝에 이르는 시기(58~86)에 班固가 지은 ≪漢
書≫ 卷20의 <古今人表> 1篇은 東漢時期 체계적인 人物品評의
걸작이라 할 수 있다. ≪漢書≫의 表 8편과 <天文志>는 班固가
죽기 전 완성을 보지 못한 미완성작이었다. 그러나 당시의 황제
和帝는 班固의 누이 班昭가 보완할 것을 명하였고, 이어 班昭
가 미처 다 완성하지 못한 <天文志>는 馬續에 의해 재정리되
어 ≪漢書≫는 80여 년의 기간에 걸쳐 마침내 완성을 보게 되
었다. 특히 表는 異姓諸侯王, 王子侯 등의 내용을 도표화한 것
인데 그 가운데 <古今人表>는 그 이전에 볼 수 없었던 독창적
인 것으로 上古시대부터 秦나라 末까지의 인물을 9개 등급으로
나누어 평가하고 있다. <古今人表>이전 漢代人들에게는 <古今
人表>와 같이 완성된 인물품평은 없었으나 기존의 인물을 식별
하여 발탁하는 방법과 견해가 <古今人表>의 창작에 직접적인
영향을 끼친 것임에는 틀림없다. 국가 전체가 儒家에서 주장하
는 德治를 治國의 방침으로 채택하고 大統一을 위해서 儒學을
국가의 이념으로 삼았기에 인물을 품평하는 데 있어서도 그 高
下를 정하는 기준은 儒學을 얼마나 수학했는가로 정해졌다. 班
固의 사유방식 역시 儒家道德의 高下 여부에 따라 인재를 뽑는
것을 대원칙으로 하고 있으며, 인물품평의 기준 역시 儒家經術
을 바탕으로 하는 儒家論으로 정형화시키고 있다. <古今人表>
의 序를 살펴보자.

34

　　(공자가 말하길) 태어나면서 아는 자가 上等이요, 배워서 아는 자가 다음이요, 不通하여 배우는 자가 또 그 다음이니, 不通한 데도 배우지 않으면 백성으로서 下等이 된다. …… 예를 들면, 堯舜 임금은 禹, 稷, 高 들과 같이 善을 행하였고, 鮌, 讙兜 등이 惡을 행하자 그들을 죽였다. 함께 善을 행할 수 있으나 함께 惡을 행할 수 없는 (堯舜 임금 같은) 사람들을 일컬어 上智라 한다. 傑紂 임금은 龍逢과 比干 같은 이가 善을 행하려 하자 죽여 버렸으며, 于莘과 崇侯 같은 이와 惡을 행하였다.(傑紂 임금 같이) 함께 惡을 행할 수 있으나 함께 善을 행할 수 없는 것을 下愚라 한다. 齊桓公은 管仲이 도와주자 패권을 쥐게 되었고, 豎貂가 보좌하자 혼란해졌다. 함께 善을 행할 수도 있고 함께 惡을 행할 수도 있는 (齊桓公 같은) 사람을 中人이라 한다. …… (生而知之者, 上也. 學而知之者, 次也. 困而學之, 又其次也. 困而不學, 民斯爲下矣. …… 譬如堯舜, 禹、稷、高與之爲善則行, 鮌、讙兜欲與爲惡則誅. 可與爲善, 不可與爲惡, 是謂上智. 傑紂, 龍逢、比干欲與之爲善則誅, 于莘、崇侯與之爲惡則行. 可與爲惡, 不可與爲善, 是謂下愚. 齊桓公, 管仲相之則霸, 豎貂輔之則亂. 可與爲善, 可與爲惡, 是謂中人. ……)30)

　　班固는 序에서 孔子의 말을 반복적으로 인용하면서 聖, 仁, 智, 愚의 구별을 설명하고 있다. 그러나 그는 孔子 인물품평의 견해를 따르면서도 智愚문제와 揚善抑惡의 문제를 함께 결부시켜 단지 智愚만으로 인물을 평가하는 것이 아니고 善惡으로도 평가하여 「善과 惡을 분명히 하여 후세사람에게 권계함(顯善昭惡, 勸戒後人)」31)을 분명히 밝히고 있다. 여기에서 인물에 대한

---

30) ≪漢書≫ 卷 20 ＜古今人表＞ 序.

<古今人表>의 평가기준은 智愚善惡에 있으며, 그 분류의 等次가 善惡 실천여부의 정도에 있음을 알 수 있다. 이는 <古今人表>의 인물평가기준이 漢代 儒家思想을 배경으로 하고 있음을 뒷받침해주는 것이다.

<古今人表>는 古今의 인물 1953명을 序에서 밝힌 「顯善昭惡, 勸戒後人」의 취지에 따라 聖人에서부터 愚人까지 上上, 上中, 上下, 中上, 中中, 中下, 下上, 下中, 下下의 9등급으로 분류하여 각각의 인물에 대해 한 단계씩의 등차를 두어 그 高下를 한번에 알아 볼 수 있게 구성하였다. <古今人表>의 9등급은 上中下의 세 단계 각각을 다시 上中下로 나누어 결국 9단계의 등급으로 인물을 평가하는 방법으로 제후, 공신, 외척, 고위관리, 과거 주요 인물들의 가계, 지위, 신상관련 변동사항 및 봉토관련 변동사항 등을 시대순으로 정리, 배열하여 간략하게 기술한 年表式으로 되어있다. 上上은 '聖人', 上中은 '仁人', 上下는 '智人'이라 함께 이름하였으며, 가장 등급이 낮은 下下는 '愚人'이라 하였다. 그러나 이 네 가지를 제외한 기타 5등급에는 따로 명칭을 두지 않았다.

인물품평의 각도에서 보면 9등급으로 나누어 각각에 적당한 인물을 차등 배치하는 班固의 분류 방법은 매우 간단명료한 구성으로, 품평자의 의도가 쉽게 드러날 뿐만 아니라 인물 간의 等次 또한 용이하게 구별할 수 있다. 그러나 班固가 인물의 高下를 판단하고 등급을 나누는 정확도에 대해 唐의 劉知幾와 宋의 呂祖謙, 明의 楊愼 등은 班固의 보편타당성에 의문을 가지면서 그의 分等에 대해 전면적으로 부정하는 입장을 취했다.[32] 또

---

31) ≪漢書≫ 卷 20 <古今人表> 序.
32) 張蓓蓓 <漢晉人物品鑒研究> 國立臺灣大學 中文研究所 박사학위논문, 1982. 70-73쪽 참조.

한 臺灣의 학자 葉慶炳 역시 智愚善惡에 따른 班固의 分等은 객관적 기준이 결여된 것이라고 부정적인 견해를 밝히고 있다.33) 그러나 <古今人表>의 分等에 누락된 사람도 매우 많고, 또한 班固 자신의 주관적인 잣대로 聖賢智愚의 등급을 정한 것은 사실이지만, 古代 1953명에 달하는 인물의 高下를 분류하는 데 엄격하고 신중한 태도로 그 기준을 마련하였을 뿐 아니라, 孔子를 聖人으로 삼고 儒家의 정통관념을 확립하면서 분명한 서열을 매기고 상세히 판별했다는 점에서 <古今人表>가 역사학적으로 名著일 뿐만 아니라 人物의 品評에 있어서도 위대한 걸작임을 말해준다.

3. 曹魏時期

인물품평은 曹魏정권시기 진일보 발전을 하게 된다. 220년 魏文帝 曹丕는 漢을 찬탈하여 즉위하기 직전 陳群의 건의에 따라 九品中正制34)를 제정하였다. 각 州에는 大中正官을, 각 郡縣에는 小中正官을 두어 鄕里間에 이루어졌던 인재에 대한 평가를

---

33) 葉慶炳 <論世說新語比較人物優劣>; ≪書評書目≫ 57기, 臺北, 1978. 17쪽 참조.
34) 종래의 관직등용이 흔히 세력가의 인연에 좌우되는 폐단을 제거하기 위해 관리후보자를 정선해서 그 자격을 엄격히 심사하고자 지방의 郡에 中正이라는 관직을 두고 그가 책임을 지고 등급을 매겨 중앙정부에 추천하게 했다. 中正이 2品이라고 査定한 후보자에 대해서는 중앙이 정한 9品의 官階중에서 2品보다도 4등 낮은 6品官에 우선 임용하는 것이 그 규정이었다. 인재를 인연에 좌우하지 않고 등용한다는 당초의 목적은 지방의 中正 자신도 귀족이라는 한계에 부딪쳐 결국 중앙과 지방을 통하여 혼연일체가 된 일단의 귀족群이 성립하기에 이르렀으며, 그들 간에 자연히 전국적인 家格의 등급이 정해지게 되었다. 宮崎市定 著, 曺秉漢 譯 ≪中國史≫(서울, 역민사, 1986) 165쪽 참조.

대신하게 하여 上上, 上中, 上下, 中上, 中中, 中下, 下上, 下中, 下下의 9품으로 나누어 관리로 임용하게 하였다. 九品中正制는 東漢 이래 시험보다도 관찰을 중시하는 인물 선발제도의 답습과 발전이었지만, 동시에 이러한 선발제도에 대한 파괴와 개조였다 할 수 있다. 즉, 九品中正制는 名士의 淸議와 정부의 결합을 통하여 개인에 의했던 月旦評을 中正에 의한 品第로 바꾸어 놓음으로써 世家大族과 名士의 淸議활동을 통제하려는 의도가 있었다. 그러나 世家大族 세력의 확장과 司馬氏의 득세로 九品中正制는 점점 문벌제도를 공고히 해주는 도구로 전락하게 되어 晉代에는 「상품에는 비천한 집안이 없고, 하품에는 世家大族이 없다.(上品無寒門, 下品無勢族.)」35)의 국면을 형성하기에 이른다. 이에 中正의 品第는 대부분 관례에 따라 하는 공무일 뿐 관리 등용의 주요 의거로의 기능은 상실하게 되어 원래 정치 실용적인 의도의 인물품평은 점차 인물의 才情이나 容貌, 智慧와 風度 등 美學的 의의를 지니는 인물품평으로 변모하기 시작하게 된다.

曹魏시기는 사회분위기 역시 전반적으로 兩漢과는 크게 달랐다. 이 시기는 東漢 말기부터 일기 시작한 외척세력과 群雄들의 할거로 인한 왕권의 잦은 교체로 사회 전체가 어지러웠으며, 사상적으로도 兩漢의 사상계를 지배해오던 유학이 점차 쇠퇴하기 시작하면서 魏晉玄學이 새로이 일어나는 등 여러 사상이 뒤엉켜 흥망을 거듭하는 혼란한 시기였다. 국가 전체가 혼란한 시기 강력한 중앙집권 정부를 도모하려했던 曹操는 난국에 빠진 국가를 구할 수 있는 인재를 등용하는 데 혁신적인 방법을 모색하지 않을 수 없었고, 이에 「오직 재능 있는 자만을 선발한다

---

35) ≪晉書≫ 卷45 <劉毅傳>.

38

(唯才是擧)」의 用人 정책하에 德行과 仁義 등은 전혀 고려하지 않는 才智와 능력 위주의 인재 선발을 천명하였다.36) 儒敎만을 중시하고 개인의 특성이나 개성을 경시하고 인격을 도덕적인 영역에만 한정하여 평가한 漢代와 차별화 된 「唯才是擧」의 관료선발제도는 새로운 인물품평을 예고하게 하였고, ≪人物志≫는 이러한 시대분위기 속에서 생겨난 것으로 曹操의 重才정책을 뒷받침해주는 저술로 볼 수 있다. 즉, 漢代 윤리적 덕성을 중시하던 성격의 품평에서 유능한 인재의 등용과 선발을 위한 정치적 실용성에 목적을 둔 인물품평서라 할 수 있다.37)

≪人物志≫는 上, 中, 下 3卷 12篇 ─ 九徵, 體別, 流業, 材理(이상 4편 上卷), 材能, 利害, 接識, 英雄, 八觀(이상 5편 中卷), 七繆, 效難, 釋爭(이상 3편 下卷)으로 인물품평의 기준, 방법, 태도 등이 기록되어 있으며, 篇幅은 많지 않으나 구성의 체계가 주도면밀하게 짜여진 뛰어난 작품으로 인정받고 있다. 각 편이 다루고 있는 내용들을 간략하게 살펴보면 다음과 같다. 九徵 편은 劉劭의 觀人識才와 인물품평의 기본 원리로서, 神, 精, 筋, 骨, 氣, 色, 儀, 容, 言 등의 아홉 가지 外在 표현으로부터 內在된 平陂, 明暗, 勇怯, 强弱, 躁靜, 慘懌, 衰正, 態度, 緩急 등 인물성격의 특징을 검증하는 것이다. 즉 여기에서 사람이 생성되는 원리

---

36) 傅樂成 主編, 鄒紀萬 著 ≪魏晉南北朝史≫(臺北, 衆文圖書公司, 1990) 22-23쪽 참조.
37) ≪人物志≫의 自序에서 「무릇 성현의 美는 총명함보다 아름답지 않으며, 총명의 귀중함은 사람을 제대로 아는 것보다 귀하지 않다. 사람을 제대로 아는 것이 지혜롭다면 많은 인재들이 그 순서를 얻고 공적을 쌓아 흥할 것이다.(大聖賢之所美, 莫美乎聰明. 聰明之所貴, 莫貴乎知人. 知人誠智, 則衆材得其序, 而庶績之業興矣.)」라고 하여 인물품평의 중요성을 밝히는 동시에, 저술의 목적이 인물품평에서 선별된 인물의 이용이라는 정치적 실용성에 목적을 두고 있음을 알 수 있다.

에서부터 성격과 기질이 형성되는 근원에 대해 탐구하고 사람의 자질을 헤아리며 五常의 조화로 만들어진 인물의 내면과 외면은 서로 어떠한 관계가 있으며, 이를 통한 인물품평은 어떻게 이루어지는지에 대해 고찰하였다. 體別 편에서 서술하는 것은 偏才로서, 모든 사람은 당연히 모든 능력을 겸할 수 없기 때문에 中庸의 경지에 다다를 수 없으며 한 곳으로 치우치기 마련이라는 것을 설명하면서, 偏才의 유형을 彊毅之人, 柔順之人, 雄悍之人, 懼愼之人, 凌楷之人, 辨博之人, 弘普之人, 狷介之人, 休動之人, 沈靜之人, 樸露之人, 韜譎之人 등의 12가지로 분류하여 그들의 특징과 장점, 약점을 분석하고 정치적으로 어떻게 이용해야 하는가에 관하여 논하였다. 流業 편에서는 인물의 재능을 淸節家, 法家, 術家, 國體, 器能, 臧否, 伎倆, 智意, 文章, 儒學, 口辯, 雄傑 등의 12가지로 나누어 그들 각각이 어떠한 관직에 적당한지를 지적하면서 역사상의 인물로 예증을 들고 있다. 材理 편은 자질과 이치를 말하는 것으로 사람이 자질과 사리에 통달할 수 있는 관계에 대해 설명하고 있다. 材能 편에서 劉劭는 각종 직책에 적합한 인물의 자질을 自任之能, 立法之能, 計策之能, 人事之能, 行事之能, 權奇之能, 威猛之能 등의 8가지로 분류하고, 각각의 사람이 천성적으로 부여받은 재능이 다르므로 고유의 특성을 살려 적합한 직무를 주어야 한다고 하며 각각에 적합한 임무에 대해서도 명시해두고 있다. 利害 편은 淸節家, 法家, 術家, 智意, 臧否, 伎倆 등 6가지 인재의 직무행정상에 나타나는 득실과 이해관계, 그리고 장단점에 관해 논하고 있다. 劉劭는 인물을 제대로 파악하기가 매우 어렵다는 것을 인정했으며, 이는 모두 품평자 역시 偏才를 가지고 있기 때문으로 보았다. 接識 편은 인물을 어떻게 파악할 것인가에 대한 해설로 材理 편에 이어 인물의 장단점을 제대로 파악하지 못할 때의 오류를 설명하였다. ≪人物志≫는 정치적 효용을 목적으로 저술된 책이고, 이 당시 정치에 획기적인 개혁을 일으킬 만한 영웅이 필요했기 때문에 英雄 편은 일종의 영웅이론을 논술한 것이라 할 수 있다. 그렇다면 구체적으로 영웅은 어떤 인물을 가리키는가? 劉劭는 여기에서 「총명함이 빼어난 것을 英이라 하고, 담력이 다른 사람보다 뛰어난 것을 雄이라 한다.(聰明秀出謂之英, 膽力過人謂之雄.)」라 정의하여 총명한 자는 英才, 용감한 자는 雄才로 구분하였으며, 영웅이란 두 글자가 함께 쓰이는 것으로 총명함이나 용기 어느 한 쪽으로 치우쳐서는 대업을 이룰 수 없고 이를 동시에 겸비했을 때 비로소 빼어난 인물로 인정받을 수 있음을 밝히고 있다. 八觀 편은 사람을 관찰하는 여덟 가지38)에 대한

---

38) 「八觀이란 첫째, 그 투쟁과 救濟를 보고 반복을 밝힌다.(인물의 본질 가운데 선과 악 두 가지의 상호 투쟁과 보충이라는 상황을 살펴 그에게 존재하고 있는 복잡한 性情을 이해한다.) 둘째, 그 갑자기 변하는 반응을 보고 기본 준칙을 살핀다.(인물의 감정 변화와 일에 임하는 태도, 뜻하지 않은 일을 만났을 때의 반응 등을 살펴봄으로써 그 사람됨의 기본 준칙을 이해한다.) 셋째, 그 본질을 보고 그 명성을 이해한다.(인물의 성격과 자질을 살펴 그의 명성과 실제 정황이 서로 부합되는지를 이해한다.) 넷째, 그 행하는 것을 보고 거짓인지 아닌지를 변별한다.(인물 행위의 동기를 살펴 그의 외적 행동과 내적 심리가 일치하는지를 유추한다.) 다섯째, 그 경애를 보고 성공 혹은 실패를 이해한다.(다른 사람에 대해 경애의 태도를 가지고 있는가 살펴봄으로써 그 처세의 도가 성공적인지 실패인지 판단한다.) 여섯째, 그 정서변화의 흔적을 보고 관대한지 미혹한지를 변별한다.(인물의 정서와 욕망을 살펴 그가 도량이 넓은 賢者인지 속이 좁은 小人인지 변별한다.) 일곱째, 그 단점을 보고 장점을 이해한다.(인물의 단점을 살펴 그의 장점을 유추한다.) 여덟째, 그 총명함을 보고 통달함을 이해한다.(인물이 총명한 지를 살핀 후 어느 분야에서 성공할 수 있을 지를 분석한다.) (八觀者, 一曰, 觀其奪救, 以明間雜. 二曰, 觀其感變, 以審常度. 三曰, 觀其志質, 以知其名. 四曰, 觀其所由, 以辨依似. 五曰, 觀其愛敬, 以知通塞. 六曰, 觀其情機, 以辨恕惑. 七曰, 觀其所短, 以知所長. 八曰, 觀其聰明, 以知所達.)」≪人物志≫(北京, 靑海人民出版社, 1998) <八觀>

논의로 인물의 성격과 재능을 알아보는 방법에 대해 논하고 있다. 여기에서 가장 두드러진 특징은 ≪人物志≫에서 인물을 평가하는 데 도덕보다 재능을 중시했다는 것을 가장 명확하게 제시했다는 것이다. 七繆 편에서는 인재를 판단할 때 여러 가지 경우로 품평자가 쉽게 범할 수 있는 일곱 가지 오류[39]를 지적했으며, 效難 편에서는 인재의 발전 변화와 任用者의 복잡한 심리 등으로 인한 知人의 어려운 점을 논술하고 있다. 끝으로 釋爭 편은 인재 자신의 수양에 대한 중요성을 강조하였다.

철저히 효용성에 바탕을 두고 인물 천거의 어려운 점과 공정하게 식별하는 데 따르는 여러 가지 難題, 그리고 감별된 인물의 선별과 적절한 활용까지의 내용을 총망라하여 서술한 ≪人物志≫는 漢代 儒敎的 德性을 중시하던 성격의 품평에서 유능한 인재를 선발하기 위한 당시 시대의 요구를 반영하여 등장한 작품이다. 비록 그 품평의 이론에 해당하는 실제 인물을 전혀 섭급하지 못했다는 한계가 있지만,[40] 인격의 내용 대부분이 道德과 德行, 그

편 290-291쪽.

39) 「첫째, 명성을 살핌에 불공평의 오류가 있을 수 있다. 둘째, 사람을 대하는 태도에 愛惡의 미혹됨이 있을 수 있다. 셋째, 心志를 평가하는 데 大小를 구분 못하는 착오가 있을 수 있다. 넷째, 자질을 품평하면서 早熟과 大器晩成의 의혹이 있을 수 있다. 다섯째, 인재의 유형을 변별하면서 同體의 의심이 있을 수 있다.(他人과 자기 자신이 같은 유형의 인재에 속함으로 해서 자신의 판단에 영향을 끼칠 수 있다.) 여섯째, 자질을 논함에 깨달음과 제약의 기만이 있을 수 있다.(他人의 재능을 평론함에 있어 깨달음과 제약이라는 두 가지 상반된 상황이 생길 수 있다.) 일곱째, 奇才를 살핌에 尤妙(묘함)와 尤虛(공허함)의 구분을 잃을 수 있다.(七繆, 一曰, 察譽, 有偏頗之繆. 二曰, 接物, 有愛惡之惑. 三曰, 度心, 有小大之誤. 四曰, 品質, 有早晩之疑. 五曰, 變類, 有同體之嫌. 六曰, 論材, 有中庸之詭. 七曰, 觀奇, 有二尤之失.)」 ≪人物志≫(北京, 靑海人民出版社, 1998) <七繆> 편 355-356쪽.

40) 葉慶炳 <論世說新語比較人物優劣>; ≪書評書目≫ 57기, 臺北, 1978.

리고 儒學의 소양에 한정되어 있는 등 儒敎的 속박에 얽매여 있는 상황에서 등장한 개성의 존중, 재능 중시의 인물품평 이론은 漢 이래 인물품평의 경험과 이론을 총결하여 後代 인물품평의 啓發을 있게 한 의의를 지니고 있다. 인물품평이란 인물의 도덕과 덕행, 재능, 외모와 품격 등 內外在的 근거를 기준으로 품평하는 것으로 원래 美學的 문제는 아니었지만 또한 美學과 전혀 상관없다고 할 수도 없는 것이다. ≪人物志≫는 애초부터 그 저술의도가 美學과는 전연 무관한 것이었으나, 그 인물품평의 방법이 고대 중국의 방법과는 다른 한 개인의 개성과 재능을 중시했다는 새로운 특색을 가지고 있고, ≪人物志≫의 출현으로 形質과 性情의 문제, 才智문제, 平淡無味의 문제 등을 제기하고 나섬으로써 당시의 학술사상계와 예술계에 큰 변화가 일어날 수 있는 계기를 제공했다.41) 특히 이후 인물품평이 하나의 독특한 사회풍조로 자리 잡아 성행하던 魏晉南北朝時代의 審美意識과 美學概念에 큰 영향을 끼쳤다 할 수 있다.

　儒學을 사상적 기반으로 하여 直覺的인 관찰을 통한 인물의 外貌와 德行을 好惡의 판단기준으로 삼았던 先秦時期의 인물품평과는 달리 정치 실용적인 목적에서 인물에 대해 체계적인 분류와 품평을 가한 대표적 작품으로 班固의 <古今人表>와 劉邵의 ≪人物志≫를 살펴보았다. 전체적으로 볼 때 정치 실용적 측면을 완전히 초탈한 審美的 품평이라고는 할 수 없지만, 審美的 색채가 농후한 ≪世說新語≫의 등장 이전에 儒敎의 윤리전통에 입각하여 창작된 두 작품은 정치 실용적인 인물품평에서 審美的 인물품평으로의 과정에서 큰 의의를 지니고 있다 하겠다.

　　17쪽 참조.
41) 宋河璟 <劉邵 人物志의 美學的 考察>; ≪中國學報≫1990. 30輯
　　117쪽 참조.

第2節 ≪世說新語≫의 時代背景과 體裁

1. ≪世說新語≫의 時代背景

漢末 이래 사회통치 집단은 내부의 갈등으로 변화가 생기기 시작한다. 중앙정부의 권위는 날로 약화되어 曹魏정권은 정치적, 경제적으로 門閥士族들의 힘을 빌리지 않을 수 없게 되었는데, 이는 당시 門閥士族들의 莊園경제[42]가 당시 사회에 지대한 영향을 발휘하고 있었기 때문이었다. 이로써 魏初 세력가의 인연에 좌우되는 관직등용의 폐단을 바로 잡고자 제정했던 九品中正制는 빠른 속도로 門閥士族 계층에 의해 독점되었다. 그래서 「상품에는 비천한 집안이 없고, 하품에는 世家人族이 없는(上品無寒門, 下品無勢族)」[43]경지에 이르게 되었으니 이는 당시 世家人族들이 이미 인물품평과 관리임용의 권력을 장악했음을 시사하는 것이다. 이러한 상황하에서 九品中正制는 人族들을 옹호하는 방파제로 변해버렸고, 인물품평 역시 관리등용의 주요 의거로서의 기능은 상실하게 되어 원래 정치 실용적 의도의 인물품평은 점차 인물의 個性이나 智慧, 才能 등의 관찰을 고도로 중시하는 評論으로 바뀌어 魏晉시대의 인물품평은 超公利的인 審美 색채를 띠게 된다.

東漢 淸議운동을 前後한 인물품평은 德行을 중시하는 정치성 인물품평이었다고 한다면, 漢末魏初 曹操의 「오직 재능 있는 자만을 선발한다(唯才是擧)」의 원칙하의 九品中正制는 정치적 자

---

42) 宮崎市定 著, 曺秉漢 譯 ≪中國史≫(서울, 역민사, 1986) 149쪽 참조.
43) ≪晉書≫ 卷45 <劉毅傳>.

44

질과 능력 위주의 인물품평이었다고 할 수 있다. 魏 正始 (240-249) 이후에는 審美的 관점으로 한 개인의 개성과 정감, 외모와 재능 등을 감상하는 인물품평이 정치, 사회, 문화 전반에 걸친 제반 談論의 중심과제로 발전되었다. 이는 東漢시대의 도덕, 절조, 유학, 기개 등을 중심으로 하던 인물품평의 단편적 한계를 벗어나 한 인간이 지닌 才氣, 氣品, 格調, 風貌, 性情, 能力 등을 인물품평의 핵심적인 요소로 삼게 되었다는 것을 말하는 것으로, 개인이 지닌 독특함과 다양성을 존중하는 태도에서 비롯된 것이라고 하겠다.

> 위개가 예장에서 하도에 이르렀는데, 사람들이 오래 전부터 그의 명성을 들었었기에 구경하는 이들이 마치 담을 두른 것 같았다. 위개는 전부터 병약했기 때문에 몸이 피로를 견디지 못하고 병들어 죽고 말았다. 당시 사람들은 "구경 독이 위개를 죽였다."고 말했다. (衛玠從豫章下都, 人久聞其名, 觀者如堵牆. 玠先有羸疾, 體不堪勞, 遂成病而死; 時人謂「看殺衛玠.」)44)

> 왕공(王導)이 태위(王衍)를 품평하기를 "높고 험준하며 특출한 것이 천길 암벽같이 서있다."라고 했다. (王公曰太尉:「巖巖清峙, 壁立千仞.」)45)

> 왕태위가 이르길 "곽자현(郭象)의 논변은 마치 폭포에서 물이 쏟아지는 것처럼 [아무리] 부어도 다함이 없다."라고 했다.(王太尉云:「郭子玄語議如懸河寫水, 注而不竭.」)46)

---

44) ≪世說新語≫ 容止 편 제19조.
45) ≪世說新語≫ 賞譽 편 제37조.
46) ≪世說新語≫ 賞譽 편 제32조.

　　환온이 길을 가다가 왕돈의 묘 옆을 지나가면서 바라
보며 이르길 "괜찮은 사람이야! 괜찮은 사람이야!"라고
했다.(桓溫行經王敦墓邊過, 望之云: 「可兒! 可兒!」)47)

　　衛玠는 晉代에 '玉人'이라고 불릴 정도로 외모가 출중한 美男
이었으며, 「看殺衛玠」라는 과장된 표현을 통해서 당시 사람들의
그에 대한 흠모의 마음과 감탄의 정도를 알 수 있다. 王導가 같
은 琅琊 王氏의 別族인 王衍의 기품을 「巖巖(험준한 모양)」에
비유한 것이나, 王衍이 郭象의 유창한 言辯을 「懸河寫水(폭포에
서 쏟아지는 물)」에 비유한 것에서 王衍과 郭象의 품격과 재능
을 엿볼 수 있다. 또한 晉 황실에 반역을 도모하였던 王敦을 賞
譽 편 제79조에서는 오히려 豪傑로 평가하고 있는데, 이는 평가
의 관점이 한 個體의 인격에 맞추어져 있는 것이지 世俗의 禮
法觀念으로 평가하는 것이 아님을 보여주는 것이다. 이상의 예
에서 볼 수 있는 품평의 모습은 超公利的인 審美的 태도로서
인물의 외모나 품격, 재능을 윤리도덕이나 사회적 명망과 구별
하여 독립적으로 인격에 대해 審美的 觀照와 評價를 하고 있음
을 알 수 있다.
　　인간의 외면적 행위, 절개, 지조가 아니라 인간의 내면적 精神
性(역시 잠재적인 무한한 가능성으로 간주되어지고 있기도 하는
내면적 정신성)이 최고의 가치기준과 원칙이 되었으며, 전적으
로 문벌사족들이 귀족적 패기에 부응해 나가면서 脫俗的인 風
度와 자태를 추구하는 것이 이 시대의 이상적인 아름다움이 되
었다. 일반적, 세속적, 외면적인 풍도와 자태가 아니라 내재적,
본질적이면서 특수하고 초탈한 풍모와 자태가 사람들이 감상,
평가, 토론, 고무하던 대상이 되었다.48) 이렇듯 이전의 정치 실

---

47) ≪世說新語≫ 賞譽 편 제79조.

용적 인물품평과는 다른 超公利的 審美색채를 가지고 있는 인물품평은 南朝 宋代 劉義慶이 편찬한 ≪世說新語≫에 집중적으로 표현되어 있다. ≪世說新語≫는 魏晉시대 淸談家들에 의한 인물품평을 주로 한 것으로, 兩漢의 儒敎的 도덕규범하에서의 善惡是非의 품평과는 무관하다. ≪世說新語≫는 피품평자의 개성으로 표현된 특징을 간결하고도 추상적인 품평으로 그 개성뿐만 아니라 외형적인 風度에도 각기 다른 상징적 품평을 하고 있다. 魏晉시대 儒家의 엄격한 禮敎主義가 점차 몰락하고 自然主義 老莊學의 대두로 인한 自我意識에 대한 발전과 중시로 兩漢과는 전혀 다른 인생태도를 형성하게 되었으며, 인물품평의 내용과 형식 역시 현저한 차이를 보이게 된다. 이로 인해 儒敎的 도덕규범 이외의 개성의 新類型이 출현하게 되는데, ≪世說新語≫ 전체 36편의 분류는 이에 대한 종합적 귀납이라 할 수 있다.49)

대부분 東漢 末에서 東晉 末까지 약 200년간 실존하였던 帝王, 士族, 文人, 賢者, 隱者, 和尙, 婦女子 등 총 700여 명의 언행과 일화를 수록하고 있는50) ≪世說新語≫의 書名으로 ≪世說新語≫ 이외에 ≪世說≫과 ≪世說新書≫가 문헌에 보이는데, ≪漢書·藝文志≫, <諸子儒家類>51)와 ≪隋書·經籍志≫, <子部小說家類>,52) 그리고 ≪舊唐書·經籍志≫, <子部小說家類>53) 등에

---

48) 李澤厚 著, 尹壽榮 譯 ≪美의 歷程≫(서울, 東門選, 1991) 253쪽 참조.

49) 逯耀東 著 ≪魏晉史學及其他≫(臺北, 東大圖書公司, 2000) 61쪽 참조.

50) 東漢 이전과 관련된 것은 規箴 편 제1조의 東方朔, 제2조의 京房, 賢媛 편 제1조 陳嬰의 母, 제2조 王嬙, 제3조의 班婕妤 등 총 5편에 불과하고, 전체 70% 이상이 東晉의 인물에 관한 것이다.

51) 「劉向의 67편의 所序(叢書)에, 新序, 說苑, 世說, 列女傳, 頌圖가 있다.(劉向所序六十七篇, 新序, 說苑, 世說, 列女傳, 頌圖也.)」.

52) 「世說 八卷은 宋의 臨川王 劉義慶이 편찬하였고, 世說 十卷은 劉孝標가 注를 달았다.(世說八卷, 宋臨川王劉義慶撰, 世說十卷, 劉孝標注.)」.

는 ≪世說≫로,54) 唐 劉知幾의 ≪史通≫, <雜說>55)과 현존하는 최고의 傳本인 唐寫本의 본문 末尾에 「世說新書卷第六」이라고 되어 있어 唐代에는 ≪世說≫과 ≪世說新書≫라는 書名이 각기 다른 別本의 형태로 竝存하였음을 알 수 있다. ≪世說新語≫라는 이름이 언제, 누구에서부터 사용되기 시작하였는가 하는 문제는 정확히 알 수 없지만, 宋代에 이르러 비로소 ≪世說新語≫라는 書名으로 완전히 정착된 것이 아닌가 판단된다. 魯迅은 ≪中國小說史略≫에서,

　　宋의 臨川王 劉義慶의 작품으로 ≪世說≫ 8권이 있

---

53) 「世說 八卷은 宋의 臨川王 劉義慶이 편찬하였고, 續世說 十卷은 劉孝標가 편찬하였다.(世說八卷, 宋臨川王劉義慶撰, 續世說十卷, 劉孝標撰.)」.

54) ≪世說≫이라는 書名의 처음 시작은 劉向으로 ≪漢書·藝文志≫의 <諸子儒家類>에 「劉向所序六十七篇, 新序, 說苑, 世說, 列女傳, 頌圖也」라는 기록에 의한 것이다. 寧稼雨는 ≪劉義慶與世說新語≫ 10-12쪽에서 余嘉錫의 ≪四庫提要辨說≫ 卷17 子部8의 ≪世說新語≫에 관한 내용의 주장을 재인용하여, ≪世說≫은 ≪世說新書≫의 약칭으로, 劉向은 古書들을 교정하고 기록할 때 자신의 編次를 거친 작품은 원래의 書名과 구별하기 위해 ≪孫卿新書≫, ≪晁氏新書≫, ≪賈誼新書≫ 등처럼 뒤에 '新書'라는 두 글자를 추가시켰으며, ≪漢書·藝文志≫, <諸子儒家類>에 기록된 劉向의 ≪世說≫은 지금 망실되어 전하지 않지만, 유추해 보건데 劉義慶이 劉向의 ≪世說≫의 방식을 沿用하여 劉向의 ≪世說≫과 구별하고자 자신의 書名을 ≪世說新書≫라 이름하였다는 것이다. 그리고 劉向 이후 古書 가운데 '新書'라는 두 글자가 史書에서 종종 생략된 것은 마치 ≪孫卿新書≫를 ≪漢書·藝文志≫에서 ≪孫卿子≫라하고, ≪賈誼新書≫를 ≪漢書·藝文志≫에서 ≪賈誼≫로, ≪隋書·經籍志≫에서는 ≪賈子≫ 등으로 하는 것처럼 이러한 관례에 따라 ≪世說新語≫ 역시 ≪隋書·經籍志≫에서부터 생략되어 종종 ≪世說≫로 불린다고 하고 있다.

55) 「근자에 宋의 臨川王 劉義慶이 世說新書를 지어 위로 兩漢에서부터 三國 및 晉의 조정의 내부와 江左의 사실에 대해 서술하였다.(近者, 宋臨川王劉義慶著世說新書, 上敍兩漢三國及晉中朝江左事.)」.

는데, 梁의 劉孝標가 이에 注를 달아 10권으로 만들었다는 것이 ≪隋志≫에 보인다. 지금 남아있는 3권은 ≪世說新語≫라고 일컫는 宋人 晏殊의 刪倂한 바로서 注에도 약간 剪裁를 하였지만, 그러나 누가 新語라는 두 자를 추가하였는지는 알 수 없다. 唐代에는 新書라고 하였는데, 이는 아마도 ≪漢志≫ 儒家類에 劉向의 叢書 67편 가운데 이미 ≪世說≫이 있었으므로 두 자를 추가시켜 그것과 구별하려 했음일 것이다.(宋臨川王劉義慶有≪世說≫ 八卷, 梁劉孝標注之爲十卷, 見≪隋志≫. 今存者三卷口≪世說新語≫, 爲宋人晏殊所刪倂, 於注亦小有剪裁, 然不知何人又加新語二字, 唐時則口新書, 殆以≪漢志≫儒家類錄劉向所序六十七篇中, 已有≪世說≫, 因增字以別之也.)56)

라고 하여 唐代에는 劉向의 ≪世說≫과 구별하기 위해 ≪世說新書≫라는 別本이 있었으며, 宋代에 이르러 ≪世說新語≫로 改名되었음을 밝히고 있다. 北宋 初 李昉 등이 편찬한 ≪太平廣記≫에 인용된 ≪世說新語≫는 총 51조인데, 그 중에서 「出世說」이라 된 것은 38조이며, 「出世說新書」라 된 것은 7조이고, 「出世說新語」라 된 것은 6조이다. 이 중에서 10여 조만이 現存本에 보이고 있어서 ≪世說新語≫의 佚文연구에 귀중한 자료이기도 하다. 여기에서 「出世說」과 「出世說新書」 부분은 당시까지 전해오던 舊傳本에서 인용한 것이며, 「出世說新語」 부분은 ≪太平廣記≫가 修撰되던 당시의 通行本에서 인용한 것으로 보인다. 이에 반해 거의 같은 시기에 修撰되었던 ≪太平御覽≫에는 ≪世說新書≫나 ≪世說新語≫라는 서명은 전혀 보이지 않고 ≪世說≫만이 보이는데 이는 ≪太平御覽≫이 前代의 類書를 답습하여 종래의 舊傳本에서 인용했기

---

56) 魯迅 著 ≪中國小說史略≫(臺北, 風雲時代出版社, 1989) 73쪽.

때문으로 생각된다. 이로써 北宋 初에 ≪世說新語≫라는 서명이
출현하였음을 확인할 수 있다.57) 또한 南宋 汪藻의 ≪世說敍錄≫
의 기록에도

> 晁文元(晁逈), 錢文僖(錢惟演), 晏元獻(晏殊), 王仲至
> (王欽臣), 黃魯直(黃庭堅)의　家藏本은　모두　≪世說新
> 語≫라 하고 있다. 晁氏 등의 여러 本이 모두 ≪世說
> 新語≫라고 하고 있음을 생각해서 이제 ≪世說新語≫
> 를 正名으로 한다.(晁文元, 錢文僖, 晏元獻, 王仲至, 黃
> 魯直家本, 皆作世說新語. 按晁氏諸本, 皆作世說新語,
> 今以世說新語爲正.)

라고 되어있는 것으로 보아 南宋 初에는 ≪世說新語≫라는 書
名이 世說類의 正名으로 완전히 자리 잡았으며, 이상으로 보아
原名은 ≪世說≫이고, ≪世說新書≫와 ≪世說新語≫ 이 두 가지
는 唐宋 이후에 생겨난 것임을 알 수 있다.

　≪隋書·經籍志≫, <子部小說家類>의 「世說八卷, 宋臨川王劉
義慶撰, 世說十卷, 劉孝標注」라는 기록에서 唐 以前의 傳本으로
劉義慶의 原書인 無注八卷木 ≪世說≫과 劉孝標의 注가 달린
같은 이름의 有注十卷木 ≪世說≫이 있었음을 짐작할 수 있으
나 모두 망실되어 전하지 않는다. 宋 高宗 紹興 8년(1138) 董弅
은 舊傳本과 晏殊의 手訂木을 참조하여 浙江省 嚴州에서 3권
36편 체식의 판본인 董弅木을 탄생시켰다. 이 董弅木은 ≪世說
新語≫ 간행본의 최초이나 망실되어 전하지 않는다. 明 世宗 嘉
靖 14년(1535) 袁褧은 南宋의 陸游木을 3권 36편으로 重刻하였
는데, 宋代 이전의 諸木이 대부분 망실되었기 때문에 現存하는

---

57) 金長煥 <魏晉南北朝 志人小說 硏究> 연세대학교 중문과 박사논문,
　　1992. 149쪽 재인용.

50

이 袁褧의 嘉趣堂本은 매우 귀한 자료로 인정받고 있다. 淸代 王先謙의 思賢講舍刻本은 淸 德宗 光緖 17년(1891)에 王先謙이 이 袁褧本을 교정 중각한 것이다. 오늘날 일반적으로 通行되는 ≪世說新語≫의 체재는 上中下 3권 36편인데, 이것은 南宋의 董弅本에서 출발하여 陸游本을 거쳐 明의 袁褧本에서 정착을 본 것으로 이후의 傳本들은 거의 袁褧本을 따라 3권 36편의 체재를 갖추고 있다.58)

　작자로 알려져 있는 劉義慶(403-444)은 劉宋 皇室의 종친으로서59) 魏晉南北朝의 대표적인 소설가 가운데 하나이다. ≪南史≫ 卷13에 劉義慶이 ≪世說≫을 지었다는 기록이 있고,60) 그의 生平에 대해 자세히 기록한 ≪宋書≫ 卷51에,

　　　성품이 간소하고 욕심이 적었으며 문학을 애호하여
　　　才詞가 비록 많지는 않았지만 종실의 대표로 충분하
　　　였다. …… 그가 文學之士를 招聚하면 가까이서나 멀
　　　리서 반드시 왔으며, 太尉 袁淑은 당시 문장의 대가로
　　　劉義慶이 江州에 있을 때 衛軍諮議參軍으로 초빙하였
　　　다. 그 밖에 吳郡의 陸展, 東海의 何長瑜와 鮑照 등도
　　　문장이 훌륭했으므로 불러들여 左史國臣으로 삼았다.
　　　(爲性簡素, 寡嗜欲, 愛好文義, 才詞雖不多, 然足爲宗室
　　　之表. …… 招聚文學之士, 近遠必至. 太尉袁淑, 文冠當

---

58) 金長煥 譯注 ≪世說新語≫상권(서울, 살림, 1996) 19쪽 참조.
59) 劉義慶은 晉 安帝 元興 2년(403)에 彭城(江蘇省 銅山縣)에서 長沙
　　景王 劉道憐의 여섯 아들 중 둘째 아들로 태어났는데, 叔父인 臨川
　　烈武王 劉道規에게 아들이 없어 劉義慶이 그의 後嗣가 되었다. 義
　　熙 11년(415) 13세 때 劉道規의 뒤를 이어 南郡公에 세습되었고,
　　宋 武帝 永初 元年(420)에 18세의 나이로 叔父 臨川王 劉道規의 뒤
　　를 이어 臨川王에 襲封되어 侍中으로 招徵되었다.
60) 「世說 10권과 集林 200권을 편찬하여 세상에 通行되고 있다.(所著
　　世說十卷, 撰集林二百卷, 並行於世.)」.

> 時, 義慶在江州, 請爲衛軍諮議參軍. 其餘吳郡陸展, 東
> 海何長瑜鮑照等, 並爲辭章之美, 引爲左史國臣.)

라고 기록되어 있는 것으로 보아 훌륭한 인품과 文詞를 애호하는 마음을 지니고 있어 수많은 文學之士들이 그의 곁에 있었고, 그 또한 ≪世說新語≫를 편찬할 수 있는 능력이 충분했음을 짐작할 수 있다. 그러나 魯迅은 그의 ≪中國小說史略≫에서,

> ≪世說新語≫의 문자는 간혹 裴啓와 郭澄之의 책에 기록된 것과 같고, 또한 거의 ≪幽明錄≫, ≪宣驗記≫가 그런 것과 같이 이전의 문장을 가려 모아 편집한 것이지 스스로 만든 것은 아닐 것이다. ≪宋書≫에서 劉義慶은 才詞가 많지는 않았지만 文學之士를 招聚하면 가까이서나 멀리서 반드시 왔다고 하였으니, 그가 지은 여러 책이 어쩌면 여러 사람의 손에 의해서 이루어진 것인지 알 수 없는 노릇이다.(≪世說≫文字, 間或與裴郭二家書所記相同, 殆亦猶≪幽明錄≫、 ≪宣驗記≫然, 乃纂緝舊文, 非由自造. 宋書言義慶才詞不多, 而招聚文學之士, 遠近必至, 則諸書或成於衆手, 未可知也.)[61]

라고 하며 ≪世說新語≫의 작자에 관해 문제를 제기하였다. 이 견해는 아직 定論으로 받아들여지고 있지는 않지만, 대부분의 小說史에서 魯迅의 견해가 보편적으로 수용되어 ≪世說新語≫는 ≪幽明錄≫이나 ≪宣驗記≫처럼 이전의 문장을 모아 편찬한 것이지 劉義慶 혼자 지은 것이 아니며, 才詞가 많지 않고 文學之士를 招聚했다는 ≪宋書≫의 기록을 근거로 ≪世說新語≫는 劉義慶 개인의 작품이 아닌 그가 招聚한 幕下의 文學之士들이

---

61) 魯迅 著 ≪中國小說史略≫(臺北, 風雲時代出版社, 1989) 73쪽.

함께 편찬한 것으로 인식되고 있다. 그러나 비록 魯迅의 견해대로 劉義慶 혼자 ≪世說新語≫를 편찬한 것이 아니다 할지라도 ≪世說新語≫를 구성하고 편집을 주관한 劉義慶의 공헌은 높이 평가되어야 함은 사실이다.

論者는 여기에서 ≪世說新語≫의 작자가 과연 누구인지를 밝히는 문제보다 劉義慶의 편찬목적에 주목하고 싶다. 劉宋은 東晉 말년 막강한 호족세력의 할거 속에서 寒門 출신인 劉裕가 건립한 나라로서 대권을 장악한 직후부터 寒門 출신을 등용하여 황제를 보좌토록 하고 皇族들을 각 지역의 鎭將으로 임명하는 등 철저히 皇權에 대한 도전을 방지하였다. 劉義慶이 생존했던 시기는 '元嘉之治'라고 불리울 정도로 劉宋 왕조 가운데 가장 안정된 文帝 劉義隆의 통치기간(424-453)이었다.62) 그런데 여기에서 한 가지 독특한 점을 발견할 수 있다. 劉義慶의 生平과 경력을 볼 수 있는 ≪宋書≫ 卷51에 「어려서는 타는 것에 능숙했으나 장성해서는 삶이 고달프고 힘들어 다시는 말을 타지 않았다.(少善騎乘, 及長以世路艱難, 不復跨馬.)」라는 기록이 있는 것이다. 皇室의 宗室로서 더군다나 東晉 이래 일찍이 없었던 번영을 누리던 文帝의 통치기간에 생존했던 劉義慶의 「世路」가 「艱難」하다는 것이 이해가 되지 않는다. 宋의 3대 황제 劉義隆은 劉裕의 셋째 아들로서 즉위 후 자신의 통치를 공고히 하기 위하여 皇族과 대신들을 끊임없이 의심하였다. 劉裕가 정권을 잡은 뒤 지방의 세력을 장악하기 위하여 각 지역의 鎭將으로 파견하였던 황족세력은 이 시기에 오히려 중앙의 권위에 도전하는 위협세력이 되어 文帝는 彭城王 義康을 주살시키는 국면에까지 이른다.63) 이러한 분위기 속에서 같은 皇族이었던 臨川王

---

62) 傅樂成 主編, 鄒紀萬 著 ≪魏晉南北朝史≫(臺北, 衆文圖書公司, 1990) 73쪽 참조.

劉義慶이 화가 자신에게도 미칠 수 있음을 느꼈음은 자명하다.

元嘉 9년(429)에 使持節, 荊·雍·益·寧·梁·南秦·北秦七州
諸軍事都督, 平西將軍, 荊州刺史가 되어 出任할 때「성정이 겸허
하여 비로소 이르러 鎭으로 감에 송영의 물건을 받지 않았다.(性
謙虛, 始至及去鎭, 迎送物並不受.)」라고 하는 것으로 보아 행동을
매우 조심하고 처신에 주의함을 짐작할 수 있다. 따라서 劉義慶의
「世路」가「艱難」하여「不復跨馬」하였다는 것은 皇族으로서의 외형
적인 삶을 말하는 것이 아니라 통치자 내부의 갈등에서 화를 면하
고 생명을 보전하기 위해 정치적으로 배제된 것을 의미하는 것일
것이다. 劉義慶이 州에 있던 8년 동안은 상대적으로 생활이 비교적
안정된 시기였다. 이 기간 동안 ≪徐州先賢傳≫ 10권과 ≪典敍≫를
지었으며,64) 文學之士를 招聚한 것도 이 시기에 해당한다. 정치의
소용돌이 속에서 벗어나 본디 문학을 애호했던 劉義慶은 정치적
으로 이루지 못한 뜻을 문학 창작활동에 寄託하여 자신의 苦心을
해결하려 한 것이 아닐까 추측해 본다.

2. ≪世說新語≫의 體裁

宋代 汪藻의 ≪世說敍錄≫의 기록에 따르면 宋代에 ≪世說新

---

63) 傅樂成 主編, 鄒紀萬 著 ≪魏晉南北朝史≫(臺北, 衆文圖書公司, 1990)
   74쪽 참조. 주의를 기울이던 文帝도 결국에는 그의 太子 劉劭에게
   시해를 당하게 되는데, 文帝의 셋째 아들인 江州刺史 武陵王 劉駿
   이 소식을 듣고 劉劭를 토벌하고 즉위하니 그가 바로 4대 황제 孝
   武帝이다.
64)「州에 있던 8년 동안 서쪽 지역은 평안하였고, ≪徐州先賢傳≫ 10
   권을 편찬하여 황제께 上奏하였으며, 또한 班固의≪典引≫을 본떠
   ≪典敍≫를 지어서, 皇代의 아름다움을 서술하였다.(在州八年, 爲西
   上所安. 撰徐州先賢傳十卷, 奏上之. 又擬班固典引爲典敍, 以述皇代
   之美.)」.

54

語≫는 36편, 38편, 39편으로 이루어진 세 가지의 판본이 있었다
고 하나,[65] 우리가 현재 볼 수 있는 것은 明淸 이래 通行되어
오고 있는 총 3권 36편의 袁褧本이다. 전체 故事의 수는 1130
여[66] 조로 이루어져 있으며, 비슷한 주제의 故事들을 하나의 篇
目으로 묶어 故事 상호간에 아무런 연관 없이 100자 정도의 짧
은 편폭으로 인물을 중심으로 전개하고 있다. ≪世說新語≫에
수록된 등장인물들의 신분을 보면, 700여 명 가운데 500여 명이
관리로 종사했던 사람들이며 공직에 있지 않다 하더라도 名門
에 속해있으면서 은둔생활을 하는 경우가 많고, 여자의 경우 대
개가 그러한 인물들의 妻나 妾인 점으로 보아 ≪世說新語≫의
사회적 범위는 天子와 皇后 등을 포함하는 귀족 상층부임을 알
수 있다. 또한 東漢에서 魏晉시대라는 혼란한 시대상황 속에서
實存했던 門閥士族들의 생활모습, 사상, 재능과 성격 등 다양한
일화들의 기록으로서 正史에서 다루는 功績 위주의 列傳과는
분명한 차이를 보이고 있다.

　故事의 내용을 귀납하여 전체 36편으로 분류한 각 篇目의 내
용과 故事의 수를 개괄하면 다음과 같다.

【上卷】

1. 德行: 인물들의 행동 중 세상에 모범이 되는 것들을 모아
　　　　 기록.(47조)

---

65) 汪藻 ≪世說敍錄≫(臺北, 藝文印書館, 1968) 591-595쪽 참조.
66) 民國 이후에 나온 ≪世說新語≫는 모두 1130조로 되어 있으나, 홍
　　콩의 楊勇이 校勘한 ≪世說新語校箋≫에는 총 1134조의 故事가 수
　　록되어 있다. ≪世說新語考異≫에서 찾아낸 4개의 故事는 德行 편,
　　雅量 편, 賞譽 편 그리고 紕漏 편에 각각 1개씩 추가되어 德行 편
　　이 총 48조, 雅量 편이 총 43조, 賞譽 편이 총 157조, 紕漏 편이 총
　　9조로 他本보다 故事가 하나씩 많다.

2. 言語: 인물들의 재치 있는 언어, 즉 慧言巧語를 모아 기록.
(108조)

3. 政事: 인물들의 뛰어난 행정처리와 德政을 모아 기록.(26조)

4. 文學: 당시 文人이나 學者들의 훌륭한 문장과 학문에 얽힌
이야기, 그리고 淸談 등에 뛰어난 내용들을 모아 기
록.(104조)

【中卷】

5. 方正: 賢士들의 바르고 모범이 되는 행동을 기록.(66조)

6. 雅量: 인격이 단아하고 도량이 넓어 아름다운 이야기 거리
로 남을 만한 내용을 모아 기록.(42조)

7. 識鑒: 인물에 대한 감식과 평론을 기록.(28조)

8. 賞譽: 인물의 품격과 재능의 훌륭함에 대한 품평을 기록.(156조)

9. 品藻: 인물의 비교를 통한 품평을 기록.(88조)

10. 規箴: 忠正한 말로 서로 선행과 덕행을 권하는 일을 기
록.(27조)

11. 捷悟: 재치가 있고 눈치가 빨라 쉽게 알아차리는 빠른 이
해력을 기록.(7조)

12. 夙惠: 어린 나이에 지혜와 슬기가 뛰어난 인물의 언행을
기록.(7조)

13. 豪爽: 호탕하고 爽朗하여 凡俗하지 않은 일을 기록.(13조)

【下卷】

14. 容止: 용모와 행동거지에 대한 훌륭한 풍모를 기록.(39조)

15. 自新: 스스로 새로움을 추구하여 改過遷善한 내용을 기록.
(2조)

16. 企羨: 남의 덕행을 부러워하여 따르는 일을 기록.(6조)

17. 傷逝: 죽은 이에 대한 애상과 추모를 기록.(19조)

18. 棲逸: 棲止隱逸한 隱士들의 이야기를 기록.(17조)

19. 賢媛: 어진 品行을 갖춘 여인들의 언행을 모아 기록.(32조)

20. 術解: 技藝에 능한 인물들이 남의 속뜻이나 바람을 알아
차리고 풀어주는 이야기를 기록.(11조)

21. 巧藝: 정교한 기능과 예술에 뛰어난 인물들의 언행을 기
록.(14조)

22. 寵禮: 나이나 신분을 초월한 지극한 사랑과 예우에 대한
기록.67) (6조)

23. 任誕: 세속에 구애받지 않는 자유스러운 생활방식과 언행
을 기록.(54조)

24. 簡傲: 언행이 거만하거나 오만불손한 내용을 기록.(17조)

25. 排調: 조롱과 戲謔을 통한 풍자의 내용을 기록.(65조)

26. 輕詆: 남을 경멸하고 헐뜯는 일을 기록.(33조)

27. 假譎: 거짓과 농간으로 남을 속이고 괴롭히는 일을 기록.
(14조)

28. 黜免: 관직에서 축출되거나 파면 당하는 내용을 기록.(9조)

29. 儉嗇: 지나치게 검소하고 인색한 언행에 대한 기록.(9조)

30. 汰侈: 지나친 사치와 낭비에 대한 내용을 기록.(12조)

31. 忿狷: 화나 분함을 참지 못하고 성급하게 화풀이를 하는
언행을 기록.(8조)

32. 讒險: 음험하게 남을 참훼하는 일을 기록.(4조)

33. 尤悔: 自責하고 후회하며 괴로워하는 내용을 기록.(17조)

34. 紕漏: 주의를 하지 않아 낭패를 본 일을 기록.(8조)

---

67) 당시 통치자들은 자신의 세력을 공고히 하기 위하여 인재를 초빙
하면서 인심을 얻고자 했다. 이들의 통치수단에는 표방할 만한 어
떤 원칙이나 도리도 없었으며, 단지 형국을 안정시킬 수만 있다면
바로 채택하여 시행하였다. 이러한 상황에서 총애와 예우라는 방법
이 통치자들의 통치수단의 하나로 이용되었으며 寵禮 편은 특수했
던 당시 시대환경 속에서의 인간관계를 드러내고 있다.

35. 惑溺: 女色에 대한 미혹과 탐닉을 기록.(7조)
36. 仇隙: 원수처럼 사이가 벌어져 서로 대립하고 반목하는
　　　　내용을 기록.(8조)

　篇目을 전체적으로 兩分하여 보면, 제1편 德行에서 제21편 巧
藝까지는 인물의 긍정적인 모습을 주로 다루었고, 제22편 寵禮
에서 마지막 제36편 仇隙까지는 인물의 부정적인 모습을 다루
고 있다. 이는 劉義慶이 ≪世說新語≫에서 직접적으로 창작 의
도를 밝히지는 않았지만, 饒宗頤68)와 楊勇69)의 주장에서 알 수
있듯이 이 같은 篇目의 내용과 순서를 통해 작자의 의도를 충
분히 짐작할 수 있다. 또한 魏晉시기의 동란을 겪는 동안 兩漢
의 사상계를 지배해오던 儒學이 점차 쇠퇴하기 시작하면서 儒,
佛, 道의 三敎가 공존하였다. 그러나 東晉에 이르러 儒學은 점차
전통의 지위를 다시 차지하기 시작하다가 劉宋시기에 이르러서
는 儒學을 극력 제창하였다.70) 文帝 때에는 儒, 玄, 文, 史의 四

---

68) 楊勇의 ≪世說新語校箋≫(臺北, 正文書局, 1992) 1쪽 饒序에서 饒宗
頤는 「世說에서 四科를 맨 앞에 놓은 것은 원래 儒學에 근본을 둔
것이다. 中卷인 方正에서 豪爽까지는 그 美行을 파악할 수 있으며,
그 德聲을 마음에 새길 수 있다. 下卷의 上은 편향되고 극단적인
類로 분류하고 거론하였으며, 下卷의 下는 음험하고 자질구레한 행
위들을 기술하였다. 淸濁에 실체가 있고, 善과 惡이 분명히 나누어
져 있으니 비유하자면 초목에 이미 구별이 있는 것과 같음이다.(世
說之書, 首揭四科, 原本儒術. 中卷自方正至豪爽, 瑾瑜在握, 德音可
懷. 下卷之上, 類指偏激者流, 下卷之下, 則陳險徵細行. 淸濁有體, 良
莠旷分, 譬諸草木, 旣區以別.)」라고 하고 있다.
69) 楊勇은 ≪世說新語校箋≫(臺北, 正文書局, 1992) 3쪽 自序에서 「책
이 孔門四科를 맨 처음에 두고 輕詆나 排調 같은 편을 덧붙여 善
을 장려하고 惡을 멀리하려 했으니 그 취지가 분명하다.(書以孔門
四科居首, 而附以輕詆、排調之篇, 奬善退惡, 旨趣分明.)」라고 견해를
밝히고 있다.
70) 傅樂成 主編, 鄒紀萬 著 ≪魏晉南北朝史≫(臺北, 衆文圖書公司, 1990)

58

學을 설립하여 儒學을 가장 높은 지위에 놓았는데, 이로 보아 당시 얼마나 儒學을 중시했는가를 알 수 있다. 통치자들의 적극적인 제창 아래 皇族이었던 劉義慶 역시 자연히 儒家思想의 영향을 받았을 것이다. 즉 劉義慶 자신이 직접 창작 의도를 언급하지는 않았지만 孔門四科와 합치되는 德行, 言語, 政事, 文學의 4편을 맨 앞에 놓은 것이나 인물의 긍정적인 면을 기록한 篇目을 앞에 둔 구성체계로 보아 儒家의 도덕행위 규범을 기준으로 삼았음을 알 수 있다.

　志人小說의 내용상 가장 큰 특징 중의 하나는 바로 오락성이다. 魯迅은 志人小說의 특성이 오락에 있음을 지적하였는데,71) ≪世說新語≫는 비교와 비유를 통한 풍자와 해학으로 오락성을 부각시키고 있다. ≪世說新語≫ 전체 1130여조의 내용을 크게 몇 가지로 분류해본다면 현실세태를 꼬집는 풍자해학적인 내용과, 儒佛道와 관련된 談論, 그리고 인물품평의 세 가지로 크게 나눌 수 있다. 그 중 條目이 156조로 가장 많은 賞譽 편 및 品藻, 識鑒, 容止, 企羨 등은 모두 인물품평과 관련된 것들이고, 그 밖의 篇目에서도 부분적으로 인물품평을 언급하고 있어 인물품평이 ≪世說新語≫의 주요 내용임을 알 수 있다.

　본 장에서는 각 篇目에 대한 개괄적인 내용만을 주로 하고, 이상 분류된 세 가지와 관련된 내용은 論者가 緒論에서 밝힌 바와 같이 橫的인 방법의 고찰이 아닌 縱的인 방법으로써 각 篇目에 산재되어 있는 한 인물과 관련된 내용들을 적출, 분석하여 제4장에서 자세히 논하기로 한다.

71쪽 참조.
71) 魯迅 著 ≪中國小說史略≫(臺北, 風雲時代出版社, 1989) 71쪽.

第3章 品評을 통해 본 人物形象

　≪世說新語≫는 ≪隋書·經籍志≫와 ≪舊唐書·經籍志≫에 <子部小說家類>로 분류되어 있고, 魯迅 역시 魏晉南北朝 志人小說의 대표적 작품으로 꼽고 있지만, 여기에서 말하는 소설이란 현대적 의미의 소설과 동일한 형태가 아님은 이미 주지하고 있는 사실이다. 그러나 수많은 등장인물들이 각각의 상황에서 서로 다른 표현을 하고 있고, 또한 어떠한 성격이나 개성을 반복적으로 드러내어 강조하거나 성격 또는 개성의 또 다른 면모를 보여줌으로써 한 인물의 완정한 형상을 만들어내는 것은 현대적 의미의 소설과 같은 점이라 할 수 있다. 인물이 없는 소설은 없다. 이 점은 중국적 의미의 고대소설이나 현대적 의미의 소설 兩者 모두 마찬가지이다. 조각이나 회화와 같은 예술분야나 事物詩 같은 문학장르에는 인물이 없는 경우가 있으나, 서사 문학 작품에는 반드시 인물이 등장한다. 동물이나 무생물이 주인공인 동화에서도 그 주인공을 의인화시키고 있다. 게다가 근대 이후 대부분의 소설이 리얼리즘이고, 소설 대부분은 인문소설로서 소설에 있어서 궁극적인 목적이 새로운 인간형의 탐색과 인간상의 창조에 있다면 인물의 설정은 절대적인 비중을 차지하고 있다.[72] 전체 36편에 걸쳐 1130여 조의 故事 가운데 등장인물이 帝王, 士族, 文人, 賢者, 隱人, 和尙, 婦女子 등 東漢 末에서 東晉 末까지 약 200년간 실제로 존재했던 인물들이었음을 고려해볼 때, 비록 현대적 의미의 소설과는 형태가 다르지만 인물의 형태, 유형, 성격 등을 고찰해봄으로써 소설의 구조에 접근할 수도 있

---

72) 신상성 著 ≪예술문장론≫(서울, 태학사, 1999) 101쪽 참조.

을 것이다.

　이에 본 장에서는 각각의 篇目에 산재되어 있는 등장인물들의 故事를 적출, 집중시키는 입체적인 방법을 통하여[73] 인물의 완정한 형상을 창출해보려 한다. 이 작업은 《世說新語》의 史料로서의 가치를 증명하려는 것이 아니고,[74] 《世說新語》에서 묘사하고 있는 인물들의 형상을 살펴보고자 하는 것이 목적이다.

---

73) 완정한 형상의 효과를 높이기 위하여 부록에 인물의 품평자로서의 고사와 피품평자로서의 고사를 한데 모아 두었다.

74) 劉知幾가 《史通》 卷17 外篇 <雜說> 中에서 「근자에 宋의 臨川王 劉義慶이 《世說新語》를 저술하였는데, 위로 兩漢과 三國으로부터 晉 中朝와 江左(東晉)의 일을 서술하고 있다. 劉峻이 주석을 달아 그 결점을 지적하였으나 거짓된 흔적이 확연하고 어려운 논리로 수식되어 있다. 그런데도 皇家(唐)에서 晉史를 편찬할 때 다수를 이 책에서 취하여 마침내는 劉義慶의 妄言을 採擇하고 劉孝標의 바른 말을 위배했으니 이 책의 일로 보면 그 낯 뜨거움을 어찌할 것인가.(近者宋臨川王劉義慶著世說新語, 上叙兩漢三國及晉中朝江左事. 劉峻注釋, 摘其瑕疵, 僞跡昭然, 理難文飾, 而皇家撰晉史, 多取此書, 遂探康王之妄言, 違孝標之正說, 以此書事, 奚其厚顔.)」라고 한 것으로 보아 《晉書》를 편찬할 때 《世說新語》에서 다량의 내용을 引用하여 《世說新語》가 《晉書》 편찬에 底本으로 사용되었음을 알 수 있다. 김진옥의 <世說新語에 대한 一考察>(서강대학교 사학과 석사논문 1983)에 따르면 正史들 속에 40% 이상의 내용이 《世說新語》의 고사와 일치하고 있으며, 또한 수록된 인물들이 모두 실존했다 하더라도 인물전기와 관련된 전체 고사 내용의 사실여부를 모두 밝힐 수는 없다.

第1節 琅琊 王氏

1. 王 導

王導(276-339)[75]는 字가 茂弘이며 小名은 阿龍으로, 琅琊 臨沂(지금의 山東) 사람이다. ≪晉書≫의 기사에 따르면,

> 王導는 어려서부터 사람을 볼 줄 아는 안목이 있었고, 식견과 도량이 淸遠하였다. 14세일 때 陳留의 高士인 張公이 보고 그를 신기하게 여겼는데, 그의 從兄인 王敦에게 "이 아이의 용모지기가 將相의 그릇감이다."라고 말하였다.(導少有風鑒, 識量淸遠. 年十四, 陳留高士張公見而奇之, 謂其從兄敦口, "此兒容貌志氣, 將相之器也.")

라고 하여 넓은 견식과 도량으로 젊어서부터 당시 名士들과 從兄인 王敦으로부터 그 능력을 인정받아 널리 이름이 알려졌음을 알 수 있다.

> 이 당시 琅邪王 元帝는 王導와 본래 사이가 좋았다. 王導는 천하가 어지러워질 것을 이미 알고 마침내 받들어 모시기로 마음이 기울었으며 속으로 復興의 뜻을 품었다. 元帝 또한 훌륭한 용모에 그릇이 출중하여 두 사람은 의기투합하였고 우정 또한 깊어졌다.(時元帝爲琅邪王, 與導素相親善. 導知天下已亂, 遂傾心推奉, 潛有興復之志. 帝亦雅相器重, 契同友執.)

---

75) ≪晉書≫ 卷65 <王導傳> 참조.

또한 위의 ≪晉書≫의 기사에서 알 수 있듯이 東晉의 元帝 司馬睿와는 막역한 사이로 中原이 장차 어지러워질 것을 예견하고 元帝에게 江南으로 옮겨가도록 권하였다. 太興 元年(317) 司馬睿가 황제로 등극하면서 王導는 軍諮祭酒에 제수되어 모든 政事를 도맡아 처리하는 등 東晉 중흥의 최대 공로자라 해도 과언이 아니다. 그래서인지 ≪世說新語≫에서 그의 우국충정의 愛國心은 더욱더 부각되고 있다.

> 강남으로 넘어 온 여러 사람들이 매번 좋은 날이 오면 곧 서로 맞이하여 新亭으로 나가 화초를 자리 삼아 주연을 벌렸다. 주후(周顗)가 좌중에서 탄식하여 말하길 "풍경은 다르지 않으나 정작 산하의 다름이 있도다!"라고 하자, 모두 서로 바라보면서 눈물을 흘렸다. 그런데 오직 왕승상(王導)만이 근심스레 얼굴빛을 바꾸면서 말하길 "마땅히 함께 왕실을 위해 힘을 써서 중원을 회복해야 할 것이지 어찌하여 楚나라의 죄수처럼 하고서 서로 마주보고만 있단 말인가!"라고 했다.(過江諸人, 每至暇日, 輒相要出新亭, 藉卉飮宴. 周侯中坐而歎曰:「風景不殊, 擧目有江河之異!」 皆相視流涕. 唯王丞相愀然變色曰:「當共勠力王室, 克復神州; 何至作楚囚相對泣邪?」)76)

> 온교가 처음 유곤의 사신이 되어 장강을 건너갔는데, 그때는 강남에서 국가 건설이 막 시작되고 있어서 기강이 아직 세워지지 않았던 터라, 온교는 처음 도착해서 여러 걱정을 깊이 했다. 그래서 왕승상(王導)을 방문하여, 주상께서 오랑캐의 포로가 되셨고 사직이 불타 무너졌으며 왕릉이 참혹하게 훼손되어 黍離의

---

76) ≪世說新語≫ 言語 편 제31조.

비통함이 있음을 진언했다. 온교는 충정과 강개함이 너무나도 격렬하여 눈물을 흘리면서 말을 이었고, 승상도 그와 함께 마주 보며 울었다. 심정을 다 털어놓고 나서 [온교가] 힘을 합하자고 강하게 주장하자 승상도 흔쾌히 받아들였다. [온교는] 물러 나와 기뻐하면서 말하길 "강남에도 관이오(管仲)가 있으니 이제 다시 무엇을 걱정하리오?"라고 했다.(溫嶠初爲劉琨使, 來過江; 于時江左營建始爾, 綱紀未擧;溫新至, 深有諸慮. 旣詣王丞相, 陳主上幽越, 社稷焚滅, 山陵夷毁之酷, 有黍離之痛; 溫忠慨深烈, 言與泗俱. 丞相亦與之對泣. 敍情旣畢, 便深自陳結. 丞相亦厚相酬納. 旣出, 懽然言口:「江左自有管夷吾, 此復何憂?」)77)

왕평자(王澄)가 처음 [도성으로] 내려왔을 때, 승상(王導)이 대장군(王敦)에게 말하길 "다시는 羌族을 동쪽으로 오게 하지 마시오."라고 했다. 왕평자는 얼굴이 羌族과 비슷했다.(王平子始下, 丞相語大將軍:「不可復使羌人東行.」 平子面似羌.)78)

八王의 亂 이후 匈奴의 石勒은 시국이 혼란한 틈을 이용하여 洛陽을 향해 진군, 劉曜와 힘을 합쳐 洛陽을 함락시키고 八王의 亂에서 유일하게 살아남은 東海王 越이 옹립한 懷帝를 사로잡아 사형시켰다. 懷帝의 조카인 愍帝는 洛陽 함락의 소식을 듣고 長安에서 천자에 등극하였지만, 그 역시 얼마 지나지 않아 공격을 받고는 平陽에 송치되어 죽음을 당했다. 이 시기 匈奴뿐 아니라 氐, 鮮卑 등의 異民族이 도처에서 일어나 민족 간의 충돌이 진행되고 천하는 형언할 수 없는 혼란에 빠지게 되어 결국

---

77) ≪世說新語≫ 言語 편 제36조.
78) ≪世說新語≫ 尤悔 편 제5조.

64

西晉은 무너지고 吳의 옛 도읍인 建康을 중심으로 부흥을 도모
하고자 하였다.79)

黍離는 ≪詩經≫, <王風>의 편명으로 周나라 왕실의 황폐함
을 보고 망국의 아픔을 탄식한 시이다. 현 시국이 당시 周나라
의 상황과 별반 없음을 진언한 溫嶠의 망국에 대한 충정과 강
개함에 감동한 王導의 태도와 과거를 그리워하며 나약하게 흐
느껴 우는 坐客들을 호되게 훈계하는 모습에서 강한 武人의 기
질과 아울러 晉나라 부흥의 굳은 의지를 엿볼 수 있다. 또한 匈
奴의 石勒과 함께 西晉을 멸망시킨 羌族의 劉曜와 비슷하게 생
긴 王澄이 도성인 建康으로 오게 될 경우 西晉이 羌族에게 망
한 것처럼 東晉 왕조에 혼란을 가져올 수 있다고 우려하는 모
습에서 왕실에 대한 우국충정을 느낄 수 있다.

처음에 江南으로 옮겨와 東晉의 왕실은 많은 문제에 봉착하
여 위기에 처해 있었다. 전국의 民心을 안정시켜야 했고, 북쪽
이민족의 남하도 저지해야 할 뿐 아니라 南北士族들의 관계 역
시 첨예한 대립양상을 보이고 있는 상황에서 王導는 以吳制吳
의 책략과 유화정책으로 南北의 갈등 해소에 주력하였다. ≪晉
書≫는 다음과 같이 기록하고 있다.

> 吳나라 사람 紀瞻과 顧榮은 모두 강남의 명망 있는
> 인물로 몰래 그들을 살펴보니 정말 그와 같았다. 모두
> 경외하고 두려워하여 서로 길옆으로 가서 엎드려 인
> 사를 드렸다. 王導는 이에 나아가 계책을 말하기를
> "옛 임금들은 원로에게 賓禮를 하였는데, 풍속을 묻고
> 자신을 낮추어 귀를 기울임으로써 賢才를 불러 모았
> 습니다. 하물며 천하가 혼란스럽고 九州가 분열되어

---

79) 宮崎市定 著, 曺秉漢 譯 ≪中國史≫(서울, 역민사, 1986) 176-179쪽
　　참조.

대업을 열어가고자 하는데 인물을 얻는 것보다 더 급한 것이 있겠습니까? 顧榮과 賀循은 이 지역의 명망 있는 인물로 그들을 끌어들여 인심을 얻는 것보다 나은 것이 없습니다. 두 사람이 온다면 따르지 않을 사람이 없을 것입니다."라고 하였다. 元帝는 이에 王導를 직접 賀循과 顧榮에게 보내니 두 사람은 모두 왕명을 따라 왔고, 이로 인해 吳會는 풍속이 풍미하고 백성들의 마음이 돌아왔다. 이후로 점차 서로 받들어 모시게 되니 군신의 예가 비로소 안정되었다.(吳人紀瞻、顧榮, 皆江南之望, 竊覘之, 見其如此, 咸驚懼, 乃相率拜於道左. 導因進計口, "古之王者, 莫不賓禮故老, 存問風俗, 虛己傾心, 以招俊乂. 況天下喪亂, 九州分裂, 大業草創, 急於得人者乎! 顧榮、賀循, 此土之望, 未若引之以結人心. 二子既至, 則無不來矣." 帝乃使導躬造循、榮, 二人皆應命而至, 由是吳會風靡, 百姓歸心焉. 自此之後, 漸相崇奉, 君臣之禮始定.)

吳나라의 멸망 이후 남방의 士族들은 晉室에서 차별과 멸시로 뜻을 이룰 수 없어 호시탐탐 復國의 기회를 엿보고 있었고, 이에 王導는 吳地의 名賢인 顧榮과 賀循 등을 이용하여 江南의 士族세력들을 진정시키고 민심을 장악할 수 있었다.

육태위(陸阮)가 왕승상(王導)을 찾아가 정사에 대해 물어 보았는데, 시간이 조금 흐르자 이미 결정된 일을 문득 번복하곤 했다. 왕공은 그가 그렇게 하는 것을 이상하게 여겨 나중에 육완에게 물었더니, 육완이 말하길 "공은 지위와 명망이 높으신 분이고 저는 우둔한 사람이어서, 그 당시에는 어떻게 말해야 할지 몰랐는데 지나고 보니 그것이 옳지 않다는 것을 깨달았기 때문입니다."라고 했다.(陸太尉詣王丞相諮事, 過後輒翻

異; 王公怪其如此, 後以問陸. 陸曰:「公長民短, 臨時不
知所言, 既後覺其不可耳.」)80)

　　왕승상(王導)이 처음 강남으로 건너왔을 때, 吳지방
인사들의 도움을 얻고자 하여 육태위(陸玩)에게 혼사
를 맺자고 청했더니, 대답하길 "작은 언덕에는 소나무
와 측백나무가 자라지 않고, 향초와 약초는 같은 그릇
에 담을 수 없습니다. 제가 비록 재주는 없으나 도의
상 윤리를 어지럽히는 시작이 되지는 않을 것입니다."
라고　했다.(王丞相初在江左, 欲結援吳人, 請婚陸太尉.
對曰:「培塿無松柏, 薰蕕不同器; 玩雖不才, 義不爲亂倫
之始.」)81)

　　육태위(陸玩)가 왕승상(王導)을 방문했더니, 왕공(王
導)이 [그에게] 타락죽을 대접했다. 육태위는 돌아간
뒤에 결국 병이 났다. 다음 날 [육태위가] 왕승상에게
편지를 써서 말하길 "어제 타락죽을 조금 많이 먹은
탓에 밤새껏 고통스러웠습니다. 저는 吳땅 사람이지만
거의 [북방] 촌놈의 귀신이 될 뻔했습니다."라고　했
다.(陸太尉詣王丞相, 王公食以酪, 陸還遂病; 明日, 與王
牋云:「昨食酪小過, 通夜委頓; 民雖吳人, 幾爲傖鬼.」)82)

　　위의 세 고사는 남쪽으로 내려온 북방인과 기득권을 쥐고 있
는 남방인과의 대립상황이 배후에 깔려 있다. ≪世說新語≫ 政
事 편 제13조 劉孝標 注引 ≪陸玩別傳≫에 따르면 陸玩은 吳郡
사람으로 吳郡에서 이미 명망이 나있던 조부 陸瑁와 부친 陸英
의 뒤를 이어 그도 기량 면에서 명성이 자자하였다한다. 고의적

---

80) ≪世說新語≫ 政事 편　제13조.
81) ≪世說新語≫ 方正 편　제24조.
82) ≪世說新語≫ 排調 편　제10조.

으로 陸玩은 신의 없는 태도로 王導를 농락하고 있다. 또한 「작은 언덕(培塿)에는 소나무와 측백나무(松柏) 같은 큰 나무가 자랄 수 없으며, 향초인 薰과 악초인 蕕는 같은 그릇에 담을 수 없다. (培塿無松柏, 薰蕕不同器.)」라는 ≪左傳·襄公24年≫條와 ≪孔子家語≫ 卷2 <致思>의 구절을 이용하여 南과 北이 함께 할 수 없음을 명백히 밝히고 있다. 한편 '타락죽(酪)'은 양이나 소의 젖을 발효시켜 만든 반응고상태의 유제품으로 북방인들이 즐겨 먹는 음식이다. 북방의 음식인 타락죽을 먹고 거의 죽을 뻔 했다는 표현을 당시 토착 남방인들이 남쪽으로 이주해 온 북방인들을 멸시하여 부르던 '傖'을 사용함으로써 남방인의 북방인에 대한 거부감이 어느 정도인지 추측할 수 있다. 吳地의 세력가인 陸玩의 이랬다저랬다 하는 신의 없는 태도와 정치적으로 도움을 얻고자 의도적으로 청혼을 하였으나 거절당하는 수모, 그리고 정성껏 대접한 음식으로 오히려 멸시를 당하여도 王導는 모두 인내하고 용납하고 있다. 東晉 元帝의 최고 측근세력으로 막강한 권력을 쥐고 있음83)에도 불구하고 일개 吳地의 인사에게 모욕을 당하고도 인내하며 태연자약한 王導의 태도에서 넓은 정치적 도량과 당시 吳人을 위무하는 것이 결코 쉽지 않았음을 짐작할 수 있다.

---

83) 寵禮 편 제1조의 고사를 보면 元帝가 얼마나 王導를 총애하였는지 알 수 있다. 「元帝(司馬睿)가 원단의 조회 때 왕승상(王導)을 이끌어 御座에 오르도록 했는데, 왕공이 한사코 사양했지만 중종(司馬睿)은 더욱 강하게 그를 이끌었다. 왕공(王導)이 말하길 "만약 태양과 만물이 함께 빛난다면 신하가 어떻게 우러러볼 수 있겠습니까?"라고 했다.(元帝正會, 引王丞相登御牀, 王公固辭, 中宗引之彌苦. 王公曰: 「使太陽與萬物同暉, 臣下何以瞻仰!」)」 또한 賞譽 편 제58조, 제60조, 제62조, 그리고 棲逸 편 제4조에서 볼 수 있는 것처럼 관직을 마음대로 줄 수 있는 王導의 모습에서 당시 막강한 권력을 쥐고 있었음을 짐작할 수 있다.

68

> 유진장(劉惔)이 처음 왕승상(王導)을 만났다. 그때는 한창 더운 계절이었는데, 승상이 배를 탄기판에 갖다대며 말하길 "어쩌면 이렇게 차가울까?"라고 했다. 유진장이 나온 뒤에 어떤 사람이 묻길 "왕공(王導)을 만나 보니 어떻습니까?"라고 하자, 유진장이 말하길 "다른 특이한 점은 보지 못했고, 다만 吳語를 사용하는 것만 들었소이다."라고 했다.(劉眞長始見王丞相, 時盛暑之月, 丞相以腹熨彈棊局, 曰:「何如乃凊?」 劉旣出, 人問:「見王公如何?」 劉曰:「未見他異, 唯作吳語耳!」)84)

여기에서 '凊'은 吳지방에서 '차갑다(冷)'의 의미로 사용하는 方言을 가리킨다. 余嘉錫은 ≪世說新語箋疏≫의 按語에서 「王導와 劉惔은 원래 북방인이고, 또한 모두 士族들인데 王導가 무슨 까닭으로 吳語를 사용하여 劉惔을 맞이하였을까? 이는 東晉 초기 국가의 기반이 아직 공고하지 않아 王導가 江東의 인심을 달래고자 일부로 吳語를 사용한 것이다.(王導、劉惔本北人, 而又皆士族, 導何故用吳語接之? 蓋東晉之初, 基業未固, 導欲籠絡江東人心, 作吳語者.)」85)라고 밝힌 陳寅恪의 견해를 인용하고 있다. 이렇게 東晉 초기 정치적 기반이 아직 안정되지 못한 상황에서 吳人의 民心을 달래기 위해 북방인의 조롱거리인 吳語를 고의적으로 사용한 점86)은 王導가 언어의 정치적 효과를 충분히 이해하고 있다는 것을 보여주고 있다. 이러한 大政治家로서의 풍모는 王導와 관련된 고사에서 흔히 볼 수 있다.

> [荊州와 建康 사이를] 왕래하는 어떤 사람이 이르길

---

84) ≪世說新語≫ 排調 편 제13조.
85) 余嘉錫 ≪世說新語箋疏≫(上海, 上海古籍出版社, 1993) 794쪽 참조.
86) 제4장 제2절의 方言 부분 참조.

"유공(庾亮)이 동쪽으로 내려와 도성을 침공하려는 뜻
을 품고 있다."고 하자, [그 이야기를 들은] 어떤 자가
왕공(王導)에게 말하길 "은밀히 경비를 좀 더 엄중하
게 하여 불의의 사태에 대비하는 것이 좋을 것입니
다."라고 했다. 그러나 왕공은 말하길 "나와 원규(庾
亮)는 비록 조정의 신하이긴 하지만, 본래 신분을 초
월한 친분을 지니고 있소. 만약 그가 침공해 온다면
나는 角巾을 쓰고 곧장 烏衣巷으로 돌아가면 될 것이
니, 무엇하러 경비를 좀 더 엄중히 한단 말이오?"라고
했다.(有往來者, 云庾公有東下意. 或謂王公:「可潛稍嚴,
以備不虞.」 王公曰:「我與元規雖俱王臣, 本懷布衣之好;
若其欲來, 吾角巾徑還烏衣. 何所稍嚴?」)87)

　　유공(庾亮)은 권력이 막중하여 왕공(王導)을 압도하
기에 충분했다. 유공은 석두에 있었고, 왕공은 야성에
앉아 있었는데, 큰 바람이 불어 먼지를 날리자, 왕공
이 부채로 먼지를 털며 말하길 "원규(庾亮)의 먼지가
사람을 더럽히는군!"이라고 했다.(庾公權重, 足傾王公;
庾在石頭, 王在冶城坐; 大風揚塵, 王以扇拂之曰:「元規
塵汚人!」)88)

　　庾亮은 東晉 明帝 庾太后의 큰 오빠였는데, 明帝가 죽은 후
庾太后가 섭정을 하게 되자 王導와 함께 어린 成帝를 보좌하며
전횡을 휘둘렀다. 아울러 왕실의 역량을 공고히 하기 위해 지방
세력을 적극 통제함으로써 無力化시키려는 정치적 의도를 지니
고 있었다. 그 결과 지방세력의 불만을 초래하여 결국 蘇峻의
난이 일어나게 된다. 庾亮은 蘇峻과 祖約 등을 의심하여 成帝

---

87) ≪世說新語≫ 雅量 편 제13조.
88) ≪世說新語≫ 輕詆 편 제4조.

70

咸和 2년(327) 蘇峻의 병권을 빼앗고자 大司農으로 초징, 入朝
케 하였으나 蘇峻이 그의 의도를 알아차리고는 따르지 않고 오
히려 祖約과 함께 庾亮을 주살할 목적으로 반란을 일으켰던 것
이다.89) 그 후 庾亮이 蘇峻의 반란을 진압할 임무를 띠고 떠난
후, 도성으로 쳐내려와 반란을 일으킬 것이라는 소문이 무성하
였는데, 王導는 그의 식견과 도량으로 이를 판단함으로써 세간
의 소문이 저절로 잠잠해졌다.90)

> 왕승상(王導)의 주부가 幕下의 속관들을 감찰하려고
> 하자, 왕공(王導)이 주부에게 말하길 “그대에게 얘기
> 해주고자 하는 것이 있는데, 다른 사람들의 책상머리
> 의 일까지 알려고 하지는 말게!”라고 했다.(王丞相主
> 簿欲檢校帳下. 公語主簿: 「欲與主簿周旋, 無爲知人几案
> 間事.」)91)

위의 雅量 편 제13조와 輕詆 편 제4조에서의 대범한 모습과
함께 아랫사람의 사소한 잘못이나 直言을 하는 부하의 힐책을
수용하는 아량과 관대함에서 볼 수 있는 유유자적하고 탈속적
인 기품은 魏晉 士人들이 인물을 품평할 때 추구하던 개성의
주요 표현이었다. 魏晉 士人들의 淸談을 숭상하고 玄理에 열중
하거나 飮酒와 服藥에 도취하는 玄學 사상으로의 심취로 그들
의 언행은 虛靜玄遠하면서 자유분방하였고, 삶 역시 낭만과 심
미적인 흥취로 충만하여 그 내재된 사상감정과 외재된 행동양
식은 魏晉風流라는 독특한 시대사조를 형성하게 되었다.

---

89) 傅樂成 主編, 鄒紀萬 著 ≪魏晉南北朝史≫(臺北, 衆文圖書公司, 1990)
    53-54쪽 참조.
90) ≪世說新語≫ 輕詆 편 제4조 劉孝標 注 참조.
91) ≪世說新語≫ 雅量 편 제14조.

선무(桓溫)가 鎭을 남주로 옮긴 뒤 도로를 평탄하고 곧게 정비했다. 어떤 사람이 왕동정(王珣)에게 말하길 "승상(王導)이 처음 建康에 도읍을 축조할 때 옛 제도를 따르지 않고 도로를 구불구불 굴곡지게 만들었는데, 지금과 비교하면 더 못한 듯 합니다."라고 하자, 왕동정이 말하길 "그것이 바로 승상이 훌륭하다고 여겨지는 점이오. 강남의 땅은 협소하여 중원과는 다르오. 만약 도로를 종횡으로 쭉 통하게 하면 한 눈에 다 들어오게 되므로, 이리저리 구불구불 굴곡지게 하여 얼른 알아보지 못하게 한 것이오."라고 했다.(宣武移鎭南州, 制街衢平直. 人謂王東亭曰: 「丞相初營建康, 無所因承, 而制置紆曲, 方此爲劣.」 東亭曰: 「此丞相乃所以爲巧. 江左地促, 不如中國, 若使阡陌條暢, 則一覽而盡; 故紆餘委曲, 若不可測.」)[92]

왕돈이 군대를 이끌고 대항에 들이닥치려 할 때, 明帝(司馬紹)가 친히 中堂으로 나왔다. [당시] 온교는 단양윤으로 있었는데, 명제가 [온교에게] 대항을 끊어버리라고 명했으나 [온교가] 일부러 끊지 않았기 때문에 명제가 대노하여 눈을 부릅뜨자 좌우 신하들은 모두 두려움에 떨었다. 諸公들을 소집했는데, 온교는 도착해서도 사죄하기는커녕 술과 고기만 찾았다. 왕도가 잠시 후 도착하여 맨발로 땅에 엎드려 사죄하길 "하늘의 위엄이 면전에 계신지라 온교로 하여금 사죄할 수 없게 만든 모양이옵니다."라고 했다. 온교가 그제야 엎드려 사죄했더니 명제도 마음을 풀었다. 諸公들은 모두 왕도의 기지와 명언에 감탄했다.(王敦引軍垂至大桁, 明帝自出中堂, 溫嶠爲丹陽尹, 帝令斷大桁; 故未斷, 帝大怒, 瞋盛, 左右莫不悚懼. 召諸公來, 嶠至不

---

92) ≪世說新語≫ 言語 편 제102조.

謝, 但求酒及炙. 王導須臾至, 徒跣下地, 謝曰:「天威在
顔, 遂使溫嶠不容得謝.」嶠於是下謝, 帝迺釋然. 諸公共
嘆王機悟名言.)93)

계획적으로 협소한 江南의 땅을 구불구불 굴곡지게 만들어 만약을 대비하려는 모습에서 王導의 치밀함을 엿볼 수 있으며, 그의 先見과 智謀를 간파한 손자 王珣의 자질 역시 놀랍다. 왕실의 권위와 스스로의 역량이 부족한 東晉 왕조는 강력한 世家 大族들 간의 세력 균형을 통해 정권을 유지할 수 있었다. 이렇게 東晉의 정치 경제적 역량은 대부분 문벌사족에 의지하였기 때문에 이 시기 溫嶠와 같은 몇몇 大族들은 황제의 권위에 도전하곤 하였다. 이러한 정치적 상황 속에서 王導는 皇室과 大族의 화합에 노력하였다. 溫嶠로 하여금 사죄를 하게하고, 아울러 明帝의 권위를 지켜주는 機智와 名言으로 어색하고 험악한 분위기를 해소시킨 정치원로로서의 경륜과 능력이 돋보인다.

　　승상(王導)이 일찍이 여름에 석두에 가서 유공(庾冰)을 만났는데, 유공은 한창 일을 처리하고 있었다. 승상이 이르길 "더우니 잠시 쉬었다 하시오."라고 하자, 유공이 말하길 "공께서 일을 처리하지 않고 놓아두는 것을 세상 사람들이 또한 좋게 보지 않습니다."라고 했다.(丞相嘗夏月至石頭看庾公, 庾公正料事; 丞相云:「暑, 可小簡之.」庾公曰:「公之遺事, 天下亦未以爲允.」)94)

　　승상(王導)은 만년에 거의 정사는 돌보지 않고 다만 封事와 錄文만 처리하면서 스스로 탄식하여 말하길

---

93) ≪世說新語≫ 捷悟 편　제5조.
94) ≪世說新語≫ 政事 편　제14조.

“사람들은 날더러 노망들었다고 하지만, 후인들은 틀림없이 이 노망을 그리워하겠지!”라고 했다.(丞相末年, 略不復省事, 正封錄諾之. 白歎曰: 「人言我憒憒, 後人常思此憒憒!」)95)

왕승상(王導)이 양주자사로 있을 때, 8명의 부종사를 파견하여 직분을 맡겼는데, 고화는 당시 하급 使者로 있다가 돌아와 [부종사들과] 함께 동시에 [왕승상을] 배알했다. 여러 종사들은 각자 [해당 지역] 군수의 功過를 보고했지만, 차례가 되었는 데도 고화 혼자만 말이 없었다. 왕승상이 고화에게 묻길 “그대는 무엇을 들었는가?”라고 하자, 대답하길 “명공께서는 [천자를] 보좌하면서 배를 삼킬 만한 큰 물고기까지도 그물에서 빠져나가게 하시는데, 어찌하여 풍문을 채집하여 듣고서 엄하게 감찰하는 정치를 하려 하십니까?”라고 했다. 왕승상은 감탄하여 훌륭하다고 칭찬했으며, 여러 종사들은 스스로 부족함을 느꼈다.(王丞相爲揚州, 遣八部從事之職, 顧和時爲下傳, 還,同時俱見; 諸從事各奏二千石官長得失, 至和獨無言. 王問顧曰: 「卿何所聞?」 答曰: 「明公作輔, 寧使網漏吞舟? 何緣探聽風聞, 以爲察察之政!」 丞相咨嗟稱佳, 諸從事自視缺然.)96)

이상의 고사들은 王導가 말년에 無爲政治를 숭상하여 政事를 돌보지 않는다는 부정적인 측면에 초점이 맞추어져 있다. 이외에도 排調 편 제17조에서 周顗는 王導를 ‘말 잘 듣는 뿔 꼬부라진 암소(捲角牸)’에 비유하여 남북 士族집단 간의 갈등과 대립 속에서 잘 타협하고 화합하기는 하지만, 일처리에 있어서는 과감하지 못함을 비꼬고 있다. 특히 ≪世說新語≫에서 王導에 대

---

95) ≪世說新語≫ 政事 편 제15조.
96) ≪世說新語≫ 規箴 편 제15조.

한 惡評은 주로 이 無爲政治의 부정적 측면과 관련되어 있다. 그러나 政事 편 제15조의 劉孝標 注引 徐廣의 ≪歷紀≫에 따르면 王導는 3대에 걸쳐 재상을 지내면서 치세와 난세를 잘 경륜했으며, 정치를 할 때에는 관대함에 힘썼고 일을 처리할 때에는 간소함을 좇아 仁愛의 영예를 후세에 남겼다 하여 긍정적으로 평가하고 있다. 이는 王導가 당시 정치상황과 타협하여 생겨난 일종의 방임적인 정치전략이었을 수 있으며, 그 전형적인 방법으로 관대함(寬恕)과 간소함(簡易)이라는 無爲而治를 취했을 가능성이 크다.

또한 王導는 名理에 능통하였으며, 名士들과 담론을 즐겼음도 알 수 있다.

> 옛 말에 따르면, 왕승상(王導)은 강남으로 건너 온 뒤 다만 聲無哀樂論, 養生論, 言盡意論의 3가지 名理만을 말했는데, 속속들이 관통하여 꿰뚫지 못하는 바가 없었다.(舊云王丞相過江左, 止道聲無哀樂·養生·言盡意三理而已. 然宛轉關生, 無所不入.)[97]

> 은중군(殷浩)이 유공(庾亮)의 장사가 되어 도읍[建康]에 도착했을 때, 왕승상(王導)이 그를 위해 모임을 열자 환공(桓溫), 왕장사(王濛), 왕람전(王述), 사진서(謝尚)가 모두 참석했다. 왕승상은 스스로 일어나 휘장을 열어젖히고 주미를 든 채 은중군에게 말하길 "내 오늘 자네와 함께 담론하여 명리를 분석해 보려 하네."라고 했다. 이윽고 청담을 시작하여 어느덧 삼경에 이르렀다. 왕승상과 은중군이 서로 반복하여 응수하는 바람에 나머지 여러 명현들은 조금도 끼어 들

---

97) ≪世說新語≫ 文學 편 제21조.

틈이 없었다.(殷中軍爲庾公長史, 下都, 王丞相爲之集,
桓公·王長史·王藍田·謝鎭西並在. 丞相自起解帳, 帶
麈尾, 語殷曰:「身今日當與君共談析理.」 旣共淸言, 遂
達三更. 丞相與殷共相往反, 其餘諸賢, 略無所關.)98)

　王導가 활약하던 東晉 초기는 어지러운 정치와 계급 간의 모
순이 첨예하게 대립하고 있었으며 백성들은 질고의 나날을 보
내고 있었다. 통치집단 내부의 서로 속고 속이는 기만과 정권쟁
취를 위한 암투는 끊일 날이 없었고, 허위와 보복이 난무하는
급박한 사회분위기 속에서 士人들은 화를 면하기 위해 山水에
은거하여 유유자적하거나 飮酒와 服藥에 도취되어 放蕩한 생활
을 하는 등 처세의 방식이 크게 바뀌어 당시 淸談의 분위기가
널리 만연되었다. 특히 東晉시기의 淸談은 正始나 元康, 永嘉시
기와 달리 문벌사족들 간의 분쟁과 갈등을 해소하고 정치적 안
정을 도모한다는 측면에서 정책적으로 장려되어 淸談의 기풍은
최고조에 다다르게 되었고, 士族文人은 물론 승려와 제왕들까지
도 淸談활동에 적극적으로 참여하여 朝野에서 크게 유행하였다.
위의 모임은 王導가 殷浩를 환영하기 위한 자리였으며, 이름 높
은 名士들도 많이 참석하였다. 王導는 대청담가로 유명했던 殷
浩와 三更에 이를 때까지 담론을 주고받을 정도로 뛰어난 담론
실력을 지니고 있었다. 이렇게 王導는 당시 권력의 중심에서 왕
성한 품평활동과 함께 뛰어난 담론능력으로 당시 유행이었던
淸談을 주도하여 정치적 안정을 도모하고자 하였으며, 王導와
같은 통치계층의 적극적인 옹호와 空談名理의 사회기풍 속에서
淸談은 魏晉의 사조를 이루게 되었다.
　끝으로 王導의 성품에 관해 살펴보도록 하자.

---

98) ≪世說新語≫ 文學 편 제22조.

　원황제(司馬睿)가 이미 제위에 등극한 뒤 정후를 총애한 나머지 명제(司馬紹)를 제쳐두고 [정후의 소생인] 간문제(司馬昱)를 [태자로] 세우려 하였다. 당시의 논자들이 모두 말하길 "연장자를 제쳐두고 연소자를 세우는 것은 이미 도의상 윤리에 어긋나며, 게다가 명제는 총명하고 결단력이 뛰어나므로 태자로 삼는 것이 더욱 마땅하다."라고 했다. 주의와 왕도를 비롯한 제공들도 모두 간절하게 충간했다. 오직 조현량 혼자만 소주(司馬昱)를 받들어 원제의 뜻에 아부하려고 했다. 원제는 곧장 시행하려했으나 제공들이 조칙을 받들지 않을까 염려하여, 먼저 주후(周顗)와 승상(王導)을 불어 입조케 한 뒤 조칙을 내려 조현량에게 넘기려했다. 주의와 왕도가 이미 입조하여 막 계단 끝에 이르렀을 때, 원제가 미리 어지를 전하는 사자를 파견하여 그들을 막아 세우고 동쪽 곁채로 가게 했다. 주후는 미처 깨닫지 못하고 즉시 물러나 계단을 내려갔다. 그러나 승상은 어지를 전하는 사자를 밀쳐내고 곧장 어좌 앞으로 나아가 말하길 "폐하께서 어찌하여 신을 만나고자 하시는지 모르겠사옵니다."라고 했다. 원제는 묵묵히 말없이 있다가 마침내 누런 종이에 쓴 조칙을 품속에서 꺼내 찢어버렸다. 이로써 태자의 책봉이 확정되었다. 주후(周顗)는 그제야 개연히 부끄러워하면서 탄식하길 "나는 늘 무홍(王導)보다 낫다고 스스로 말하곤 했는데 이제야 비로소 [그보다] 못하다는 것을 알겠구나!"라고 했다.(元皇帝既登祚, 以鄭后之寵, 欲舍明帝而立簡文. 時議者咸謂:「舍長立少, 既於理非倫, 且明帝以聰亮英斷, 益宜爲儲副.」周・王諸公並苦爭懇切. 唯刁玄亮獨欲奉少主, 以阿帝旨. 元帝便欲施行, 慮諸公不奉詔, 於是先喚周侯・丞相入, 然後欲出詔付刁. 周・王既入, 始至階頭, 帝逆遣傳詔, 遏使就東廂. 周侯未悟, 卽略卻, 下階. 丞相披撥傳詔, 徑至御牀前, 曰:「不

審陛下何以不見臣?」 帝默然無言; 乃探懷中黃紙詔裂擲
之. 由此皇儲始定. 周侯方慨然愧歎曰: 「我常自言勝茂
弘, 今始知不如也!」)99)

원제(司馬睿)는 강남으로 건너온 뒤에도 여전히 술을
좋아했는데, 왕무홍(王導)은 원제와 오랜 친분이 있었
기에 항상 눈물을 흘리면서 간했다. 원제가 이를 허락
하고 술을 따르게 하여 한 번 실컷 취한 다음 이때부터
마침내 [술을] 끊었다.(元帝過江猶好酒, 王茂弘與帝有
舊, 常流涕諫, 帝許之, 命酌酒一哂, 從是遂斷.)100)

方正 편 제23조의 고사에서는 司馬紹와 司馬昱 사이의 태자
책봉문제를 언급하고 있으나 劉孝標 注引 ≪中興書≫에는 司馬
昱이 아닌 司馬裒로 기록하고 있다. 아무튼 司馬裒의 기량을 인
정하고 태자로 책봉하려고 한 元帝를 王導가 연령으로 기준삼
아야 함을 간언하여 결국 元帝는 마음을 돌리었다. 또한 元帝는
몸소 검약함을 실천하고 당시 정무를 최우선으로 여겼으나, 성
품이 평소 술을 좋아하였다. 윤리를 강조하며 明帝(司馬紹)로
하여금 人統을 잇게 하도록 자신의 뜻을 굽히지 않고 直言하는
것이나 어지러운 정국 속에서 元帝가 술을 끊고 정사에 열중할
수 있도록 눈물로써 간언하는 모습101)에서 그의 소신 있는 성품
을 엿볼 수 있다. 한편 부정적인 모습도 보이고 있다.

왕승상(王導)은 인색하여, 집안에 달콤한 과일이 차

---

99) ≪世說新語≫ 方正 편 제23조.
100) ≪世說新語≫ 規箴 편 제11조.
101) 方正 편 제23조와 規箴 편 제11조에서 元帝가 王導의 말을 듣는
    것으로 보아 두 사람의 관계가 매우 막역하고 元帝 역시 王導를
    예우해주고 있음을 알 수 있다.

고 넘쳤지만 [다른 사람들에게] 나눠주지 않았다. 봄이 되어 [과일이] 물러서 썩자, 도독이 아뢰었더니, 왕공(王導)이 치우라고 하면서 말하길 "삼가 대랑(王悅)이 알게 해서는 안 되느니라!"라고 했다.(王丞相性儉節, 帳下甘果盈溢不散; 涉春爛敗, 都督白之, 公令舍去. 敕曰: 「愼不可令大郞知.」)[102]

왕대장군(王敦)이 모반을 일으키자, 승상(王導)의 형제들이 대궐에 나아가 사죄하였다. 주후(周顗)는 왕씨 일족을 깊이 걱정하여, 처음 [조정에] 들어갈 때는 매우 근심스런 기색이었다. 승상이 주후를 불러 말하길 "[우리] 일족의 운명을 그대에게 맡기겠소!"라고 했으나, 주후는 그냥 지나가면서 응답하지 않았다. [그렇지만 주후는 조정에] 들어간 뒤에 [승상 등을] 구하려고 애를 썼다. [마침내 승상 등이] 사면되자, 주후는 크게 기뻐하며 술을 마셨다. [주후가 조정에서] 나왔을 때 왕씨 일족은 그때까지 궁문에 있었다. 주후가 말하길 "금년에는 여러 간적들을 죽이고 말(斗)만한 크기의 황금 인장을 얻어 팔꿈치 뒤에 매어야겠소."라고 했다. [나중에] 대장군이 석두에 이르러 승상에게 묻길 "주후는 삼공이 될 수 있겠소?"라고 했으나, 승상은 대답하지 않았다. 다시 묻길 "상서령은 될 수 있겠소?"라고 했으나, [승상은] 역시 대답하지 않았다. 그래서 [대장군이] 말하길 "그렇다면 마땅히 죽여야겠군!"이라고 했는데도, [승상은] 계속 묵묵히 있었다. 주후가 살해당한 뒤에, 승상은 주후가 자기를 구해주었다는 사실을 뒤늦게 알고서, 탄식하길 "내가 주후를 죽인 것은 아니지만, 주후가 나 때문에 죽었으니, 저승에서 그 사람에게 면목이 없겠구나!"라고 했다.(王

---

[102] ≪世說新語≫ 儉嗇 편 제7조.

大將軍起事, 丞相兄弟詣闕謝, 周侯深憂諸王, 始入, 甚
有憂色. 丞相呼周侯曰:「百口委卿!」周直過不應. 旣入,
苦相存救. 旣釋, 周大說, 飮酒; 及出, 諸王故在門, 周曰:
「今年殺諸賊奴, 當取金印如斗大繫肘後.」大將軍至石頭,
問丞相曰:「周侯可爲三公不?」丞相不答. 又問:「可爲
尙書令不?」又不應. 因云:「如此, 唯當殺之耳!」復默
然. 逮周侯被害, 丞相後知周侯救己, 歎曰:「我不殺周侯,
周侯由我而死; 幽冥中負此人!」)103)

王導와 王敦 등 琅琊 王氏 일족은 東晉을 건국하는 데 큰 공을
세웠으나 王導의 사촌형인 王敦이 나중에 元帝에게 배척당하자
이에 앙심을 품고 황제 측근의 간신인 劉隗를 토벌한다는 명분으
로 永昌 元年(322) 武昌에서 擧兵하여 建康까지 점령하였다.104)

劉隗는 황제에게 혼신을 다해 王氏를 주살하도록 권
하였으나, 논자들은 그것을 위험한 생각이라 여겼다.
王導는 형제, 자제, 조카 등 20여 명을 이끌고 매일 아
침 입궐하여 죄를 빌었다.(劉隗勸帝悉誅王氏, 論者爲之
危心. 導率羣從昆弟子姪二十餘人, 每旦詣臺待罪.)

왕돈이 거병을 하자 劉隗는 황제에게 王氏 일가를
제거하도록 권하였다. 司空이었던 王導는 무리를 이끌
고 대궐에 와서 죄를 청하였다. 周顗가 입궐하려 할
때 王導가 周顗를 불러 말하기를 "伯仁, 온 집안의 친
족들이 경에게 도움을 청해야겠구려!"라고 했다. 周顗
는 뒤도 돌아보지 않고 곧장 들어갔다. 황제를 배알해
서 王導의 충성스러움을 아뢰고 최선을 다해 해명을

---

103) ≪世說新語≫ 尤悔 편 제6조.
104) 傅樂成 主編, 鄒紀萬 著 ≪魏晉南北朝史≫(臺北, 衆文圖書公司,
    1990) 53쪽 참조.

하니 황제가 그 말을 받아들였다. 周顗는 크게 기뻐하며 술을 마시고는 취해서 퇴청하였다.(敦之擧兵也, 劉隗勸帝盡除諸王, 司空導率羣從詣闕請罪, 値顗將入, 導呼顗謂曰, "伯仁, 以百口累卿!" 顗直入不顧. 旣見帝, 言導忠誠, 中救甚至, 帝納其言. 顗喜飮酒, 致醉而出.)[105]

위의 ≪晉書≫의 기사에서 알 수 있듯이 이 일로 인해 매일 아침 친족 20여 명을 이끌고 조정에 나와서 죄를 빌었으며, 위기에 몰린 王導를 구해내기 위해 周顗는 최선을 다했다. 그러나 같은 상황에서 王導는 오히려 周顗에 대해 비겁한 태도를 취하였다. 한편 儉嗇 편 제7조에서는 王導의 인색한 성품을 보여주고 있으나, ≪晉書≫에는「王導는 간소하고 욕심이 적어 창고에는 쌓아 둔 곡식이 없었으며, 비단 옷을 중히 여기지 않았다. 元帝가 이를 알고 布 만 필을 하사하여 私費로 쓰도록 했다.(導簡素寡欲, 倉無儲穀, 衣不重帛. 帝知之, 給布萬匹, 以供私費.)」라고 하고 있어 이와 상반된 모습을 보여주고 있다.

王導는 東晉 건국의 주체로서 以吳制吳의 책략과 유화정책으로 東晉 초기 정치의 안정과 남북의 갈등을 해소하며 왕실의 역량을 공고히 하는 데 공로가 가장 컸던 인물이었다. 또한 권력의 핵심에 있으면서 왕성한 품평활동과 뛰어난 담론능력으로 당시의 淸談을 주도하였고, 直言과 탁월한 식견으로 군주와 국가에 충성하였던 대정치가였다. 당시 시대분위기와 발맞추어 탈속적인 풍모와 덕망으로 당시에 이름을 날리었으며, ≪世說新語≫에서는 대부분 이러한 그의 긍정적인 모습을 부각시키고 있다.

---

[105] ≪晉書≫ 卷69 ＜周顗傳＞.

2. 王 敦

王敦(266-324)[106]은 字가 處仲, 小名은 阿黑이며 王導의 사촌 형이면서 西晉 武帝(司馬炎)의 사위로[107] 琅琊 臨沂(지금의 山東) 사람이다. 젊어서부터 사리에 통달하였고, 名理에 뛰어나 인물감식의 재능이 있었으며, 성품이 대범, 소탈하고 고상한 기품을 지니고 있었다.[108] ≪晉書≫의 기사에도,

> 王敦은 용모가 환하고 성격은 소탈하였다. 인물감식
> 의 재능을 지니고 있었고 ≪春秋左氏傳≫에 밝았다.
> 재물 따위는 입에 담지 않았으며 특히 청담을 즐겨하
> 여 당시 사람들은 몰랐지만 친척 형인 王戎만은 그를
> 다르게 보았다.(敦眉目疏朗, 性簡脫, 有鑒裁, 學通左氏,
> 口不言財利, 尤好淸談, 時人莫知, 惟族兄戎異之.)

라고 하고 있어 대범하고 소탈한 성품에 재물 따위에는 관심이 없었으며 ≪春秋左氏傳≫에 해박하고 淸談에도 능하여 그의 친척 형인 王戎에게 주목받았음을 알 수 있다.

> 왕대장군(王敦)은 젊었을 때, 이전부터 '시골뜨기'라
> 는 별명이 있었으며 말씨도 촌스러웠다. 무제(司馬炎)
> 가 당시의 명사들을 초청하여 함께 기예에 관한 일을
> 이야기했는데, 사람들은 모두 알고 있는 바가 많았지

---

106) ≪晉書≫ 卷98 ＜王敦傳＞ 참조.
107) ≪晉書≫의 기사에 「일찍이 무제의 여식인 양성공주와 혼인하여
    부마도위에 제수되었다.(尙武帝女襄城公主, 拜駙馬都尉.)」라는 내
    용이 있다.
108) ≪世說新語≫ 文學 편 제20조 劉孝標 注引 ≪王敦別傳≫, 豪爽 편
    제2조 鄧粲의 ≪晉紀≫, 제3조 ≪晉陽秋≫ 참조.

만 왕대장군만은 전혀 관심을 보이지 않고 있다가 못
내 떨떠름한 표정으로 북을 칠 줄 안다고 스스로 말
했다. 무제가 북을 가져오게 하여 그에게 주었더니,
[왕대장군은] 자리에서 소매를 떨치고 일어나 북채를
들고 격정적으로 쳤는데 음절이 조화롭고 경쾌했으며
기상이 호쾌하고 고매하여 방약무인의 지경이었다. 온
좌중이 그의 웅혼함과 호방함에 감탄했다.(王大將軍年
少時, 舊有田舍名, 語音亦楚; 武帝喚時賢共言伎藝之事,
人人皆多有所知, 唯王都無所關; 意色殊惡, 自言知打鼓
吹. 帝卽令取鼓與之, 於坐振袖而起, 揚槌奮擊, 音節諧
捷, 神氣豪上, 傍若無人. 擧坐歎其雄爽.)109)

왕처중(王敦)은 세간에서 고상하다는 평가를 받았는
데, 일찍이 여색에 푹 빠져 몸이 그것 때문에 허약해
졌었다. 좌우에서 간언하자, 처중이 말하길 "나는 그
런 줄 느끼지 못했는데, 그와 같은 것이라면 매우 간
단하지."라고 하고는, 곧장 後房을 열어 하녀와 첩 수
십 명을 쫓아 길거리로 내보내 가고 싶은 대로 가게
했다. 당시 사람들은 [그것을 보고] 감탄했다.(王處仲
世許高尙之目, 嘗荒恣於色, 體爲之弊, 左右諫之. 處仲
曰: 「吾乃不覺爾! 如此者, 甚易耳.」 乃開內後閤, 驅諸
婢妾數十人出路, 任其所之. 時人歎焉.)110)

왕대장군(王敦)이 자신을 평하기를 "고명하고 진솔
하며 학문은 춘추좌씨전에 밝다."라고 했다.(王大將軍
自目 「高朗疎率, 學通左氏.」)111)

환온이 길을 가다가 왕돈의 묘 옆을 지나가면서 바라

---

109) ≪世說新語≫ 豪爽 편 제1조.
110) ≪世說新語≫ 豪爽 편 제2조.
111) ≪世說新語≫ 豪爽 편 제3조.

　　보며 이르길 "괜찮은 사람이야! 괜찮은 사람이야!"라고
　　했다.(桓溫行經王敦墓邊過, 望之云: 「可兒! 可兒!」)112)

　　豪爽 편 제1조에서 田舍는 六朝時代의 俗語로 田舍兒, 田舍翁
의 뜻이고,113) 楚 역시 吳의 方言으로 언행이 규범이 없고 비속
한 것을 가리키며 사람이 촌스러움을 의미한다.114) 시골뜨기처
럼 촌스러운 외모와는 달리 王敦이 북을 연주할 때 기상이 호쾌
하고 고매하여 傍若無人의 지경이었으며, 온 좌중이 그의 웅혼
함과 호방함에 감탄하면서도 한편으로는 晉 武帝 앞에서의 용기
와 담력에 놀람을 금할 수 없었다. 이러한 王敦의 표현은 남을
능가하는 뛰어난 재능과 기품이 있음을 증명하는 것이다. 또한
여색에 빠졌으나 간언을 듣고 바로 기녀들을 쫓아내는 모습에서
결단력과 호탕함도 느낄 수 있다. 또한 스스로도 자신의 품격과
학식에 자부심을 가지고 있어115) 후세의 桓溫은 王敦을 탁월한
재능을 지닌 인물이며 괜찮은 사람이라고 평가하고 있다.116)

　　王導와 王敦 등 琅琊 王氏 일족은 東晉을 건국하는 데 큰 공
을 세웠으나, 王敦 스스로 전략 요충지인 荊州의 刺史가 되는
등 세력이 커지자 이를 두려워 한 元帝가 자신의 심복인 劉隗
와 刁協, 그리고 戴淵으로 하여금 표면적으로 북벌을 가장하여
王敦의 東侵을 대비토록 하였다. 이에 격분한 王敦은 황제 측근
의 간신들을 몰아낸다는 명분을 내세워 元帝 永昌 元年(322) 武
昌에서 擧兵하여 建康을 점령하고 조정에서 전권을 휘둘렀으며,

---

112) ≪世說新語≫ 賞譽 편 제79조.
113) 張萬起 編 ≪世說新語詞典≫(北京, 商務印書館, 1993) 393쪽.
114) 앞의 책 593쪽.
115) 品藻 편 제15조의 고사에서도 네 명의 벗인 王澄, 王衍, 庾顗, 胡
　　　母彦國 가운데 자신이 가장 뛰어나다고 자부하고 있다.
116) 賞譽 편 제79조 劉孝標 注引 孫綽의 <與庾亮牋>에 의하면 王敦
　　　은 수십 년 동안 괜찮은 사람이라고 품평 받았다고 한다.

84

계속해서 제위를 찬탈할 목적으로 明帝 太寧 元年(323) 군대를
姑孰으로 이동하고 스스로 揚州牧이 되어 그 이듬해(324) 溫嶠
를 토벌한다는 구실로 반란을 일으켰으나 病死하여 결국 실패
하고 말았다.117) 이러한 王敦의 정치적 야심을 예견한 고사를
≪世說新語≫ 곳곳에서 볼 수 있다.

반양중(潘滔)이 어린 시절의 왕돈을 보고 평하길
"자네는 벌 같은 눈이 이미 튀어나왔지만 승냥이 같
은 목소리는 아직 내지 못하니, 틀림없이 남을 잡아먹
을 수도 있지만 또한 남에게 잡아먹힐 수도 있네."라
고 했다.(潘陽仲見王敦少時, 謂曰:「君蜂目已露, 但豺
聲未振耳. 必能食人, 亦當爲人所食!」)118)

석숭 [집]의 화장실에는 항상 10여 명의 시녀가 시
중들며 늘어서 있었는데, 모두 화려한 옷을 입고 곱게
화장을 했으며, 갑전분과 침향수 등등을 놓아 두어 갖
추지 않은 것이 없었다. 또한 새 옷을 주어 갈아입고
나오도록 했는데, 손님들 대부분은 [옷 벗는 것을] 부
끄러워하여 화장실을 가지 못했다. [그러나] 왕대장군
(王敦)은 [화장실에] 가서, 입고 있던 옷을 벗고 새 옷
을 입으면서도 기색이 오만했다. 여러 시녀들이 서로
말하길 "이 손님은 틀림없이 모반을 일으킬 것이다!"
라고 했다.(石崇厠, 常有十餘婢侍列, 皆麗服藻飾, 置甲
煎粉・沈香汁之屬, 無不畢備; 又與新衣箸令出, 客多羞
不能如厠. 王大將軍往, 脫故衣, 箸新衣, 神色傲然. 群婢
相謂曰:「此客必能作賊!」)119)

---

117) 傳樂成 主編, 鄒紀萬 著 ≪魏晉南北朝史≫(臺北, 衆文圖書公司,
    1990) 53쪽 참조.
118) ≪世說新語≫ 識鑒 편 제6조.
119) ≪世說新語≫ 汰侈 편 제2조.

　　석숭은 손님을 초청하여 연회를 열 때마다 항상 미인들로 하여금 술을 권하게 했는데, 손님이 술을 다 마시지 않을 경우, 황문을 시켜 [시중든] 미인을 번갈아 목 베게 했다. 한 번은 왕승상(王導)과 [그의 사촌형] 대장군(王敦)이 함께 석숭을 방문했다. 승상은 평소 술을 잘 마시지 못했지만, [돌아오는 술잔을 다 마시느라] 스스로 무리하여 진탕 취하고 말았다. [반면에 술잔이] 대장군에게 돌아왔지만 [대장군은] 한사코 마시지 않으면서 어떻게 되나 보고 있었다. 이미 세 명의 미인을 목 베었지만 [대장군은] 안색조차 변하지 않은 채 여전히 마시려 하지 않았다. 이에 승상이 그를 질책했더니, 대장군이 말하길 "자기 집 사람을 자기가 죽이는 데 그대와 무슨 상관인가!"라고 했다.(石崇每要客燕集, 常令美人行酒, 客飮酒不盡者, 使黃門交斬美人. 王丞相與大將軍嘗共詣崇, 丞相素不能飮, 輒自勉强, 至於沈醉. 每至大將軍, 固不飮, 以觀其變. 已斬三人, 顔色如故, 尙不肯飮. 丞相讓之. 大將軍曰:「自殺伊家人, 何預卿事!」)[120]

　　王衍이 東海王 司馬越에게 진언하여 王敦을 楊州刺史로 전임시키자 司馬越의 長史였던 潘滔는 王敦의 관상과 외모를 보고「왕처중(王敦)은 벌 같은 눈이 이미 튀어나왔지만 승냥이 같은 목소리는 아직 내지 못하니, 지금 그를 강 밖(長江 이남의 지역)에 두어 그의 사납고 거친 마음을 멋대로 부리게 한다면, 이는 그를 도적으로 키우는 것입니다.(王處仲蜂目已露, 豺聲未發, 今樹之江外, 肆其豪彊之心, 是賊之也)」[121]라고 하여 앞으로 일어날 일을 경고하였다. 한편 石崇은 荊州刺史로 있을 때 남의 재물을 약탈하고

---

120) ≪世說新語≫ 汰侈 편 제1조.
121) ≪世說新語≫ 識鑒 편 제6조 劉孝標 注引 ≪漢晉春秋≫ 참조.

사람들을 마구 죽여 엄청난 부를 모은 인물이었다. 화려하고 사치스러운 물건으로 가득 찬 石崇의 집에서 기가 죽기는커녕 거침이 없고 오만한 행동을 하여 모반을 예견했으며, 사촌인 王導 역시 냉정하고도 잔인한 성격의 王敦이 득세하게 되면 틀림없이 반란을 일으킬 것이라 예견하였다.122) ≪晉書≫의 기사에 따르면,

王敦은 잘못을 고치는 것에 힘쓰고 평소 청담을 숭상했으며, 재물과 여색을 입에 담지 않았다. 본래부터 이미 두터운 명망을 지니고 있었고, 또한 江左에서 큰 공을 세워 장군의 지위를 독차지하여 직접 강한 군대를 통솔하였으며, 무리들도 그의 존귀함과 현달함을 좇아 그 위엄과 권위는 최고였다. 결국 조정까지 전횡하고자 하여 천하를 빼앗으려는 야심이 생겼다. 황제는 그를 두려워하고 미워하여 마침내 劉隗와 刁協 등을 불러 심복으로 삼았다. 王敦은 더욱 노기를 진정시킬 수 없었으며 이 일로 서로 미워하고 사이가 벌어지게 되었다. 王敦은 매번 술을 마신 후에 魏 武帝의 악부시를 읊조리길 "늙은 준마 말구유에 엎드려 있지만 그 뜻 천리에 있고, 열사는 노년이지만 장한 마음 끊임없네."라고 하면서, 如意로 타구를 두들겨 조각이 났으며, 타구 주둥이가 모두 이지러졌다.(敦務自矯厲, 雅尙淸談, 口不言財色. 旣素有重名, 又立大功於江左, 專任閫外, 手控强兵, 羣從貴顯, 威權莫貳, 遂欲專制朝廷, 有問鼎之心. 帝畏而惡之, 遂引劉隗、刁協等以爲心膂. 敦益不能平, 於是嫌隙始構矣. 每酒後輒詠魏武帝樂府歌曰, "老驥伏櫪, 志在千里. 烈士暮年, 壯心不已." 以如意打唾壺爲節, 壺邊盡缺.)

---

122) ≪世說新語≫ 汰侈 편 제1조 劉孝標 注引 王隱의 ≪晉書≫ 참조.

라고 하여 王敦이 병권을 장악한 후 元帝의 견제로 사이가 나
빠지기 시작했으며, 王敦 자신도 奸雄 曹操를 흠모하여 술을 마
시고 나면 매번 그의 樂府詩를 읊조리며 그와 같이 되고자하는
의지를 표출하곤 하였다.

　　왕우군(王羲之)이 10살이 안 되었을 때, 대장군(王
敦)은 그를 매우 사랑하여 늘 [자신의 군막] 휘장 안에
서 자게 했다. 한 번은 대장군이 먼저 [휘장에서] 나왔
는데, 왕우군은 아직 일어나지 않고 있었다. 잠시 후에
전봉이 들어와서 사람들을 물리치고 [대장군과] 일을
의논했는데, 왕우군이 휘장 안에 있다는 것을 까마득
히 잊고서 바로 반역의 계획을 언급했다. 왕우군은 깨
어나서 [두 사람이] 의논하는 것을 듣고는 살아날 길이
없다고 판단되자, 곧바로 손가락을 [목구멍에] 넣어 토
해서 얼굴과 이부자리를 더럽힌 뒤 거짓으로 깊이 잠
든 척 했다. 왕돈은 일을 의논하던 도중에 비로소 왕우
군이 아직 일어나지 않은 것이 생각나서, [전봉과] 함
께 크게 놀라며 말하길 "제거하지 않을 수 없다!"라고
했다. 휘장을 열어 제치고 보았더니 토한 오물과 침이
어지럽게 흩어져 있었으므로, [대장군은] 그가 정말로
깊이 잠들어 있다고 믿었다. 그래서 [왕우군은] 온전할
수 있었다. 당시 사람들은 그의 지혜로움을 칭찬했다.
(王右軍年裁十歲時, 大將軍甚愛之, 恒置帳中眠. 大將軍
嘗先出, 右軍猶未起; 須臾, 錢鳳入,屛人論事, 都忘右軍
在帳中, 便言逆節之謀. 右軍覺, 旣聞所論, 知無活理, 乃
剔吐汙頭面被褥, 詐熟眠. 敦論事造半, 方憶右軍未起, 相
與大驚曰: 「不得不除之!」 及開帳, 乃見吐唾從橫, 信其
實熟眠, 於是得全. 于時稱其有智.)123)

---

123) ≪世說新語≫ 假譎 편 제7조.

왕대장군(王敦)이 사마민왕(司馬丞)을 체포하여, 밤에 왕세장(王廙)을 보내 민왕을 수레에 태워서 [가는 도중에] 죽이게 했는데, 당시 사람들은 아무도 [그 사실을] 알지 못했다. 비록 민왕의 집이라 할지라도 모든 사람이 알고 있었던 것은 아니었으며, 게다가 [민왕의 아들인] 사마무기 형제는 모두 어렸었다. [왕세장의 아들] 왕호지와 사마무기는 성장한 뒤 서로 매우 친했는데, 왕호지가 한 번은 [사마무기와] 함께 놀고 있을 때, 사마무기가 [집으로] 들어가 모친께 고하고 식사를 차려 달라고 청했더니, 모친이 눈물을 흘리며 말하길 "왕돈이 지난 날 너의 부친에게 가혹한 짓을 자행하면서 왕세장의 손을 빌렸었다. 내가 오랜 세월동안 너에게 [그 사실을] 일러주지 않았던 이유는, 왕씨 가문은 강성하고 너희 형제는 아직 어리기에 그 소문이 드러나지 않게 하고자 했으니 대대 화를 피하기 위함일 따름이었다!"라고 했다. 사마무기가 경악하고 소리치며 칼을 빼 들고 나갔더니, 왕호지는 이미 멀리 도망치고 없었다.(王大將軍執司馬愍王, 夜遣世將載王於車而殺之, 當時不盡知也. 雖愍王家, 亦未之皆悉; 而無忌兄弟皆稚. 王胡之與無忌, 長甚相暱, 胡之嘗共遊, 無忌入告母, 請爲饌. 母流涕曰: 「王敦昔肆酷汝父, 假手世將; 吾所以積年不告汝者, 王氏門彊, 汝兄弟尚幼, 不欲使此聲箸, 蓋以避禍耳!」 無忌驚號, 抽刃而出, 胡之去已遠.)124)

시골뜨기처럼 다소 촌스러웠던125) 王敦은 젊어서부터 장성해서까지 성격이 난폭하였으며,126) 냉정하고도 잔인한 인물이었다.

---

124) ≪世說新語≫ 仇隙 편 제3조.

125) 品藻 편 제21조와 豪爽 편 제1조에서 王敦을 시골뜨기(田舍)에 비유하고 있으며, 紕漏 편 제1조에서는 촌스러운 행동으로 시녀들에게 비웃음을 사고 있다.

네 명의 벗 가운 데 한 사람인 王澄이 荊州刺史로 있을 때 자신을 모욕했다하여 路戎 등에게 그를 목 졸라 죽이게 시켰고,127) 조카 王羲之를 매우 아끼고 사랑했지만 역모의 계획이 누설될까 걱정하여 과감하게 죽이려 하였다. 또한 사촌동생 王廙로 하여금 자신에게 반기를 들었던 司馬丞을 체포하여 아무도 모르게 죽이도록 하는 일련의 장면 속에서 목적달성에 방해가 되는 장애물들을 냉정하고도 과감하게 제거했던 王敦의 부정적인 모습이 선명하게 드러나고 있다.

東晉 건국의 핵심세력이었던 王導와 함께 王敦은 군권을 장악하고 큰 세력을 형성하여 「王氏와 司馬氏가 천하를 함께 한다.(王與馬, 共天下.)」128)라는 말이 생겨날 정도로 그 영향력이 막강하였다. 탁월한 학식과 소탈하고 대범한 기품을 지니고 있던 王敦은 그를 견제하고 제거하고자 한 일을 계기로 잠재되어 있던 냉정함과 잔인성을 표출, 결국 반역하게 되었으나, ≪世說新語≫에서는 그의 이러한 부정적인 모습만이 아닌 긍정적인 모습도 함께 부각시키고 있어 평가의 관점이 한 個體의 인격에 맞추어져 있는 것이지 儒家나 世俗의 禮法觀念으로 평가하는 것이 아님을 보여주고 있다.

3. 王　珣

王珣(349-400)129)은 字가 元琳이고 小名은 法護, 阿瓜이며 琅琊 臨沂(지금의 山東) 사람으로, 승상 王導의 손자이자 領軍 王洽의 아들이다. 桓溫이 그의 기량과 명망을 존중하여 약관의 나

---

126) ≪世說新語≫ 品藻 편 제12조 劉孝標 注 참조.
127) ≪世說新語≫ 方正 편 제31조 劉孝標 注引 ≪晉陽秋≫ 참조.
128) ≪晉書≫ 卷98 ＜王敦傳＞.
129) ≪晉書≫ 卷65 ＜王珣傳＞ 참조.

이에 主簿로 삼았으며, 桓溫을 따라 袁眞을 토벌하여 東亭侯에
봉해졌다.

　　왕동정(王珣)이 환선무(桓溫)의 主簿가 되었는데, 이
미 가문의 명예를 이어받은 데다가 훌륭한 명성까지
지니고 있어서, 환공(桓溫)은 그의 인품과 가문이 온
府의 명망을 받고 있는 것을 매우 존경했다. [왕동정
은] 처음 [환공을] 만나 인사할 때 예의절차에 실수를
범했지만 안색은 태연자약했다. 좌중의 빈객들이 [그
의 실수를 보고] 즉시 비꼬면서 웃자, 환공이 말하길
"그렇지 않소. 그의 표정과 모습을 보니 틀림없이 평
범한 인물은 아닐 것이오. 내가 마땅히 시험해 보겠
소."라고 했다. 나중에 매월 초하루에 열리는 조회에
서 [환온의 속관들이] 관청 앞에 엎드려 있을 때, 환
공이 안에서 말을 타고 곧장 돌진해 나왔다. 좌우의
사람들은 모두 피하다 넘어졌으나 왕동정은 꼼짝도
하지 않았다. 이에 명성이 크게 높아져 사람들이 모두
말하길 "재상이 될 만한 그릇이야!"라고 했다.(王東亭
爲桓宣武主簿, 旣承藉有美譽, 公甚敬其人地, 爲一府之
望, 初見謝失儀, 而神色自若; 坐上賓客卽相貶笑. 公曰:
「不然. 觀其情貌, 必自不凡; 吾當試之.」 後因月朝閣下
伏, 公於內走馬直出突之, 左右皆宕仆, 而王不動. 名價
於是大重, 咸云:「是公輔器也!」)130)

　　왕순과 치초는 모두 훌륭한 재능을 갖고 있어서 대
사마(桓溫)의 중시를 받아 발탁되었다. 왕순은 주부가
되었고 치초는 기실참군이 되었다.(王珣・郗超並有奇
才, 爲大司馬所眷拔; 珣爲主簿, 超爲記室參軍.)131)

---

130) ≪世說新語≫ 雅量 편 제39조.
131) ≪世說新語≫ 寵禮 편 제3조.

효무제(司馬曜)는 왕국보와 왕아를 매우 신임하고 경애했다. 왕아가 효무제에게 왕순을 추천하자, 효무제는 그를 만나보고자 했다. 한번은 밤에 왕국보, 왕아와 함께 마주 앉아 있었는데, 무제가 약간 술기운이 있는 상태에서 왕순을 불러들이라고 했다. [왕순이] 거의 도착할 즈음에, 사졸이 보고하는 소리가 이미 들렸다. 왕국보는 자신의 재능이 왕순보다 못하다는 것을 알고 있었기 때문에, 황제의 총애를 빼앗길까봐 두려워서 말하길 "왕순은 당대의 이름 난 명사이므로, 폐하께서 술기운이 있는 상태에서 그를 접견하시는 것은 마땅하지 못하오니, 따로 조서를 내려 부르시는 것이 좋겠습니다."라고 했다. 효무제는 그의 말이 옳다고 여겼으며 마음속으로 충성스럽다고 생각하여, 결국 왕순을 접견하지 않았다.(孝武甚親敬王國寶·王雅. 雅薦王珣於帝, 帝欲見之; 嘗夜與國寶及雅相對, 帝微有酒色, 令喚珣. 垂至, 已聞卒傳聲, 國寶自知才出珣下, 恐傾奪其寵, 因曰:「王珣當今名流, 陛下不宜有酒色見之, 自可別詔召也.」帝然其言, 心以爲忠, 遂不見珣.)132)

왕침이 죽고 나서 서쪽[荊州]을 다스릴 후임자가 아직 정해지지 않았을 때, 조정의 고관귀족들은 모두 [자신이 임명되기를] 희망하고 있었다. 당시 은중감은 문하성에 있었는데, 비록 기밀을 맡은 요직에 있었지만 자질과 명망이 낮았기 때문에 사람들은 [그를 나라를 수호할 수 있는] 지방장관으로 인정해주지 않았다. 晉 효무제(司馬曜)는 측근의 심복 중에서 발탁하려고 생각하여, 마침내 은중감을 형주자사로 내정했다. 일은 결정되었지만 조서가 아직 발부되지 않았을 때, 왕순이 은중감에게 묻길 "섬서(荊州)의 장관은 어

---

132) ≪世說新語≫ 讒險 편 제3조.

찌하여 아직까지 결정되지 않는 것이오?"라고 하자, 은중감이 말하길 "이미 사람이 결정되었소이다."라고 했다. 왕순이 公卿의 이름을 차례대로 열거하면서 물었으나 [은중감은] 모두 아니라고 말했다. 왕순은 재능과 가문으로 볼 때 당연히 자기가 임명될 것이라고 스스로 생각하여 다시 묻길 "내가 아니오?"라고 했으나 은중감이 대답하길 "그 또한 아닌 듯 합니다."라고 했다. 그날 밤에 조서가 발부되어 은중감이 임명되었다. 왕순이 친구에게 말하길 "어찌 황문랑에게 그러한 대임을 맡길 수 있단 말인가? 이번에 중감을 기용한 것은 바로 나라가 망할 징조이다!"라고 했다.(王忱死, 西鎭未定, 朝貴人人有望; 時殷仲堪在門下, 雖居機要, 資名輕小, 人情未以方嶽相許. 晉孝武欲拔親近腹心, 遂以殷爲荊州. 事定, 詔未出, 王珣問殷曰: 「陝西何故未有處分?」 殷曰: 「已有人.」 王歷問公卿, 咸云非. 王自許才地必應在己, 復問: 「非我邪?」 殷曰: 「亦似非.」 其夜詔出用殷. 王語所親曰: 「豈有黃門郎而受如此任? 仲堪此舉, 迺是國之亡微!」)[133]

가문의 후광과 훌륭한 명성을 지니고 있던 王珣은 예의절차에 실수를 할 때나 桓溫이 말을 타고 돌진하며 시험해보는 위험한 상황에서도 태연자약한 태도를 취함으로써 桓溫으로부터 「틀림없이 젊어서 三公의 지위에 오를 것이니, 쉽게 얻을 수 없는 인재(必爲黑頭公, 未易才)」라는 극찬을 받았다.[134] 또한 자신의 재능이 王珣의 재능보다 못하여 孝武帝의 총애를 빼앗길까봐 걱정하는 王國寶의 시기와 질투에서도 볼 수 있듯이 王珣의 재능은 이미 여러 사람들로부터 인정받고 있음을 알 수 있다.

---

133) ≪世說新語≫ 識鑒 편 제28조.
134) ≪世說新語≫ 雅量 편 제39조 劉孝標 注引 ≪續晉陽秋≫ 참조.

王珣 스스로도 가문과 자신의 재능에 대해 자부심이 대단했던 것 같다. 당시 荊州는 북방 이민족의 침략으로부터 東晉을 방어할 수 있는 전략적 요충지로, 북벌의 중심지역이었을 뿐 아니라 종종 정치야심가들의 이용 장소가 될 정도로 중요한 지역이었다. 모반에도 대비해야 하고 이민족의 침략도 방어해야 하는 중앙정부의 荊州에 대한 입장은 매우 신중하고도 주의가 각별했다.135) 王珣은 자신이 荊州刺史였던 王忱과 재능이나 가문으로 볼 때 견줄 만하다고 생각하였으나, 뜻밖에도 孝武帝는 자질과 명망은 부족하지만 자신의 심복인 殷仲堪을 임명하여 불만을 토로하며 政事 편 제26조에서 荊州刺史가 된 殷仲堪을 비꼬고 있다.136)

王珣은 학식이 깊고 재능이 많았으며, 당시에 文名 또한 높았다.137)

> 왕동정(王珣)이 환공(桓溫)의 속관이 되어 [그의 막부에] 도착했을 때, [아침에 관리를 점호하기도 전에] 이미 관청 앞에 엎드려 있었다. 환공이 사람을 시켜 그가 쓴 '신임 관리 소개문'을 몰래 가져오게 했더니, [그 사실을 알고 난] 왕동정은 즉시 관청 앞에서 [소개문을] 다시 작성했는데 이전의 문장과 한 글자도 중복된 것이 없었다.(王東亭到桓公, 吏旣伏閤下, 桓令人竊取其白事. 東亭卽於閤下更作, 無復向一字.)138)

---

135) 傅樂成 主編, 鄒紀萬 著 《魏晉南北朝史》(臺北, 衆文圖書公司, 1990) 56쪽 참조.

136) 결국 晉 安帝 隆安 3년(399) 江州刺史 桓玄이 荊州를 공격하여 殷仲堪을 살해하였으며, 元興 2년(402)에 建康을 점령하고 禪讓의 방식으로 東晉의 정권을 찬탈했다. 또한 政事 편 제26조와 識鑒 편 제28조, 紕漏 편 제8조를 보면 王珣과 殷仲堪, 그리고 王忱의 동생인 王國寶 세 사람이 荊州刺史 자리를 놓고 쟁탈을 벌이고 있음을 볼 수 있다.

137) 《世說新語》 文學 편 제95조 劉孝標 注引 《續晉陽秋》 참조.

桓溫은 王珣의 재능이 어느 정도인지를 알아보기 위해 사람을 시켜 이미 작성해놓은 문서를 몰래 가져오게 하였다. 이에 王珣은 즉시 다시 작성하였는데 한 글자도 앞의 문서와 중복된 것이 없을 정도로 王珣의 재능과 문사는 뛰어났다. 儒家의 엄격한 禮敎主義가 점차 몰락하고 自然主義 老莊學이 대두하던 魏晉에 이르러서는 自我意識에 대한 발전과 중시로 兩漢과는 전혀 다른 인생태도가 형성하게 되었다. 東漢 이래 道德性을 표준으로 한 실용위주의 인물품평 역시 외재적인 禮敎 권위에 대한 회의와 부정과 아울러 老莊學의 영향으로 인해 개인의 내재적인 인격의 각성과 추구로 전환되어 자신의 個性과 自我를 중시하기 시작하였다. 즉, 東漢 末年 儒敎의 붕괴와 해체로 사람들은 엄격했던 道德禮敎의 굴레에서 벗어나 自我에 대한 부단한 추구와 탐색을 시도하였으며, 그 결과 내재되었던 재능 역시 점차 주목을 받게 되어 魏晉 士人들의 중시를 받게 되었다. 이러한 시대분위기 속에서 위의 고사는 학식이 깊고 영민했던 王珣의 재능과 文名을 두드러지게 부각시키고 있다.

반면, 東晉의 명재상이었던 王導의 후예로서의 부끄러운 모습도 보인다.

> 간문제(司馬昱)가 상왕으로 있을 때, 사공(謝安)과 함께 환선무(桓溫)를 찾아갔다. 왕순이 먼저 와서 안에 있었는데, 환선무가 왕순에게 말하길 "그대는 일찍이 상왕을 보고 싶어 했으니 휘장 안에 들어가 [살펴보고] 있으면 될 걸세."라고 했다. 두 손님이 돌아간 뒤에 환선무가 왕순에게 말하길 "정작 어떠하던가?"라고 하자, 왕순이 말하길 "상왕은 재상으로서 본디

---

138) ≪世說新語≫ 文學 편 제95조.

神君처럼 청정하고 공(桓溫) 또한 만인의 존망을 받고
있습니다. 그렇지 않다면 복야(謝安)가 어떻게 스스로
[공에게] 머리를 숙일 수 있겠습니까?"라고 했다.(簡文
作相王時, 與謝公共詣桓宣武; 王珣先在內, 桓語王: 「卿
嘗欲見相王, 可住帳裏.」 二客旣去, 桓謂王曰: 「定何如?」
王曰: 「相王作輔, 自然湛若神君, 公亦萬夫之望; 不然,
僕射何得自沒?」)139)

　왕서가 왕국보에게 은형주(殷仲堪)를 자주 참언하
자, 은형주가 그것을 매우 걱정하여 왕동정(王珣)에게
[대처할] 방법을 구했더니, [왕동정이] 말하길 "그대는
단지 왕서를 자주 방문하여, 가자마자 [주위] 사람을
물리치고 나서, 다른 일만 얘기하시게. 그렇게 하면
왕서와 왕국보의 좋은 사이가 멀어지게 될 걸세."라고
했다. 은형주는 그의 말대로 따랐다. 왕국보가 왕서를
만나서 묻길 "근자에 [주위] 사람을 물리치고 중감과
무슨 말을 했는가?"라고 하자, 왕서가 말하길 "진실로
일상적인 왕래였으며 [특별히] 달리 논의한 것은 없습
니다."라고 했다. 왕국보는 왕서가 자기에게 숨기는
것이 있다고 생각하여, 과연 [둘 사이의] 좋은 교분이
날로 소원해졌으며, [은형주에 대한] 참언도 잠잠해졌
다.(王緒數讒殷荊州於王國寶, 殷甚患之, 求術於王東亭.
曰: 「卿但數詣王緒, 往輒屛人, 因論他事; 如此, 則二王
之好離矣.」 殷從之. 國寶見王緒問曰: 「比與仲堪屛人何
所道?」 緒云: 「故是常往來, 無他所論.」 國寶謂緒於己有
隱, 果情好日疏, 讒言以息.)140)

　왕동정(王珣)과 왕효백(王恭)은 나중에 의견이 점점

---

139) ≪世說新語≫ 容止 편 제34조.
140) ≪世說新語≫ 讒險 편 제4조.

달라졌다. 왕효백이 왕동정에게 말하길 "그대의 [속내]는 정말로 알 수가 없소."라고 하자, 대답하길 "왕릉은 조정에서 직간했고 진평은 따르며 침묵했지만, 문제는 끝마무리를 어떻게 하느냐는 것일 뿐이오."라고 했다.(王東亭與孝伯語, 後漸異. 孝伯謂東亭曰: 「卿便不可復測!」 答曰: 「王陵廷爭, 陳平從默, 但問克終去何耳.」)141)

王珣은 謝安의 사위였으나 질투와 의심 때문에 이혼했다. 謝安은 王珣과 관계를 끊고 王珣의 동생인 王珉의 처도 이혼시켜 이로써 王氏와 謝氏 두 집안은 원수 사이가 되었다. 王珣과 王珉 형제는 王導의 손자였으며, 王敦의 반란 후에도 琅琊 王氏의 지위와 세력은 여전히 강력하였다. 어떠한 이유에서 王, 謝 두 가문이 이혼하게 되었는지 구체적으로 알 수는 없지만, 謝萬이 北征에 실패하고 폐출된 후 사돈인 琅琊 王氏 가문에서 이로 인해 자기 가문도 정치적 화를 입을까 두려워하여 陳郡 謝氏 집안과 관계를 멀리 했을 것이며, 이를 간파한 謝安이 주동적으로 絶婚했을 가능성이 높다. 이와 관련된 ≪晉書≫의 기사를 살펴보자.

왕순 형제는 모두 사씨 가문의 사위였으나 정치적인 혐의로 인해 틈이 생겼다. 사안이 왕순과 절혼을 하고, 또 왕민의 처도 이혼시켰다. 이로 인하여 두 문벌세족이 원수가 되었다.(珣兄弟皆謝氏壻, 以猜嫌致隙. 太傅安旣與珣絶婚, 又離珉妻, 由是二族遂成仇釁.)

그럼에도 불구하고 賞譽 편 제147조에서 謝安은 王珣을 여전

---

141) ≪世說新語≫ 仇隙 편 제6조.

히 높게 평가해주고 있으나, 王珣은 그러한 謝安을 오히려 폄하
시키고 있다. 또한 王國寶와 王緖의 관계를 殷仲堪으로 하여금
이간질시키도록 하는 모습에서 부족한 그의 수양을 드러내고
있으며, 王恭이 「그대의 속내는 정말 알 수가 없소.(卿便不可復
測.)」라고 한 것으로 보아 王珣이 비록 총명한 것은 사실이지만,
속이 엉큼하고 도량 역시 그다지 넓지 않아 人政治家로서의 자
질은 다소 부족했던 것 같다.

  王珣은 東晉의 개국공신인 王導의 손자로서 일찍이 桓溫에게
三公의 지위에 오를 쉽게 얻을 수 없는 인재로 인정받아 약관
의 나이에 主簿로 出仕하였다. 가문의 후광과 훌륭한 명성을 지
녔던 王珣은 학식과 文名 또한 높았으나, 인격 면에서는 다소
부족한 수양을 드러내어 東晉의 명재상이며 대정치가였던 王導
의 후예로서 부끄러운 모습을 보여주고 있다.

4. 王 衍

  王衍(256-311)[142]은 字가 夷甫이며 琅琊 臨沂(지금의 山東)
사람으로, 竹林七賢의 한 사람인 王戎의 사촌 동생이다. 타고난
풍모가 뛰어났으며 마음이 淸虛하고 이치에 통달하여 일찍부터
훌륭한 명성이 있었다. 또한 두뇌가 명철하고 자긍심 높은 성품
으로 동료들에게 칭송을 받았다.[143]

      왕융이 이르길 "태위(王衍)는 정신과 자태가 고상하
      고 고결하여 玉林玉樹와 같으니, 본디 풍진 밖의 인물

---

142) ≪晉書≫ 卷43 ＜王衍傳＞ 참조.
143) ≪世說新語≫ 言語 편 제23조 劉孝標 注引 虞預의 ≪晉書≫, 賞譽
    편 제16조 ≪名士傳≫, 제37조 顧愷之의 ≪王夷甫畵贊≫, 品藻 편
    제20조 ≪晉諸公贊≫ 참조.

98

이다.”라고 했다.(王戎云: 「太尉神姿高徹, 如搖林瓊樹, 自然是風塵外物!」)144)

왕대장군이 태위(王衍)를 칭찬하기를 “사람들 속에 있으면 珠玉이 기와조각 사이에 있는 것 같다.”라고 했다.(王大將軍稱太尉: 「處衆人之中, 似珠玉在瓦石間.」)145)

왕공(王導)이 태위(王衍)를 품평하기를 “높고 험준하며 특출한 것이 천길 암벽같이 서있다.”라고 했다. (王公目太尉: 「巖巖淸峙, 壁立千仞.」)146)

魏晉의 인물품평은 漢 末의 政治的이면서 實用的인 성향에서 審美的, 感賞的으로 옮겨가게 되고 표현형식에 있어서는 形象化라는 두드러진 특징을 보이게 된다. ‘世說新語의 時代’에는 더욱이 인물의 용모나 식견, 도량, 그리고 육체와 정신의 아름다움에 심취해 있었다.147) 또한 인물의 내재된 才情의 美나 외재된 儀容風度의 美 대부분이 비유의 방법을 사용하여 표현되고 있으며, 형상화의 수법으로 인물의 美와 자연경물의 美를 상호결합하여 人格美와 自然美의 통일을 이루고 있다. 玉은 진귀함이나 굳은 의지, 순수 등 인물의 자질을 평가하거나 儀容의 아름다움을 형용할 때 주로 사용하는 것으로 王衍은 玉에 자주 비유되어 인물의 이미지가 성공적으로 그려지고 있으며, 빼어난 정신과 풍모로 名士들로부터 널리 존중받고 있음을 알 수 있다.

왕이보(王衍)가 일찍이 친척에게 어떤 일을 부탁했

---

144) ≪世說新語≫ 賞譽 편 제16조.
145) ≪世說新語≫ 容止 편 제17조.
146) ≪世說新語≫ 賞譽 편 제37조.
147) 宗白華 著 ≪美學散步≫(上海, 上海人民出版社, 1981) 219쪽.

는데, 시일이 지났는데도 처리해주지 않았다. 어떤 곳
의 연회에서 만난 김에 그에게 말하길 "근자에 당신께
일을 부탁했는데 어찌하여 처리해주지 않습니까?"라고
했더니, 그 친척이 크게 화를 내면서 곧장 찬합을 들
어 그의 얼굴에 던졌다. 왕이보는 아무런 말도 하지
않은 채 얼굴을 다 씻고 나서 왕승상(王導)의 팔을 잡
아끌고 함께 牛車를 타고 돌아갔다. 수레 안에서 거울
을 비춰보면서 왕승상에게 말하길 "그대가 보기에 내
눈빛이 분명히 저 소의 등위를 보고 있지 않은가?"라
고 했다.(王夷甫嘗屬族人事, 經時未行; 遇於一處飲燕,
因語之曰:「近屬尊事, 那得不行?」 族人大怒, 便舉槃擲
其面. 夷甫都無言; 盥洗畢, 牽王丞相臂, 與公載去. 在車
中照鏡語丞相曰:「汝看我眼光, 迺出牛背上.」)148)

　　왕이보(王衍)는 배경성(裴邈)과 지향하는 바나 좋아
하는 바가 달랐다. 배경성은 어떻게 해서든지 그를 억
누르려고 했지만 끝내 그를 돌려놓을 수가 없었다. 그
래서 일부러 왕이보를 찾아가 말을 함부로 하면서 심
하게 욕을 했는데, 그것은 왕이보가 자기에게 [같은
방법으로] 대꾸하면 [세상의] 비난을 함께 나누려는
의도였다. 그러나 왕이보는 안색조차 변하지 않은 채
천천히 말하길 "흰자위를 한 놈이 드디어 발작하는
군!"이라고 했다.(王夷甫與裴景聲志好不同, 景聲惡欲取
之, 卒不能回. 乃故詣王, 肆言極罵, 要王答己, 欲以分
謗. 王不爲動色, 徐曰:「白眼兒遂作.」)149)

　　왕이보(王衍)는 평소에 현묘하고 심원한 이치를 숭
상했는데, 항상 부인의 탐욕스러움을 미워하여 일찍이

---

148) 《世說新語》 雅量 편 제8조.
149) 《世說新語》 雅量 편 제11조.

돈 '錢'자를 입에 담은 적이 없었다. 부인이 그를 시험
해보려고 하녀에게 명하여 돈으로 침상을 에워싸 걸
어갈 수 없게 만들어 놓았다. 왕이보는 아침에 일어나
[깔려 있는] 돈 때문에 발 디딜 틈이 없는 것을 보고
하녀를 불러 말하길 "이 물건 좀 치워라!"라고 했다.
(王夷甫雅尙玄遠, 常嫉其婦貪濁, 口未嘗言「錢」. 婦欲試
之, 令婢以錢繞牀, 不得行. 夷甫晨起, 見錢閡行, 謂婢
口:「擧阿堵物卻!」)[150]

공개 석상에서 친척에게 모욕을 당하고도 방금 전의 일 따위
는 전혀 신경 쓰지 않는다는 듯 거울을 보며 자신의 모습을 단
정하게 하는 王衍의 태연자약한 태도에 대해 雅量 편 제8조 劉
孝標의 注는 「왕이보가 아마도 자신의 품격이 뛰어나서 다른
사람과는 다투지 않을 것이라고 스스로 생각한 것 같다.(王夷甫
蓋自謂風神英俊, 不至與人校.)」라고 하고 있다. 이러한 그의 모
습에서 大淸談家로서의 탈속적인 풍모와 기품을 엿볼 수 있다.
또한 심한 욕설에도 안색조차 변하지 않고 대꾸를 하지 않는
모습이나, 탐욕스러운 아내와는 달리 玄妙하고 深奧한 이치를
숭상하며 물질주의를 거부[151]하는 청렴하고 고상한 풍모를 느낄
수 있다.

여러 명사가 함께 낙수에 가서 놀다가 돌아왔는데,
악령이 왕이보(王衍)에게 묻길 "오늘 놀이는 즐거웠습

---

150) ≪世說新語≫ 規箴 편 제9조.
151) ≪世說新語≫ 規箴 편 제9조 劉孝標 注引 ≪晉陽秋≫에 「왕이보
는 베풀기를 좋아했는데, 부친이 때때로 돈을 빌려주는 경우가 있
으면 그 증서를 모두 태워버렸으며, 일찍이 이자로 돈 벌 생각일
랑 하지 않았다.(夷甫善施舍, 父時有假貨者, 皆與焚卷, 未嘗謀貨利
之事.)」라는 기사가 있다.

니까?”라고 하자, 왕이보가 말하길 “배복야(裴頠)는
명리를 논하는 데 뛰어나 끊임없이 고아한 운치가 솟
아났으며, 장무선(張華)은 사기와 한서를 논했는데 오
래도록 계속 들을 만 했으며, 나와 왕안풍은 연릉과
자방에 대해서 이야기했는데 역시 초연하게 심오하고
진지했소이다.”라고 했다.(諸名士共至洛水戲, 還, 樂令
問王夷甫曰: 「今日戲樂乎?」 王曰: 「裴僕射善談名理,
混混有雅致; 張茂先論史漢, 靡靡可聽; 我與王安豐說延
陵子房, 亦超超玄著.」)152)

　　배성공(裴頠)이 崇儒論을 지었을 때 당시 사람들이
그를 논박했지만 아무도 꺾을 수가 없었다. 오직 왕이
보(王衍)가 왔을 때만 약간 굽히는 듯했다. 그래서 당
시 사람들은 왕이보의 논리로써 그를 논박했지만, 배
성공의 논리는 도리어 더욱 새롭게 발전했다.(裴成公
作崇有論, 時人攻難之, 莫能折; 唯王夷甫來, 如小屈. 時
人卽以王理難裴, 理還復中.)153)

　西晉시기 王衍을 대표로 하는 名士들은 淸談에 더욱 몰두하
였을 뿐 아니라 淸談을 잘 하는가의 여부가 인물의 재능을 평
가하는 판단기준이 되기도 하였으며, 簡約하고 巧妙한 언사로
관직을 얻는 등 통치계층에게 높이 평가되었다. 王衍은 淸談에
상당한 식견이 있었으며, 담론을 매우 좋아하고 평소 哲理를 강
구하여 재기가 玄虛하였다.154) 게다가 뛰어난 논변실력을 갖추
고 있어 문사가 정밀하고도 풍부하여 一世의 名論이 된 ≪崇儒
論≫을 지은 裴頠도 王衍과의 담론에서는 다소 위축될 정도로

---

152) ≪世說新語≫ 言語 편 제23조.
153) ≪世說新語≫ 文學 편 제12조.
154) ≪世說新語≫ 文學 편 제12조 劉孝標 注引 ≪晉諸公贊≫ 참조.

논변이 매우 조리 있고 명쾌하였으며 내용 역시 훌륭하였다.

그러나 西晉의 재상에까지 오르면서도 空虛한 淸談에 심취되어 政事도 돌보지 않고 인재선발을 맡은 관리에게 부탁하여 동생 王澄은 荊州刺史로, 사촌 동생 王敦은 靑州刺史로 앉히는[155] 등 실정을 거듭하여 西晉이 石勒과 劉曜의 공격에 무너지게 했으며 王衍 자신도 石勒에게 살해당했다.

> 왕이보(王衍)의 부친 왕예가 평북장군으로 있을 때 공무상의 사건이 발생하자, 使者를 [도성에] 파견하여 소청하게 했으나 효과가 없었다. 당시 왕이보는 도성에 있었는데 수레를 채비하라 명하여 복야 양호와 상서 산도를 만나러 갔다. 당시 청년이었던 왕이보는 풍채가 수려하고 재능이 남달랐는데, 논변이 매우 명쾌했으며 내용이 훌륭한데다가 조리까지 갖추고 있었다. 산도는 그를 매우 뛰어난 인물이라고 생각하여, [그가] 이미 물러난 뒤에도 그의 뒷모습을 계속 바라보면서 탄식하길 "아들을 낳으면 왕이보처럼은 돼야 하지 않겠는가!"라고 했다. 그러나 양호는 말하길 "천하를 어지럽히는 자는 틀림없이 이 아이일 것입니다."라고 했다.(王夷甫父乂, 爲平北將軍, 有公事, 使行人論不得; 時夷甫在京師, 命駕見僕射羊祜·尙書山濤. 夷甫時總角, 姿才秀異, 敍致旣快, 事加有理, 濤甚奇之. 旣退, 看之不輟; 乃歎曰:「生兒不當如王夷甫邪?」 羊祜曰:「亂天下者, 必此子也!」)[156]

> 환공(桓溫)이 낙양으로 [공격해] 들어갔을 때, 회수와 사수를 건너 북쪽 국경을 밟으면서, 막료들과 함께

---

155) ≪世說新語≫ 簡傲 편 제6조 劉孝標 注引 ≪晉陽秋≫ 참조.
156) ≪世說新語≫ 識鑒 편 제5조.

戰船의 망루에 올라 중원을 바라보다가, 개탄하며 말
하길 "결국 신주(中原)를 망하게 하여 백 년의 폐허를
가져온 것은 왕이보(王衍) 등이 그 책임을 지지 않으
면 안 된다!"라고 했다.(桓公入洛, 過淮·泗, 踐北境,
與諸僚屬登平乘樓眺矚中原, 慨然曰:「遂使神州陸沈, 百
年丘墟, 王夷甫諸人, 不得不任其責!」)[157]

젊은 나이의 王衍을 보고 山濤는 극찬하였지만, 羊祜는 오히
려 "천하를 어지럽히는 자"가 될 것이라고 예견하였는데,[158] 훗
날 그 예상이 적중되었다. 王衍은 비록 三公의 지위에 있었지만
직무에는 관여하지 않았다. 당시 사람들이 이에 동화되어 名敎
를 논하는 것을 수치로 여기고 팔짱을 낀 채 침묵하는 것을 숭
상하여 직무를 유기하는 것을 고상하다고 여겼다.[159] 여기서 桓
溫은 지나친 淸談의 기풍으로 인한 亡國의 원인이 王衍에게 있
음[160]을 비판하고 있다.

---

157) ≪世說新語≫ 輕詆 편 제11조.
158) ≪世說新語≫ 識鑒 편 제5조 劉孝標 注引 ≪晉陽秋≫에도 이와
    관련된 기사가 있다. 「왕이보의 부친 왕예는 [자신을 탄핵하는]
    명령서를 받고 장차 관직에서 파면될 처지에 있었다. 당시 17살이
    었던 왕이보가 계모의 사촌 오라비인 양호를 찾아가 [부친의] 사
    정을 호소했는데, 그 언사가 매우 준걸 찼다. 그러나 양호가 그것
    을 인정해주지 않자 왕이보는 옷을 털면서 일어나 가버렸다. 양호
    가 빈객들을 돌아보면서 말하길 "이 사람은 틀림없이 장차 훌륭
    한 명성을 얻어 당대의 고관이 되겠지만, 그러나 良俗을 무너뜨리
    고 교화를 해치는 자도 틀림없이 이 사람일 것이오."라고 했다.(夷
    甫父乂, 有簡書, 將免官. 夷甫年十七, 見所繼從舅羊祜, 中陳事狀,
    辭甚俊偉. 祜不然之, 夷甫拂衣而起. 祜顧謂賓客曰, "此人必將以盛
    名處當世大位, 然敗俗傷化者, 必此人也."」)
159) ≪世說新語≫ 輕詆 편 제11조 劉孝標 注引 ≪八王故事≫ 참조.
160) ≪世說新語≫ 輕詆 편 제11조 劉孝標 注引 ≪晉陽秋≫의 기사에
    서 「왕연이 장차 석륵에게 죽게 되었을 때, 사람들에게 말하길
    "우리들이 만약 空談을 숭상하지만 않았다면 이 지경에 이르지는

104

惠帝가 東海王 越에게 독살되고 아우인 懷帝가 등극하자 匈
奴뿐 아니라 氐, 鮮卑 등의 이민족과 민중의 반란이 각 처에서
일어나 西晉은 사분오열의 혼란상태에 빠지게 되었다. 匈奴의
세력을 장악한 石勒은 이 틈을 이용하여 西晉을 침략하였으며,
八王의 난에서 유일하게 살아남은 東海王 越은 조야에 명망 있
는 王衍을 참모로 삼아 동행하였으나 軍中에서 병사하여 西晉
의 군대는 대패하고 王衍은 石勒의 포로가 되었다.161)
　그 후의 일을 ≪晉書≫의 기사를 통해 살펴보자.

　　　石勒이 王公(王衍)을 불러 서로 만나서는 王衍에게
　　晉의 정치에 대해 물었다. 王衍은 군대가 패배한 이유
　　는 그 계책이 자신에게 있지 않다고 말했다. 石勒은
　　매우 기뻐하며 함께 얘기하면서 몇 날을 보냈다. 王衍
　　은 스스로 말하기를 젊어서부터 세상일을 잘 내다보
　　지 못했으니 자신을 방면해주기를 바라며 石勒이 천
　　자로 즉위할 것을 권하였다. 石勒이 화를 내며 말하길
　　"그대의 이름이 四海에 알려져 있고, 중임을 맡고 있
　　으며, 젊어서부터 조정에 출사하여 나이 든 지금에까
　　지 이르렀거늘 어찌 세상일을 내다보지 못한다고 말
　　할 수가 있는가! 천하를 망친 것은 바로 그대의 죄로
　　다."라고 하며 좌우의 신하들로 하여금 데리고 나가게
　　했다. 石勒이 孔萇에게 이르길 "내가 세상을 많이 다
　　녀보았지만 일찍이 이러한 인물을 본 적이 없으니 살
　　려두는 것이 어떠한가?"라고 하자, 孔萇이 말하길 "그
　　는 晉의 三公으로 분명 우리를 위해서는 盡力하지 않

　　않았을 텐데!"라고 했다.(夷甫將爲石勒所殺, 謂人曰, "吾等若不祖尙
　　浮虛, 不至於此!")」라고 한 것으로 보아 空虛한 淸談이 亡國의 원
　　인이었음을 王衍 자신도 인정하였음을 알 수 있다.
161) 宮崎市定 著, 曺秉漢 譯 ≪中國史≫(서울, 역민사, 1986) 176-177
　　쪽 참조.

을 것이니 어찌 귀하다 할 수 있겠습니까!"라고 했다.
石勒은 "그렇다고 칼날을 들이댈 수는 없지."라고 하
고는 사람을 시켜 밤에 담을 무너뜨려 그를 깔려죽게
했다.(勒呼王公, 與之相見, 問衍以晉故. 衍爲陳禍敗之
由, 云計不在己. 勒甚悅之, 與語移日. 衍自說少不豫事,
欲求自免, 因勸勒稱尊號. 勒怒曰, "君名蓋四海, 身居重
任, 少壯登朝, 至於白首, 何得言不豫世事邪! 破壞天下,
正是君罪." 使左右扶出. 謂其黨孔萇曰, "吾行天下多矣,
未嘗見如此人, 常可活不?" 萇曰, "彼晉之三公, 必不爲
我盡力, 又何足貴乎!" 勒曰, "要不可加以鋒刃也." 使人
夜排牆塡殺之.)

　石勒이 王衍을 불러 晉의 정치를 힐문하자 王衍은 그 실패를
시인하면서도 자기에게는 조금도 책임이 없다고 답할 뿐 아니
라, 石勒에 대하여 만일 천자로 즉위할 의사가 있으면 자기가
조력을 하겠다고 말했다. 귀족 상류층을 중심으로 한 청담은 老
莊의 虛無思想을 표방하면서도 명예와 권세욕도 부정하지 않는
이중적이면서도 자기중심의 논리가 강한 성분을 지니고 있다.
西晉의 人淸談家로서 청담에 심취되어 있던 王衍이 위기에 몰
려 비겁한 모습을 보이자, 石勒도 어이가 없어 젊었을 때부터
出仕하여 三公의 지위에 올라 명성을 마음껏 누렸으면서 책임
이 없다고 말할 수 있느냐며 이런 인물은 살려두어서는 안 된
다고 힐책하였다. 石勒의 長史인 孔萇 역시 죽일 것을 청하여
石勒은 명망 있는 자를 죽였다는 비난을 면하기 위해 밤에 숙
소의 벽을 무너뜨리는 방법으로 王衍을 살해하였다.
　王衍은 뛰어난 풍모와 학식으로 당시 名士들로부터 존중을
받았다. 그러나 西晉의 재상이 되어서도 자신이 인정할 정도로
空虛한 淸談에 지나치게 심취되어 실정을 거듭하였으며, 결국

亡國의 원인을 제공했다는 비난과 함께 자신도 죽임을 당하고 말았다.

第2節 太原 王氏

1. 王 承

王承(275-320)[162]은 字가 安期이며, 太原 晉陽(지금의 山西 太原) 사람이다. 관직에 오른 후 줄곧 관대함과 인자함으로 백성들을 다스렸으며, 훌륭한 명성과 덕망으로 당시에 이름을 날리었다. 王承과 관련된 고사는 ≪世說新語≫ 전체 고사 가운데 12조에 불과하지만, 모두가 王承의 愛民정신과 덕망을 칭송하는 내용으로 일관되고 있다.

> 王承은 字가 安期이며 太原 晉陽사람이다. 부친 王湛은 여남 태수였다. 왕승은 담백하여 욕심이 적었고 자신을 치켜세움이 없었다. 여러 번 동해내사에 기용되었는데, 정사를 처리함이 청정하여 관리나 백성들이 그를 흠모했다. 난리를 피하여 長江을 건넜는데, 그때는 길에 도적이 있어서 사람들이 걱정하고 두려워했지만, 왕승은 곤경을 당할 때마다 태연스럽게 대처했다. 원제가 진동대장군이 되었을 때 그를 불러 종사중랑으로 삼았다.(王承字安期, 太原晉陽人. 父湛, 汝南太守. 承沖淡寡欲, 無所循尙. 累遷東海內史. 爲政淸靜, 吏

---

162) ≪晉書≫ 卷75 <王承傳> 참조.

民懷之. 避亂渡江, 是時道路寇盜, 人懷憂懼. 承每遇艱
險, 處之怡然. 元皇爲鎭東, 引爲從事中郞.)

　위의 政事 편 제9조 劉孝標 注引 ≪名士傳≫의 기사로 볼 때
王承은 단아하고 소탈한 성격에 넓은 도량과 기품을 지니고 있었
으며, 당시 元帝가 중시할 정도로 이름이 나 있음을 알 수 있다.

　　왕승은 이치를 논하고 사물을 분석할 때 그 요지만
밝힐 뿐 쓸데없는 말은 하지 않아, 식자들은 그의 [담
론이] 간결하면서도 [사리에] 잘 통하는 것에 탄복했
다. 태위 왕이보는 일대의 명망을 한 몸에 지닌 인물
이었는데, [그를] 만나보고 매우 존중하여 南陽의 악
광에게　견주었다.(承言理辯物, 但明其旨要, 不爲辭費,
有識伏其約而能通.　太尉王夷甫一世龍門,　見而雅重之,
以比南陽樂廣.)163)

　樂廣은 성품이 온화하고 도리와 식견이 뛰어나 여러 번 요직
에 발탁되었으며, 조정에 있을 때는 마음 씀이 솔직담백하여 당
시 사람들이 그의 곧고 귀한 인품을 중히 여겼다.164) 이러한 樂
廣에 비교될 정도로 王承의 식견과 인품은 뛰어났다. 한편 ≪世
說新語≫에는 王承의 愛民정신에 관한 고사가 대부분이고, 또한
청담과 관련된 고사가 없는 것으로 보아 王承은 당시 유행하던
청담활동에 적극적이지 않았음을 짐작할 수 있다. 魏晉南北朝시
기는 道家思想에 의해 주도되어 사회 전반의 문화는 道家의 淸
靜無爲的 분위기가 지배하였으나 儒家와 단절된 것은 아니었으
며, 王承이 속한 太原 王氏의 家風이 상당히 儒家的이었기 때문

---

163) ≪世說新語≫ 品藻 편 제10조 劉孝標 注引 ≪江左名士傳≫.
164) ≪世說新語≫ 言語 편 제25조 劉孝標 注引 虞預의 ≪晉書≫ 참조.

이었다.

     왕안기(王承)가 동해군의 태수로 있을 때, 어떤 말단 관리가 연못 속의 물고기를 훔쳤다. 主簿가 그에게 죄를 묻자, 왕안기가 말하길 "문왕의 동산은 뭇 백성들과 함께 공유했으니 연못 속의 물고기가 무에 그리 아깝단 말인가?"라고 했다.(王安期爲東海郡, 小吏盜池中魚, 綱紀推之. 王曰:「文王之囿, 與衆共之, 池魚復何足惜?」)165)

     왕안기(王承)가 동해군의 태수로 있을 때, 통행금지를 범한 자를 관리가 잡아 왔다. 왕안기가 묻길 "어디에서 오던 길인고?"라고 하자, 대답하길 "스승님 댁에서 글공부하고 돌아가던 길입니다만, 그만 날이 저문지도 몰랐습니다."라고 했다. 이에 안기가 말하길 "영월을 채찍질하여 위엄을 세운다는 것은 아마도 다스림의 근본이 아닌 듯 하도다."라고 하면서, 관리에게 그를 집으로 돌려보내 주라고 했다.(王安期作東海郡, 吏錄一犯夜人來. 王問:「何處來?」 云:「從師家受書還, 不覺日晚.」 王曰:「鞭撻寧越以立威名, 恐非致治之本?」 使吏送令歸家.)166)

政事 편의 두 고사는 孟子가 齊 宣王의 가혹하고 인색함을 지적한 ≪孟子·梁惠王下≫의 典故와 본래 농부였으나 남들보다 열심히 공부하여 周 威公의 스승이 된 寧越에 관한 ≪呂氏春秋≫ 博志 편의 典故를 이용하고 있다. 王承은 상당히 이성적인 관리였던 것 같다. 죄의 輕重에 따라 전후사정을 파악한 후

---

165) ≪世說新語≫ 政事 편 제9조.
166) ≪世說新語≫ 政事 편 제10조.

엄한 기강으로 죄를 묻기보다는 용서와 관용으로 일을 처리하
였다. 특히 글공부 때문에 통행금지를 어긴 점을 높게 평가하여
書生을 寧越에 비유하여 죄를 묻기는커녕 그냥 돌려 보내주었
다. 이는 王承의 愛民정신을 대표하기에 충분하다. 이러한 그의
人情味 넘치는 기풍은 정치윤리의 귀감이 될 뿐만 아니라 仁民
愛物의 儒家정신을 극도로 발휘하고 있다.

> 왕여남(王湛)은 젊어서 결혼할 상대가 없었는데 스
> 스로 학보의 딸을 구해 달라고 했다. [부친] 사공(王
> 昶)은 그가 어리석기 때문에 틀림없이 혼처가 없을
> 것이라고 생각하여, 그의 뜻에 따라 곧 허락했다. 이
> 미 결혼한 뒤에 [보았더니] 과연 [그녀는] 훌륭한 자
> 태와 현숙한 품덕을 지니고 있었다. 동해(王承)를 낳
> 아 마침내 왕씨 일족 중에서 어머니의 모범이 되었다.
> 어떤 사람이 여남에게 묻길 "어떻게 그녀를 알아보았
> 소?"라고 하자, 말하길 "일찍이 [그녀가] 우물에서 물
> 긷는 것을 보았는데, 행동거지가 법도를 잃지 않았고
> 함부로 두리번거린 적이 없었기에 이로써 그녀를 알
> 아보았지요."라고 했다.(王汝南少無婚, 白求郝晉女; 司
> 空以其癡, 會無婚處, 任其意, 便許之. 旣婚, 果有令姿淑
> 德; 生東海, 遂爲王氏母儀. 或問汝南何以知之? 曰: 「嘗
> 見井上取水, 擧動容止不失常, 未嘗忤觀, 以此知之.」)167)

또한 예의 바른 몸가짐으로 禮法에 모범이 될 수 있었던 데
에는 훌륭한 자태와 현숙한 품덕을 지니고 있었던 어머니의 영
향이 컸던 것 같다. 賢媛 편 제16조의 고사에 의하면 王承은 어
머니인 郝부인에게서는 법도를, 큰어머니인 鍾부인에게서는 예

---

167) ≪世說新語≫ 賢媛 편 제15조.

법을 모범으로 삼았다고 한다. 이로 미루어 볼 때, 훌륭한 儒家 的 家風을 지니고 있는 王承 집안의 분위기를 상상할 수 있다. 이렇게 어머니와 큰어머니까지 칭송을 받는다는 것은 그만큼 王承이 출중하여 당시 사람들로부터 인정을 받았다는 반증이기 도 하다.

2. 王　述

　　王述(303-368)[168]은 字가 懷祖이며, 太原 晉陽(지금의 山西 太原) 사람이다.

　　　　왕술은 자가 懷祖이며 태원 진양 사람이다. 조부 왕
　　　담과 부친 왕승은 모두 명성이 높았다. 왕술은 일찍
　　　부친을 여의었으나 극진한 효성으로 모친을 섬겼으며,
　　　누추한 골목에서 가난하게 살았으나 온종일 편안한
　　　마음으로 지냈다. 이 때문에 식자들 사이에 이름이 알
　　　려졌다. 남전 후에 습봉되었다.(述字懷祖, 太原晉陽人.
　　　祖湛, 父承, 竝有高名. 述蚤孤, 事親孝謹, 簞瓢陋巷, 宴
　　　安永日. 由是爲有識所知, 襲爵藍田侯.)[169]

　　　　왕술은 젊었을 때 빈곤하여, 한 대그릇의 밥과 한 표
　　　주박의 물로 누추한 마을에 살았지만, 명예나 영달을
　　　구하지 않았다. 이 때문에 식자들로부터 존중을 받았
　　　다.(述少貧約, 簞瓢陋巷, 不求聞達. 由是爲有識所重.)[170]

　　이상의 고사로 볼 때, 王述의 생활환경은 가난하고 누추하였

---

168) ≪晉書≫ 卷75 <王述傳> 참조.
169) ≪世說新語≫ 文學 편 제22조 劉孝標 注引 ≪王述別傳≫.
170) ≪世說新語≫ 賞譽 편 제91조 劉孝標 注引 ≪晉陽秋≫.

으나 조부인 王湛과 부친인 王承의 명성과 함께 명예와 영달을 구하지 않아 널리 이름이 알려졌으며, 가문에 대한 긍지와 자존심 역시 상당했음을 짐작할 수 있다. 당시 謝安과 簡文帝, 그리고 王導는 王述에 대해 진솔(眞)하다고 평가하고 있다.

　　사공(謝安)이 왕람전을 칭찬하길 "살갗을 걷어내면 [그 속은] 모두 진솔하다."라고 했다.(謝公稱藍田: 「撥皮皆眞.」)171)

　　간문제(司馬昱)가 왕회조(王述)를 평하길 "재능도 뛰어나지 못하고 영리에도 담담하지 못하지만, 다만 약간의 진솔함만으로도 다른 사람들의 여러 가지 [장점]에 필적하기에 충분하다."라고 했다.(簡文道王懷祖: 「才旣不長, 於榮利又不淡; 直以眞率少許, 便足對人多多許.」)172)

　　왕승상(王導)이 왕람전(王述)을 초징하여 속관으로 삼았더니, 유공(庾亮)이 왕승상에게 묻길 "남전은 어떻소이까?"라고 하자, 왕승상이 말하길 "진솔하고 특출하며 간약하고 고귀한 것은 부친[王承]이나 조부[王湛]에 뒤지지 않지만, 그러나 활달하고 담담한 점은 진실로 그만 못하지요."라고 했다.(王丞相辟王藍田爲掾, 庾公問丞相: 「藍田何似?」 王曰: 「眞獨簡貴, 不減父祖; 然曠澹處, 故當不如爾.」)173)

　　眞이란 ≪莊子·漁父≫에서 「眞者, 所以受於天也, 自然不可易也.」라고 하여 하늘로부터 부여받은 자연 그대로의 변하지 않은 성품을 말한다.174) 王述의 재능과 학식은 뛰어난 名士들 속에서

---

171) ≪世說新語≫ 賞譽 편 제78조.
172) ≪世說新語≫ 賞譽 편 제91조.
173) ≪世說新語≫ 品藻 편 제23조.

112

크게 부각되지 못하여 주목받고 있지 못하지만, 진솔함(眞) 만큼은 당시 세력가인 謝安, 簡文帝, 그리고 王導 이 세 사람으로부터 똑같은 평가와 칭송을 받고 있다. 이 점으로 미루어 보아 王述이 소탈하고 진솔했으며, 당시 사람들이 진솔함(眞)을 상당히 중시했음을 짐작할 수 있다. ≪世說新語≫ 가운데 王述의 고사는 대부분 그의 성품과 관련된 것들인데, 특히 劉孝標 注의 내용이 매우 구체적이고, 또한 많이 언급하고 있다.

　　왕술은 비록 대범하기는 했지만 성격이 너그럽거나 여유롭지 못했는데, 불에 뛰어든 邾子나 파리에게 성을 낸 王思도 그에 비하면 심한 편이 아니었다.(述雖簡, 而性不寬裕, 投火怒蠅, 方之未甚.)175)

　　왕술은 [성격이] 꼿꼿하고 편협했기 때문이다.(王述狷隘故也.)176)

　　왕람전(王述)은 성격이 급했다. 한번은 계란을 먹으려고 젓가락으로 찔렀으나 찔러지지 않자, 버럭 크게 화를 내며 집어 들어서 땅에 던져 버렸다. 계란이 땅에서 떼굴떼굴 굴러가며 멈추질 않자, 땅으로 내려가서 나막신의 굽으로 밟았으나 또 밟히질 않았다. [왕람전은] 너무 화가 나서 다시 땅에서 [계란을] 주워 입 속에 집어넣고, 꽉 깨물어 부순 뒤 뱉어 냈다. 왕우군(王羲之)이 [그 말을] 듣고 크게 웃으며 말하길 "설사 왕안기(王承)에게 그런 성격이 있다 하더라도 당연히 털끝만큼도 언급할게 없을 텐데, 하물며 왕람

---

174) 金長煥 譯注 ≪世說新語≫(서울, 살림, 1997) 中卷 賞譽 편 제78조 譯注 참조.
175) ≪世說新語≫ 賞譽 편 제143조 劉孝標 注.
176) ≪世說新語≫ 品藻 편 제23조 劉孝標 注.

전임에랴!"라고 했다.(王藍田性急, 嘗食雞子, 以筯刺之,
不得, 便大怒, 舉以擲地; 雞子於地圓轉未止, 仍下地以
屐齒蹍之, 又不得, 瞋甚; 復於地取內口中, 齧破卽吐之.
王右軍聞而大笑口:「使安期有此性, 猶當無一豪可論, 況
藍田邪?」)177)

≪左傳・定公3年≫ 條에「주자는 조정에 오줌을 눈 이야고에게
화가 나서 그를 체포하려 했으나 잡지 못하자, 격노하다가 침상에
서 떨어져 화로 숯에 빠지는 바람에 화상을 입어 결국 죽었다.(邾
子怒夷射姑旋于廷, 執之弗得, 滋怒, 自投于牀, 廢于爐炭, 爛, 遂卒.)」
라는 고사와 ≪三國志≫ 卷15 <梁習傳>의 裴松之 注에 인용된 ≪魏
略≫에「왕사가 글씨를 쓰고 있을 때 파리가 붓 끝에 모였는데,
쫓아버렸으나 다시 오곤 하자, 왕사는 화가 나서 직접 일어나 파
리를 쫓다가 나중에는 붓을 집어 던지고 그것을 밟아 뭉개버렸
다.(王思作書, 蠅集筆端, 驅去復來. 思怒, 自起逐蠅, 遂擲筆, 蹋壞
之.)」라는 고사에서 유래하여 '불에 뛰어 든 邾子(投火)'는 '怒蠅'과
함께 성격이 몹시 급하여 쉽게 화를 내는 것을 비유한다.178) 邾子
와 王思 같은 이가 비교도 안 될 정도이니 王述의 성격을 가히 짐
작할 수 있다. 이렇게 王述은 진솔하고 강직하였으나 성격이 매우
급했다. 그리고 꼿꼿하고 편협했다는 사실로 보아 타협하기를 싫
어하는, 다소 외골수적인 성격의 소유자였던 것 같다. 忿狷 편 제2
조에서는 일상생활 가운데 王述이 계란을 먹는 작은 일에서 연속
적으로 이어지는 우스운 동작을 통해 급한 그의 성격을 성공적으
로 묘사하고 있다.

---

177) ≪世說新語≫ 忿狷 편 제2조.
178) 金長煥 譯注 ≪世說新語≫(서울, 살림, 1997) 中卷 賞譽 편 제143
    조 譯注 참조.

114

　　왕우군(王羲之)은 평소에 왕람전(王述)을 경시했는데, 왕람전이 만년에 명성이 점점 높아지자, 왕우군은 더욱 불만스러웠다. 왕람전이 회계에서 親喪을 당하여 산음에 머물면서 상을 치르고 있었다. [그래서] 왕우군이 [왕람전] 대신 회계내사가 되었는데, 누차 조문하러 가겠다고 말했지만 차일피일 미루며 실행하지 않았다. [그러다가] 나중에 [왕람전을] 찾아가 [조문하러 왔다고] 직접 통보했는데, 喪主가 哭禮를 하고 났더니, [왕우군은 왕람전에게] 다가가서 [위로하지도] 않고 떠남으로써, 그를 능멸했다. 그래서 두 사람 사이의 원한이 크게 생기게 되었다. 나중에 왕람전은 양주자사가 되었지만, 왕우군은 여전히 회계내사로 있었다. [왕우군은] 처음 그 소식을 듣고, 참군 한 명을 조정에 파견하여 회계군을 [양주에서] 분리시켜 [따로] 월주를 설치해달라고 요청했는데, 명을 받은 사자가 임무에 실패하는 바람에 [왕우군은] 당시 명사들로부터 크게 비웃음을 받았다. 왕람전은 종사에게 은밀히 명을 내려 회계군의 여러 불법행위를 조사하게 했는데, 이전부터 원한이 있었기 때문에 [왕우군에게] 스스로 적절한 해결 방안을 찾게 하고자 함이었다. 왕우군은 결국 병을 핑계 대고 회계내사 직을 그만두었으며, 분개해하다가 죽고 말았다.(王右軍素輕藍田, 藍田晚節論譽轉重, 右軍尤不平. 藍田於會稽丁艱, 停山陰治喪; 右軍代爲郡, 屢言出弔, 連日不果. 後詣門自通, 主人旣哭, 不前而去, 以陵辱之. 於是彼此嫌隙大構. 後藍田臨揚州, 右軍尚在郡; 初得消息, 遣一參軍詣朝廷, 求分會稽爲越州; 使人受意失旨, 大爲時賢所笑. 藍田密令從事數其郡諸不法, 以先有隙, 令自爲其宜. 右軍遂稱疾去郡, 以憤慨致終.)179)

---

179) ≪世說新語≫ 仇隙 편 제5조.

한편, 王羲之는 유명한 書藝家이고 王述 역시 당시 명성이 드높았던 인사였다. 두 사람은 서로 지향하는 바가 달라서 평소 사이가 좋지 않았는데, 수단과 방법을 가리지 않고 상대를 곤경에 빠뜨리는 모습에서 편협되고 너그럽지 못한 모습180)이 드러나기도 한다. 평소 王羲之의 능멸과 무시에 결국 王述은 그보다 높은 지위에 오른 후 철저하게 정치적으로 보복하였다. 이 일로 치욕을 느낀 王羲之가 부모의 묘 앞에서 다시는 벼슬하지 않겠다고 맹세하고181) 분개해하다가 죽고 말 정도였으니 王述의 집착과 집요함은 이루 말할 수도 없다. 이러한 그의 기품은 「문왕의 동산은 뭇 백성들과 함께 공유한다.(文王之囿, 與衆共之.)」182)는 부친 王承의 도량과 비교해 볼 때 天壤之差를 느끼게 해준다.

> 왕술은 항상 사람이 처세할 때는 마땅히 먼저 자기를 헤아려 본 뒤에 행동하고 예의상으로 형식적인 겸양은 하지 않아도 된다고 생각했다. 그래서 사양해야 될 때에도 곧 [자기의 뜻을] 고수했다. 그 곧고 바름에서 벗어나지 않음이 모두 이와 같았다.(述常以爲人之處世, 常先量己而後動, 義無虛讓, 是以應辭便常固執, 其貞正不踰, 皆此類.)183)

> 왕술은 도를 체득하여 청순하고 대범, 淸高, 침착, 정직했으며 기쁜 마음으로 스스로 만족하고 같은 무리가 아니면 교제하지 않았다. 비록 많은 영재들이 분분히 일어나고 준걸들이 서로 치달린다 하더라도, 왕술은 혼

---

180) 賞譽 편 제143조 注에서는 王述이 너그럽지 못하다고 하고 있고, 忿狷 편 제5조에서는 너그럽다고 하고 있으나, 전체적인 王述의 성품으로 보아 너그러운 인물은 아닌 듯싶다.
181) 仇隙 편 제5조 劉孝標 注引 ≪中興書≫ 참조.
182) ≪世說新語≫ 政事 편 제9조 참조.
183) ≪世說新語≫ 方正 편 제47조 劉孝標 注引 ≪王述別傳≫.

자 [그들을] 멸시하면서 한 번도 부러워 해본 적이 없
었다. 이 때문에 명예를 오래 지닐 수 있었다.(述體道淸
粹, 簡貴靜正, 怡然自足, 不交非類. 雖羣英紛紛, 俊乂交
馳, 述獨蔑然, 曾不慕羨. 由是名譽久蘊.)184)

王述은 사고와 행동을 함에 특히 '我'를 중심으로 처신하고 있
음을 발견할 수 있다. 儒家에서 주로 강조하는 것은 개인의 사
회성과 통치계층 전체의 이익으로, 정통유가사상의 관념하에서
는 조직사회의 요구가 개인보다 우선하였다. 아울러 개인은 자
신이 속해있는 사회의 한 구성원으로 그 사회의 각종 조건과
함께 통치계층의 정책에 의해 엄격한 제재를 받았다. 그러나 魏
晉시기에 이르러서는 이러한 경향이 바뀌어 주로 관심을 보이
고 강조하는 것은 自我의 가치와 독특한 개성이 되었다. 즉, 극
도의 시대혼란과 맞물려 兩漢 철학의 해체와 함께 玄學의 흥기
로 士人들은 自我와 個性, 才能과 感情을 중시하여 이전 시대의
엄숙하고도 경건했던 생활기풍과는 다른 태도를 보임으로써 전
대미문의 사상적 자유와 해방을 촉진하게 되었으며, 생존의식과
사고 역시 당시 이에 발맞추어 새로운 인생관을 전개하게 되었
다. 王述과 같은 魏晉 士人들의 새로운 각성과 사고는 시대의
혼란과 정신적 자유에서 기인한 것으로, 이러한 각성 가운데 가
장 두드러진 점은 自我의 존재를 의식하고 있다는 것이다. 특수
한 시대분위기 속에서 생겨난 魏晉 士人들의 생존의식은 행위
의 표현에 있어 주위의 환경에 무관심하거나 조금도 동요하지
않는 탈속적인 태도와, 일체를 '我'로부터 출발하여 사색하고 행
동하는 일종의 절대적인 自我意識을 형성하게 하였다. 이러한
自我의 긍정은 외재적인 표준이나 규범에서 탈피한 것으로 그

---

184) ≪世說新語≫ 賞譽 편 제62조 劉孝標 注引 ≪晉陽秋≫.

들은 언행 속에서 항상 自我를 他人이나 富貴, 功名보다도 首位
에 놓았다. 여기에서 王述은 '我'를 至高의 지위에 놓고 다른 사
람들과 같지 않다는 것을 강조하며, 유유자적하고 탈속적인 기
질과 풍모를 보여주고 있다.

3. 王坦之

王坦之(330-375)[185]는 字가 文度이고 太原 晉陽(지금의 山西
太原) 사람으로, 王承이 조부이고 王述이 부친이다. 어려서부터
효심과 우애가 깊었으며, 고귀한 식견과 기량으로 명성이 조야에
자자하여 젊었지만 높은 지위에 올라 당시의 모범이 되었다.[186]

> 세간에 "양주의 독보적인 존재 왕문도(王坦之), 후
> 진 가운데 출중한 인물 치가빈(郗超)."이라는 말이 있
> 다.(諺曰: 「揚州獨步王文度, 後來出人郗嘉賓.」)[187]

> 왕중랑(王坦之)이 젊었을 때, 강반이 복야가 되어 관
> 리를 선발하면서 그를 상서랑에 내정하려 했다. 어떤
> 사람이 [그 소식을] 왕중랑에게 알려주었더니, 왕중랑
> 이 말하길 "강남으로 건너온 이래로 상서랑에는 정작
> 제2류의 인물만을 기용했는데, 어떻게 나를 내정할 수
> 있단 말인가!"라고 했다. 강반은 그 말을 듣고 [그를 선
> 발하려는 생각을] 그만두었다.(王中郞年少時, 江虨爲僕
> 射, 領選, 欲擬之爲尙書郞, 有語王者. 王曰: 「自過江來,
> 尙書郞正用第二人, 何得擬我?」江聞而止.)[188]

---

185) 《晉書》 卷75 〈王坦之傳〉 참조.
186) 《世說新語》 言語 편 제72조 劉孝標 注引 《王中郞傳》, 品藻 편
　　　 제72조 《續晉陽秋》, 排調 편 제46조 참조.
187) 《世說新語》 賞譽 편 제126조.

東漢시기 尙書郎은 청빈하고 명망 있는 가문의 요직이었으나, 晉代에 이르러 관리선발의 권세는 점차 없어지고 주로 문서를 기초하는 일을 담당하게 되었다. 名門大族들은 이를 번거롭게 여겨 피하게 되었고, 대신 출신이 낮은 자들이 기용되었다. 王坦之는 젊어서부터 제2류(第二人)의 인물들이 기용되는 尙書郎의 직책을 거부할 정도로 자신에 대한 긍지와 자부심이 강하였으며, 뛰어난 식견으로 揚州의 독보적인 존재로 인정받았다. 한편, 여기에서 제2류(第二人)라는 品格의 구별을 발견할 수 있다. 宗白華는 인물품평에서 이러한 品格의 우열에 대한 구분이 후대의 문학비평에 직접적인 영향을 끼쳤음을 지적하고 있다.

> 중국의 예술과 문학비평의 명저인 사혁의 ≪畵品≫, 원앙, 유견오의 ≪書品≫, 종영의 ≪詩品≫, 유협의 ≪文心雕龍≫ 등은 모두 이 활발했던 인물품평의 분위기 속에서 등장한 것이며, 후에 唐代 사공도의 ≪二十四詩品≫이 중국 미감의 범주를 집대성하였다.(中國藝術和文學批評的名著, 謝赫的≪畵品≫, 袁昻、 庾肩吾的≪書品≫, 鍾嶸的≪詩品≫, 劉勰的≪文心雕龍≫, 都産生在這熱鬧的品藻人物的空氣中. 後來唐代司空圖的≪二十四詩品≫, 乃集我國美感範疇之大成.)[189]

南朝시기 鍾嶸의 ≪詩品≫은 漢에서 南朝의 梁에 이르는 120여 명의 시인을 上中下의 3품으로 나누었고, 庾肩吾의 ≪書品≫은 漢에서 梁에 이르는 書法家 120여 명을 9품으로 나누었으며, 謝赫의 ≪古畵品錄≫은 三國에서 南朝의 齊에 이르는 畵家 27명을 6품으로 나누었다. 이것들은 모두 인물품평의 방법이 직접

---

188) ≪世說新語≫ 方正 편 제46조.
189) 宗白華 著 ≪美學散步≫(上海, 上海人民出版社, 1981) 210쪽 참조.

적으로 문예비평에 응용된 예증이며, 이후에도 수많은 ≪文品≫,
≪賦品≫, ≪詞品≫, ≪曲品≫, ≪書品≫, ≪畵品≫ 등이 출현하
였는데, 이것들 역시 모두 인물품평과 일맥상통하는 것이라 할
수 있다.190)

또한 王坦之는 經典의 義理에 대해 담론할 때에는 치밀한 논
리로 支遁을 번번이 열세에 놓이게 하였으며, 불경에 대해서도
깊은 학식을 가지고 있었다.

> 왕문도(王坦之)가 서주(揚州)에 있을 때, 임법사(支
> 遁)와 강론했는데, 한백과 손작 등 여러 사람이 함께
> 그 자리에 있었다. 임공(支遁)의 논리가 번번이 약간
> 열세에 몰리려 하자, 손홍공(孫綽)이 말하길 “법사는
> 오늘 헤진 솜옷을 입고 가시나무 속에 있는 것처럼
> 닿는 곳마다 걸리는군요.”라고 했다.(王文度在西州, 與
> 林法師講, 韓·孫諸人並在坐. 林公理每欲小仙, 孫興公
> 曰:「法師今日如箸弊絮在荊棘中, 觸地挂閡.」)191)

> 지도림(支遁)이 卽色論을 지었는데, 그것이 완성되
> 자 왕중랑(王坦之)에게 보였지만 왕중랑은 도무지 말
> 이 없었다. 그래서 지도림이 말하길 “묵묵히 마음속으
> 로 이해했소이까?”라고 하자, 왕중랑이 말하길 “이미
> 문수사리가 없는데 그 누가 침묵하는 내 마음을 알아
> 주겠소?”라고 했다.(支道林造卽色論, 論成, 示王中郎;
> 中郎都無言. 支曰:「默而識之乎?」 王曰:「既無文殊, 誰
> 能見賞?」)192)

---

190) 王能憲 著 ≪世說新語硏究≫(江蘇, 江蘇古籍出版社, 1992) 154쪽
   참조.
191) ≪世說新語≫ 排調 편 제52조.
192) ≪世說新語≫ 文學 편 제35조.

120

文殊師利가 維摩詰에게 "무엇이 보살의 入不二法門 입니까?"
라고 물었지만, 維摩詰은 묵묵히 말이 없었는데, 이윽고 文殊師
利가 찬탄하길 "이것이 바로 진정한 入不二法門이로다!"라고 했
다 한다.193) 王坦之 스스로 자신은 이미 維摩詰이 묵묵한 태도
를 보이는 고결한 경지에 이르렀는데 支遁은 文殊師利처럼 마
음속으로 깨닫고 이해하는 지혜가 없다고 여기고는 자신이 말
을 하지 않는 의도를 이해하지 못하는 支遁을 비꼬고 있다.

　　환공(桓溫)이 병사를 매복시켜 놓고 잔치를 열어 조
　정의 인사를 널리 초청했는데, 그것을 기회로 사안과
　왕탄지를 주살하려고 했다. 왕탄지가 몹시 다급해 하
　면서 사안에게 묻길 "어떤 계책을 세우는 것이 좋겠
　소?"라고 하자, 사안은 안색에 변함이 없는 채로 문도
　(王坦之)에게 말하길 "晉 조정의 존망이 이 한 번의
　행동에 달렸소!"라고 했다. 그리하여 함께 나아갔는데,
　왕탄지는 두려워하는 모습이 표정에 그대로 나타났지
　만, 사안은 늠름한 태도가 얼굴에 더욱 드러났다. 계
　단을 바라보고 자리로 가면서 [사안이] 낙양 서생의
　창법194)으로 "도도한 저 큰 물결이여"라는 시를 읊었
　다. 환온은 그의 광대하고 심원한 기품에 주눅이 들어
　곧장 복병을 해산시켰다. 왕탄지와 사안은 예전부터
　명성을 나란히 했는데, 이 일을 가지고 비로소 그 우
　열을 가리게 되었다.(桓公伏甲設饌, 廣延朝士, 因此欲

---

193) ≪世說新語≫ 文學 편 제35조 劉孝標 注引 ≪維摩詰經≫ 참조.
194) '洛下書生詠'이라고도 하는데, 당시 유행했던 창법으로 둔탁한 鼻
　　音으로 노래하였다. 輕詆 편 제26조 역시 이와 관련된 고사로 顧
　　愷之가 이를 '늙은 종년의 소리'에 비유하여 비꼬고 있다. '洛生詠'
　　은 둔탁한 소리를 내는 北方의 창법이어서 吳地 출신인 顧愷之가
　　맑고 낭랑한 南方音에 익숙하였기 때문에 당시 유행하던 北方 창
　　법을 무시한 것이다.

誅謝安, 王坦之. 王甚遽, 問謝曰:「當作何計?」 謝神意
不變, 謂文度曰:「晉阼存亡, 在此一行!」相與俱前. 王
之恐狀, 轉見於色; 謝之寬容, 愈表於貌; 望階趨席, 方
作「洛生詠」, 諷「浩浩洪流」. 桓憚其曠遠, 乃趣解兵.
王·謝舊齊名, 於此始判優劣.)[195]

　사태부(謝安)가 왕문도(王坦之)와 함께 치초를 찾아
갔는데, 날이 저물도록 만나질 못했다. 왕탄지가 그냥
가려고 하자, 사태부가 말하길 "목숨을 위한 것인데
그래 잠깐을 참지 못한단 말이오?"라고 했다.(謝太傅
與王文度共詣郗超, 日旰未得前, 王便欲去. 謝曰:「不能
爲性命忍俄頃?」)[196]

　왕문도(王坦之)와 범영기(范啓)가 함께 간문제(司馬
昱)의 초청을 받았는데, 범영기는 나이는 많았지만 지
위가 낮았고, 왕문도는 나이는 적었지만 지위가 높았
다. 앞으로 나아가려 할 때 서로 앞서라고 양보하다가
한참 [실랑이를 벌인] 뒤에 왕문도가 결국 범영기의
뒤에 있게 되었다. 그래서 왕문도가 말하길 "까부르고
날리고 나니 겨와 쭉정이만 앞에 있네."라고 하자, 범
영기가 말하길 "씻어내고 골라내고 나니 모래와 조약
돌만 뒤에 있네."라고 했다.(王文度·范榮期俱爲簡文
所要; 范年大而位小, 王年小而位大; 將前, 更相推在前;
旣移久, 王遂在范後. 王因謂曰:「簸之揚之, 糠秕在前.」
范曰:「洮之汰之, 沙礫在後.」)[197]

　桓溫은 제위찬탈[198]에 방해가 되는 謝安과 王坦之를 제거하려

---

195) ≪世說新語≫ 雅量 편 제29조.
196) ≪世說新語≫ 雅量 편 제30조.
197) ≪世說新語≫ 排調 편 제46조.
198) 제3장 제3절 桓溫 부분 참조.

했으나 生과 死의 기로에서 謝安은 두려워하는 王坦之와 달리 오히려 당시 유행하던 '洛生詠'의 창법으로 태연자약하게 시를 읊어 두 사람은 목숨을 부지할 수 있었다. 또한 雅量 편 제30조에서는 초조해하며 인내심 없는 王坦之의 모습이 謝安과 비교되어 부각되고 있는데, 이렇게 王坦之는 특수한 상황에서 대조적인 수법을 통하여 상대적으로 폄하되고 있다. 한편 魏晉時代에는 총명한 才智를 매우 중시하여 언어유희가 유행하였다. 이러한 언어유희에는 순간적이면서도 直覺的인 민첩성이 요구된다. 捷悟 편 제1, 2, 3조에서 볼 수 있는 析字의 경우가 그 대표적인 예이다. 그러나 范啓와 서로 '겨와 쭉정이', '모래와 조약돌'에 비유하며 상호비방하는[199] 저속한 유희는 현실에 대한 목적성과 암시성을 지니고 있어야 하는 진정한 언어유희[200]와는 차원이 다르다. 이러한 모습에서도 大政治家로서의 기품이 부족함을 드러내고 있다.

> 왕중랑(王坦之)과 임공(支遁)은 사이가 몹시 좋지 않았다. 왕중랑이 임공을 궤변가라고 말했더니, 임공이 왕중랑을 평하길, "때 묻은 모자[帢]를 쓰고, 거친 베 홑옷을 걸치고, 左傳을 끼고서, 정강성(鄭玄)의 수레 뒤나 쫓아다니고 있으니, 묻건대 [그는 도대체] 어떤 먼지차두인가?"라고 했다.(王中郎與林公絶不相得, 王謂林公詭辯; 林公道王云:「箸膩顔帢, 緝布單衣, 挾左傳, 逐鄭康成車後, 問是何物塵垢囊!」)[201]

個性과 自我의 중시는 魏晉 士人들의 가치관을 근본적으로

---

199) 品藻 편 제53조에서도 劉惔과 상호비방하고 있다.
200) 井波律子 著, 李慶, 張榮湄 共譯 ≪中國人的機智-以世說新語爲中心≫(上海, 學林出版社, 1998) 81-82쪽 참조.
201) ≪世說新語≫ 輕詆 편 제21조.

변화시켜 名敎로 자신의 개성을 희생당해야만 했던 漢代 이래의 전통관념을 무시하고 심지어 멸시하였다. 東晋시기 士族士人은 물론 승려나 제왕들까지도 청담활동에 적극적으로 참여하여 청담의 기풍이 크게 유행함에도 불구하고 유학경전의 사수태도를 보이는 王坦之를 支遁은 시대의 흐름에 맞지도 않고, 또한 뒤떨어져 있다고 비꼬고 있다. 儒家思想이 천하를 지배하던 漢代에는 도덕관념이나 정치제도는 물론 학술사상 역시 모두 통치계층의 요구에 따라 전체사회의 이익에 반하는 이단적인 발상을 결코 용납하지 않았다. 東漢의 大儒學者로 칭송 받던 鄭玄이 오히려 魏晋에 이르러서는 塵垢囊이라는 속세의 때로 가득 찬 사람의 육체로 비유되어 그를 규범으로 하던 漢代 士人들의 가치관은 전혀 가치가 없는 것으로 전락하게 되었고, 오히려 인물개성의 재능과 유유자적하고 탈속적인 풍모가 강조되었다. 王坦之의 조부인 王承은 仁民愛物의 儒家정신과 덕망으로 유명하였으며, 부친인 王述은 ≪左傳≫을 연구하여 ≪春秋左氏經傳通解≫와 ≪春秋旨通≫을 지었다. 그리고 王承의 어머니인 郝부인에게서는 법도를, 큰어머니인 鍾부인에게서는 예법을 모범으로 삼았다는 賢媛 편 제16조의 고사로 미루어 볼 때, 太原 王氏 집안의 家風은 상당히 儒家的이었음을 짐작할 수 있다. 이러한 분위기 속에서 교육받으며 성장한 王坦之가 <廢莊論>을 지을 정도로 老莊學을 싫어하고 儒學과 訓詁學을 좋아하여 經典의 義理에 정통한 것은 당연한 결과라 할 수 있다.

魏晋南北朝시기는 道家思想에 의해 주도되었으나 儒家와의 단절을 의미하는 것은 아니었다. 사회전반의 문화는 道家의 淸靜無爲的 색채가 지배하였으나, 문벌제도 안에서는 儒家의 經學이 家敎를 통해 전수되는 이중구조를 지닌 시기라고 할 수 있다.202) 太原 王氏 집안의 家風은 상당히 儒家的이었다. 이러한

家風 속에서 성장한 王坦之는 어려서부터 효심과 우애가 두터
웠으며, 고귀한 식견과 깊은 학식으로 자부심 또한 강했던 인물
이었다. 위기 상황에서 드러난 부정적인 모습과 저속한 언어로
상호비방하는 유희의 모습에서 대정치가로서의 기품은 다소 떨
어지지만, 儒學을 존중하며 經典의 의리에 정통한 학식은 높이
평가할 만하다 하겠다.

第3節 其他 門閥

1. 庾 亮

庾亮(289-340)[203]은 字가 元規이며, 潁川 鄢陵(지금의 河南 鄢
陵의 西北) 사람이다. 太康 3년(325) 明帝가 죽고 겨우 5세가 된
太子 衍이 제위를 계승하여 東晉의 제3대 황제인 成帝가 되었
다. 成帝는 나이가 너무 어렸기 때문에 庾太后(明帝 穆皇后)가
섭정을 하였는데, 中書令 庾亮은 태후의 큰 오빠로 王導와 함께
정사를 보좌하며 전권을 장악하였다.[204] ≪晉書≫의 기사에는,

   庾亮은 용모가 빼어났고 담론을 잘 하였으며, 성품이
   老莊을 좋아하였다. 품격은 준엄하고 단아했으며 예절
   에 따라 처신하여 집안 내에서 근엄하게 행동하지 않

---

202) 朴敬姬 <謝道韞을 통해 본 淸談時代의 여성>; ≪中語中文學≫
  2002, 31집 245쪽 참조.
203) ≪晉書≫ 卷73 <庾亮傳> 참조.
204) 傅樂成 主編, 鄒紀萬 著 ≪魏晉南北朝史≫(臺北, 衆文圖書公司,
  1990) 53쪽 참조.

아도 절로 기풍이 있었다. 당시 사람들 가운데 어떤 이
는 그를 夏侯太初와 陳長文의 부류에 견주었다.(亮美姿
容, 善談論, 性好老莊, 風格峻整, 動由禮節, 閨門之內不
肅而成, 時人或以爲夏侯太初、陳長文之倫也.)

라고 하고 있어 빼어난 외모와 함께 담론에 능했으며, 기품 역
시 단아하고 위엄이 있었음을 알 수 있다. 또한 평소 깊은 아량
과 德量을 갖추고 있었으며, 몸가짐이 단정하고 위엄이 있어 사
람들이 매우 경외하며 쉽게 접근하려 하지 않았다.205)

　　유공(庾亮)이 타는 말 중에 적로라는 흉마가 있었는
데, 어떤 사람이 그에게 팔아 버리라고 말하자, 유공
이 말하길 "이것을 판다면 반드시 살 사람이 있겠지
만 다시 그 주인을 해칠 것이니, 어찌 자기에게 편하
지 않다고 해서 그것을 다른 사람에게 옮길 수 있겠
는가? 옛날에 손숙오가 뒷사람을 위해 머리 둘 달린
뱀을 죽였다는 옛 미담도 있으니, 이를 본받는 것이
또한 도리에 맞는 것이 아니겠는가?"라고 했다.(庾公
乘馬有的盧, 或語令賣去. 庾云:「賣之必有買者, 卽復害
其主; 寧可不安己而移於他人哉? 昔孫叔放殺兩頭蛇以
爲後人, 古之美談; 效之, 不亦達乎?」)206)

　　유태위(庾亮)는 풍모가 뛰어나고 위풍이 당당했으며
행동거지를 가볍게 하지 않았는데, 당시 사람들은 모
두 일부러 꾸민 것이라고 생각했다. 유량에게는 서너
살짜리 큰 아들이 있었는데, 성품이 고상하고 장중한
것이 꼭 그의 부친과 같았다. 그래서 사람들은 그것이

---

205) ≪世說新語≫ 容止 편 제24조와 德行 편 제31조 劉孝標 注引 ≪晉
　　陽秋≫ 참조.
206) ≪世說新語≫ 德行 편 제31조.

126

천성이라는 것을 알게 되었다. 온태진(溫嶠)이 일찍이 휘장 뒤에 숨어서 그를 놀래준 적이 있었는데, 그 아이는 태연한 안색을 한 채 천천히 무릎을 꿇고 말하길 "군후께서는 어찌하여 이러십니까?"라고 했다. 논자들은 그가 유량 못지않다고 평했다. 庾會는 소준의 난 때 살해당했다.207) 어떤 사람이 이르길 "아공(庾會)을 보면 원규(庾亮)가 일부러 꾸미지 않았다는 것을 알 수 있다."라고 했다.(庾太尉風儀偉長, 不輕擧止, 時人皆以爲假. 亮有大兒數歲, 雅重之質, 便自如此, 人知是天性. 溫太眞嘗隱幔怛之, 此兒神色恬然, 乃徐跪曰:「君侯何以爲此?」 論者謂不減亮. 蘇峻時遇害. 或云:「見阿恭, 知元規非假.」)208)

그의 아들에게 큰 영향을 끼칠 정도로 위풍당당한 풍모와 고상하고 장중한 성품의 庾亮은 荊州에 있을 때 殷浩가 凶馬를 팔아버리라고 권했지만 다른 사람에게 피해를 줄 수 있음을 배려하고 그 말을 듣지 않았다. 다음의 고사를 살펴보자.

유태위(庾亮)가 [반란을 일으킨] 소준과 싸우다가 패하여 부하 10여 명을 이끌고 작은 배를 타고 서쪽으로 패주했다. 반란군이 추격하여 덮치자 [유태위의 부하가 그들을] 쏜다는 것이 잘못하여 조타수를 맞췄는데, 슝! 하는 소리와 함께 [조타수가] 고꾸라졌다. 배 위의 사람들이 모두 대경실색하여 우왕좌왕했지만, 유량은 동요된 기색을 보이지 않고 천천히 말하길 "그런 솜씨로 어떻게 적을 맞힐 수 있겠는가?"라고

---

207) ≪晉書≫ 卷73 <庾亮傳>에는 庾亮의 세 아들로 彬, 羲, 龢만 등장하고 있으며, 위의 내용이 庾彬 전기의 유일한 고사인 것으로 보아 큰 아들의 이름은 庾會가 아니라 庾彬인 것 같다.

208) ≪世說新語≫ 雅量 편 제17조.

했다. 사람들은 이내 안정을 되찾았다.(庾太尉與蘇峻
戰, 敗, 率左右十餘人, 乘小船西奔. 亂兵相剝掠, 亮左右
射賊, 誤中柂工, 應弦而倒. 擧船上咸失色分散. 亮不動
容, 徐口:「此手那可使箸賊?」衆迺安.)209)

　싸움에 패하여 적에게 쫓겨 달아나면서 설상가상으로 자기편
의 조타수를 잘못 맞춰 우왕좌왕하는 혼란 속에서도 庾亮은 대
경실색하기는커녕 조금도 동요하지 않고 오히려 해학적인 표현
으로 분위기를 반전시켜 부하들을 안심시키고 있다. 이러한 위
급한 상황 속에서 보여주는 庾亮의 모습은 정신적 자유와 유유
자적한 삶의 태도를 추구하던 당시 玄學的 인생태도의 영향이
라 할 수 있다. 魏晉시대에는 脫俗的인 風度와 자태를 추구하는
것이 이상적인 아름다움이 되었다. 세속적이면서 외면적인 풍모
와 자태가 아니라 내재적이며 또한 본질적이면서도 특수하고
초탈한 풍모와 자태가 사람들이 감상, 평가, 토론, 고무하던 대
상이 되었다. 특히 晉의 성립 이후에는 인물의 외모나 품격, 재
능 등을 윤리도덕이나 사회적 명망과 구별하여 독립적으로 인
격에 대해 審美的 觀照와 評價를 하는 것이 인물품평의 主流가
되었으며, 이러한 인물품평의 사회분위기 속에서 魏晉 士人들의
사회보다는 개인을, 外在性 보다는 內在性을, 윤리 도덕적인 모
습보다는 재능과 탈속적인 기품을 중시하는 魏晉 審美활동의
풍조가 널리 만연되었다.
　≪世說新語≫에서는 玉을 비유대상으로 가장 많이 사용하고
있는데, 진귀함이나 굳은 의지, 순수 등 주로 인물의 자질을 평
가하거나 儀容의 아름다움을 형용할 때 사용하고 있다.

---

209) ≪世說新語≫ 雅量 편 제23조.

128

　　유천이 처음 양도부를 지어 온교와 유량을 평하길
"온교는 義의 표상을 내걸고, 유량은 만민의 희망이
되니, 명성을 비유하면 쇠의 소리요, 덕을 비유하면
옥의 광택이로다."라고 했는데, 유량이 그 부가 완성
되었다는 말을 듣고 보여 달라고 하면서 아울러 선물
을 주자, 유천은 희망[望]을 준일[儁]로 고치고 광택
[亮]을 윤택[潤]으로 고쳤다.(庾闡始作揚都賦, 道溫・
庾云:「溫挺義之標, 庾作民之望; 方響則金聲, 比德則玉
亮.」 庾公聞賦成, 求看, 兼贈眦之. 闡更改「望」爲「儁」,
以「亮」爲「潤」云.)210)

　　세간에서 칭찬하길 "유문강(庾亮)은 풍년의 옥이고
[그의 동생] 유치공(庾翼)은 흉년의 곡식이다."라고 했
다. [그러나] 유가론에서는 이르길 "문강이 칭찬하길,
[동생] 치공은 흉년의 곡식이고 [조카] 유장인(庾統)은
풍년의 옥이라고 했다."라고 했다.(世稱「庾文康爲豐年
玉, 穉恭爲荒年穀.」 庾家論云: 「是文康稱恭爲荒年穀,
庾長仁爲豐年玉.」)211)

　　유문강(庾亮)이 죽었을 때 하양주(何充)가 장례식에
참석하여 이르길 "玉樹를 땅 속에 묻고 보니 사람의 마
음이 어떻게 견딜 수 있겠는가!"라고 했다.(庾文康亡,
何揚州臨葬云:「埋玉樹箸土中, 使人情何能已已!」)212)

　　당시에는 일반적으로 남의 본명을 피하여 부르지 않고 대신
字로 부르는 것이 예의였으며, 家諱를 중시하여 상대방 尊屬의
諱를 언급하는 것을 특히 금기시하였다. 庾闡은 庾亮의 이름을

---

210) ≪世說新語≫ 文學 편 제77조.
211) ≪世說新語≫ 賞譽 편 제69조.
212) ≪世說新語≫ 傷逝 편 제9조.

避諱213)하고 운율까지 고려하여 庾亮의 명성과 덕을 칭송하고 있다. 또한 풍년의 玉과 흉년의 곡식은 태평성대를 더욱 빛내준다는 뜻과 난세의 위급함을 구해준다는 뜻을 내포하고 있어 당시 名士들과 세간의 품평을 통하여 庾亮이 治世에 국정을 맡을 기량이 있었고, 덕망과 인물됨이 출중하였음을 알 수 있다.

庾亮은 섭정을 하고 있는 庾太后의 큰 오빠로서 왕권의 강화를 위해 인재의 발굴과 양성에 노력하였으며, 인재를 칭찬하거나 천거를 하면 바로 등용하였다.

남양의 적도연(翟湯)과 여남의 주자남(周邵)은 젊어서부터 친구 사이로서 함께 심양에 은거했다. 유태위(庾亮)가 당대의 시무를 가지고 주자남을 설복하여 주자남은 마침내 벼슬을 했지만, 적도연은 더욱 굳게 뜻을 지켰다. 그 후에 주자남이 적도연을 찾아갔지만 적도연은 그와 말도 하지 않았다.(南陽翟道淵, 與汝南周子南少相友, 共隱於尋陽. 庾太尉說周以當世之務, 周遂仕; 翟秉志彌固. 其後周詣翟, 翟不與語.)214)

유공(庾亮)은 주자남(周邵)을 기용하고 싶었으나, [그럴수록] 주자남은 더욱 완강하게 사양했다. 유공이 주자남을 찾아갈 때마다, 유공이 남문으로 들어가면 주자남은 뒷문으로 나가곤 했다. 유공이 한 번은 불시에 들이닥쳤더니, 주자남이 미처 도망가지 못하여 하루 종일 서로 마주 대하게 되었다. 유공이 주자남에게 음식을 요구하자, 주자남이 변변찮은 음식을 내왔지만 유공은 애써 먹으면서 매우 즐거워했으며, 함께 세상일에 대해 얘기하면서 군주를 보좌하여 천하를 다스

---

213) 제4장 注338 참조.
214) ≪世說新語≫ 棲逸 편 제9조.

릴 임무를 함께 하도록 [그를] 추천하겠다고 약속했다. [주자남은] 출사하여 장군과 이천석의 지위에 이르렀지만 마음에 들어 하지 않았다. 한밤중에 개탄하길 "대장부가 결국 유원규(庾亮)에게 팔렸구나!"라고 했다. 탄식 끝에 마침내 등창이 생겨 죽었다.(庾公欲起周子南, 子南執辭愈固; 庾每詣周, 庾從南門入, 周從後門出. 庾嘗一往奄至, 周不及去, 相對終日. 庾從周索食, 周出蔬食, 庾亦彊飯, 極歡; 幷語世故, 約相推引, 同佐世之任. 既仕, 至將軍二千名, 而不稱意, 中宵慨然曰: 「丈夫乃爲庾元規所賣!」一歎遂發背而卒.)215)

[환이가] 도성에 이르러 유량에게 말하길 "내가 당신을 위하여 훌륭한 이부랑 한 명을 찾아냈습니다."라고 하자, 유량이 그의 소재를 물었더니 환이가 즉시 얘기 해주었다. [서녕은] 이부랑, 좌장군, 강주자사에 올랐다.(至都, 謂庾亮曰: 「吾爲卿得一佳吏部郎.」 亮問所在, 彝卽敍之. 累遷吏部郎, 左將軍, 江州刺史.)216)

유준조(庾爰之)는 젊었을 때 은중군(殷浩)의 인정을 받았는데, [은중군이] 유공(庾亮)에게 그를 칭찬했더니, 유공이 매우 기뻐하면서 곧바로 [그를] 막료로 삼았다.(劉遵祖少爲殷中軍所知, 稱之於庾公, 庾公甚忻, 便取爲佐.)217)

徐寧과 翟湯, 周邵, 庾爰之 등은 당시 높은 학덕과 품덕을 지니고 있었던 賢士들로서 당시 섭정을 하고 있는 庾太后의 큰 오빠인 庾亮에게는 왕권을 공고히 하는데 꼭 필요한 인재들이

---

215) ≪世說新語≫ 尤悔 편 제10조.
216) ≪世說新語≫ 賞譽 편 제65조 劉孝標 注引 ≪徐江州本事≫.
217) ≪世說新語≫ 排調 편 제47조.

었다. 이들을 초빙하기 위해 無所不爲의 막강한 권력을 쥐고 있음에도 공손한 예를 갖추는 庾亮의 모습에서 훗날 諸葛亮이라는 賢人을 얻기 위해 三顧草廬하는 劉備의 모습을 연상케 한다.

庾亮은 東晉에 진심으로 충성하였으며, 왕실의 역량을 공고히 하기 위하여 지방세력을 적극 통제함으로써 無力化시키려는 정치적 의도를 지니고 있었다. 그 결과 지방세력의 불만을 초래하여 결국 蘇峻의 난이 일어나게 된다. ≪晉書≫에는 당시의 상황을 다음과 같이 기록하고 있다.

庾亮은 蘇峻이 틀림없이 화가 될 것이라는 것을 알고 그를 불러 大司農으로 삼으려 하였다. 전 조정이 그에게 안 된다고 말하였고 平南將軍 溫嶠 역시 누차 서신을 보내 이를 막으려 했으나 모두 받아들여지지 않았다. 蘇峻은 마침내 祖約과 함께 擧兵하여 반란을 일으켰다. 溫嶠는 蘇峻이 조서를 받지 않는다는 것을 듣고는 바로 내려가 京都를 지키려 하였다. 三吳에서도 의병을 일으키려 하였으나 庾亮은 듣지 않고 溫嶠에게 답장하여 이르기를 "나는 歷陽보다 서쪽 변방을 더 걱정하고 있으니, 그대는 雷池를 한 발짝도 넘어가지 마시오."라고 했다. 이에 蘇峻은 韓晃에게 宣城을 공격하게 하였고, 庾亮은 군사를 보내 그를 막으려 하였으나 제지할 수가 없었으며, 蘇峻은 승승장구하여 京都에까지 이르렀다. 조정은 庾亮을 假節、都督征討諸軍事로 삼아 건양문 밖에서 싸우게 했다. 군대가 진영을 갖추기도 전에 병사들은 무기를 버리고 달아났다.(亮知峻必爲禍亂, 徵爲大司農. 擧朝謂之不可, 平南將軍溫嶠亦累書止之, 皆不納. 峻遂與祖約俱擧兵反. 溫嶠聞峻不受詔, 便欲下衛京都, 三吳又欲起義兵, 亮並不聽, 而報嶠書曰, "吾憂西陲過於歷陽, 足下無過雷池一步

也." 旣而峻將韓晃寇宣城, 亮遣距之, 不能制, 峻乘勝至
于京都. 詔假亮節、都督征討諸軍事, 戰于建陽門外. 軍
未及陣, 士衆棄甲而走.)

庾亮은 蘇峻과 祖約 등을 의심하여 成帝 咸和 2년(327) 蘇峻
의 병권을 빼앗고자 大司農으로 초징, 入朝케 하였으나 蘇峻이
그의 의도를 알아차리고는 따르지 않고 오히려 祖約과 함께 庾
亮을 주살할 목적으로 반란을 일으켰다. 咸和 3년(328)에는 도
성인 建康까지 진격하여 조정의 군대를 대패시키고 庾亮의 큰
아들도 살해하였다.218)

　　　석두의 사건 때문에 조정이 무너질 위기에 처하자,
　　온충무(溫嶠)와 유문강(庾亮)이 도공(陶侃)에게 의탁
　　하여 구원을 요청했더니, 도공이 말하길 "숙조(明帝
　　司馬紹)의 顧命에 [나는] 언급되지 않았고, 또한 소준
　　이 난을 일으킨 것은 그 실마리가 庾氏 일족에게서
　　비롯된 것이니, 그들 형제를 주살한다 하더라도 천하
　　에 사죄하기에는 부족하오."라고 했다. 그때 유문강은
　　온충무의 배 후미에 있다가 그 말을 듣고 걱정되고
　　두려웠으나 달리 방법이 없었다. 다른 날 온충무가 유
　　문강에게 도공을 만나보라고 권했으나 유문강이 주저
　　하며 가지 못하자, 온충무가 말하길 "溪땅의 개는 내
　　가 잘 알고 있으니, 그대는 그를 한 번 만나보기만 하
　　면 되오. 틀림없이 걱정거리는 없을 것이오."라고 했
　　다. 유문강은 풍모가 너무나도 빼어났는데, 도공은 그
　　를 보자마자 곧장 생각을 바꾸고 온종일 환담하면서
　　극진히 아끼고 존중하게 되었다.(石頭事故, 朝廷傾覆;

---

218) 傅樂成 主編, 鄒紀萬 著 ≪魏晉南北朝史≫(臺北, 衆文圖書公司, 1990)
　　53-54쪽 참조.

溫忠武與庾文康投陶公求救. 陶公云:「肅祖顧命不見及,
且蘇峻作亂, 釁由諸庾, 誅其兄弟, 不足以謝天下!」于時
庾在溫船後, 聞之, 憂怖無計. 別日, 溫勸庾見陶, 庾猶豫
未能往. 溫曰:「溪狗我所悉, 卿但見之, 必無憂也!」庾
風姿神貌, 陶一見便改觀; 談宴竟日, 愛重頓至.)[219]

　　도공(陶侃)이 [長江의] 상류로부터 내려와서 소준의
반란을 진정시키려 했을 때, 유공(庾亮)을 주살하라고
명했다. [도공은] 반드시 유공을 죽여야 소준을 달랠
수 있을 것이라고 생각했다. 유공은 도망가 숨자니 그
럴 수도 없고 [도공을] 만나자니 체포당할까 두려워서
진퇴양난의 처지에 방법이 없었다. 온공(溫嶠)이 유공
에게 도공을 찾아가 보라고 권하면서 말하길 "그대는
단지 멀리서 절만 하시오. 결코 다른 일은 없을 테니.
내가 그댈 위해 보장하겠소."라고 했다. 유공이 온공
의 말대로 도공을 찾아가서 도착하자마자 절을 했더
니, 도공이 스스로 일어나 그를 제지하며 말하길 "유
원규(庾亮)가 무슨 연유로 도사행(陶侃)에게 절을 하
시오?"라고 했다. [유공이] 절을 마친 뒤 다시 몸을
낮추고 아래 자리로 나아가자, 도공은 또 스스로 일어
나 [자기와] 같은 자리에 앉자고 했다. 좌정한 뒤에
유공이 잘못을 인정하고 자신을 질책하면서 매우 공
손하게 사죄했더니, 도공은 자기도 모르게 [마음이]
풀어졌다.(陶公自上流來, 赴蘇峻之難, 令誅庾公; 謂必
戮庾, 可以謝峻. 庾欲奔竄, 則不可; 欲會, 恐見執; 進退
無計. 溫公勸庾詣陶, 曰:「卿但遙拜, 必無他; 我爲卿保
之.」庾從溫言詣陶; 至,便拜. 陶自起止之, 曰:「庾元規
何緣拜陶士衡?」 畢, 又降就下坐. 陶又自要起同坐. 坐
定, 庾乃引咎責躬, 深相遜謝. 陶不覺釋然.)[220]

---

219) ≪世說新語≫ 容止 편 제23조.

> 소준이 난을 일으켰을 때, 유태위(庾亮)가 남쪽으로 도망가 도공(陶侃)을 만났는데, 도공은 평소 [유태위를] 존중했다. 도공은 천성이 인색했다. 식사를 하며 부추를 먹다가 유태위가 흰 부분을 남겨 놓자, 도공이 묻길 "그것으로 무얼 하려오?"라고 했더니, 유태위가 말하길 "물론 심으려고요."라고 했다. 그래서 [도공은] 유태위가 풍류뿐만 아니라 일을 처리하는 실제능력도 겸비하고 있음에 크게 감탄했다.(蘇峻之亂, 庾太尉南奔見陶公, 陶公雅相賞重. 陶性儉吝, 及食, 噉薤, 庾因留白. 陶問:「用此何爲?」 庾云:「故可種.」 於是大歎庾非唯風流, 兼有治實.)221)

당시 溫嶠 등이 蘇峻의 난을 평정하기 위하여 荊州刺史로 있던 陶侃에게 토벌군의 盟主가 되어 달라고 요청했는데, 陶侃은 明帝(司馬紹)의 어린 成帝(司馬衍)를 잘 보필하라는 遺詔에 자신의 이름이 없음에 불만을 품고 거절했으나 庾亮의 설득과 노력으로 결국 盟主로 추대되어 石頭에서 蘇峻을 토벌하였다. 陶侃의 정치적 편견을 바꿀 수 있었던 것은 庾亮의 출중한 외모와 시원스러운 風度 때문이었다.

당시의 사회는 淸談과 談論의 활동이 이미 일상생활 가운데 한 부분을 차지하고 있었고, 특히 개인의 외모와 행동거지를 인물품평의 내용에 포함하여 言談과 外貌가 평론의 주관점이었다. 이렇게 인물에 대한 인식에 이미 상당한 이해가 있어 인물의 외모나 식견, 도량, 그리고 육체와 정신의 아름다움에 심취해 있었다. 政界에서 외모로 상대를 수긍하도록 만드는 것은 흔치 않은 경우이지만, 외모를 중시하던 魏晉시대였기에 가능할 수 있

---

220) 《世說新語》 假譎 편 제8조.
221) 《世說新語》 儉嗇 편 제8조.

었다. 또한 庾亮은 溫嶠의 충고대로 심적 부담을 극복하고 직접 陶侃을 만나 자신을 겸허하게 낮추고 용감하게 자신의 잘못을 인정하면서 공손하게 사죄하였으며, 陶侃이 儉約하다는 것을 알고 자신도 儉約하다는 공통점을 강조하여 결국 陶侃을 감동시킬 수 있었던 庾亮의 지혜 역시 돋보인다.

《世說新語》에 등장하는 庾亮의 고사는 주로 蘇峻의 난과 관련된 내용들인데, 蘇峻의 난 이전에는 왕권강화를 위한 인재의 발굴에 노력하는 모습을 그리고 있고, 蘇峻의 난 이후에는 寒門 출신인 陶侃과의 대립과 갈등을 해소하는 정치적 事蹟을 중심으로 하고 있다. 庾亮은 당시 無所不爲의 최고 권력에 있으면서도 인재의 발굴과 양성에 몸을 아끼지 않았으며, 또한 단아하고 탈속적인 기품과 함께 좌중을 압도하는 출중한 외모는 당시 사회분위기와 부합되는 인물의 전형이라 할 수 있다.

2. 周　顗

周顗(269-322)[222]는 字가 伯仁으로 汝南 安城(지금의 河南 下興의 西南) 사람이다. 풍류와 재기를 지니고 있었으며, 청렴 정직하고 준엄하여 덕망을 지닌 인물로 널리 칭송 받았다. 또한 威儀와 풍모가 당당하고 행동거지와 웅대함이 뛰어나 그 기품이 주위 사람들을 압도하여 비록 당시의 동년배일지라도 감히 함부로 대하지 못했다.[223]

---

222) 《晉書》 卷69 <周顗傳> 참조.
223) 《世說新語》 言語 편 제30조 劉孝標 注引 虞預의 《晉書》, 제40조 鄧粲의 《晉紀》, 賞譽 편 제56조 《晉陽秋》, 品藻 편 제14조 鄧粲의 《晉紀》 참조.

136

　　주복야(周顗)는 풍모가 온화하고 威儀가 훌륭했다.
왕공(王導)을 방문하여 처음 수레에서 내릴 때 여러
사람의 부축을 받았는데, 왕공이 웃음을 머금고 그를
보고 있었다.(周僕射雍容好儀形, 詣王公, 初下車, 隱數
人. 王公含笑看之.)224)

　　세간에서 주후(周顗)를 품평하길 "깎아지른 산처럼
준엄하다."고 했다.(世目周侯:「嶷如斷山.」)225)

　　주백인(周顗)은 품덕이 아정하고 중후했으며, 위험
하고 어지러운 시국을 깊이 통찰하고 있었다. 강남으
로 건너온 뒤로는 다년간 늘 진탕 술을 마셨는데, 한
번은 사흘 동안 깨어나지 못한 적도 있었다. [그래서]
당시 사람들이 그를 삼일복야라고 불렀다.(周伯仁風德
雅重, 深達危亂; 過江積年, 恒大飮酒, 嘗經三日不醒. 時
人謂之「三日僕射.」)226)

　　周顗는 風貌가 온화하고 威儀가 훌륭했으며, 혼란한 시국을
정확히 파악하는 통찰력도 지니고 있었다. 그리고 당시 名士들
로부터 국가의 중요 인물로서의 자질이 있음을 인정받았으며,
특히 王導에게 주목받았다. 周顗가 荊州刺史가 되어 막 부임했
을 당시 建平의 유민 傅密 등이 반란을 일으켜 패한 후, 武昌으
로 가서 王敦에게 의탁하려 하였으나 王敦은 周顗 대신 陶侃을
선발했다. 그 후 周顗는 建康으로 돌아왔으나 곧바로 등용되지
는 못했는데 이 사실을 알게 된 王導는 周顗의 고아한 품격과
재능이 발휘되지 못함을 안타깝게 여겼다.227) 그러나 처음에 周

---

224) ≪世說新語≫ 言語 편 제40조.
225) ≪世說新語≫ 賞譽 편 제56조.
226) ≪世說新語≫ 任誕 편 제28조.
227) ≪世說新語≫ 賞譽 편 제47조 참조.

顗는 아정한 덕망으로 천하의 명성을 얻었지만, 나중에는 술로
인해 자주 실수를 하며 난잡한 행동을 하여 비판을 받기도 하
였다.228)

　또한 周顗는 탁월한 언어적 감각을 지니고 있어 분위기를 반
전시킬 수 있는 능력이 있었다.

　　유공(庾亮)이 주백인(周顗)을 만나보러 갔는데, 백인
　　이 말하길 "그대는 무엇이 그리도 기쁘고 즐겁길래
　　부쩍 살이 쪘소?"라고 하자, 유공이 말하길 "그대는
　　무엇이 그리도 근심되고 걱정되길래 부쩍 살이 빠졌
　　소?"라고 했다. 그러자 백인이 말하길 "나는 근심하는
　　것은 없소. 다만 청허함이 날로 쌓이고 나쁜 찌꺼기가
　　날로 빠져나갈 뿐이오."라고 했다.(庾公造周伯仁, 伯仁
　　曰:「君何所欣悅而忽肥?」庾曰;「君復何所憂慘而忽瘦?」
　　伯仁曰:「吾無所憂; 直是淸虛日來, 滓穢日去耳.」)229)

　　어떤 사람이 주복야(周顗)를 비난하길 "친구들과 말
　　장난이나 하고 난잡하게 굴면서 절제함이 없다."라고
　　하자, 주복야가 말하길 "나는 만리장강과 같으니, 어
　　찌 천리마다 한 번씩 굽이지지 않을 수 있겠소?"라고
　　했다.(有人譏周僕射與親友言戲, 穢雜無檢節 周曰:「吾
　　若萬里長江, 何能不千里一曲?」)230)

　　왕공(王導)이 조정의 관리들과 함께 술을 마시다가,
　　유리 주발을 들고서 주백인(周顗)에게 말하길 "이 주

---

228)　≪世說新語≫ 任誕 편 제25조와 劉孝標 注引 鄧粲의 ≪晉紀≫, 제
　　28조, 排調 편 제15조와 劉孝標의 注에는 周顗가 무절제하게 술을
　　마시며 행동이 난잡하다고 비판하는 내용이 있다.
229)　≪世說新語≫ 言語 편 제30조.
230)　≪世說新語≫ 任誕 편 제25조.

138

발은 속이 텅 비었는데도 보배로운 기물이라 하니 왜
그렇소?"라고 하자, 주백인이 대답하길 "이 주발은 밝
게 빛나며 진실로 맑고 투명합니다. 그래서 보물로 여
기는 것이지요."라고 했다.(王公與朝士共飮酒, 擧瑠璃
盌謂伯仁曰:「此盌腹殊空, 謂之寶器, 何邪?」 答曰:「此
盌英英, 誠爲淸徹, 所以爲寶耳.」)231)

사유여(謝鯤)가 주후(周顗)에게 말하길 "당신은 토지
신단의 神樹와 같소. 멀리서 바라보면 까마득히 높아서
푸른 하늘을 스치지만, 가까이 다가가서 보면 그 뿌리
에 뭇 여우들이 살고 있어서 아래엔 오물이 쌓여 있을
뿐이오."라고 하자, [주후가] 대답하길 "가지가 푸른 하
늘을 스쳐도 높다고 생각하지 않으며, 뭇 여우들이 그
아래를 어지럽혀도 더럽다고 생각하지 않소. 쌓여 있는
오물의 더러움은 당신이 가지고 있는 바이니, 어찌 스
스로 자랑할 필요가 있겠소?"라고 했다.(謝幼輿謂周侯
曰:「卿類社樹: 遠望之, 峨峨拂靑天; 就而視之, 其根則群
狐所託, 下聚溷而已.」 答曰:「枝條拂靑天, 不以爲高; 群狐
亂其下, 不以爲濁; 聚溷之穢, 卿之所保, 何足自稱?」)232)

　　老莊思想을 바탕으로 한 청담은 自然과 玄理를 숭상하여 정
신적으로 外物에 구속받지 않는 자유스러움을 강조한다. 魏晉
士人들의 언어를 통한 임기응변과 순간적인 기지의 표현은 청
담이 성행하던 魏晉시기의 특수한 시대정신 속에서 이루어진
것이며, 그들의 任誕的 태도와 정신을 잘 반영하고 있다. 사람이
한 평생 살아가는 동안 사소한 실수는 있기 마련임을 천리마다
굽이치는 長江에 비유한 것이나, 周顗의 무능함을 조롱한 王導

---

231) ≪世說新語≫ 排調 편 제14조.
232) ≪世說新語≫ 排調 편 제15조.

에 대한 반격, 난잡하게 행동하는 周顗를 謝鯤이 비꼬자 오히려 謝鯤의 과거 일233)을 언급하며 분위기를 바로 반전시키는 周顗의 순간적인 언어적 재치 역시 이 시대의 산물인 것이다.

　한편, 言語 편 제30조와 排調 편 제14조에서 ‘청허함(淸虛)’이나 ‘맑고 투명함(淸徹)’과 같은 인물품평의 용어가 등장하는데, 이는 이후 인물을 품평하는 데 자주 사용되어 특정한 含意를 가지게 되거나 새로운 뜻으로 쓰여 美學의 개념이나 문예비평의 범주로 발전하게 되었다. 宗白華는

　　중국의 美學은 결국 “인물품평”의 美學에서 출발하였다. 美의 개념, 범주, 형용사는 인격미의 평가에서 發源하였다. “군자의 덕을 玉에 비유하는” 중국인의 인격미에 대한 愛賞의 연원은 매우 일러서 인물을 품평하는 분위기가 이미 漢 末에 성행하였고, “世說新語의 시대”에는 최고조에 달하였다.(中國美學竟是出發於 “人物品藻”之美學. 美的槪念、範疇、形容詞, 發源於人格美的評賞. “君子比德於玉”, 中國人對於人格美的愛賞淵源極早, 而品藻人物的空氣, 已盛行於漢末. 到“世說新語時代”則登峰造極了.)234)

라고 하여 魏晉시대 인물품평이 중국의 美學과 문예비평에 큰 영향을 끼쳤음을 지적하고 있다. 위에 예시한 淸虛와 淸徹 이외에 ≪世說新語≫에 자주 등장하는 ‘風’, ‘骨’, ‘氣’, ‘神’ 등의 용어는 六朝 문학비평의 기본 개념으로 발전되었으며, ‘風氣’, ‘風神’, ‘風骨’, ‘骨氣’ 등처럼 ‘風’, ‘骨’, ‘氣’, ‘神’ 등으로 조합된 용어 역

---

233) 謝鯤은 이웃 집 여자를 유혹하다가 여자가 던진 베틀 북에 맞아 이빨 두 개가 부러진 적이 있었다. 賞譽 편 제97조 劉孝標 注引 ≪江左名士傳≫과 品藻 편 제17조 劉孝標 注引 鄧粲의 ≪晉紀≫ 참조.
234) 宗白華 著 ≪美學散步≫(上海, 上海人民出版社, 1981) 210쪽 참조.

140

시 인물품평에서 사용된 것으로 劉勰과 鍾嶸의 시대에 이르러 문학비평에서 중요한 개념으로 사용되어 詩文의 準則이 되었다. 이 가운 데 風骨의 경우, 원래 魏晉시대 인물의 風度와 形態의 美를 중시하던 귀족 상류계층에서 인물을 품평할 때 사용한 개념으로 風은 風姿, 風度, 神氣의 美를 가리키며, 骨은 形態, 骨相의 美를 가리켰다. 한 편의 훌륭한 문장은 반드시 언어가 강건하면서 힘이 있어야 하고, 구조가 긴밀하면서도 간결하여야 하며, 사상감정이 풍부하면서도 마구 쏟아져 나와야 이로부터 사람들을 감화시킬 수 있는 힘이 드러나는 것이다. 인물품평에서 인물의 형체나 외모로부터 표현된 風采와 氣度를 가리키던 風骨은 이제 모든 문학작품이 지녀야 할 美學의 조건이 되어, 이후 문학이나 예술작품에서 표현되어 나오는 일종의 강개하고도 힘 있는 風格을 가리키게 되었다.235)

周顗의 直言을 통한 충성심도 크게 부각되고 있는데, 특히 국가의 위난상황에서 더욱 두드러지고 있다. 王敦은 東晉을 건국하는 데 큰 공을 세웠으나 나중에 元帝에게 배척당하자 이에 앙심을 품고 황제 측근의 간신인 劉隗를 토벌한다는 명분으로 永昌 元年(322) 武昌에서 擧兵하여 도성인 建康까지 점령하였다.236) 이와 관련된 ≪晉書≫의 기사를 살펴보자.

> 周顗는 조서를 받들고 王敦에게 갔는데, 王敦이 말하기를 "伯仁, 경은 나를 배신했소!"라고 했다. 周顗가 말하길 "공의 兵車가 순리를 어겼기에 하관이 몸소 六軍을 이끌었으나 그 일을 해낼 수가 없었고, 왕의

---

235) 周勛初 著 ≪中國文學批評小史≫(咸寧, 長江文藝出版社, 1981) 62-63쪽 참조.
236) 傅樂成 主編, 鄒紀萬 著 ≪魏晉南北朝史≫(臺北, 衆文圖書公司, 1990) 53쪽 참조.

군대가 분패하여 이 때문에 공에게 부담을 준 것이오."라고 했다. 王敦은 그 말이 바른 것을 꺼려하였으며 대답할 바를 몰랐다. 황제는 周顗를 廣室로 불러들여 그에게 이르기를 "근래 큰일이 있었는데 二宮이 무사하고 모든 사람이 평안하니, 대장군이 그 밖에 바라는 것이 있소?"라고 했다. 周顗가 말하길 "二宮에서 조서를 자유자재로 꾸밀 줄은 신 등은 미처 알 수가 없었습니다."라고 했다. 護軍長史 郝嘏 등은 周顗에게 王敦을 피해 달아날 것을 권하였으나 周顗는 "내가 대신의 지위에 있으면서 조정이 망하려 하는데 어찌 초야에서 살기를 구하고자 밖으로 胡越에게 몸을 맡길 수 있겠는가!"라고 말했다. 얼마 지나지 않아 戴若思와 함께 압송되어 太廟를 지나면서 周顗가 큰 소리로 말하길 "천지 先帝의 영혼들이시여, 역적 王敦이 사직을 뒤엎고 충신을 억울하게 죽이며 천하를 능욕하니 천지간 신령님들은 마땅히 하루 속히 王敦을 죽이시고, 독을 풀어 왕실이 무너지게 하지 마소서."라고 했다. 말이 끝나기도 전에 호송인들이 창으로 그 입을 찔러 피가 발꿈치까지 흘러내려도 안색 하나 변하지 않고 자태가 태연자약하여 보는 이들이 모두 눈물을 흘렸다. 결국 石頭의 남문 밖에 있는 돌 위에서 그를 죽였는데, 그때 나이 54세였다.(顗奉詔詣敦, 敦曰, "伯仁, 卿負我!" 顗曰, "公戎車犯順, 下官親率六軍, 不能其事, 使王旅奔敗, 以此負公." 敦憚其辭正, 不知所答. 帝召顗於廣室, 謂之曰, "近日大事, 二宮無恙, 諸人平安, 大將軍故副所望邪?" 顗曰, "二宮自如明詔, 於臣等故未可知." 護軍長史郝嘏等勸顗避敦, 顗曰, "吾備位大臣, 朝廷喪敗, 寧可復草間求活, 外投胡越邪!" 俄而與戴若思俱被收, 路經太廟, 顗大言曰, "天地先帝之靈, 賊臣王敦傾覆社稷, 枉殺忠臣, 陵虐天下, 神祇有靈, 當速殺敦, 無令縱毒, 以傾王室." 語未終, 收人以戟傷其口,

血流至踵, 顏色不變, 容止自若, 觀者皆爲流涕. 遂於石
頭南門外石上害之, 時年五十四.)

국가에 대한 지조를 저버리고 모반을 일으킨 난폭한 성격의
王敦을 周顗는 증오하였다. 周顗는 六軍을 거느리고 맞서 싸웠
으나 대패하자 長史 郝嘏와 좌우의 문관, 무관들이 周顗에게 피
하라고 권하였지만 조정이 위기에 처해 있는 상황에서 대신의
지위에 있는 자가 胡虜에게 목숨을 구걸할 수 없다 하여 오히
려 王敦을 호되게 질책하였다. ≪世說新語≫ 方正 편 제33조에
서는 다음과 같이 기록하고 있다.

왕대장군(王敦)이 이미 반란을 일으켜 石頭에 이르렀
을 때, 주백인(周顗)이 가서 그를 만났다. [왕대장군이]
주백인에게 말하길 "그대는 어찌하여 나를 배반했소
[負]?"라고 하자, 대답하길 "공의 兵車가 정의를 짓밟기
에 이 하관이 외람되게도 六軍을 통솔하여 싸웠으나
천자의 군대가 위세를 떨치지 못했소. 이 점에서 공에
게 부담[負]을 준 것이오."라고 했다.(王大將軍旣反, 至
石頭, 周伯仁往見之. 謂周曰:「卿何以相負?」對曰:「公
戎車犯正, 下官忝率六軍; 而王師不振, 以此負公.」)

愍帝 建興 元年(313)에 周顗가 杜弢에게 곤욕을 당했을 때 豫
章에서 王敦에게 의지하여 그에게 도움을 받은 적이 있었다.[237]
王敦은 周顗가 자신이 도와준 은혜를 저버리고 자기에게 대항
한다고 생각하여 '배반'이라는 말을 사용하였지만, 周顗는 자신
이 王敦에게 걱정거리가 된다고 생각하여 '부담'이라는 말을 쓴

---

237) 金長煥 譯注 ≪世說新語≫(서울, 살림, 1997) 中卷 方正 편 제33조
   譯注 참조.

것이었다. 이렇게 목숨을 아끼지 않고 용기 있게 直言을 하는 周顗를 王敦은 그가 三公이 될 만한 인재였음을 인정하였음에도[238] 자기에게 대항하고, 王導 역시 그를 죽이는 것을 묵인하여[239] 평소 周顗의 재능을 시기했던 王敦은 결국 周顗를 살해한다.[240] 혼란한 정국 속에서 소신 있게 直言하여 자신의 정치적 지조를 지키고 국가의 안정을 도모하려고 했던 周顗의 이러한 충성심은 귀감이 될 만하다 하겠다.

≪世說新語≫에서 두드러지게 부각되고 있는 周顗의 모습은 뛰어난 정치 식견과 우국충정의 충성심이다. 분위기를 반전시키는 그의 탁월한 언어능력은 반역을 도모한 王敦에게 호된 질책의 역할을 하였다. 죽음을 두려워하지 않고 소신 있게 直言을 하며 피를 흘리면서 죽어가면서도 안색 하나 변하지 않는 모습에서 그의 웅대한 威儀와 풍모를 느끼게 해준다.

3. 謝　安

謝安(320-385)[241]은 字가 安石이고, 陳郡 陽夏(지금의 河南 太康) 사람이다. 東晉의 명재상이었던 王導 이후 江左의 風流宰相으로 불리우는[242] 陳郡 謝氏 謝安은 원래 名門大族이 아니었으나, 謝安의 조부 謝衡이 西晉 때 國子祭酒를 지낸 뒤로 西晉과

---

238) ≪世說新語≫ 尤悔 편 제8조 劉孝標 注引 鄧粲의 ≪晉紀≫ 참조.
239) ≪世說新語≫ 尤悔 편 제6조 참조.
240) 品藻 편 제12조와 劉孝標의 注를 보면 평소 王敦이 周顗를 몹시 시기하고 꺼려했음을 알 수 있으며, 元帝 永昌 元年(322)에 周顗를 체포하여 戴淵과 함께 石頭城 남문 밖에서 살해하였다.(≪晉書≫ 卷69 <周顗傳>)
241) ≪晉書≫ 卷79 <謝安傳> 참조.
242) ≪南史≫ 卷22 <王儉傳>.「왕검은 늘 사람들에게 江左의 風流宰相으로는 사안뿐이라고 말했다.(儉常謂人口, 江左風流宰相, 惟有謝安.)」.

東晉의 교체시기에 謝衡의 아들 謝鯤과 謝鯤의 아들 謝尙을 거치면서 점점 가문을 형성하였다. 아울러 謝安의 동생인 謝石과 조카 謝玄 등이 淝水의 전쟁에서 前秦 符堅의 군대를 대패시키며 큰 공을 세웠고, 조정에서는 謝安이 政事를 맡고 있어 이후 謝氏는 東晉의 개국공신인 王氏와 '王謝'로 병칭되며 東晉 제일의 名門大族으로 尊崇받았다.

謝安은 ≪世說新語≫에서 등장회수가 총 115회로 가장 많으며, 품평회수는 44회, 피품평회수는 14회로 품평을 하는 경우가 피품평의 무려 3배나 되는 점으로 미루어 당시 謝安의 명성과 지위를 짐작할 수 있게 해준다. 또한 타인에 대한 품평의 경우에 대부분 好評인 것으로 보아 謝安은 惡評이나 폄하의 말을 아껴 당시 名士들과 좋은 관계를 유지하려 했던 것으로 추측된다. 또한 피품평의 경우 대부분 好評을 받은 것과 ≪晉書≫에 「謝安이 4세 때 譙郡의 桓彝가 보고 "이 아이는 풍골이 뛰어나 후에 王東海(王承)에 뒤지지 않을 것이다."라고 감탄하였다.(安年四歲時, 譙郡桓彝見而歎曰, "此兒風神秀徹, 後當不減王東海")」라는 기사로 미루어 謝安은 성품과 품격, 그리고 기량 면에서 일찍이 주위로부터 인정받고 있었음을 알 수 있다.

> 사태부(謝安)가 동산에 은거하고 있을 때, 손흥공(孫綽) 등 여러 사람들과 함께 바다에 배를 띄우고 유람했다. 바람이 불어 파도가 일렁이자, 손흥공과 왕희지 등은 모두 다급한 기색을 띠면서 곧장 배를 돌리라고 소리쳤다. 그러나 사태부는 분위기가 한창 고조되어 시를 읊조리면서 아무 말도 하지 않았다. 뱃사공은 사태부가 느긋한 마음으로 즐거워하는 것을 보고는 멈추지 않고 계속 갔다. 이윽고 바람이 거세어지면서 파도가 더욱 맹렬해지자, 사람들은 모두 소란스

럽게 움직이면서 가만히 앉아 있지 못했다. 그래서 사
태부가 천천히 말하길 "이래 가지고는 아마 [살아서]
돌아가지 못할 텐데!"라고 했다. 사람들은 이 말이 떨
어지자마자 즉시 제자리로 돌아갔다. 그래서 사태부의
기량이 충분히 조야를 안정시킬 수 있다는 것을 알게
되었다.(謝太傅盤桓東山, 時與孫興公諸人汎海戲. 風起
浪涌, 孫·王諸人色並遽, 便唱使還; 太傅神情方王, 吟
嘯不言. 舟人以公貌閑意說, 猶去不止; 既風轉急, 浪猛,
諸人皆諠動不坐. 公徐云: 「如此, 將無歸!」 衆人卽承響
而回. 於是審其量, 足以鎭安朝野.)[243]

謝安이 여러 名士들과 바다에 배를 띄우고 유람할 때 세찬
바람이 불어 파도가 크게 일렁이었다. 謝安은 느긋한 마음으로
여전히 시조를 읊조리며 즐거워하였으나, 孫綽 등은 다급한 기
색을 띠면서 안절부절 못하였다. 위의 고사는 평범한 사건 속에
서 「분위기가 한창 고조되어 시를 읊조리면서 아무 말도 하지
않은 채(神情方王, 吟嘯不言)」, 「느긋한 마음으로 즐거워하며(貌
閑意說)」, 「천천히 말하는(徐云)」 등의 묘사로 謝安의 침착하고
초연한 모습을 생동감 있게 표현해내고 있으며, 아울러 다른 名
士들과의 비교의 기법을 통해 淸新하고 玄妙한 기품을 두드러
지게 부각시키고 있다.

사공(謝安)이 손님과 바둑을 두고 있었는데, 잠시
후 사현이 회수에서 보낸 사신이 도착하였다. 서찰을
다 보고 나서 묵묵히 아무 말도 하지 않은 채 천천히
바둑판을 향했다. 손님이 회수에서의 승패를 물었더
니, 대답하길 "조카들이 적을 대파했다는군요."라고

---

243) ≪世說新語≫ 雅量 편 제28조.

했다. 안색이나 행동거지가 평상시와 다름없었다.(謝
公與人圍棋, 俄而謝玄淮上信至, 看書竟, 默然無言, 徐
向局. 客問「淮上利害?」 答曰:「小兒輩大破賊.」 意色
擧止, 不異於常.)244)

前秦의 符堅이 침입하여 晉室의 安寧이 위협받는 상황에서
謝安은 두려워하는 기색도 없이 수레를 준비하라고 명하여 별
장으로 가서는 조카 謝玄과 바둑을 두었다. 그리고는 그날 밤에
돌아와 바로 대비책을 강구하여 며칠 만에 모든 일을 끝냈으며,
적을 격파하고도 기뻐하는 기색이 없었다.245) 위의 두 고사에서
볼 수 있는 태연자약한 脫俗의 이미지는 謝安의 품격을 잘 나
타내주는 것이며, 이는 정신적 자유와 유유자적한 삶의 태도를
추구하던 당시 玄學的 인생태도와 상관이 있다 하겠다.

유중초(庾闡)가 <양도부>를 다 짓고 나서 유량에게
보냈는데, 유량은 그의 친족이었기 때문에 그 가치를
대대적으로 호평하길 "<이경부>와 더불어 셋이 되고
<삼도부>와 더불어 넷이 될 수 있다."라고 했다. 그래
서 사람들이 다투어 필사하는 바람에 도성의 종이값이
비싸졌다. 그러나 사태부는 말하길 "그렇지 않다. 이것
은 집 밑에 집을 지은 것일 따름으로 일마다 모방을
하여 비천함을 면치 못한다."라고 했다.(庾仲初作揚都
賦成, 以呈庾亮; 亮以親族之懷, 大爲其名價云:「可三二
京, 四三都.」於此人人競寫, 都下紙爲之貴. 謝太傅云:「不
得爾. 此是屋下架屋耳! 事事擬學, 而不免儉狹.」)246)

---

244) ≪世說新語≫ 雅量 편 제35조.
245) ≪世說新語≫ 雅量 편 제35조 劉孝標 注引 ≪續晉陽秋≫ 참조.
246) ≪世說新語≫ 文學 편 제79조.

환공(桓溫)은 사안석(謝安)이 지은 <간문제의 시호
를 정하기 위한 상주문[簡文諡議]>을 보았는데, 그것
을 다 보고 나서 좌중의 여러 빈객들에게 던지면서 말
하길 "이것은 안석의 금 조각[碎金]이오."라고 했다.(桓
公見謝安石作簡文諡議, 看竟, 擲與坐上諸客曰: 「此是安
石碎金.」)247)

대공(戴逵)이 동쪽[會稽]에서 나오자, 사태부(謝安)
가 그를 만나 보러 갔다. 사태부는 본래 대공을 경시
했기 때문에 만나서 단지 琴과 書(글씨)에 대해서만
논했다. 대공은 조금도 인색한 기색이 없었으며, 琴과
書에 대해 담론하는 것이 갈수록 오묘했다. 사태부는
자연히 그의 기량을 알게 되었다.(戴公從東出, 謝太傅
往看之. 謝本輕戴, 見但與論琴書; 戴旣無吝色, 而談琴
書愈妙. 謝悠然知其量.)248)

사태부(謝安)가 이르길 "고장강(顧愷之)의 그림은
사람이 생겨난 이래로 없었던 바이다."라고 했다.(謝
太傅云: 「顧長康畫, 有蒼生以來所無!」)249)

庾闡이 지은 <揚都賦>를 평가하는 謝安의 모습에서 그가 작품
평가의 능력이 있고, 재기 넘치는 문장력도 가지고 있어 문학적 자
질이 뛰어났음을 알 수 있다. 또한 行書에도 능하여250) 戴逵와 음
악과 글씨에 대해 담론하고, 顧愷之의 그림을 평가하였으며, ≪晉
書≫에서 「성정이 음악을 좋아했다.(性好音樂.)」라고 한 것으로
보아 예술적 자질 역시 갖추고 있었음을 짐작할 수 있다.

---

247) ≪世說新語≫ 文學 편 제87조.
248) ≪世說新語≫ 雅量 편 제34조.
249) ≪世說新語≫ 巧藝 편 제7조.
250) ≪世說新語≫ 德行 편 제34조 劉孝標 注引 ≪文字志≫ 참조.

지도림(支遁), 허(許詢), 사(謝安) 등 명현들이 모두 왕(王濛)의 집에 모였다. 사안이 사람들을 돌아보며 말하길 "오늘은 가히 명사의 모임이라 할 만합니다. 시간은 더 이상 붙잡아 둘 수 없으며 이 모임 역시 진실로 늘 있기 어려우니, 마땅히 함께 담론을 벌려 마음속의 생각을 펼쳐보도록 합시다."라고 했다. 허순 이 곧 주인에게 "莊子가 있습니까?"하고 물었더니, 마 침 漁父 한 편을 찾아내 왔다. 사안이 표제를 보고 나 서 곧 좌중의 사람들에게 각자 해석을 해보라고 했다. 지도림이 먼저 해석하여 칠백여 언을 지었는데, 서술 이 精美하고 재기가 기발하여 사람들이 모두 훌륭하 다고 칭찬했다. 이윽고 좌중의 사람들이 각자 생각을 다 피력했다. 사안이 묻길 "경들은 다 말씀하셨습니 까?"라고 하자, 모두들 말하길 "오늘의 담론에서는 다 피력하지 못한 것이 거의 없습니다."라고 했다. 사안 이 나중에 문제점을 지적한 뒤 스스로 자신의 생각을 서술하여 만여 언을 지었는데, 재기 넘치는 필봉이 수 려하여 더 이상 건드릴 수 없었으며 게다가 意氣까지 깃들어 있어서 흔연히 스스로 만족해했다. 그래서 좌 중에서 흡족해 하지 않는 사람이 없었다. 지도림이 사 안에게 말하길 "당신은 일거에 핵심을 찔렀기 때문에 더욱 절로 훌륭한 것이오."라고 했다.(支道林・許・謝 盛德, 共集王家. 謝顧謂諸人:「今日可謂彦會, 時既不可 留, 此集固亦難常; 當共言詠, 以瀉其懷.」許便問主人有 莊子不? 正得漁父一篇. 謝看題, 便各使四坐通. 支道林 先通, 作七百許語; 敍致精麗, 才藻奇拔, 衆咸稱善. 於是 四坐各言懷畢. 謝問曰:「卿等盡不?」皆曰:「今日之言, 少不自竭.」謝後粗難, 因自敍其意, 作萬餘語, 才峯秀逸; 既自難干, 加意氣擬託, 蕭然自得, 四坐莫不厭心. 支謂 謝曰:「君一往奔詣, 故復自佳耳.」)251)

文學 편 제55조 劉孝標 注引 <文學志>에서는 「謝安은 풍모가 수려했으며 玄談에 뛰어났다.(安神情秀悟, 善談玄遠.)」라고 하여 謝安이 淸談에 뛰어났음을 보여주고 있다. 위에서 담론을 벌이고 있는 장소는 王濛의 집이다. 謝安은 참석한 名士들이 支遁, 許詢, 王濛 등 모두가 청담가들임을 발견하고 담론을 제의하였다. 주제를 ≪莊子·漁父≫로 즉석에서 선택하여 名士들이 돌아가며 정해진 논제에 대해 각자의 의견을 피력함으로써 평소 자신의 재능과 소양을 과시하였다. 이들은 모두 청담가들이었으므로 당연 ≪莊子≫에 대해 상당한 식견이 있었다. 그러나 謝安은 재기 넘치는 문사와 意氣로 좌중을 압도하였다.

> 왕우군(王羲之)이 사태부(謝安)와 함께 야성에 올랐는데, 사태부는 유연히 고원한 생각에 잠겨 세속을 초탈한 뜻이 있었다. 왕우군이 사태부에게 말하길 "하우는 王事에 진력하여 손발에 굳은살이 박혔고, 문왕은 저녁 늦게야 식사할 정도로 하루 종일 한가한 겨를이 없었습니다. 지금 도성의 사방에 보루가 많이 세워져 있으니, 마땅히 사람들은 스스로 힘써야 합니다. 그런데도 공허한 담론을 하느라 실무를 제쳐두고, 헛된 문장을 짓느라 중요한 업무를 방해하니, 아마도 지금에 적절한 일이 아닌 듯 합니다."라고 하자, 사태부가 답하길 "秦이 상앙을 등용했지만 두 세대 만에 망했으니, 어찌 청담이 환난을 부른다고 하겠소이까?"라고 했다.(王右軍與謝太傅共登冶城, 謝悠然遠想, 有高世之志. 王謂謝曰: 「夏禹勤王, 手足胼胝; 文王旰食, 日不暇給. 今四郊多壘, 宜人人自效; 而虛談廢務, 浮文妨要, 恐非當今所宜!」 謝答曰: 「秦任商鞅, 二世而亡; 豈清言致患邪?」)[252]

---

251) ≪世說新語≫ 文學 편 제55조.
252) ≪世說新語≫ 言語 편 제70조.

王羲之와 謝安 두 사람 모두는 東晉의 名士이지만 청담에 대해 확연히 다른 태도를 보이고 있다. 謝安은 유유히 세속을 초월하고 있고, 王羲之는 나라와 백성을 걱정하는 서로 다른 입장으로 대화 역시 첨예하게 대립하고 있다. 王羲之는 역사적 사실을 두루 인용하여 완곡하게 건의하였으나, 謝安 역시 역사를 근거로 秦이 망한 것은 청담 때문이 아니라고 하며 청담을 옹호하고 있다. 그렇다면 謝安은 왜 公務를 제쳐두고 비판을 받으면서도 청담에 심취되어 있었을까? 왕실의 권위와 스스로의 역량이 부족한 東晉 왕조는 강력한 豪族들 간의 세력균형을 통해 정권을 유지할 수 있었다. 이들을 제어하기 위하여 조정의 중신인 謝安은 일종의 정치적 수단으로써 청담에 심취하고 후덕한 정치를 하여 호족과 왕실과의 관계를 안정시키려 했던 것이다.

> 사공(謝安)의 부인이 자식들을 가르치면서 남편인 태부에게 묻길 "어찌하여 나으리께서 자식 가르치는 것을 한 번도 볼 수가 없습니까?"라고 하자 사공이 대답하길 "나는 항상 자식들을 가르치고 있소."라고 했다.(謝公夫人教兒, 問太傅: 「那得初不見君教兒?」 答曰: 「我常自教兒.」)[253]

한편, 謝安은 東晉의 위대한 정치가였을 뿐 아니라 존경받는 교육자이기도 했다. 그는 몸소 실천하여 가르치는 '身教'에 중점을 두었으며, 교육을 할 때에는 당시 시대정신의 반영과 걸맞게 자제들을 하나의 독립된 인격으로 간주하고 존중하였다.

> 사공(謝安)이 자제들이 모여 있는 곳에서 묻길 "毛

---

[253] ≪世說新語≫ 德行 편 제36조.

詩 중에서 어느 구절이 가장 훌륭하다고 생각하느
냐?"라고 하자, 사알(謝玄)이 읊길 "옛날 내가 떠날
때는 버드나무 한들거리더니, 오늘 내가 올 때에는 눈
비 흩날리네."라고 했다. 사공이 말하길 "큰 책모로
정령을 제정하고, 원대한 계획을 제때에 반포하네. 이
구절에는 雅人의 깊은 뜻이 두루 담겨 있다고 생각한
다."라고 했다.(謝公因子弟集聚, 問毛詩何句最佳? 遏稱
曰: 「『昔我往矣, 揚柳依依; 今我來思, 雨雪霏霏.』」 公
曰: 「『訏謨定命, 遠猷辰告.』」 謂此句偏有雅人深致.)[254]

謝安은 동산에 은거하며 家學을 전수하기 위해 때때로 집안의
자제들을 모아 놓고 토론의 장을 마련하곤 했다. ≪世說新語≫ 文
學 편 제52조에서 謝玄은 獫狁(匈奴)의 침입으로 원정을 떠나는
병사들의 노고와 처량한 현실을 읊은 ≪詩經≫, <小雅·采薇>의
구절을 佳句로 선택하였고, 謝安이 거론한 佳句는 훌륭한 덕망을
지니면 사방에서 존경하는 사람들이 생기고 주변 국가들도 순종
하게 된다는 내용의 ≪詩經≫, <大雅·抑>의 구절이었다. 謝玄이
문학성이 뛰어난 구절을 선택한 반면, 謝安은 謝氏 가문의 자제들
에게 국가경영의 원대한 꿈과 이상을 심어줄 수 있는 교육적 차
원의 佳句로 자신의 교육 목표를 밝히고 있다.

당시의 문벌세족들이 자신들의 세력을 공고히 하기 위해 聯
婚을 통한 방법으로 세력을 규합하였다면, 안으로는 孝와 悌의
儒家的 덕목으로 자제들의 덕행을 고취시키고 家學을 전수하는
데 노력하였다. 이는 혼란한 정치와 왕조가 끊임없이 경질되는
당시의 특수한 상황하에서 처세를 위해 道家的 태도를 취했으
나 문벌을 유지하고 보호하기 위해서는 儒術을 준수하지 않을
수 없었기 때문이다. 그래서 교육을 통하여 자제들이 가문을 잘

---

254) ≪世說新語≫ 文學 편 제52조.

152

이끌어 나갈 수 있는 힘과 능력을 키워주려 하였다. 이처럼 魏晉南北朝는 내면적으로 儒家의 전통과 밀접한 관계를 지닐 수밖에 없었던 시기였다.

처음 謝安은 會稽郡 上虞縣 서남쪽에 있는 東山에서 20여 년간 은거하면서 유유자적하였으며, 6-7년 동안 여러 번 벼슬에 초징되었으나 응하지 않은 채[255] 문장을 짓고 哲理를 분석하는 것을 즐기며 살았다.

> 사태부(謝安)가 동산에 은거하고 있을 때, 손흥공(孫綽) 등 여러 사람들과 함께 바다에 배를 띄우고 유람했다.(謝太傅盤桓東山, 時與孫興公諸人汎海戲.)[256]
>
> 왕우군(王羲之)이 유윤(劉惔)에게 말하길 "진실로 마땅히 함께 안석(謝安)을 推尊해야 합니다."라고 하자, 유윤이 말하길 "만약 안석이 동산에 은거할 뜻이 셨다면, 마땅히 천하 사람들과 함께 그를 推尊해야지요."라고 했다.(王右軍語劉尹:「故當共推安石.」 劉尹口:「若安石東山志立, 當與天下共推之.」)[257]

> 처음 사안이 동산에 머물며 평민으로 있을 때, 형제 중에서 이미 부귀해진 자들이 가문에 모이면 세간의 이목이 집중되었다. 유부인이 농담 삼아 사안에게 말하길 "대장부라면 당연히 이와 같아야 하지 않겠어요?"라고 하자, 사안이 코를 잡고 말하길 "[나도 그렇게 되는 것을] 면치 못할까 봐 걱정일 뿐이오!"라고

---

255) 謝安이 계속 초징에 응하지 않자 그를 탄핵하는 상주문이 이어지고, 결국 관리가 될 수 있는 자격을 박탈당하는 禁錮刑까지 당했지만 謝安은 태연히 신경 쓰지 않았다.(賞譽 편 제77조 劉孝標 注 引 ≪續晉陽秋≫ 참조)
256) ≪世說新語≫ 雅量 편 제28조.
257) ≪世說新語≫ 賞譽 편 제77조.

했다.(初, 謝安在東山居, 布衣; 時兄弟已有富貴者, 翕集
家門, 傾動人物. 劉夫人戲謂安曰:「大丈夫不當如此乎?」
謝乃捉鼻曰:「但恐不免耳!」)258)

　謝安의 훌륭한 명성을 흠모한 桓溫은 荊州刺史로 있을 당시
謝安을 자신의 司馬로 임명해달라고 조정에 청하였다. 결국 謝
安은 세상이 아직 태평하지 못하다고 생각하고 천하를 바로 잡
아 구제하고자 동생 謝萬이 관직에서 물러난 이후 40세에 처음
으로 出仕하였다.

　사공(謝安)이 동산에 있을 때, [출사하라는] 조정의
명이 누차 내려졌으나 [사공은] 움직이지 않았다. 나중
에 환선무(桓溫)의 사마가 되어 장차 신정을 출발할
때, 조정의 관리들이 모두 나와서 [그를] 餞送했다. 당
시 어사중승으로 있던 고령(高崧)도 전송하러 갔는데,
그 전에 얼마간의 술을 마셨기 때문에 술기운을 빌어
조롱하길 "그대는 누차 조정의 뜻을 어긴 채 고고하게
동산에 누워 있었기에, 사람들이 매번 말하길 '안석(謝
安)이 [동산에서] 나오려 하지 않으니 장차 백성들을
어떻게 하나?'라고 했는데, 이제는 또한 백성들이 장차
그대를 어떻게 해야 하오?"라고 하자, 사공은 웃기만
하고 대답하지 못했다.(謝公在東山, 朝命屢降而不動; 後
出爲桓宣武司馬, 將發新亭, 朝士咸出瞻送. 高靈時爲中

---

258) ≪世說新語≫ 排調 편 제27조. 형제들처럼 부귀해질까봐 걱정하던
謝安도 出仕 후에는 賞譽 편 제128조 劉孝標 注引 ≪續晉陽秋≫
의 「정사를 보좌하게 되었을 때는 훌륭한 저택과 정원을 짓고 수
레와 의복을 화려하게 차렸으며(及輔政, 而修室第園館, 麗車服)」라
는 기사로 알 수 있듯이 결국 마찬가지로 화려한 생활을 하였으
며, 方正 편 제57조에서는 韓伯이 謝氏 집안의 부귀를 王莽의 시
절과 비유하여 비판하고 있다.

154

丞, 亦往相祖; 先時, 多少飮酒, 因倚如醉, 戲曰: 「卿屢違
朝旨, 高臥東山, 諸人每相與言, 『安石不肯出, 將如蒼生
何?』今亦蒼生將如卿何?」謝笑而不答.)259)

　사공(謝安)은 처음에는 동산의 뜻을 지켰으나, 나중
에 [출사하라는] 엄한 명령이 누차 이르러 부득이한
상황이 되자, 비로소 환공(桓溫)의 사마로 취임했다.
당시에 어떤 사람이 환공에게 약초를 선물했는데, 그
중에 遠志가 있었다. 환공이 그것을 들고 사공에게 묻
길 "이 약초는 또한 小草라고도 하는데, 어찌하여 한
가지 물건에 두 가지 명칭이 있는 것이오?"라고 했으
나, 사공은 즉시 대답을 하지 못했다. 그때 학륭이 그
자리에 있다가 곧바로 대답하길 "이것은 아주 쉽게
설명할 수 있으니, [땅 속에] 묻혀 있으면 원지가 되
고 [땅 위로] 나오면 소초가 되는 것입니다."라고 하
자, 사공은 몹시 부끄러운 기색을 띠었다. 환공이 사
공을 보면서 웃으며 말하길 "학참군(郝隆)의 이러한
해석은 그리 나쁘지 않으며, 또한 매우 적절하기도 하
군!"이라고 했다.(太傅始有東山之志, 後嚴命屢臻, 勢不
獲己, 始就桓公司馬. 于時人有餉桓公藥草, 中有「遠志」,
公取以問謝: 「此藥又名『小草』, 何以一物而有二稱?」謝
未卽答. 時郝隆在坐, 應聲答曰: 「此甚易解: 處則爲遠志,
出則爲小草.」謝甚有愧色. 桓公目謝而笑曰: 「郝參軍此
通乃不惡, 亦極有會.」)260)

　謝安은 東山에서 20여 년간 은거하였지만 桓溫의 끊임없는
出仕의 요청과 동생 謝萬이 北征에 실패하고 정치적으로 위기
에 몰린 謝氏 가문을 위해 결국 桓溫의 司馬로 出仕하였다. 이

---

259) ≪世說新語≫ 排調 편 제26조.
260) ≪世說新語≫ 排調 편 제32조.

러한 그를 名士들이 조소하고 있으며 小草라는 一物二稱의 약
초261)에 비유하여 조롱하고 있다. 이는 당시 隱逸은 일종의 高
尙한 행위이고 出仕는 庸俗한 행위로, 처음에 은거하였다가 후
에 그 마음을 바꾸어 出仕를 하게 되면 사람들로부터 비난을
받았기 때문이었다. 「處則爲遠志, 出則爲小草.」라는 표현은 다소
냉소적이지만, 한편으로는 魏晉 士人들의 '隱逸 후 出世'라는 의
지를 반영하고 있기도 하다.

> 환공(桓溫)이 해서공(司馬奕)을 폐하고 나서 간문제
> (司馬昱)를 옹립했는데, 시중 사공(謝安)이 환공을 만
> 나 절을 하자, 환공이 놀라면서 웃으며 말하길 "안석
> (謝安), 당신은 어쩐 일로 이러시오?"라고 했더니, 사
> 공이 말하길 "군주가 앞에서 절을 하는데 신하가 뒤
> 에 서 있는 법은 없지요."라고 했다.(桓公旣廢海西, 立
> 簡文, 侍中謝公見桓公拜; 桓驚笑曰: 「安石, 卿何事至
> 爾?」謝公曰: 「未見君拜於前, 臣立於後!」)262)

桓溫이 下北將軍 겸 徐州와 兗州의 刺史로 있을 太和 4년
(369), 前燕의 慕容垂에게 枋頭에서 대패하고 난 뒤, 자신의 권
위를 회복하기 위하여 郗超의 계략에 따라 太和 6년(371) 東晉
의 제7대 황제인 廢帝 司馬奕을 폐위시켜 海西公으로 앉히고,
대신 會稽王 司馬昱(簡文帝)을 황제로 옹립하였다.263) 謝安은 비

---

261) 땅 속에 있는 뿌리는 遠志라 하고 땅 위로 나온 잎은 小草라 한
　　다는 표면적인 의미와, 隱居하면 뜻이 고원하지만 出仕하면 보잘
　　것 없다는 심층적인 의미를 포함하고 있다. 이는 東山에서 隱居하
　　다가 결국 出仕한 謝安을 암암리에 비꼰 것이다. 金長煥 譯注 ≪世
　　說新語≫(서울, 살림, 2000) 下卷 排調 편 제32조 譯注 참조.
262) ≪世說新語≫ 排調 편 제38조.
263) 傳樂成 主編, 鄒紀萬 著 ≪魏晉南北朝史≫(臺北, 衆文圖書公司,
　　1990) 58쪽 참조.

록 桓溫의 推尊으로 出仕하였지만 충성스러운 謝安은 황제까지
도 좌지우지하는 桓溫의 농간을 간과할 수 없었고, 桓溫의 입장
에서는 제위찬탈에 방해가 되는 충신 謝安을 제거해야만 했기
에 桓溫과 謝安 두 사람의 충돌은 피할 수 없는 것이었다. ≪晉
書≫에는 다음과 같이 기록하고 있다.

> 簡文帝가 붕어하고 桓溫이 임금의 무덤으로 가서는
> 新亭이라는 곳에 머물렀다. 큰 진영의 부대가 장차 晉
> 室을 옮기려고 謝安과 王坦之를 불러 앉은자리에서
> 그들을 해치려 하였다. 王坦之는 너무 두려운 나머지
> 謝安에게 계책을 물었다. 謝安은 안색 하나 변하지 않
> 고 말하길 "晉 조정의 존망이 이 한 번의 행동에 달
> 려 있소."라고 했다. 桓溫을 보자 王坦之는 땀이 옷을
> 적셨으며, 手版을 거꾸로 쥐었다. 謝安은 침착하게 자
> 리로 가서 좌정하고는 桓溫에게 말하길 "저는 제후에
> 게 도가 있으면 사방의 나라가 지켜준다고 들었는데
> 공께서는 어찌 벽 뒤에 사람을 감추셨습니까?"라고
> 했다. 桓溫이 웃으며 말하길 "단지 스스로 어찌할 수
> 가 없었을 뿐이오."라고 하며 결국 笑談으로 날을 넘
> 겼다. 王坦之와 謝安은 처음에는 이름을 나란히 하였
> 으나, 이때에 이르러 비로서 王坦之가 못함을 알 수
> 있었다.(及帝崩, 溫入赴山陵, 止新亭, 大陳兵衛, 將移晉
> 室, 呼安及王坦之, 欲於坐害之. 坦之甚懼, 問計於安. 安
> 神色不變, 曰, "晉祚存亡, 在此一行." 旣見溫, 坦之流汗
> 沾衣, 倒執手版. 安從容就席, 坐定, 謂溫曰, "安聞諸侯
> 有道, 守在四鄰, 明公何須壁後置人邪?" 溫笑曰, "正自
> 不能不爾耳." 遂笑語移日. 坦之與安初齊名, 至是方知坦
> 之之劣.)

謝安의 노력으로 결국 桓溫은 그 뜻을 이루지 못하고 姑孰으

로 돌아가 病死하여 東晋 왕조는 고비를 넘기게 되었다. 그 후 謝安이 널리 얻은 인심으로 수많은 문하생들이 채용될 수 있었으며,264) 원대한 정치적 식견으로 번거롭고 자질구레한 일을 덮어두는 등 언제나 후덕한 정치를 베풀어 백성들을 감화시켰다.265)

江左의 風流宰相 謝安은 清新하고 玄妙한 기품의 소유자로서 문학적 자질은 물론 예술적 자질도 갖추고 있었다. 문벌세족들 간의 갈등을 해소하고 정치적 안정을 도모하기 위해 뛰어난 清談 실력으로 당시 談論을 주도하였으며, 가문의 자제들을 독립된 인격으로 존중하고 웅대한 꿈과 이상을 심어주는 교육의 장면에서 훌륭한 교육자로서의 모습을 발견할 수 있다. 또한 원대한 정치적 식견을 지닌 東晋의 정치가로서 桓溫의 제위찬탈 의도에 목숨을 걸고 적극적으로 대처하는 모습에서 그의 충성심도 엿볼 수 있다.

4. 桓　溫

桓溫(312-373)266)은 字가 元子이며, 譙國 龍亢(지금의 安徽 懷遠의 西北) 사람이다. ≪晋書≫에는 王敦과 桓溫의 전기가 <四夷>의 뒤 <載記>에 있다. <載記> 중의 인물들은 이민족의 首長 아니면 반역자들로서 이러한 구성은 桓溫에 대한 역사적 평가가 정통유가사상의 관점에서 이루어졌음을 알 수 있게 해준다. 그러나 ≪世說新語≫는 晋室을 마음대로 유린했던 桓溫의 부정적인 모습만을 보여주고 있지는 않다.

---

264) ≪世說新語≫ 賞譽 편 제102조 참조.
265) ≪世說新語≫ 政事 편 제23조 劉孝標 注引 ≪續晋陽秋≫ 참조.
266) ≪晋書≫ 卷98 <桓溫傳> 참조.

유간은 환선무(桓溫)의 별가가 되었다가 나중에 동
조참군이 되었는데, 자못 강직한 성품으로 인해 소외
당했다. 한 번은 의견을 청취하는 자리에서 유간은 도
무지 말이 없었다. 그래서 환선무가 묻길 "유동조는
어찌하여 의견을 제시하지 않소?"라고 하자, 대답하길
"아마도 채용될 수 없을 것 같아서 그렇습니다."라고
했다. 환선무도 그를 탓하려는 기색이 없었다.(劉簡作
桓宣武別駕, 後爲東曹參軍, 頗以剛直見疏; 嘗聽訊, 簡
都無言. 宣武問: 「劉東曹何以不下意?」 答曰: 「會不能
用!」 宣武亦無怪色.)267)

환공(桓溫)이 삼협에 들어갔는데, 절벽이 하늘에 걸려
있는 듯하고 솟구치는 파도가 급속했다. [환공이] 이에
탄식하며 말하길 "이미 충신이 되고 나면 효자는 될 수
없으니 어찌할거나!"라고 했다.(桓公入峽, 絶壁天懸, 騰
波迅急; 迺歎曰: 「旣爲忠臣, 不得爲孝子, 如何!」)268)

환공(桓溫)의 연회석 상에서 어떤 참군이 찐 부추를
젓가락으로 집었는데, [찐 부추가 엉켜 있어서] 금방
떨어지지 않았다. 함께 식사를 하고 있던 사람들이 도
와주지 않아서 엉킨 부추를 떼어먹을 수 없는데도
[그 참군은] 끝까지 젓가락을 놓지 않았다. [이 광경
을 보고] 좌중이 모두 웃었더니, 환공이 말하길 "같은
쟁반의 음식을 [함께] 먹을 때도 서로 도와주지 않는
데, 하물며 위난에 처했을 때임에랴!"라고 하고는 명
을 내려 [도와주지 않은 사람들을 모두] 면직시키라고
했다.(桓公坐有參軍椅, 食蒸薤不時解, 共食者又不助,
而椅終不放, 擧坐皆笑. 桓公曰: 「同盤尙不相助, 況復危

---

267) ≪世說新語≫ 方正 편 제50조.
268) ≪世說新語≫ 言語 편 제58조.

難乎?」敕令免官.)269)

　　환선무(桓溫)가 蜀을 평정하고 나서 막료들을 소집
하여 이세의 궁전에서 주연을 베풀었는데, 巴와 蜀의
벼슬아치 가운데 모이지 않은 사람이 없었다. 환선무
는 평소에 장쾌한 마음과 호방한 기상을 지니고 있었
으며 게다가 이 날은 목소리가 특히 낭랑하여, 고금의
[일의] 성패는 인물로 말미암고 [국가의] 존망은 재능
에 달렸다는 것을 서술했는데, 그 기백이 넘치는 모습
에 온 좌중이 찬탄했다. [주연이] 이미 끝난 뒤에도
사람들이 [환선무의] 나머지 말을 되새겨 음미하자,
그때 심양의 주복이 말하길 "그대들이 왕대장군(王敦)
을 보지 못한 것이 안타깝소!"라고 했다.(桓宣武平蜀,
集參僚置酒於李勢殿, 巴·蜀縉紳, 莫不悉萃. 桓既素有
雄情爽氣, 加爾日音調英發, 敍古今成敗由人, 存亡繫才,
奇拔磊落, 一坐讚賞不暇. 坐既散, 諸人追味餘言, 于時
尋陽周馥曰:「恨卿輩不見王大將軍!」馥嘗作敦掾.)270)

　　환대사마(桓溫)가 눈 내리는 것을 틈타 사냥을 하려
했는데, 먼저 왕몽과 유담 등의 거처에 들렀다. 진장
(劉惔)이 그의 군복 차림을 보고 묻길 "영감탱이는 그
렇게 차려 입고 무얼 하시려우?"라고 하자, 환대사마
가 말하길 "내가 만약 이렇게 하지 않는다면 그대들
이 어떻게 [한가로이] 앉아서 청담을 나눌 수 있겠는
가?"라고 했다.(桓大司馬乘雪欲獵, 先過王·劉諸人許,
眞長見其裝束單急, 問:「老賊欲持此何作?」桓曰:「我
若不爲此, 卿輩亦那得坐談?」)271)

---

269) ≪世說新語≫ 黜免 편 제4조.
270) ≪世說新語≫ 豪爽 편 제8조.
271) ≪世說新語≫ 排調 편 제24조.

젊어서부터 호방하고 고매한 기풍을 지녔던 桓溫은272) 의견을 제시해 보았자 채용되지 않을 것이라고 한 劉簡의 말로 유추해 볼 때 다른 이의 말을 잘 안 듣는 성격의 소유자였으며, 穆帝 永和 2년(346) 後蜀(成漢)을 정벌하러 가면서는 생명의 위험을 무릅 쓰고 나라를 위해 몸을 바치겠다는 의연한 말로 강한 애국심을 표출하고 있다. 또한 武將으로서 동료애를 강조하여 주위의 비웃던 사람들에게 엄중한 태도로 경고하고 면직시킴으로써 고도의 동료애와 정의감을 발휘하고 있다. 後蜀의 마지막 군주인 李勢의 궁전에서 점령지의 벼슬아치들을 불러 모아 주연을 베풀며 자신의 의견을 피력하는 모습과, 평상시 무예를 연마하고 國防에 노력했던 자기 덕분에 청담을 나눌 수 있다고 자부한 그의 말 속에서 진정한 武人으로서의 기질을 엿볼 수 있고, 아울러 청담을 다소 경시하는 경향273)이 있었음을 알 수 있다.

이제 북벌을 통해 권력을 장악하여 東쪽의 조정을 유린했던 桓溫의 정치역정을 구체적인 사건의 추이에 따라 살펴보도록 하자.

> 환공(桓溫)이 형주자사로 있을 때, 오로지 덕으로써 江漢의 땅을 다스리고자 했으며, 위엄과 형벌로써 인사를 다스리는 것을 부끄러워했다.(桓公在荊州, 全欲以德被江漢, 恥以威刑肅物.)274)

> 어떤 사람이 환공(桓溫)에게 사안석(謝安)과 왕탄지

---

272) ≪世說新語≫ 方正 편 제54조 劉孝標 注引 ≪桓溫別傳≫ 참조.
273) 文學 편 제22조에서 桓溫은 王導, 殷浩, 王濛, 王述, 謝尙 등과 담론하였고, 제29조에서는 청담에 뛰어난 인물들을 모아놓고 易經을 강론하는 등 당시의 유행이었던 청담을 하지 않은 것은 아니었지만, 輕詆 편 제11조에서 桓溫이 좌중에게 엄숙히 경고하는 모습에서도 알 수 있듯이 지나친 청담에 대해서는 경계하였다.
274) ≪世說新語≫ 政事 편 제19조. 【荊州刺史 시절】.

의 우열에 대하여 물었더니, 환공은 정작 말을 하려다
가 도중에 후회하며 말하길 "그대는 남의 말을 전하
길 좋아하니 더 이상 그대에게 말할 수 없소."라고 했
다.(有人問謝安石・王坦之優劣於桓公; 桓公停欲言, 中
悔口:「卿喜傳人語, 不能復語卿.」)275)

환공(桓溫)이 장차 촉을 정벌하려 할 때, 정사를 맡
고 있던 여러 인사들은 이세가 오랫동안 촉에 있으면
서 대대로 선조의 세력을 이어받았고 게다가 지형상
으로도 [장강] 상류의 삼협을 점거하고 있기 때문에
쉽게 격파할 수 없을 것이라고 모두들 생각했다. 그러
나 오직 유윤은 말하길 "그는 틀림없이 촉을 격파할
수 있을 것입니다. 그가 도박하는 것을 보았더니 반드
시 이길 수 없으면 덤벼들지 않더군요."라고 했다.(桓
公將伐蜀, 在事諸賢, 咸以李勢在蜀旣久, 承藉累葉, 且
形據上流, 三峽未易可克. 唯劉尹云:「伊必能克蜀. 觀其
蒲博, 不必得, 則不爲.」)276)

은후(殷浩)가 이미 파직 당한 뒤에 환공이 사람들에
게 말하길 "어렸을 때 연원(殷浩)과 함께 죽마를 타고
놀았는데, 내가 [죽마를] 버리면 연원이 바로 그것을
주워서 타곤 했으니, 내 밑에 있는 것이 진실로 당연
하다."라고 했다.(殷侯旣廢, 桓公語諸人口:「少時與淵
源共騎竹馬, 我棄去, 己輒取之, 故常出我下.」)277)

환공(桓溫)이 낙양으로 [공격해] 들어갔을 때, 회수
와 사수를 건너 북쪽 국경을 밟으면서, 막료들과 함께

---

275) ≪世說新語≫ 品藻 편 제52조. 【荊州刺史 시절】.
276) ≪世說新語≫ 識鑒 편 제20조. 【後蜀 정벌】.
277) ≪世說新語≫ 品藻 편 제38조. 【桓溫의 견제세력이었던 殷浩가
　　　북벌실패로 폐출 당함】.

戰船의 망루에 올라 중원을 바라보다가, 개탄하며 말하길 "결국 신주(中原)를 망하게 하여 백 년의 폐허를 가져온 것은 왕이보(王衍) 등이 그 책임을 지지 않으면 안 된다!"라고 했다.(桓公入洛, 過淮·泗, 踐北境, 與諸僚屬登平乘樓眺矚中原, 慨然曰:「遂使神州陸沈, 百年丘墟, 王夷甫諸人, 不得不任其責!」)278)

[환온이] 아직 해서공을 폐위시키지 않았을 때, 왕원림(王珣)이 환원자(桓溫)에게 묻길 "기자와 비간은 행적은 다르지만 마음은 같았는데, 明公께서는 누가 옳고 누가 그르다고 생각하시는지 모르겠습니다."라고 하자, 말하길 "[두 사람 모두 공자로부터] 仁者라고 칭송받은 것은 다르지 않지만 [나는] 차라리 관중이 되겠소."라고 했다.(未廢海西公時, 王元琳問桓元子:「箕子·比干, 迹異心同, 不審明公孰是孰非?」曰:「仁稱不異, 寧爲管仲!」)279)

환온이 枋頭에서 패전하자 백성의 신망이 떠났음을 알고 수양에서 원진을 죽였다. 얼마 후 치초에게 말하길 "이것으로 방두에서의 치욕을 충분히 씻을 수 있겠지?"라고 하자, 치초가 말하길 "아직은 식자의 마음을 만족시키지 못합니다. 공은 60세의 나이로 큰 거사에 실패하여 세상에 높은 공훈을 세우지 못했으니, 백성들의 신망을 채우기에는 부족합니다."라고 하면서, 환온에게 폐위의 일을 말했다. 당시 환온도 일찍이 그러한 계획이 있었으므로 치초의 말을 깊이 받아들여 마침내 해서공을 유폐했다.(桓溫於枋頭奔敗, 知民望之去也, 乃屠袁眞於壽陽. 旣而謂郗超曰:「足以雪枋頭之恥

---

278) ≪世說新語≫ 輕詆 편 제11조. 【洛陽 수복】.
279) ≪世說新語≫ 品藻 편 제41조. 【廢帝(海西公 司馬奕) 폐위 전】.

乎?」 超曰: 「未厭有識之情也. 公六十之年, 敗於大擧,
不建高世之勳, 未足以鎭厭民望.」因說溫以廢立之事. 時
溫凤有此謀, 深納超言, 遂廢海西.)280)

환선무(桓溫)는 간문제(司馬昱)를 대하면 그다지 말
을 잘 하지 못했다. [환선무는 천자를] 해서공(司馬奕)
으로 폐위시킨 뒤, 마땅히 스스로 상주해야 했으므로,
미리 수백 언을 지어서 廢立의 이유를 진술해 놓았다.
이윽고 간문제를 알현했는데, 간문제가 눈물을 줄줄
흘리자, 환선무는 양심에 가책을 느껴서 한 마디 말도
할 수 없었다.(桓宣武對簡文帝, 不甚得語; 廢海西後,
宜自申敍, 乃豫撰數百語, 陳廢立之意. 旣見簡文, 簡文
便泣下數十行. 宣武矜愧, 不得一言.)281)

환선무(桓溫)가 태재(簡文帝의 형 司馬晞) 부자를
폐출하고 나서, 다시 표문을 올려 말하길 "마땅히 골
육의 정을 잘라내서 [국가의] 원대한 계책을 보전하셔
야 합니다. 만약 태재 부자를 제거하신다면 훗날의 근
심이 없을 것입니다."라고 하자, 간문제(司馬昱)가 친
필로 표문에 답하길 "[그 일은] 차마 입에 담지 못할
바인데 하물며 말보다 더한 것임에랴!"라고 했다. 환
선무가 또 거듭 표문을 올렸는데, 그 어조가 더욱 혹
독했다. 간문제가 다시 답하길 "만약 晉朝가 장구히
지속될 것이라면 명공(桓溫)께선 곧장 이 조서를 받들
어 행함이 마땅할 것이며, 만일 국가의 명운이 다했다
면 청컨대 현자에게 길을 피해 주겠소!"라고 했다. 환
공(桓溫)은 조서를 읽더니 손이 떨리고 땀이 흘러내렸
다. 그래서 [태재 부자를 제거하려는 일을] 그만 두었

---

280) ≪世說新語≫ 言語 편 제59조 劉孝標 注引 ≪晉安帝紀≫. 【枋頭
   에서 패전한 후, 郗超와 廢帝 폐위계획】.
281) ≪世說新語≫ 尤悔 편 제12조. 【廢帝 폐위】.

164

다. 태재 부자는 신안군으로 멀리 유배당했다.(桓宣武
旣廢太宰父了, 仍上表曰:「應割近情, 以存遠計; 若除太
宰父了, 可無後憂.」 簡文手答表曰:「所不忍言, 況過於
言?」 宣武又重表, 辭轉苦切. 簡文復手答曰:「若使晉室
靈長, 明公便應奉行此詔! 如大運去矣, 請避賢路!」桓公
讀詔, 手戰汗流, 於此乃止. 太宰父了遠徙新安.)282)

환공(桓溫)이 누워서 말하길 "이처럼 조용히 있다면
문제(司馬昭)와 경제(司馬師)에게 비웃음을 살 일이
지!"라고 했다. 잠시 후에 벌떡 일어나 앉으며 말하길
"훌륭한 명성을 후세에 전할 수 없다면, 악명을 만세에
남기는 것도 할 수 없단 말인가?"라고 했다.(桓公臥語
曰:「作此寂寂, 將爲文·景所笑!」 旣而屈起坐曰:「旣不
能流芳後世, 亦不足復遺臭萬載邪?」)283)

庾亮의 동생 庾翼이 임종하면서 자신의 아들인 庾爰之를 荊
州刺史의 후임으로 임명해 달라는 표문을 올렸으나 조정에서는
桓溫을 東晉의 군사적 요충지인 荊州의 刺史로 임명하였다.284)
庾翼의 뒤를 이어 荊州刺史가 된 이후 桓溫은 德治를 표방하여
관용과 온화함으로 백성들을 다스렸으며, 혼란한 정국 속에서
말을 잘못하면 화가 미칠 수도 있다는 사실을 깊이 인식하고
말을 아끼며 明哲保身의 태도를 취했다. 桓溫이 後蜀을 정벌하
고 돌아온 후, 그 권위와 명성은 날로 신장되어 조정에서도 그
를 두려워하게 되었고, 會稽王 司馬昱은 桓溫의 세력을 견제하
기 위해 殷浩를 등용하였으나 殷浩가 前秦 정벌을 실패하고 폐
출됨으로써 內外의 大權은 모두 桓溫의 手中으로 들어갔다. 조

---

282) ≪世說新語≫ 黜免 편 제7조. 【簡文帝의 형 司馬晞 폐출】.
283) ≪世說新語≫ 尤悔 편 제13조. 【제위찬탈계획】.
284) ≪世說新語≫ 識鑒 편 제19조 참조.

정에서 적극적인 지원을 해주지 않았음에도 桓溫은 결국 前秦
姚襄의 군대를 격파하고 殷浩가 성공하지 못한 洛陽 수복을 穆
帝 永和 12년(356)에 이루게 된다. 그 후 北方의 前秦과 前燕이
강성해져 洛陽이 前燕에 의해 다시 점령되었다. 이에 廢帝 太和
4년(369) 桓溫은 직접 北征하여 林渚에서 前燕의 慕容暐, 慕容
垂, 傅末波 등을 격파한 뒤 枋頭까지 진격했지만 군량미가 떨어
져 퇴각하고 말았는데, 도중에 慕容垂의 추격을 받아 군사 3만
을 잃고 대패하였다. 枋頭에서의 패전 이후 桓溫은 추락한 자신
의 권위를 회복하기 위해 郗超의 계략에 따라 太和 6년(371) 廢
帝(海西公 司馬奕)를 폐위시키고 會稽王 司馬昱을 옹립하였으
며, 簡文帝가 즉위한 咸安 元年(371) 11월에는 후환을 없애기
위해 簡文帝의 형인 司馬晞도 폐출시켰다.285) 司馬師와 司馬昭
형제는 魏朝 찬탈을 실질적으로 추진했던 인물들로서 桓溫의
말 속에서 제위찬탈의 의도가 노골적으로 드러나고 있음을 알
수 있다. 처음에는 仁德으로 만인의 존망을 받았으나 後蜀과 前
秦 북벌의 성공으로 권력을 장악한 후 廢帝를 폐위시키는 등
그의 정치적 야심은 결국 노골적으로 九錫文286)을 요구하였으나
謝安과 王坦之 등의 비협조와 방해로 뜻을 이루지 못하고 姑孰
에서 病死하고 만다.

　　　소유(庾翼)가 임종할 때 스스로 아들 원객(庾爰之)
　　　을 [형주자사의] 후임으로 임명해달라는 표문을 올렸
　　　다. 조정에서는 [다른 사람을 임명하면] 원객이 명령
　　　에 따르지 않을까 걱정했지만 누구를 파견해야 할지

---

285) 傅樂成 主編, 鄒紀萬 著 ≪魏晉南北朝史≫(臺北, 衆文圖書公司, 1990)
　　　56-58쪽 참조.
286) 큰 공을 세운 權臣을 칭송하고, 아울러 그 사람에게 제위를 禪讓
　　　할 준비를 하기 위한 조서를 말한다.

166

몰랐다. 그래서 함께 논의한 끝에 환온을 임용하기로
했더니, 유윤(劉惔)이 말하길 "그를 보낸다면 틀림없
이 서초지역을 평정할 수는 있겠지만, 더 이상 그를
제어할 수 없게 될까 걱정입니다."라고 했다.(小庾臨
終, 自表以子園客爲代; 朝廷慮其不從命, 未知所遣, 乃
共議用桓溫. 劉尹曰: 「使伊去, 必能克定西楚, 然恐不可
復制.」)287)

유윤(劉惔)이 환공(桓溫)을 평하길 "귀밑털은 거꾸
로 선 고슴도치의 [뻣뻣한] 털 같고 눈썹은 자석영의
[날카로운] 모서리 같으니, 진실로 손중모(孫權), 司馬
宣王(司馬懿)과 같은 부류의 인물이다."라고 했다.(劉
尹道桓公: 「鬢如反猬皮, 眉如紫石稜, 自是孫仲謀・司馬
宣王一流人!」)288)

환공(桓溫)이 북정할 때 금성을 지나가다가 지난 날
낭야내사로 있을 때 심어 놓았던 버드나무가 모두 열
아름쯤 되어 있는 것을 보고는 감개에 젖어 말하길
"나무도 오히려 이와 같거늘 사람이 어찌 변화를 견
딜 수 있으리오!"라고 하면서 나무줄기를 부여잡고 가
지를 매만지며 주루룩 눈물을 흘렸다.(桓公北征經金
城, 見前爲琅邪時種柳, 皆已十圍, 慨然曰: 「木猶如此,
人何以堪!」攀枝執條, 泫然流淚.)289)

환대사마(桓溫)가 병이 들었을 때 사공(謝安)이 병
문안 하러 갔는데 동쪽 문으로 들어갔다. 환공(桓溫)
이 멀리서 바라보며 감탄하길 "나의 문 안에서 이런
사람을 오랫동안 보지 못했다!"라고 했다.(桓大司馬病,

---

287) ≪世說新語≫ 識鑒 편 제19조.
288) ≪世說新語≫ 容止 편 제27조.
289) ≪世說新語≫ 言語 편 제55조.

　　謝公往省病, 從東門入; 桓公遙望, 歎曰:「吾門中久不見
　　如此人!」)290)

　한편, 劉恢은 결코 평범하지 않고 帝王의 상을 가지고 있는
桓溫의 외모와 인물됨으로 그의 정치적 야욕을 예견하였다. 그
는 桓溫을 뛰어난 재능과 원대한 계획을 지니고 있었던 孫權이
나 司馬懿와 같은 비범한 인물로 보았던 것이다. 그러던 그도
결국에는 자연의 변화에 인생무상을 느끼며 뜻을 이루지 못한
통한의 눈물을 흘리고 말았으며, 姑孰으로 병문안 왔던 政敵 謝
安을 보며 그의 도량에 대한 존경과 함께 파란만장했던 자신의
정치역정에 회한을 느꼈을지도 모른다.
　桓溫이 무슨 사건을 계기로 제위찬탈을 결심하게 되었는지
자세히 알 수는 없다. 正史에서는 그의 이러한 정치역정만으로
그에 대한 평가를 부정적으로 하고 있다. 그러나 文學 편 제29조
의 「선무(桓溫)가 여러 청담에 뛰어난 명사들을 모아 놓고 ≪易
經≫을 강론했다.(宣武集諸名勝講易.)」라는 내용에서 알 수 있듯
이 그는 ≪易經≫에 정통하였으며, 당시 명사들과의 담론활동에
도 적극적으로 참여한 것으로 보아 보통 이상의 학식을 갖춘
인물이었다. 아울러 고도의 동료애와 정의감을 발휘하는 등의
모습은 그가 학식은 물론이고 호방하며 고매한 기풍까지도 지
녔던 진정한 武人임을 보여준다. ≪世說新語≫에서 보여지는 그
의 이러한 모습들은 儒家의 관점으로 사건에 중점을 두고 평가
한 ≪晉書≫와는 확실히 다른 점이다.

---

290) ≪世說新語≫ 賞譽 편 제105조.

5. 殷　浩

殷浩(305-356)[291]는 字가 淵源이며, 陳郡 長平(지금의 河南 西
華의 東北) 사람이다.

> 殷浩는 견식과 풍도가 淸遠하였으며, 약관의 나이에
> 美名이 있었다. 특히 玄言에 능했으며, 숙부인 殷融과
> 함께 老子와 易經을 좋아했다. 殷融과 殷浩가 口談을
> 펼치면 언사에서는 殷浩가 더 나았고, 글을 짓는 것은
> 殷融이 더 뛰어났다. 殷浩는 이로부터 풍류담론의 으
> 뜸이 되었다.(浩識度淸遠, 弱冠有美名, 尤善玄言, 與叔
> 父融俱好老易. 融與浩口談則辭屈, 著篇則融勝, 浩由是
> 爲風流談論者所宗.)

위의 《晉書》의 기사에서 알 수 있듯이 殷浩는 견식과 풍도
가 淸遠하였으며, 젊어서부터 淸談으로 이름이 높아 당시 명사
들로부터 존경받았다. 《世說新語》 文學 편 전체 104조 대부분
의 고사는 淸談에 관련된 내용으로, 그 중 殷浩의 淸談과 관련
된 고사는 총 18조를 차지하고 있으며, 이외에도 기타 篇目에
殷浩의 淸談이 자주 보이고 있다.

> 은호는 이치를 논하는 데 뛰어났고 담론이 치밀했
> 으며 老子와 易經에 정통했기 때문에, 명사들이 모두
> 그를 존경했다.(浩能言理, 談論精微, 長於老, 易, 故風
> 流者皆宗歸之.)[292]

> 사진서(謝尙)가 젊었을 때 은호가 청담에 능하다는

---

291) 《晉書》 卷77 ＜殷浩傳＞ 참조.
292) 《世說新語》 賞譽 편 제86조 劉孝標 注引 《中興書》.

소문을 듣고 일부러 그를 찾아갔다. 은호는 설명하지 못하는 것이 없었기에 그를 위해 여러 논제의 뜻을 제시하면서 수백 언을 강술했는데, 치밀한 논지가 훌륭한데다 조리 있는 논변이 탁월하여 마음을 사로잡고 귀를 번쩍 트이게 하기에 충분했다. 사진서는 정신을 집중하고 생각을 기울이느라 자신도 모르게 온 얼굴에 땀이 흘러 내렸다. [이것을 본] 은호는 시종에게 천천히 말하길 "수건을 가져와 사랑(謝尙)의 얼굴을 닦아 드리도록 하라."라고 했다.(謝鎭西少時, 聞殷浩能淸言, 故往造之. 殷未過有所通, 爲謝標榜諸義, 作數百語; 既有佳致, 兼辭條豐蔚, 甚足以動心駭聽. 謝注神傾意, 不覺流汗交面. 殷徐語左右: 「取手巾與謝郎拭面.」)293)

왕사주(王胡之)가 은중군(殷浩)과 함께 담론을 하고 나서 탄식하길 "나는 마음속 깊은 생각까지 일찍 이미 쏟아 부어 보여주었지만, 은중군의 형세는 광대한 [浩] 강물과 같아서 그 여러 연원[源]을 헤아릴 수가 없다!"라고 했다.(王司州與殷中軍語, 歎云: 「己之府奧, 蚤已傾寫而見; 殷陳勢浩汗, 衆源未可得測.」)294)

왕중조(王濛)와 유진장(劉惔)이 은중군(殷浩)을 찾아가 담론을 했는데, 담론이 끝난 뒤 [왕중조와 유진장은] 함께 수레를 타고 떠났다. 유진장이 왕중조에게 말하길, "연원(殷浩)은 정말 훌륭합니다!"라고 하자, 왕중조가 말하길 "그대는 완전히 그의 운무 속에 빠져버렸군."이라고 했다.(王仲祖·劉眞長造殷中軍談; 談竟, 俱載去. 劉謂王曰: 「淵源眞可!」 王曰: 「卿故墮其雲霧中.」)295)

---

293) ≪世說新語≫ 文學 편 제28조.
294) ≪世說新語≫ 賞譽 편 제82조.
295) ≪世說新語≫ 賞譽 편 제86조.

170

자유로운 담론활동은 때와 장소에 상관없이 행해졌으나 통상한 名士의 집에 밤에 모여 공적인 자리보다는 사적인 자리에서 청담을 즐겼다.296) 文學 편 제47조와 方正 편 제53조의 내용으로 보아 주로 殷浩의 집에 모여 담론하였으며, 위의 내용에서도 알 수 있듯이 殷浩는 뛰어난 청담과 다양한 교유관계를 통한 담론활동으로 당시 名士들로부터 존경을 받았던 東晉의 大淸談家라 할 수 있다.

殷浩는 사고의 맥락이 두루 통하는 뛰어난 사고력으로 어떠한 일에도 통달하였으며, 특히 才性 문제에 정통하여 簡文帝(司馬昱)가 극찬할 정도로 필적할 상대가 거의 없었다.

　　　세간에서 은중군(殷浩)을 평하길 "사고의 맥락이 두루 통하여 양숙자(羊祜)에 견줄 만하다."라고 했다.(世目殷中軍:「思緯淹通, 比羊叔子.」)297)

　　　은중군(殷浩)은 사고력이 뛰어나 무슨 일에든 통달했지만 才性 문제에 특히 정통했다. 四本論을 언급했다 하면 곧장 끓는 해자를 두른 철옹성처럼 도무지 공략해 들어갈 수 없는 형세였다.(殷中軍雖思慮通長, 然於才性偏精; 忽言及四本, 便若湯池鐵城, 無可攻之勢.)298)

　　　지도림(支遁)과 은연원(殷浩)이 함께 상왕(司馬昱)의 거처에 있을 때, 상왕이 두 사람에게 말하길 "시험삼아 한 번 담론을 펼쳐보시오. 하지만 才性論만큼은 아무래도 연원이 二陵이나 函谷關과 같은 견고함을

---

296) 范子燁　著　≪中古文人生活研究≫(山東,　山東敎育出版社,　2001) 174-175쪽 참조.
297) ≪世說新語≫ 品藻 편 제51조.
298) ≪世說新語≫ 文學 편 제34조.

갖추고 있는 듯하니, 당신은 신중히 하시오."라고 했
다. 그래서 지도림은 처음 담론을 시작할 때 방향을
바꾸어서 그 문제를 피했지만, 서너 번 논쟁이 오가자
자기도 모르게 才性論의 와중으로 빠져들고 말았다.
이것을 본 상왕이 지도림의 어깨를 두드리면서 웃으
며 말하길 "이것은 본래 그의 독무대이니 어찌 맞겨
룰 수 있겠소?"라고 했다.(支道林·殷淵源俱在相王許.
相王謂二人: 「可試一交言; 而才性始是淵源崤函之固, 君
其愼焉!」 支初作, 改轍遠之; 數四交, 不覺人其玄中. 相
王撫肩笑曰: 「此自是其勝場, 安可爭鋒!」)299)

한편, 品藻 편 제51조에서 은호를 「세간에서 은중군(殷浩)을
평하길 사고의 맥락이 두루 통한다.(世曰殷中軍, 思緯淹通.)」라
는 네 글자로 품평하고 있다. 또한 殷浩 이외에 品藻 편 제87조
에서 劉瑾이 「공은 높고 태부는 깊습니다.(公高, 太傅深.)」라는
한 글자의 표현으로 桓玄과 謝安의 특징을 개괄하고 있으며, 賞
譽 편 제6조에서는 「배해는 淸通하고, 왕융은 簡要하오.(裵楷淸
通, 王戎簡要.)」라고 하여 두 글자로 인물을 품평하고 있다. 이
러한 방법은 魏晉南北朝 이후 隋, 唐, 宋, 元, 明, 淸은 물론이고
현대와 당대 문학에서도 채용하여 어느 시기, 어느 작가의 작품
과 예술적 특색을 개괄하는 데 널리 사용하게 되었다. 이렇게
≪世說新語≫는 주로 '曰'이나 '題曰', 또는 '謂', '道', '稱', '曰' 등
의 방식으로 인물품평을 진행하여 한 자 혹은 몇 자로 인물의
특징을 개괄하고 있는데 이는 중국의 문학비평과 美學에 큰 영
향을 주었다 할 수 있다.

　淸談의 名士로서 殷浩는 군사와 정치적 역량은 다소 미흡했
던 것 같다.

---

299) ≪世說新語≫ 文學 편 제51조.

　　왕중조(王濛), 사인조(謝尙), 유진장(劉惔)이 함께 단양의 묘소로 가서 은양주(殷浩)를 만나봤는데, [은양주는 은거하려는] 확고한 뜻을 갖고 있었다. 돌아온 뒤에 왕중조와 사인조가 이르길 "연원(殷浩)이 산에서 나오지 않으니 백성들을 어찌 한단 말이오?"라고 하면서 깊이 근심하고 탄식하자, 유진장이 말하길 "그대들은 정말로 연원이 산에서 나오지 않는 것을 근심하시오?"라고 했다.(王仲祖·謝仁祖·劉眞長俱至丹陽墓所省殷揚州, 絶有確然之志. 旣反, 王·謝相謂曰:「淵源不起, 當如蒼生何?」 深爲憂歎. 劉曰:「卿諸人眞憂淵源不起邪?」)300)

　　은연원(殷浩)은 [모친의] 묘소에 거의 10년 동안 머물러 있었는데, 당시 조야에서는 그를 관중이나 제갈량에 견주었으며, 그가 출사하느냐 출사하지 않느냐를 가지고 江左(東晉)의 흥망을 점 쳤다.(殷淵源在墓所幾十年, 于時朝野以擬管·葛;起不起, 以卜江左興亡.)301)

殷浩는 모친상을 당해 336년부터 346년까지 10년 동안 丹陽에서 시묘살이를 하면서 은거하고 있었다. 이 시기는 穆帝(司馬聃)가 2살의 나이로 즉위하여 황태후(褚氏)가 섭정을 하고 있었으며, 桓溫은 북벌을 통하여 막강한 권력을 장악하고 정권을 좌지우지하였다. 이에 撫軍大將軍으로서 정치를 보좌하고 있던 會稽王 司馬昱은 桓溫을 견제하기 위해 殷浩를 揚州刺史로 임용하였다.302)

---

300) ≪世說新語≫ 識鑒 편 제18조.
301) ≪世說新語≫ 賞譽 편 제99조.
302) 傅樂成 主編, 鄒紀萬 著 ≪魏晉南北朝史≫(臺北, 衆文圖書公司, 1990) 57쪽 참조.

무군(司馬昱)이 은호에게 묻길 "그대는 정작 배일민(裴頠)과 비교하여 어떻다고 생각하오?"라고 하자, 한참 있다가 대답하길 "당연히 [그보다] 뛰어납니다."라고 했다.(撫軍問殷浩:「卿定何如裴逸民?」良久答曰:「故常勝耳.」)303)

환공(桓溫)은 젊어서부터 은후(殷浩)와 명성을 나란히 하였는데 [서로 간에] 항상 경쟁심이 있었다. 환공은 은후에게 묻길 "그대는 나와 비교하여 어떻다고 생각하오?"라고 하자, 은후가 이르길 "나는 나와 오랫동안 지내왔으므로 차라리 [계속] 내가 되겠소."라고 했다.(桓公少與殷侯齊名, 常有競心; 桓問殷:「卿何如我?」殷云:「我與我周旋久, 寧作我.」)304)

위의 두 고사는 司馬昱이 왜 殷浩를 桓溫의 견제세력으로 선택하였는지를 보여주고 있다. 殷浩는 뛰어난 능력과 명성이 있었으며, 또한 殷浩와 桓溫 사이의 경쟁심리를 이용하여 세력의 균형을 맞추려고 한 의도가 있었던 것이다.

은중군(殷浩)이 폐출당한 뒤, 간문제(司馬昱)를 원망하며 말하길 "사람을 백 척이나 되는 누대 위에 올려 놓고는 사다리를 메고 가버렸다."라고 했다.(殷中軍廢後, 恨簡文曰:「上人箸百尺樓上, 儋梯將去.」)305)

東晉 穆帝 永和 8년(352) 殷浩는 前秦을 정벌하기 위해 中軍將軍, 假節, 都督揚余徐兗靑五州軍事라는 직위로 대대적인 北征을

---

303) ≪世說新語≫ 品藻 편 제34조.
304) ≪世說新語≫ 品藻 편 제35조.
305) ≪世說新語≫ 黜免 편 제5조.

174

하게 된다. 前秦의 군주 符建의 죽음으로 이듬해 투항한 羌族 姚
襄을 선봉으로 하여 洛陽을 수복하려 하였으나, 姚襄의 배신과 殷
浩의 성급한 판단으로 殷浩의 군대는 대패하고 말았다. 이에 평소
사이가 나빴던 桓溫은 이를 구실로 永和 10년(354) 殷浩를 파직하
여 庶人으로 강등시켜야 한다고 상소를 올리고 司馬昱이 동의하
여 결국 東陽郡 信安縣(지금의 浙江省 衢縣)으로 폐출당하였
다.306) 司馬昱을 위해 出仕하여 심복이 되었으나 오히려 그에게
버림을 받은 殷浩는 불만을 토로하며 원망의 마음을 품은 채, 그
후 불교를 종교적 안식처로 하여 심취하게 된다.

　　　　은중군(殷浩)이 파직당하여 동양군으로 좌천되었을 때
　　　　비로소 불경을 보았다.(殷中軍被廢東陽, 始看佛經.)307)

　　　　은중군(殷浩)이 불경을 보고 나서 말하길 "진리가
　　　　또한 마땅히 이것 위에 있도다!"라고 했다.(殷中軍見
　　　　佛經云:「理應在阿堵上..」)308)

　　　　은중군(殷浩)이 小品般若經을 읽으면서 [의심나는
　　　　곳에] 200개의 표시를 해 두었는데, 그것은 모두 정미
　　　　하여 세인들이 이해하기 어려운 심오한 부분이었다.
　　　　은중군은 일찍이 지도림(支遁)과 함께 그것을 논하고
　　　　자 했으나 결국 하지 못하고 말았다. 지금까지 小品般
　　　　若經이 남아 있다.(殷中軍讀小品, 下二百籤, 皆是精微,
　　　　世之幽滯.嘗欲與支道林辯之, 竟不得. 今小品猶存.)309)

----

306) 傅樂成　主編,　鄒紀萬　著　≪魏晉南北朝史≫(臺北,　衆文圖書公司,
　　　1990) 57쪽 참조.
307) ≪世說新語≫　文學 편　제50조.
308) ≪世說新語≫　文學 편　제23조.
309) ≪世說新語≫　文學 편　제43조.

魏晉시대의 사조를 대표하던 玄學은 원래 종교는 아니었지만 신비적인 종교적 색채가 짙었고, 佛敎의 空無와 玄學의 虛無는 인식론상에 있어 근본적으로 공통점이 있었기에 淸談에 뛰어났던 殷浩는 佛敎의 이치를 玄學과 혼융하거나 불경을 깊이 연구하여 교리에 대한 인식 수준이 精微하고 심오한 경지에까지 이르렀으며, 이에 支遁도 만나기를 두려워 할 정도의 존재가 되었다.310)

殷浩는 약관의 나이에 이미 뛰어난 淸談과 탁월한 능력으로 명성이 드높아 桓溫의 견제세력으로 司馬昱에게 발탁되어 出仕하였으나 北征의 실패로 폐출당하고 난 뒤 佛敎에 심취하였다. 불경을 연구하고 불교의 이치를 玄學과 혼융하여 정신적 자유와 해탈을 추구하고자 했던 그를 東晉의 大淸談家이며 大學者라 평가해도 과언이 아닐 것이다.

6. 郗　超

郗超(336-377)311)는 字가 景興, 嘉賓이며 高平 金鄕(지금의 山東에 속함) 사람이다. 北伐을 통하여 강력한 세력을 형성한 桓溫의 심복으로서 젊어서부터 성품이 탁월하고 자유분방하여 사소한 예절에 구속받지 않았으며, 재기가 넘치고 세속을 초탈하여 세상을 휘어잡을 기량을 지니고 있었다.312) 郗超는 桓溫이 웅대한 무용을 지니고 있어 틀림없이 사람들로부터 추앙 받을 수 있다고 생각하여 자신을 그에게 의탁하였으며, 桓溫 역시 郗超의 재능과 능력을 매우 중시하여 은밀한 계획에 참여시키지 않은 적이 없었

---

310) ≪世說新語≫ 文學 편 제43조 劉孝標 注引 ≪語林≫ 참조.
311) ≪晉書≫ 卷67 <郗超傳> 참조.
312) ≪世說新語≫ 言語 편 제59조 劉孝標 注引 ≪中興書≫와 賞譽 편 제126조 劉孝標 注引 ≪續晉陽秋≫ 참조.

176

다.313) 이렇게 郗超는 桓溫의 두터운 신임과 총애로 당시 황제를 보좌하며 사람을 죽이고 살리는 막강한 권력을 휘둘렀다.314)

환선무(桓溫)가 치초와 함께 조정의 신하를 숙청할 것을 의논하여 명단이 들어있는 문서를 이미 작성해 놓고 그날 밤 함께 잠을 잤다.(桓宣武與郗超議芟夷朝臣, 條牒既定, 其夜同宿.)315)

사태부(謝安)가 왕문도(王坦之)와 함께 치초를 찾아 갔는데, 날이 저물도록 만나질 못했다. 왕탄지가 그냥 가려고 하자, 사태부가 말하길 "목숨을 위한 것인데 그래 잠깐을 참지 못한단 말이오?"라고 했다.(謝太傅與王文度共詣郗超, 日旰未得前, 王便欲去. 謝曰:「不能爲性命忍俄頃?」)316)

왕자경(王獻之) 형제는 치공(郗愔)을 만날 때, 가죽 신발을 신고 안부를 물으면서 외조카로서의 예의를 깍듯이 차렸으나, 가빈(郗超)이 죽은 뒤에는 모두 굽 높은 나막신을 끌었으며 태도가 오만했다. [치공이] 앉으라고 하면 모두 말하길 "일이 있어서 앉을 겨를 이 없어요."라고 했다. [그들이] 가고 난 뒤에 치공이 개탄하며 말하길 "가빈이 죽지 않았다면 쥐새끼 같은

---

313) ≪世說新語≫ 雅量 편 제27조 劉孝標 注引 ≪續晉陽秋≫ 참조.
314) ≪世說新語≫ 雅量 편 제30조 劉孝標 注 참조. 또한 ≪晉書≫에도 「사안이 일찍이 왕문도(王坦之)와 함께 치초를 찾아갔는데 날이 저물도록 만나지를 못했다. 문도가 가려하자 사안이 "목숨을 위한 것인데 잠깐을 참을 수 없단 말이오!"라고 말했다. 그 권력의 막 강함이 당시 이와 같았다.(謝安嘗與王文度共詣超, 日旰未得前, 文度便欲去, 安曰, "不能爲性命忍俄頃邪!"其權重當時如此.)」라는 기사 가 있어 당시 郗超의 권력이 어느 정도였는지 짐작할 수 있다.
315) ≪世說新語≫ 雅量 편 제27조.
316) ≪世說新語≫ 雅量 편 제30조.

놈들이 감히 그럴 수 있겠는가!"라고 했다.(王子敬兄
弟見郗公, 躡履問訊, 甚脩外生禮. 及嘉賓死, 皆箸高屐,
儀容輕慢; 命坐, 皆云:「有事, 不暇坐.」旣去, 郗公慨然
曰:「使嘉賓不死, 鼠輩敢爾!」)317)

桓溫이 不北將軍 겸 徐州와 兗州의 刺史로 있을 太和 4년
(369), 前燕의 慕容垂에게 枋頭에서 대패하고 난 뒤, 자신의 권
위를 회복하기 위하여 郗超의 계략에 따라 太和 6년(371) 東晉
의 제7대 황제인 廢帝 司馬奕을 폐위시켜 海西公으로 앉히고,
대신 會稽王 司馬昱(簡文帝)을 황제로 옹립하였다.318) 그 후 제
위찬탈에 방해가 되는 반대파의 숙청작업에도 깊이 관여하였으
며, 친척들 역시 郗超 때문에 부친인 郗愔을 존경했을 정도로
郗超의 권력은 막강하였다.

왕순과 치초는 모두 훌륭한 재능을 갖고 있어서 대
사마(桓溫)의 중시를 받아 발탁되었다. 왕순은 주부가
되었고 치초는 기실참군이 되었는데, 치초는 수염이
많은 사람이었고 왕순은 모습이 왜소했다. 그래서 당
시에 형주 사람들이 그들을 두고 말하길 "털보 참군,
땅딸보 주부. 공을 기쁘게 할 수도 있고, 공을 화나게
할 수도 있다네."라고 했다.(王珣·郗超並有奇才, 爲大
司馬所眷拔; 珣爲主簿, 超爲記室參軍. 超爲人多須, 珣
形狀短小; 于時荊州爲之語曰:「髥參軍, 短主簿; 能令公
喜, 能令公怒.」)319)

치사공(郗愔)이 북부에 있을 때, 환선무(桓溫)는 그

---

317) ≪世說新語≫ 簡傲 편 제15조.
318) 당시 자세한 상황은 제3장 제3절 桓溫 부분 참조.
319) ≪世說新語≫ 寵禮 편 제3조.

가 병권을 장악하고 있는 것을 못 마땅해했다. 치사공은 정세에 대해 평소 어두웠기에 환선무에게 서찰을 보냈는데, "바야흐로 함께 왕실을 도와 陵寢을 수복하고 싶다."는 내용이었다. [치사공의] 장남 가빈(郗超)이 일이 있어 멀리 출타 중에 [부친이 환선무에게 보내는] 사자가 도착했다는 소식을 듣고는 급히 부친이 쓴 서찰을 꺼내 읽어 보았다. 다 읽고 나서 갈기갈기 찢어버린 뒤 곧장 [집으로] 돌아가 부친 몰래 서찰을 다시 작성했는데, "늙고 병들어 세상일을 감당할 수 없으니 한직이나 맡으면서 스스로 보양하기를 청하고 싶다."는 내용이었다. 환선무는 그 서찰을 받고 크게 기뻐했으며, [천자는] 즉시 조서를 내려 [치사공을] 독오군과 회계태수로 전임시켰다.(郗司空在北府, 桓宣武惡其居兵權; 郗於事機素暗, 遣牋詣桓:「方欲共獎王室, 脩復園陵.」世子嘉賓出行於道上, 聞信至, 急取牋; 視竟, 寸寸毀裂, 便廻還更作牋: 白陳老病不堪人間, 欲乞閒地自養. 宣武得牋, 大喜; 卽詔轉公督五郡, 會稽太守.)320)

털이 많은 외모의 郗超는 훌륭한 재주와 재능을 지니고 있어 桓溫의 총애를 받았으며, 哲理에도 정통하여 支遁은 郗超를 당대의 준재라고 여겼다.321) 한편 부친인 郗愔은 北府의 병권을 장악하고 있어 桓溫에게는 큰 위협세력이 되었는데, 郗愔을 평소 제거하려는 桓溫에게 빌미를 제공한 郗愔의 서찰을 바꿔 쓰는 민첩함과 지혜로 부친의 죽음을 모면하게 한 郗超의 총명한 才智가 돋보인다.322)

---

320) ≪世說新語≫ 捷悟 편 제6조.
321) ≪世說新語≫ 言語 편 제75조 劉孝標 注引 ≪郗超別傳≫ 참조.
322) ≪世說新語≫ 傷逝 편 제12조 劉孝標 注引 ≪續晉陽秋≫의 기록에 따르면 郗愔은 왕실에 충성하였으며(言語 편 제59조에서 簡文帝가 郗超를 통해 郗愔에게 안부와 자신의 뜻을 전해달라고 부탁

치가빈(郗超)이 道安 화상의 덕망을 흠모하여, 쌀
천곡을 보내주고 몇 장에 달하는 장문의 편지를 써서
정성스런 마음을 담았다. 그런데 도안은 답장에서 다
만 이르길 "쌀을 보내주시니 먹을 것에 의지하는 처
지가 더욱 번거롭게 느껴집니다."라고만 했다.(郗嘉賓
欽崇釋道安德問, 餉米千斛, 修書累紙, 意寄殷勤. 道安
答, 直云:「損米, 愈覺有待之爲煩.」)323)

치초는 매번 고상한 뜻을 지니고 은거하려는 자가
있다는 소식을 들으면, 곧 백만의 자금을 마련해 주고
그를 위해 거처까지 지어 주었다.(郗超每聞欲高尚隱退
者, 輒爲辦百萬資, 幷爲造立居宇.)324)

치공(郗愔)은 재물을 크게 모아 수천만 전을 가지고
있었지만, 치가빈(郗超)은 [그와는] 매우 다른 생각을
했다. 한 번은 아침 문안 인사를 드릴 때였는데, 치씨
집안의 가법에는 자제가 [어른과 함께] 앉지 못했기
때문에, [치가빈은] 한참 동안 서서 이야기한 뒤에 마
침내 재물에 관한 일을 언급했다. 치공은 말하길 "너
는 바로 내 돈을 얻고 싶은 게로구나!"라고 하고는,
하루 동안 창고를 열어서 마음대로 쓰라고 했다. 치공
은 처음에 [기껏해야] 수백만 전 정도만 손실될 것이
라고 생각했다. [그러나] 치가빈은 결국 하루 동안 친
척과 친구들에게 나눠주어, 얼마 되지 않아 거의 다
써 버렸다. 치공은 그 말을 듣고 놀라 자빠지지 않을
수 없었다.(郗公大聚斂, 有錢數千萬; 嘉賓意甚不同, 常

한 것에서 郗愔과 왕실의 관계를 알 수 있다), 郗超가 桓溫의 심
복임을 몰랐는데, 郗超가 죽은 후 그 사실을 알게 되어 대노하며
郗超를 원망하였다.
323) ≪世說新語≫ 雅量 편 제32조.
324) ≪世說新語≫ 棲逸 편 제15조.

朝旦問訊. 郗家法: 子弟不坐, 因倚語移時, 遂及財貨事.
郗公曰:「汝正當欲得吾錢耳.」迺開庫一日, 令任意用. 郗
公始正謂損數百萬許; 嘉賓遂一日乞與親友, 都盡. 郗公
聞之, 驚怪不能已己.)325)

東晉 초기 통치계층들은 정권을 안정시키려는 유화정책의 한
방편으로 佛敎와 僧徒들을 존중하였으나, 이 시기에 이르면 사
회적 요구와 통치계층의 옹호 속에 求知와 博愛의 목적으로 불
교를 숭상하여 名士들과 高僧들의 빈번한 교류가 일어났다. 郗
超는 高僧들의 덕망을 흠모하여 쌀 천곡을 보내줄 정도로 佛敎
를 숭상하였으며,326) 덕망 있고 고상한 인재를 알아보는 탁월한
식견도 있었던 것 같다. 당시 權臣들은 隱逸之士들을 그들의 역
량으로 끌어들이려는 목적과 함께 자신들의 명성을 높이기 위
하여 의도적으로 그들과 교유하면서 淸談을 나누었으며, 거금을
들여 그들의 거처를 만들어 주기도 하였다. 또한 物慾을 초월하
여 재물을 사심 없이 친척과 친구들에게 나눠주는 모습에서 재
물에 집착을 보이는 郗愔과 선명한 대조를 보이고 있다.

치초는 사현과 사이가 좋지 않았다. 부견이 장차 동
진을 倂呑할 작정으로 이미 梁, 岐지역을 승냥이처럼
집어삼키고 또한 회수의 남쪽을 호시탐탐 넘보고 있
었다. 당시 조정에서는 사현을 파견하여 북벌하기로
결의했지만 논자들 사이에서는 자못 찬반양론이 엇갈
렸다. 그러나 오직 치초만은 말하길 "그는 반드시 일
을 성공시킬 것입니다. 내가 옛날에 그와 함께 환선무
(桓溫)의 막부에 있을 때 보았는데, [그는 사람들의]

---

325) ≪世說新語≫ 儉嗇 편 제9조.
326) 排調 편 제53조에서는 郗超가 佛敎를 신봉하면서도 세속의 감정
    에서 벗어나지 못하고 있다고 조롱 당하고 있다.

재능을 모두 남김없이 발휘하도록 하여 비록 미천한 자일지라도 또한 자신의 임무를 해낼 수 있게 했습니다. 이것으로 미루어 보면 틀림없이 공훈을 세울 수 있을 것입니다."라고 했다. [나중에 사현이] 과연 큰 공을 세우자, 당시 사람들은 모두 치초의 선견지명에 감탄했으며, 또한 그가 [자신의] 애증의 감정으로 [남의] 장점을 덮어버리지 않는 것을 높이 평가했다.(郗超與謝玄不善, 苻堅將問晉鼎, 既己狼噬梁·岐, 又虎視淮陰矣. 于時朝議遣玄北討, 人間頗有異同之論; 唯超曰: 「是必濟事. 吾昔嘗與共在桓宣武府, 見使才皆盡, 雖履屐之間, 亦得其任; 以此推之, 容必能立勳.」 元功既舉, 時人咸歎超之先覺, 又重其不以愛憎匿善.)[327]

한편, 郗超와 謝玄은 사이가 좋지 않았다. 郗超는 호시탐탐 제위찬탈을 노리는 桓溫의 심복이고, 謝玄은 이를 저지하여 왕실의 안녕을 도모하려는 謝安의 조카였기 때문에 입장이 서로 다를 수밖에 없었다. 이러한 반대파에게 병권을 쥐어준다는 것은 桓溫과 郗超에게 큰 모험일 수밖에 없는 것이다. 그러나 謝玄은 사람들의 재능을 남김없이 발휘하도록 하여 자신의 임무를 모두 완수해 낼 수 있게 하는 능력을 가진 인물이었으며, 郗超는 그러한 謝玄의 평소 모습 속에서 그의 능력을 간파하고 전쟁에서 승리할 것으로 확신하였다. 郗超는 공명정대하고 人國的인 생각으로 謝玄을 천거하여 결국 謝玄은 太元 8년(383) 淝水의 전쟁에서 前秦 苻堅의 군대를 대패시켰다.[328] 이렇게 郗超는 인재를 식별하는 능력이 뛰어났으며, 자신의 사사로운 감정으로 남의 장점을 무시하지 않는 모습에서 뛰어난 기품과 수양을 보여주고 있다.

---

327) ≪世說新語≫ 識鑒 편 제22조.
328) 傅樂成 主編, 鄒紀萬 著 ≪魏晉南北朝史≫(臺北, 衆文圖書公司, 1990) 59쪽 참조.

　　부친인 郗愔과 정치적 견해를 달리 하면서까지 桓溫의 비범함을 높이 평가하고 그에게 의탁한 郗超를 桓溫 역시 그의 재능과 능력을 중시하여 심복으로 두었으며, 그 결과 郗超는 조정 내에서 생사여부까지도 좌우할 수 있는 막강한 권력을 쥐게 되었다. 그러나 본디 성품이 物慾을 초월하고 義理로왔던 郗超는 탁월한 안목으로 오히려 반대파인 謝玄을 천거하는 등의 대범함을 보여주고 있다. 정권 내의 첨예한 갈등과 긴장 속에서 大國的인 태도를 견지하고 있는 郗超의 모습은 진정한 권력자의 귀감이 될 만하다 하겠다.

　　이상 ≪世說新語≫의 고사를 통해 13명의 전체적인 형상(모습)을 살펴보았다. ≪世說新語≫는 敍事의 중심이 인물형상의 부각에 있고, 正史인 ≪晉書≫는 敍事의 주된 목적이 史的 사실의 인과관계나 사실관계를 나타내는 것에 있다. 다시 말해서 ≪晉書≫에서는 등장하는 인물의 인품이나 형상을 구체적이고 입체적으로 표현하기보다는 도입부에 초보적인 서술에 그치고 있으며, 기사의 전개 과정으로 볼 때 敍事의 핵심이 사건에 있어 인물의 전반적인 형상을 파악하기가 곤란하다. 그러나 ≪世說新語≫는 전편을 통하여 敍事의 중심이 인물형상이나 인품 등에 집중되어 있고, 또한 ≪晉書≫와는 달리 인물성격의 복잡성과 다양성을 발견하고 인물에 대한 풍부하고 빼어난 예술적 표현으로 수많은 인물들이 처해있던 역사적 사회상황과 인물의 성격 등을 생동감 넘치게 표현해내고 있다. 아울러 사회보다는 개인을, 외재적인 모습보다는 내면의 세계를, 윤리 도덕적인 모습보다는 재능과 탈속적인 기품을 중시하는 당시 魏晉 士人들의 풍조를 엿볼 수도 있다. 비록 ≪世說新語≫와 ≪晉書≫의 敍事 중심이 서로 다르다고는 하나 인물과 관련된 사건들이 正史인 ≪晉書≫의 편찬과정에 풍부한 자료로 활용되었음은 분명하다.

第4章 人物品評의 形式과 內容

第1節 品評者와 被品評者의 關係

1. 別　族

　西漢 末부터 형성된 莊園이라는 세습재산을 배경으로 한 호
족세력의 관료화, 귀족화로 인해 중국의 중요한 문화현상 중의
하나인 문벌사족이 생겨나기 시작한다. 士族은 東漢 이래 주도
세력 내부에서 조금씩 형성되어 새롭게 등장한 官吏人族으로,
이들은 西晉과 東晉 두 시기에 걸쳐 정권을 장악하여 정치적으
로나 경제적으로 각종의 특권을 누렸다. 이들에 의한 경제력의
장악은 곧 정치적 지위의 상승을 의미하는 것이며, 정치적 특권
의 결과 문벌세력의 伸張과 계급제 차별사회가 급속도로 발전
하게 되고329) 曹魏시기에 이르러서는 九品中正制의 제정으로 문
벌의 지위는 더욱 강화된다. ≪世說新語≫에 등장하는 인물들의
사회적 범위는 東漢에서 魏晉시대라는 정권교체의 혼란 속에서
實存했던 이러한 문벌사족들로, 이들 간의 상호 관계로 얽혀진
일화를 중심으로 하고 있다.

　東晉의 元帝 司馬睿는 琅琊 王氏인 王導의 건의로 江左에 東
晉을 건국하면서 琅琊 王氏와 같은 中原의 名族 문벌들을 중용
함과 아울러 現地의 土豪와 유대하며330) 국가를 안정시키는　과

---

329) 楊美愛 <世說新語新探－從世說新語探魏晉之思想社會與亡國>; ≪弘
　　光護專學報≫ 1978, 6권 52쪽 참조.

184

정에서 문벌의 힘에 전적으로 의지하였다. 특히 王導와 元帝의 관계는 막역하여 琅琊 王氏의 영향력은 東晉에서 매우 컸다.

> 왕공(王導)이 태위(王衍)를 품평하기를 "높고 험준
> 하며 특출한 것이 천길 암벽같이 서있다."라고 했다.
> (王公目太尉: 「巖巖淸峙, 壁立千仞.」)331)

王衍은 字가 夷甫이며 琅琊 臨沂 사람으로 魏 末부터 晉 初에 걸쳐 세간에 칭송을 받은 淸談派, 이른바 竹林七賢의 한 사람인 王戎의 사촌동생이며, 일찍부터 이름이 알려져 칭송을 받았다. 그 역시 淸談派에 속하여 때로 그 명성이 王戎을 능가했다. 王導는 같은 琅琊 王氏로 別族인 王衍의 품격과 외모를 巖巖(험준한 모양)에 비유하여 好評하고 있으며, 王敦 역시

> 왕대장군이 태위(王衍)를 칭찬하기를 "사람들 속에 있
> 으면 주옥이 기와조각 사이에 있는 것 같다."라고 했다.(王
> 大將軍稱太尉: 「處衆人之中, 似珠玉在瓦石間.」)332)

라고 하여 王衍을 珠玉에 비유하여 好評을 하고 있다. 東晉의 名宰相이었던 王導 이후 江左의 風流宰相으로 불리우는333) 陳郡 謝氏 謝安은 원래 名門大族이 아니었으나, 謝安의 조부 謝衡이 西晉 때 國子祭酒를 지낸 뒤로 西晉, 東晉 교체시기에 謝衡의 아들 謝鯤과 謝鯤의 아들 謝尙을 거치면서 점점 가문을 형성하였고, 謝尙의 從弟인 謝安 형제가 東晉 때 두각을 드러내면서

---

330) 宮崎市定 著, 曺秉漢 譯 ≪中國史≫(서울, 역민사, 1986) 179쪽 참조.
331) ≪世說新語≫ 賞譽 편 제37조.
332) ≪世說新語≫ 容止 편 제17조.
333) ≪南史≫ 卷22 <王儉傳>. 「왕검은 늘 사람들에게 江左의 風流宰相으
　　　로는 사안뿐이라고 말했다.(儉常謂人曰, 江左風流宰相, 惟有謝安.)」.

비로소 謝氏와 王氏가 '王謝'로 병칭되어 東晉 제일의 名門人族이 되었다. 謝安은 ≪世說新語≫에서 등장회수 총 115회로 가장 많이 등장하고 있으며, 품평회수 또한 44회에 이른다. 이 중 別族인 謝奉도 품평하고 있다.

> 사안남(謝奉)은 이부상서에서 면직되어 동쪽(會稽)으로 돌아가고, 사태부(謝安)는 환공(桓溫)의 사마로 부임하려고 서쪽(荊州)으로 가다가 파강에서 서로 만났다. 멀리 떠날 처지에 있었기 때문에 마침내 3일 동안 배를 정박하고 함께 이야기를 나누었다. 사태부는 그가 면직된 것을 위로해주려고 했으나 [그럴 때마다] 사안남(謝奉)이 문득 다른 화제를 꺼내는 바람에 비록 도중에 이틀 밤을 지냈지만 결국 그 일을 언급하지 못하고 말았다. 사태부는 마음속의 말을 다하지 못하여 몹시 애석해하면서 같이 배를 탄 사람에게 말하길 "사봉은 참으로 특이한 사람이야!"라고 했다.(謝安南免吏部尚書還東, 謝太傅赴桓公司馬出西, 相遇破岡. 既當遠別, 遂停三日共語. 太傅欲慰其失官, 安南輒引以他端, 雖信宿中塗, 竟不言及此事. 太傅深恨在心未盡, 謂同舟曰:「謝奉故是奇士!」)[334]

위로의 말을 건네려던 謝安은 면직되어 고향인 會稽 山陰으로 돌아가는 謝奉에게서 오히려 의연한 모습을 발견하고 그의 기품에 감탄하고 있다.

> 유천이 처음 양도부를 지어 온교와 유량을 평하길 "온교는 義의 표상을 내걸고, 유량은 만민의 희망이 되니, 명성을 비유하면 쇠의 소리요, 덕을 비유하면

---

334) ≪世說新語≫ 雅量 편 제33조.

186

옥의 광택이로다."라고 했는데, 유량이 그 부가 완성
되었다는 말을 듣고 보여 달라고 하면서 아울러 선물
을 주자, 유천은 희망[望]을 준일[儁]로 고치고 광택
[亮]을 윤택[潤]으로 고쳤다.335)(庾闡始作揚都賦, 道
溫・庾云:「溫挺義之標, 庾作民之望; 方響則金聲, 比德
則玉亮.」 庾公聞賦成, 求看, 兼贈㲉之. 闡更改「望」爲「
儁」, 以「亮」爲「潤」云.)336)

庾闡은 字가 仲初이며 潁川 사람으로 太尉 庾亮의 別族이다.
어려서 부친을 여의었으며 9살에 이미 문장에 능했다 한다. 散
騎侍郎으로 전임되었고, 大著作에 임명되었으며 <揚都賦>를 지
어 당시에 명성을 떨쳤다.337) 庾亮의 이름을 避諱338)하고 운율

---

335) 庾亮의 이름을 피하기 위해 亮을 潤으로 고치고, 韻을 고려하여
    望을 儁으로 고친 것이다.
336) ≪世說新語≫ 文學 편 제77조.
337) ≪世說新語≫ 文學 편 제77조 劉孝標 注 참조.
338) 말과 글에서 왕이나 높은 이의 이름 또는 이름에 사용된 글자를
    피하는 것을 避諱라 한다. 이러한 경우는 雅量 편 제25조에도 보
    인다. 「선무(桓溫)가 간문제(司馬昱), 太宰와 함께 수레를 타고 가
    다가, 은밀히 사람을 시켜 수레의 앞뒤에서 북을 울리며 크게 소
    리지르게 하였더니, 호위대열이 놀라 소요했다. 太宰는 두려움에
    떨면서 수레에서 내려달라고 요청했다. 그러나 간문제를 돌아보았
    더니 그는 태연히 편안한 모습이었다. 선무가 사람들에게 말하길
    "조정에 진실로 또한 이러한 현자가 있다니!"라고 했다.(宣武與簡
    文・太宰共載, 密令人在輿前後鳴鼓大叫; 鹵簿中驚擾, 太宰惶怖求下
    輿; 顧看簡文, 穆然淸恬. 宣武語人曰:「朝廷間故復有此賢!」)」 여기
    에서 太宰는 원래 太師라고 했는데 晉 景帝 司馬師의 諱를 피하
    기 위해 太宰라고 한 것이다. 또한 賞譽 편 제74조「왕람전(王述)
    이 양주자사에 임명되었을 때, 주부가 [왕람전의 조부와 부친의]
    諱를 묻자, 가르쳐주며 이르기를 "돌아가신 조부님과 부친께서는
    함자가 천하에 널리 알려져 있어서 원근의 사람들이 [모두 잘] 알
    고 있으며, 부인의 諱는 밖을 나가지 않는 법이오. 그 나머지는
    꺼릴 것이 없소."라고 했다.(王藍田拜揚州, 主簿請諱. 敎云:「亡祖
    先君, 名播海內, 遠近所知; 內諱不出於外. 餘無所諱.」)」에서 볼 수

까지 고려하여 庾亮의 명성과 덕을 쇠의 소리와 옥의 광택에
비유하여 칭송하고 있다.

2. 親　族

　親族 간의 評論을 분류하여 보면 父評子, 子評父, 孫評祖父,
兄評弟, 弟評兄, 從父評從子, 從子評從父, 從兄評從弟, 從弟評從
兄의 아홉 가지 유형으로 나눌 수 있는데, 이를 도표로 정리하
여 보면 다음과 같다.

品評類型	品評者	被品評者	好　評	惡　評
父評子	王敦 王述 王述 王述	王　應 王坦之 王坦之 王坦之	賞譽 편　제49조	方正 편　제47조 方正 편　제58조 品藻 편　제64조

있듯이 일반적으로 남의 본명은 피하여 부르지 않고 대신 字로
부르는 것이 예의였으며, 특히 六朝時代에는 家諱를 중시하여 상
대방 尊屬의 諱를 언급하는 것을 특히 금기시 하였다. 또한 上官
이 부임하면 屬官은 반드시 請諱하여 실수하지 않도록 했다.

品評類型	品評者	被品評者	好　評	惡　評
子評父	王　述	王　承	賞譽 편 제74조	
孫評祖父	王　述	王　湛	賞譽 편 제74조	
	王坦之	王　承	品藻 편 제10조	
	王　珣	王　導	言語 편 제102조	
兄評弟	王　衍	王　澄	賞譽 편 제27조	
	王　衍	王　澄	賞譽 편 제31조	
	庾　亮	庾　翼	賞譽 편 제69조	
	謝　安	謝　萬	輕詆 편 제23조	
弟評兄	王　敦	王　含	方正 편 제28조	方正 편 제27조
	周　嵩	周　顗		雅量 편 제21조
	周　嵩	周　顗		識鑒 편 제14조
	周　嵩	周　顗		
從父評從子	王　敦	王羲之	賞譽 편 제55조	容止 편 제25조
	庾　亮	庾　統	賞譽 편 제69조	輕詆 편 제8조
	王　導	王羲之	品藻 편 제28조	排調 편 제42조
	王　導	王　恬		排調 편 제47조
	王　導	王彭之, 王彪之		
	桓　溫	桓　嗣		
	庾　亮	庾爰之		
從子評從父	庾　亮	庾　敳	賞譽 편 제41조	
	庾　亮	庾　敳	賞譽 편 제42조	
	謝　安	謝　鯤	賞譽 편 제97조	
	王　濛	王　述	品藻 편 제47조	
	謝　玄	謝　安	容止 편 제36조	
從兄評從弟	王　戎	王　衍	賞譽 편 제16조	
	王　敦	王　舒	賞譽 편 제46조	
從弟評從兄	王　衍	王　戎	言語 편 제23조	

당시 老莊思想을 숭상하는 사회의 자유로운 분위기로 인해 儒家에서 강조하는 長幼有序에 제한받지 않고 윗사람이 아랫사람을 품평하거나 아랫사람이 윗사람을 품평하는 등 매우 활발한 품평활동을 하고 있으며, 또한 지위나 나이의 高下와 상관없이 好評과 惡評을 주고받고 있다. 여기서 특이한 점은 형제지간이나 사촌형제지간에는 지위나 나이의 高下와 상관없이 惡評도 하고 있으나 손자가 祖父를, 자식이 父親을, 從子가 從父를 惡評하는 것은 보이지 않는 것으로 보아 老莊思想이 성행하는 사회 분위기 가운데에서 儒家思想, 특히 孝의 영향력이 어느 정도인지를 짐작할 수 있다. 이는 魏와 晉이 禪讓이라는 교묘한 수단으로 정권을 찬탈하여 자신들의 행위를 정당화시키기 위해 忠보다는 孝를 강조하면서 반대파 士族들의 저항을 억누르며 정권을 유지한 것339)과 연관이 있다 하겠다.

  왕술이 상서령으로 전임되어 인사 발령이 나자 곧바로 부임했다. [그의 아들] 문도(王坦之)가 말하길 "일부러라도 두씨나 허씨에게 양보하는 것이 마땅합니다."라고 했더니, 남전이 이르길 "너는 내가 이 직분을 감당할 수 없다고 생각하는 것이냐?"라고 하자, 문도가 말하길 "어찌 감당하실 수 없겠습니까? 다만 겸양을 잘 하는 것은 자고로 훌륭한 일로 여겨지는지

---

339) 「왜 孝로써 천하를 다스리려 했는가? 帝位를 禪讓 받았다고는 하지만 그것은 교묘한 수단이나 힘으로 빼앗은 것이었으므로, 만약에 忠으로 천하를 다스려야 한다고 주장하면 그들의 입장이 불안해지고 일 처리가 곤란해지며 立論도 어려워지기 때문에 孝로써 천하를 다스려야만 하였다.(爲什麼要以孝治天下呢? 因爲天位從禪讓, 卽巧取豪奪而來, 若主張以忠治天下, 他們的立脚點便不穩, 辦事便棘手, 立論也難了, 所以一定要以孝治天下.)」 魯迅 著 ≪魯迅選集≫(北京, 人民文學出版社, 1995) 2권 <魏晉風度及文章與藥及酒之關係> 388쪽.

라 아마도 빼놓을 수 없는 덕목일 것입니다."라고 했
다. 이에 남전이 탄식하며 말하길 "이미 감당할 수 있
다고 한다면 어찌 다시 겸양할 필요가 있겠느냐? 사
람들은 너를 나보다 낫다고 하는데 [이제 보니] 분명
나만 못하구나."라고 했다.(王述轉尙書令, 事行便拜.
文度曰:「故應讓杜許.」 藍田云:「汝謂我堪此否?」 文度
曰:「何爲不堪! 但克讓自是美事, 恐不可闕.」 藍田慨然
曰:「旣云堪, 何爲復讓? 人言汝勝我, 實不如我!」)340)

왕승은(王禕之)이 임공(支遁)을 경시하자, [부친] 남
전이 말하길 "네 형[왕탄지]을 따라 하지 말아라. 네
형은 본래 그만 못하느니라."라고 했다.(王僧恩輕林公.
藍田曰:「勿學汝兄, 汝兄自不如伊.」)341)

왕경예(王恬)는 미려한 용모를 지니고 있었는데,
[부친] 왕공(王導)에게 문안을 두드렸더니 왕공이 그
의 어깨를 두드리며 말하길 "애야, 재능이 용모를 따
라가지 못하는 것이 유감이구나!"라고 했다.(王敬豫有
美形, 問訊王公; 王公撫其肩曰:「阿奴, 恨才不稱!」)342)

왕우군(王羲之)이 남쪽에 있을 때, 승상(王導)이 편
지를 보내 조카들이 뛰어나지 못함을 늘 탄식하며 이
르길 "호돈(王彭之)과 호독(王彪之)은 여전히 그 모양
이다."라고 했다.(王右軍在南, 丞相與書, 每歎子姪不令.
云:「虎独·虎犢, 還其所如.」)343)

위의 내용에서 알 수 있듯이 惡評의 경우는 같은 문벌의 인

---

340) ≪世說新語≫ 方正 편 제47조.
341) ≪世說新語≫ 品藻 편 제64조.
342) ≪世說新語≫ 容止 편 제25조.
343) ≪世說新語≫ 輕詆 편 제8조.

물을 貶下하기 보다는 윗사람이 아랫사람을 훈계하는 성질의 경향을 농후하게 띠고 있는데, 이는 당시 사람들의 평가의 결과가 그 지위의 高下와 名譽를 결정하는 요인이 되었기 때문이었고, 아울러 정치가 어지럽고 왕조가 끊임없이 경질되는 시대상황 속에서 전 가족 공동체의 생명이 달린 문벌을 유지하기 위한 의도였다 할 수 있다.

3. 親　屬

兩晉南北朝는 문벌이 매우 흥성했던 시기로 이 시기에는 정치, 경제 및 사회 등 제 방면에 걸쳐 士庶의 엄격한 구별이 존재하였다.344) 문벌사족들은 士族의 가문에 들지 못하여 庶族 또는 寒門이라 불리웠던 집안들과 교류를 하지 않았으며, 또한 문벌사족 내에서도 高下의 구별이 있어 家世가 서로 다르면 혼인하지 않았다. 이러한 예는 ≪世說新語≫의 일화 가운데서 어렵지 않게 찾아 볼 수 있는데 그 몇 가지 예를 들어보면,

> 왕수령(王脩之)은 일찍이 동산에서 지낼 때 몹시 궁핍했었다. 오정령으로 있던 도호노(陶範)가 한 배의 쌀을 그에게 보내주었으나 [왕수령은] 물리치고 받으려 하지 않으면서 단지 답하길 "나 왕수령이 굶주리게 된다면 당연히 사인조(謝尙)에게 가서 먹을 것을 구할 것이니 도호노의 쌀은 필요 없소."라고 했다.(王脩齡嘗在東山甚貧乏,　陶胡奴爲烏程令,　送一船米遺之, 却不肯取; 直答語: 「王脩齡若飢, 自當就謝仁祖索食, 不須陶胡奴米!」)345)

---

344) 傅樂成 主編, 鄒紀萬 著 ≪魏晉南北朝史≫(臺北, 衆文圖書公司, 1990) 102쪽 참조.

192

왕문도(王坦之)가 환공(桓溫)의 장사로 있을 때, 환공이 아들을 위해 왕문도의 딸을 [며느릿감으로] 청하자, 왕문도는 [부친] 왕람전(王述)과 상의한 뒤에 결정하겠다고 했다. 집으로 돌아오자 남전은 문도를 매우 사랑하여 비록 장성했지만 여전히 그를 끌어안아 무릎 위에 앉혔다. 문도가 환공(桓溫)이 자신의 딸을 며느릿감으로 청한다는 말을 했더니, 남전이 대노하여 문도를 무릎 아래로 밀쳐내며 말하길 "문도 네가 이렇게 멍청한 줄을 어찌 알았겠느냐? 환온의 얼굴을 두려워하다니! 군인 나부랭이에게 어떻게 딸을 시집보낼 수 있단 말이냐?"라고 했다. 그래서 문도가 돌아가 보고하길 "下官의 집에서 이미 혼처를 정했다고 합니다."라고 하자, 환공이 말하길 "내 그럴 줄 알았어. 그건 [그대의 뜻이 아니고] 그대의 부친이 허락치 않은 것일 뿐이겠지."라고 했다. 나중에 환공은 결국 자신의 딸을 문도의 아들에게 시집보냈다.(王文度爲桓公長史, 桓爲兒求王女, 王許諮藍田. 旣還, 藍田愛念文度; 雖長大, 猶抱著膝上. 文度因言桓求己女婿. 藍田大怒, 排文度下膝曰:「惡見文度已復癡, 畏桓溫面? 兵, 那可嫁女與之!」 文度還報云:「下官家中先得婚處.」 桓公曰:「吾知矣, 此尊府君不肯耳.」 後桓女遂嫁文度兒.)346)

주준이 안동장군으로 있을 때, 사냥하러 나갔다가 폭우를 만나 여남의 이씨 집에 들렀다. 이씨 집은 부유했지만 남자가 없었다. 낙수라고 하는 딸이 있었는데, 밖에 귀인이 와 있다는 말을 듣고는 하녀 한 명과 함께 안에서 돼지와 양을 잡아 수십 명의 음식을 만들었다. [낙수는] 일마다 주도면밀하게 처리했으며 사

---

345) ≪世說新語≫ 方正 편 제52조.
346) ≪世說新語≫ 方正 편 제58조.

람 소리가 들리지 않았다. [주준이] 은밀히 엿보았더니 한 여자만 보였는데 모습이 매우 아름다웠다. 그래서 주준이 첩으로 삼겠다고 청했으나 [낙수의] 부형이 허락하지 않자, 낙수가 말하길 “쇠락한 가문에서 어찌 여자 하나를 아끼십니까? 만약 귀족과 혼인을 맺는다면 장래에 아마 큰 도움이 될 것입니다.”라고 했더니, 부형이 [그녀의 말에] 따랐다. [낙수는] 마침내 백인(周顗) 형제를 낳았다. 낙수가 백인 등에게 말하길 “내가 절조를 굽혀서 너희 집안에 첩이 된 이유는 [이씨] 가문을 염두에 두었기 때문일 뿐이다. 너희가 만약 우리 집안을 친척으로 여기지 않는다면 나 역시 여생을 아까워하지 않을 것이다!”라고 하자, 백인 등이 모두 그 말에 따랐다. 이로써 살아 있는 동안 정당한 예우를 받게 되었다.(周浚作安東時, 行獵, 値暴雨, 過汝南李氏. 李氏富足, 而男子不在; 有女名絡秀, 聞外有貴人, 與一婢於內宰猪羊, 作數十人飮食, 事事精辦, 不聞有人聲. 密覘之, 獨見一女子, 狀貌非常, 浚因求爲妾. 父兄不許. 絡秀曰:「門戶殄瘁, 何惜一女? 若連姻貴族, 將來或大益.」父兄從之. 遂生伯仁兄弟. 絡秀語伯仁等: 「我所以屈節爲汝家作妾, 門戶計耳; 汝若不與吾家作親親者, 吾亦不惜餘年!」伯仁等悉從命. 由此李氏在世, 得方幅齒遇.)347)

　사공(謝安)이 일찍이 [동생] 사만과 함께 서쪽으로 나가는 길에 오군을 지나게 되었는데, 아만(謝萬)이 함께 왕념의 집을 방문하고 싶어 했다. 태부(사안)가 이르길 “아무래도 그가 틀림없이 너를 상대해주지 않을 것이니, [내] 생각엔 그럴 필요가 없을 것 같다.”라고 했다. 사만은 그래도 한사코 졸랐지만 태부가 결코

---

347) ≪世說新語≫ 賢媛 편 제18조.

마음을 돌리지 않기에 사만은 혼자서 갔다. 잠시 앉아 있다가 왕념이 갑자기 문 안으로 들어가자, 사만은 자못 기쁜 기색을 띠며 자기를 후하게 대접할 것이라고 생각했다. 한참 지난 뒤에 [왕념은] 머리를 감고 머리카락을 풀어헤친 채로 나와서는 [자리에] 앉지도 않고 胡牀에 기대어 정원에서 머리를 말렸는데, 그 표정이 몹시 오만했으며 [사만을] 상대하려는 뜻이 전혀 없었다. 그래서 사만은 이내 돌아갔는데, 배에 이르기도 전에 먼저 태부를 부르자, 사안이 말하길 "아리(王恬)가 너를 상대해 주지 않았구나!"라고 했다.(謝公嘗與謝萬共出西, 過吳郡, 阿萬欲相與共萃王恬許. 太傅云:「恐伊不必酬, 汝意不足爾!」萬猶苦要, 太傅堅不回, 萬乃獨往; 坐少時, 王便入閣內, 謝殊有欣色, 以爲厚待己. 良久, 乃沐頭散髮而出, 亦不坐, 仍據胡牀, 在中庭曬頭; 神氣傲邁, 了無相酬對意. 謝於是乃還. 未至船, 逆呼太傅. 安曰:「阿螭不作爾!」)348)

이상의 인용문에서 名士나 문벌의 우월감, 高下관념 등을 쉽게 엿볼 수 있다. 문벌의 유지는 바로 그들의 경제 및 혼인과 직접적인 관련이 있다.349) 현재 향유하고 있는 사회적 지위나 경제적 부를 유지하기 위하여 名門大族 간의 혼인이라는 방법을 통하여 문벌이 누리고 있는 기득권을 유지할 수도 있다. 또한 그들이 형성한 세력의 자기 문벌의 인물에 대한 평가의 결과는 그 지위의 高下와 名譽를 결정짓는 중요한 요인이 되곤 하였다.350)

---

348) ≪世說新語≫ 簡傲 편 제12조.
349) 楊美愛 <世說新語新探-從世說新語探魏晉之思想社會與亡國>; ≪弘光護專學報≫ 1978. 6권 54쪽 참조.
350) 何啓民 著 ≪中古門第論集≫(臺北, 學生書局, 1978), <中古門第之本質> 3쪽 참조.

여기에서 말하는 親屬관계란 親族, 氏族 등 혈연관계 이외의 주로 혼인으로 맺어진 他人보다 親疏한 관계에 있는 族屬을 말한다. 인물 간의 婚姻관계와 親族관계를 일목요연하게 파악할 수 있도록 <關係圖表>와 <人物品評關係表 A>, <人物品評關係表 B>를 만들어 부록에 두었는데, 이 도표들을 보면 인물 상호 간 대다수의 관계가 親屬관계임을 알 수 있다. 그 이유는 예를 들어 【표 1】을 보면, 陳郡 謝氏인 謝安과 琅琊 王氏인 王珣은 장인과 사위의 관계이고, 謝安의 동생인 謝萬과 太原 王氏 王述이 사위와 장인의 관계이므로 品藻 편 제23조[351]의 琅琊 王氏 王導와 太原 王氏 王述의 관계는 사돈의 사돈으로 親屬관계가 성립된다. 또, 賞譽 편 제117조[352]에서 桓溫과 殷浩의 관계는 【표 2】와 【표 4】를 위와 같은 방법으로 조합하여 생각하여 보면 마찬가지로 親屬관계가 됨을 유추할 수 있다. 따라서 品評者와 被品評者의 관계 대부분이 親族과 親屬관계로 이루어지게 되는 것이다.

그런데 親族과 親屬관계라는 品評과 被品評의 상호관계에서 王導를 비롯한 琅琊 王氏 一族의 등장 비율이 매우 높다는 것을 발견할 수 있다. 王導는 東晉의 元帝 司馬睿와 막역한 사이

---

351) 왕승상(王導)이 왕람전(王述)을 초징하여 속관으로 삼았더니, 유공(庾亮)이 왕승상에게 묻길 "남전은 어떻소이까?" 라고 하자, 왕승상이 말하길 "진솔하고 특출하며 간약하고 고귀한 것은 부친[王承]이나 조부[王湛]에 뒤지지 않지만, 그러나 활달하고 담담한 점은 진실로 그만 못하지요."라고 했다.(王丞相辟王藍田爲掾, 庾公問丞相:「藍田何似?」 王曰:「眞獨簡貴, 不減父祖; 然曠澹處, 故當不如爾.」)

352) 환공이 가빈(郗超)에게 말하길 "아원(殷浩)은 덕행도 있고 언변도 있으니, 지난날 [그를] 상서령이나 상서복야로 삼았더라면 충분히 백관의 모범이 되었을 것인데, 조정에서 그의 재능을 잘못 썼을 따름이오."라고 했다.(桓公語嘉賓:「阿源有德有言, 向使作令僕, 足以儀刑百揆; 制廷用違其才耳!」)

196

로 中原이 장차 어지러워질 것을 예견하고 元帝에게 강남으로
옮겨가도록 권하였다. 太興 元年(317) 司馬睿가 황제로 등극하
면서 王導는 軍諮祭酒에 제수되어 모든 政事를 도맡아 처리하
였으며, 그 사촌 형인 王敦 역시 군권을 장악하고 있었다. 이렇
게 王導를 巨頭로 하는 琅琊 王氏는 東晉에서 큰 세력을 형성
하여 정치권력의 중심에서 품평의 주도권을 쥐고 왕성한 품평
활동과 아울러 「王氏와 司馬氏가 천하를 함께 한다.(王與馬, 共
天下.)」353)라는 말이 생겨날 정도로 그 영향력이 막강하였다. 이
점은 琅琊 王氏가 품평자에는 많지만 피품평자에는 적다는 것
에서 입증되고 있다. 이러한 琅琊 王氏의 정치적, 경제적 영향력
으로 그들과의 이해관계로 얽힌 士族들은 자연 많을 수밖에 없
는 것이다.

4. 世 論

≪世說新語≫의 인물품평에 관한 고사 가운데 품평자의 구체
적인 이름이 등장하지 않고 頃下論, 有人, 正始人士, 咸云, 荊州
爲之語, 人言, 時人, 諺曰, 世目, 世稱, 人謂 등과 같은 불특정인
이 품평하는 독특한 표현들이 등장한다.

> 왕승상(王導)이 이르길 "근자에 세간의 논평에서 나
> 를 안기(王承)와 천리(阮瞻)에 견주고 있는데, [나] 또
> 한 이 두 사람을 존중한다."라고 했다.(王丞相云: 「頃
> 下論, 以我比安期・千里, 亦推此二人.」)354)

---

353) ≪晉書≫ 卷98 <王敦傳>.
354) ≪世說新語≫ 品藻 편 제20조.

여기에서 頃下는 近來, 目前, 現下, 時下의 뜻이고, 論은 議論
을 가리킨다. 한편 張撝之의 ≪世說新語譯注≫와 金長煥 교수의
≪世說新語≫ 등의 역주에서는 ≪太平御覽≫ 卷447에 인용된
≪郭子≫에 頃下가 雒下로 되어있고, 雒下는 洛陽을 말한다고
하고 있다.355)

> 어떤 사람이 왕태위(王衍)를 찾아갔다가 마침 그 자
> 리에 있던 안풍(王戎), 대장군(王敦), 승상(王導)을 만
> 나 별채로 가서 계윤(王詡), 평자(王澄)를 보았는데,
> 돌아와서 사람들에게 말하길 "오늘의 방문에서 눈에
> 보이는 것은 모두 임랑의 주옥이었소."라고 했다.(有人
> 詣王太尉, 遇安豐·大將軍·丞相在坐; 往別屋見季胤·
> 平子. 還, 語人曰:「今日之行, 觸目見琳琅珠玉..」)356)

> 어떤 사람이 주복야(周顗)를 비난하길 "친구들과 말
> 장난이나 하고 난잡하게 굴면서 절제함이 없다."라고
> 하자, 주복야가 말하길 "나는 만리장강과 같으니, 어
> 찌 천리마다 한 번씩 굽이지지 않을 수 있겠소?"라고
> 했다.(有人譏周僕射與親友言戲, 穢雜無檢節 周曰:「吾
> 若萬里長江, 何能不千里一曲?」)357)

琳琅이란 美玉의 명칭으로 주로 훌륭한 인물에 비유된다. 容
止 편 제15조에서는 등장인물이 모두 琅琊 臨沂 王氏이기 때문
에 어떤 사람(有人)이 琳琅에 비유하여 그 인물들의 風格을 극
찬하였고, 任誕 편 제25조에서는 언행 가운데 사소한 실수는 있

---

355) 張撝之 撰 ≪世說新語譯注≫(上海, 上海古籍出版社, 1996) 424쪽,
    金長煥 譯注 ≪世說新語≫(서울, 살림, 1997) 中卷 344쪽.
356) ≪世說新語≫ 容止 편 제15조.
357) ≪世說新語≫ 任誕 편 제25조.

198

기 마련임을 인정한 周顗를 친구들과 말장난이나 하고 행동에
절제가 없는 인물이라고 惡評하고 있다.

> 正始年間에 인사들이 [인물을] 비교 논평하여 오
> 순을 오진에 견주었는데, 순숙을 진식에, 순정을 진
> 심에, 순상을 진기에, 순욱을 진군에, 순의를 진태
> 에 견주었다. 또한 팔배를 팔왕에 견주었는데, 배휘
> 를 왕상에, 배해를 왕이보에, 배강을 왕수에, 배작
> 을 왕징에, 배찬을 왕돈에, 배하를 왕도에, 배위를
> 왕융에, 배막을 왕현에 견주었다.(正始中, 人士比論,
> 以五荀方五陳: 荀淑方陳寔, 荀靖方陳諶, 荀爽方陳
> 紀, 荀彧方陳群, 荀顗方陳泰. 又以八裴方八王: 裴徽
> 方王祥, 裴楷方王夷甫, 裴康方王綏, 裴綽方王澄, 裴
> 瓚方王敦, 裴遐方王導, 裴頠方王戎, 裴邈方王玄.)358)

正始(240-249)는 魏 齊王 曹芳의 年號이다. 正始年間에 名士
들은 의견의 교환, 반복된 논변, 우열에 대한 평판이라는 방법으
로 ≪老子≫와 ≪莊子≫에 대해 토론하고 아울러 두 책의 관점
으로 ≪周易≫과 기타 儒家經典을 해석했다. 그들은 有無로써
만물을 설명하고, 一과 多로써 사회를 논했으며, 才性으로 人性
을 변론하고, 성인으로서 이상적 인격을 밝혀 새로운 학설의 골
격을 구축하였다.359) 여기에서 人士는 당시 名士를 가리키며 比
論은 比較議論을 말한다.

---

358) ≪世說新語≫ 品藻 편 제6조.
359) 夏乃儒 主編, 황희경, 황성만 共譯 ≪중국철학문답≫(서울, 한울,
    1991) 133쪽 참조.

왕동정(王珣)이 환선무(桓溫)의 주부가 되었는데, 이미 가문의 명예를 이어받은 데다가 훌륭한 명성까지 지니고 있어서 환공(桓溫)은 그의 인품과 가문이 온 府의 명망을 받고 있는 것을 매우 존경했다. [왕동정은] 처음 [환공을] 만나 인사할 때 예의절차에 실수를 범했지만 안색은 태연자약했다. 좌중의 빈객들이 [그의 실수를 보고] 즉시 비꼬면서 웃자, 환공이 말하길 "그렇지 않소. 그의 표정과 모습을 보니 틀림없이 평범한 인물은 아닐 것이오. 내가 마땅히 시험해 보겠소."라고 했다. 나중에 매월 초하루에 열리는 조회에서 [환온의 속관들이] 관청 앞에 엎드려 있을 때, 환공이 안에서 말을 타고 곧장 돌진해 나왔다. 좌우의 사람들은 모두 피하다 넘어졌으나 왕동정은 꼼짝도 하지 않았다. 이에 명성이 크게 높아져 사람들이 모두 말하길 "재상이 될 만한 그릇이야!"라고 했다.(王東亭爲桓宣武主簿, 旣承藉有美譽, 公甚敬其人地, 爲一府之望, 初見謝失儀, 而神色自若; 坐上賓客卽相貶笑. 公曰: 「不然. 觀其情貌, 必自不凡; 吾常試之.」 後因月朝閣下伏, 公於內走馬直出突之, 左右皆宕仆, 而王不動. 名價於是大重, 咸云: 「是公輔器也!」)360)

公輔는 三公(太尉, 司徒, 司空)과 四輔(太師, 太傅, 太保, 少傅)를 함께 부르는 말로 일반적으로 宰相을 가리킨다. 咸은 都, 全의 뜻이고,「咸云: 是公輔器也.」는 의연한 모습으로 명성을 얻은 王珣을 모두가 宰相이 될 만한 그릇이라고 말한 것을 의미한다.

왕순과 치초는 모두 훌륭한 재능을 갖고 있어서 대사마(桓溫)의 중시를 받아 발탁되었다. 왕순은 주부가

---

360) ≪世說新語≫ 雅量 편 제39조.

되었고 치초는 기실참군이 되었는데, 치초는 수염이 많은 사람이었고 왕순은 모습이 왜소했다. 그래서 당시에 형주 사람들이 그들을 두고 말하길 "털보 참군, 땅딸보 주부. 공을 기쁘게 할 수도 있고, 공을 화나게 할 수도 있다네."라고 했다.(王珣·郗超並有奇才, 爲大司馬所眷拔; 珣爲主簿, 超爲記室參軍. 超爲人多須, 珣形狀短小; 于時荊州爲之語曰:「髥參軍, 短主簿; 能令公喜, 能令公怒.」)361)

荊州爲之語에서 之는 王珣과 郗超를 가리키며, 王珣과 郗超의 외모를 품평한 荊州 사람들의 평론을 말한다.

사중랑(謝萬)은 왕람전(王述)의 사위였다. 한 번은 백륜건을 쓴 채 견여를 타고 곧장 양주자사의 관청으로 가서 왕람전을 보고는 다짜고짜 말하길 "사람들이 군후를 어리석다고 하더니, 군후는 정말로 어리석습니다."라고 하자, 왕람전이 말하길 "그런 평론이 없는 것은 아니지만 다만 [나는] 늦게 훌륭해졌을 뿐이지."라고 했다.(謝中郎是王藍田女壻, 嘗箸白綸巾, 肩興徑至揚州聽事見王, 直言曰:「人言君侯癡, 君侯信白癡.」 藍田曰:「非無此論, 但晚令耳.」)362)

王述은 젊었을 때 홀로 도를 닦으면서 같은 무리가 아니면 교제하지 않으며 물러나 고요히 지냈기 때문에 사람들이 일찍이 알아보지 못했다. 또한 대기만성형의 인물이었기 때문에 당시 사람들이 그를 어리석다고 말했던 것이다.363)

---

361) ≪世說新語≫ 寵禮 편 제3조.
362) ≪世說新語≫ 簡傲 편 제10조.
363) 「왕람전(王述)은 대기만성형의 인물이었기 때문에, 당시 사람들이 그를 어리석다고 말했다. 왕승상(王導)은 그가 동해태수(王承)의

주백인(周顗)은 품덕이 아정하고 중후했으며, 위험
하고 어지러운 시국을 깊이 통찰하고 있었다. 강남으
로 건너온 뒤로는 다년간 늘 진탕 술을 마셨는데, 한
번은 사흘 동안 깨어나지 못한 적도 있었다. [그래서]
당시 사람들이 그를 삼일복야라고 불렀다.(周伯仁風德
雅重, 深達危亂; 過江積年, 恒大飮酒, 嘗經三日不醒. 時
人謂之「三日僕射.」)364)

처음에 훌륭한 덕망으로 周顗는 천하에 명성을 얻었지만, 나중
에는 술로 인한 실수를 자주 하였다. 周顗는 尙書令의 보좌관인
尙書左僕射를 지낸 적이 있어서 술만 마시고 직무를 등한시하는
재상을 뜻하는 '三日僕射'의 典故가 여기에서 생겨나게 되었다.

그 외에 賞譽 편 제56조와 品藻 편 제51조에서의 世目의 경
우, 世는 世人을, 目은 品題 또는 品評을 말하며, 賞譽 편 제69
조에서 稱은 稱讚을 말하므로 世稱은 世間에서 칭찬하는 것을
가리킨다. 또한 賞譽 편 제126조에서의 諺은 민간에서 떠돌아
유전되는 말을 일컫는다. ≪世說新語≫에는 곳곳에 이러한 독특
한 표현들이 자주 나타나고 있다. 여기에서 품평자는 피품평자
등장인물들과 같은 시대에 살았던 사람들로서 나름대로 의사표
현에 참여하고 있다고 하겠다. 비록 직접 대화의 방식으로 인물
품평에 참여하는 것은 아니나 품평자가 누구인지 알 수 있는

아들이라고 해서 초징하여 속관으로 삼았다. 항상 집회가 열리면
왕공(王導)이 말을 할 때마다 뭇 사람들이 다투어 찬성했다. [그러
나] 왕술이 말석에서 말하길 "주인[왕도]이 요, 순이 아닌데 어떻게
일마다 모두 옳을 수 있겠소?"라고 했더니, [이 말을 듣고] 승상이
크게 찬탄했다.(王藍田爲人晚成, 時人乃謂之癡, 王丞相以其東海子辟
爲掾; 常集聚, 王公每發言, 衆人競贊之. 述於末坐曰: 「主非堯舜, 何
得事事皆是?」 丞相甚相歎賞.)」≪世說新語≫ 賞譽 편 제62조.
364) ≪世說新語≫ 任誕 편 제28조.

대부분의 품평방식과는 다른 형식의 품평이라는 점에서 중요한
역할을 감당한다고 하겠다.

第2節 品評의 表現技法

魏晉南北朝는 중국 역사상 정치사회와 문학예술의 발전에 있
어 상대적으로 커다란 차이를 보인 시기였다. 혼란한 정치와 사
회분위기로 백성들의 삶은 고통스러웠지만, 반면 문학과 예술,
철학 방면에서는 자유로운 정신세계의 추구와 개성의 존중으로
이전에 없었던 중흥의 시대를 맞이하였다. 이시기의 문학은 정
치와 교육의 예속에서 벗어나 독립적으로 발전의 길로 나아갔
으며, 순수한 思辨哲學 역시 何晏과 王弼로 대표되는 魏晉玄學
의 출현으로 空前의 발전을 이루어내었던 가장 생기발랄하고
아름다움을 사랑했으며, 美的 성취가 매우 높았던 시대365)이었
다. 六朝 즉, 魏晉南北朝의 문학은 '무엇을 표현했는가' 보다 '어
떻게 표현했는가'에 역점을 두어야할 것이다. 언어의 선택에 있
어 빈번하게 비유의 典故를 사용하고 있으며, 얼마나 교묘하고
아름답게 표현하느냐의 문제에 주로 관심을 기울였던 철저한
修辭 중심의 문학이었다고 하겠다. ≪世說新語≫ 역시 예외는
아니어서 ≪世說新語≫가 끊임없이 修辭手法을 의식하는 당시
사람들의 정신을 선명하게 반영하고 있다 해도 과언이 아닐 것
이다.366) 또한 自我에 대한 인식의 발전으로 개인에 대한 평가

---

365) 宗白華 著 ≪美學散步≫(上海, 上海人民出版社, 1981) 219쪽.
366) 井波律子 著, 李慶, 張榮湄 共譯 ≪中國人的機智－以世說新語爲中
　　心≫(上海, 學林出版社, 1998) 50-51쪽 참조.

는 예술 감상적인 경향으로 흐르게 되었다. 自我의 평가를 예술적 감상의 차원으로 승화시키게 됨에 따라 그 본질에 대한 이해는 추상적이 되었다. 그러므로 그에 대한 이해를 구체적인 언어로는 형용하기가 어렵게 되었으므로 인물품평에 사용된 언어와 표현은 예술적 성향을 지니게 될 수밖에 없게 되었다.

魯迅은 ≪世說新語≫의 표현이 「말의 표현은 심원하면서 준엄하며, 행동의 표현은 高簡하면서도 기이하다.(記言則玄遠冷俊, 記行則高簡瑰奇.)」[367]라고 하고 있다. 여기에서 ‘玄遠冷俊’은 簡潔과 簡明을 나타내는 것이고, ‘高簡瑰奇’는 함축적이면서 玄妙하다는 것을 가리킨다. 이렇듯 ≪世說新語≫는 정련되고 생동감 넘치는 언어를 사용함으로써 한 인물의 형상적 특징과 정신면모를 묘사해내는 고도의 概括力과 表現力으로 높은 예술적 수준을 지니고 있다.

1. 比　較

≪世說新語≫에서 인물의 우열을 부각시키는 가장 두드러진 품평의 표현기법은 비교이다. 성질이 서로 다른 두 가지 이상의 對象이나 意味를 맞세워 비교하는 기법을 사용하게 되면 그들 사이의 重量의 차이나 상태의 차이 등을 두드러지게 나타내어 글의 굴곡성에 의한 유연미나 운율적인 효과를 가질 수도 있다.[368] 특히 인물을 단순 우열 비교하거나 한 名士를 기준으로 하여 피품평자와 서로 비교하는 방법을 통하여 그 특징이나 우열을 파악할 수 있다. 즉, 기준에 따라 피품평자를 품평하기 때문에 話者나 聽者 모두 용이하게 공통의 느낌이나 인식을 갖게

---

367) 魯迅 著 ≪中國小說史略≫(臺北, 風雲時代出版社, 1989) 73쪽.
368) 趙炳華, 徐東轍 共著 ≪現代文章論≫(서울, 열화당, 1977) 189쪽.

204

해주는 효과가 있다. ≪世說新語≫의 기초가 되었던 당시 魏晉 사회는 流言이 매우 성행했던 시기로 名士 間의 뛰어난 언어감각을 통한 상호비교의 방법이 인물품평의 중요한 방법이 되어 크게 유행하였다.369) ≪世說新語≫의 識鑒 편과 賞譽 편, 그리고 品藻 편 가운데 특히 品藻 편의 대다수가 집중적으로 비교를 통한 방법으로 인물에 대한 품평을 하고 있는데, 이 책에서는 비교의 방식을 比自己(자신과 비교), 比自家人(親族 또는 親屬과 비교), 比他人(他人과 비교)으로 귀납하였다.

승상(王導)이 자궁(庾琮)을 품평하길 "철리를 매우 깊이 깨닫고 있으니 나보다 뛰어난 인물이다."라고 했다.(丞相目子躬云: 「入理泓然, 我已上人.」)370)

유도계(庾龢)가 이르길 "사고의 논리가 조리 있고 조화로운 점은 내가 강백(韓伯)에게 부끄럽고, 의지력이 강직한 점은 내가 문도(王坦之)에게 부끄럽지만, 이 [두 사람] 이하로는 내가 백 배 낫다."라고 했다. (庾道季云: 「思理倫和, 吾愧康伯; 志力彊正, 吾愧文度; 自此以還, 吾皆百之.」)371)

주중지(周嵩)가 술을 마시고 취하여 눈을 부라리면서 얼굴을 돌려 백인(周顗)에게 말하길 "그대는 재주가 이 동생만 못한데도 터무니없이 높은 명성만 얻고 있소!" 라고 했다. 잠시 후 촛불을 집어 들어 백인에게 던지자, 백인이 웃으면서 말하길 "아우의 화공은 진실로 하책에 서 나온 것일 뿐이야!"라고 했다.(周仲智飮酒醉, 瞋目還

---

369) 廖伯森 <世說新語中人物美學之硏究> 臺灣東海大學 석사논문 1989, 38쪽 참조.
370) ≪世說新語≫ 賞譽 편 제40조.
371) ≪世說新語≫ 品藻 편 제63조.

面, 謂伯仁曰:「君才不如弟, 而橫得重名!」須臾, 擧蠟燭
火擲伯仁. 伯仁笑曰:「阿奴火攻, 固出下策耳!」)[372]

이러한 자신과의 상호비교에서 인물의 우열과 품격, 인품, 사
회적 지위, 도덕, 학문 등의 정도를 가리키는 流品의 高下가 일
목요연하게 드러나고 있다.

　　원황제(司馬睿)가 이미 제위에 등극한 뒤 정후를 총
애한 나머지 명제(司馬紹)를 제쳐두고 [정후의 소생인]
간문제(司馬昱)를 [태자로] 세우려 하였다. 당시의 논
자들이 모두 말하길 "연장자를 제쳐두고 연소자를 세
우는 것은 이미 도의상 윤리에 어긋나며, 게다가 명제
는 총명하고 결단력이 뛰어나므로 태자로 삼는 것이
더욱 마땅하다."라고 했다. 주의와 왕도를 비롯한 제공
들도 모두 간절하게 충간했다. 오직 조현량 혼자만 소
주(司馬昱)를 받들어 원제의 뜻에 아부하려고 했다. 원
제는 곧장 시행하려했으나 제공들이 조칙을 받들지 않
을까 염려하여, 먼저 주후(周顗)와 승상(王導)을 불러
입조케 한 뒤 조칙을 내려 조현량에게 넘기려했다. 주
의와 왕도가 이미 입조하여 막 계단 끝에 이르렀을
때, 원제가 미리 어지를 전하는 사자를 파견하여 그들
을 막아 세우고 동쪽 곁채로 가게 했다. 주후는 미처
깨닫지 못하고 즉시 물러나 계단을 내려갔다. 그러나
승상은 어지를 전하는 사자를 밀쳐내고 곧장 어좌 앞
으로 나아가 말하길 "폐하께서 어찌하여 신을 만나고
자 하시는지 모르겠사옵니다."라고 했다. 원제는 묵묵
히 말없이 있다가 마침내 누런 종이에 쓴 조칙을 품속
에서 꺼내 찢어버렸다. 이로써 태자의 책봉이 확정되

---

372) ≪世說新語≫ 雅量 편 제21조.

206

었다. 주후(周顗)는 그제야 개연히 부끄러워하면서 탄
식하길 “나는 늘 무흥(王導)보다 낫다고 스스로 말하
곤 했는데 이제야 비로소 [그보다] 못하다는 것을 알
겠구나!”라고 했다.(元皇帝旣登祚, 以鄭后之寵, 欲舍明
帝而立簡文. 時議者咸謂:「舍長立少, 旣於理非倫, 且明
帝以聰亮英斷, 益宜爲儲副.」周·王諸公並苦爭懇切. 唯
刁玄亮獨欲奉少主, 以阿帝旨. 元帝便欲施行, 慮諸公不
奉詔, 於是先喚周侯·丞相入, 然後欲出詔付刁. 周·王
旣入, 始至階頭, 帝逆遣傳詔, 遏使就東廂. 周侯未悟, 卽
略卻, 下階. 丞相披撥傳詔, 徑至御牀前, 曰:「不審陛下
何以不見臣?」 帝默然無言; 乃探懷中黃紙詔裂擲之. 由
此皇儲始定. 周侯方慨然愧歎曰:「我常自言勝茂弘, 今始
知不如也!」)373)

　　명제(司馬紹)가 사곤에게 묻길 “당신은 스스로 유량
과 비교하여 어떻다고 생각하오?”라고 하자, [사곤이]
대답하길 “조정에서 단정하게 예복을 입고 백관에게
모범으로 삼도록 하는 것은 신이 유량만 못하지만, 한
언덕에서 은거하고 한 골짜기에서 낚시하는 것은 그
보다 낫다고 스스로 생각합니다.”라고 했다.(明帝問謝
鯤:「君自謂何如庾亮?」 答曰:「端委廟堂, 使百僚準則,
臣不如亮; 一丘一壑, 自謂過之.」)374)

　　대부분이 간단한 評語로 비교를 하여 사람들에게 주는 인상
이 종종 추상적이거나 모호할 수가 있다. 그렇기 때문에 위의
인용문에서 볼 수 있듯이 원황제(司馬睿)의 태자 간택의 문제점
을 간언하는 王導와 周顗의 모습을 부각시켜 비교하는 것이나,
나이 어린 成帝를 대신해 섭정을 하던 庾太后(明帝 穆皇后)의

---

373) ≪世說新語≫ 方正 편 제23조.
374) ≪世說新語≫ 品藻 편 제17조.

큰 오빠로서 中書令의 막중한 직책을 맡고 정사를 보좌하는 庾亮과 비교하는 등의 어떠한 사건, 사실에 대한 반응과 처리 태도로 비교를 하게 되면 상호간의 우열 高下를 판단하기가 용이하게 되고, 인물의 서로 다른 개성도 돌출되어 사람들에게 십분 선명한 인상을 남길 수 있다.

> 왕승상(王導)이 왕람전(王述)을 초징하여 속관으로 삼았더니, 유공(庾亮)이 왕승상에게 묻길 "남전은 어떻소이까?"라고 하자, 왕승상이 말하길 "진솔하고 특출하며 간약하고 고귀한 것은 부친[王承]이나 조부[王湛]에 뒤지 않지만, 그러나 활달하고 담담한 점은 진실로 그만 못하지요."라고 했다.(王丞相辟王藍田爲掾, 庾公問丞相: 「藍田何似?」 王曰: 「眞獨簡貴, 不減父祖; 然曠澹處, 故當不如爾.」)375)

王導와 王述은 사돈의 사돈으로 親屬관계이다.376) 王述은 성격이 급한 것으로 유명하다. 이렇게 성격이 급한 王述의 특성으로 그의 父親, 祖父와 대조적으로 비교를 하면서 「진솔하고 특출하며, 간약하고 고귀함(眞獨簡貴)」과 「활달하고 담담함(曠澹)」이 두 가지가 비교의 기준이 되고 있다. 또한 이미 유형화, 정형화 된 인물을 기준으로 피품평자의 추상적인 명망을 비교하고 있기도 하다.

> 사공(謝安)이 이르길 "현인, 성인과 범인과의 차이는 그 사이가 가깝다."라고 했는데, 자식과 조카들이 이를 인정하지 않자 사공이 탄식하며 말하길 "郗超가

---

375) ≪世說新語≫ 品藻 편 제23조.
376) 관계도 【표 1】 참조.

이 말을 들었다면 반드시 은하수처럼 끝없는 말로는 여기지 않을 터인데."라고 했다.(謝公云: 「賢聖去人, 其間亦邇.」 子姪未之許. 公歎口: 「若郗超聞此語, 必不 至河漢.」)377)

부록에 정리해 놓은 <人物品評關係表 A>와 <人物品評關係 表 B>를 보면 比自己, 比自家人, 比他人 중에서 대다수가 比他 人의 방식을 취하고 있음을 알 수 있다. 이는 親族이나 親屬 등 교유의 有無에 상관없이 당시 상류사회에서 광범위하게 아무런 금기사항 없이 구체적으로 자유로운 품평활동을 한 것과 무관 하지 않다.

　　왕이보(王衍)가 스스로 탄식하길 "나는 악령(樂廣) 과 담론할 때마다 일찍이 나의 언담이 번잡하다고 느 끼지 않은 적이 없다."라고 했다.(王夷甫自嘆: 「我與樂 令談, 未嘗不覺我言爲煩.」)378)

樂廣은 간결한 言談으로 사람들의 마음을 만족시키는 데 뛰 어났으며, 자신이 알지 못하는 것에 대해서는 침묵을 지켰다. 이 렇게 他人과 비교하여 스스로 자기평가를 하면서 품평자 자신 의 정감과 造詣를 드러내기도 한다.

　　正始年間에 인사들이 [인물을] 비교 논평하여 오순 을 오진에 견주었는데, 순숙을 진식에, 순정을 진심에, 순상을 진기에, 순욱을 진군에, 순의를 진태에 견주었 다. 또한 팔배를 팔왕에 견주었는데, 배휘를 왕상에,

---

377) ≪世說新語≫ 言語 편 제75조.
378) ≪世說新語≫ 賞譽 편 제25조.

배해를 왕이보에, 배강을 왕수에, 배작을 왕징에, 배찬을 왕돈에, 배하를 왕도에, 배위를 왕융에, 배막을 왕현에 견주었다.(正始中, 人士比論, 以五荀方五陳: 荀淑方陳寔, 荀靖方陳諶, 荀爽方陳紀, 荀彧方陳群, 荀顗方陳泰. 又以八裴方八王: 裴徽方王祥, 裴楷方王夷甫, 裴康方王綏, 裴綽方王澄, 裴瓚方王敦, 裴遐方王導, 裴頠方王戎, 裴邈方王玄.)379)

여기에서는 추상적으로 인물의 공통점을 비교하여 피품평자의 우열을 보여주고 있다. 이 가운데 裴遐의 경우 ≪世說新語≫ 文學 편 제19조 劉孝標 注引 ≪晉諸公贊≫과 鄧粲의 ≪晉紀≫, 그리고 品藻 편 제33조 劉孝標의 注에 따르면 젊어서부터 哲理와 名理에 뛰어났으며, 그 語氣가 청신하고 유창하여 琴瑟의 소리처럼 청아했다고 하여 淸談에 능했음을 알 수 있다. 王導 역시 文學 편 제21조, 제22조, 그리고 賞譽 편 제57조에서 알 수 있듯이 名理에 능통하였고 담론 또한 즐겨하였음을 알 수 있다. 당시 淸談의 기풍이 만연하던시기 正始人士들은 裴遐와 王導의 이러한 공통점을 비교하고 있는 것이다.

회계의 우비는 원황제(司馬睿)때 환선무(桓溫)와 동료였는데, 그는 才氣와 哲理가 뛰어나고 훌륭한 명망을 지니고 있었다. 왕승상(王導)이 일찍이 우비에게 말하길 "공유는 삼공의 재능은 있지만 삼공의 명망이 없고, 정담은 삼공의 명망은 있지만 삼공의 재능은 없는데, 이를 겸비한 사람은 바로 그대로다!"라고 했다. [그러나] 우비는 [벼슬이 삼공에] 이르기 전에 죽고 말았다.(會稽虞馬斐, 元皇時與桓宣武同僚, 其人有才理

---

379) ≪世說新語≫ 品藻 편 제6조.

210

> 勝望. 王丞相嘗謂馬斐曰:「孔愉有公才而無公望, 丁潭有
> 公望而無公才, 兼之者其在卿乎?」馬斐未達而喪.)380)

孔愉에게는 三公의 재능은 있지만 명망이 없고, 丁潭에게는
三公의 명망은 있지만 재능이 없는데, 虞馬斐는 두 가지 모두를
겸비하고 있다. 이러한 재능이나 명망과 같은 추상적인 것들을
他人과 비교하여 상대평가로 구체화시키는 방법은 "그대는 三公
의 재능도 있고, 三公의 명망도 있어서 훌륭하다." 식의 절대평
가보다 훨씬 설득력이 있다.

2. 比　喻381)

魏晉 이전 사람들의 인물과 자연, 예술에 대한 美의 인식은 이
미 나름대로의 발전이 있어왔다. 특히 儒家의 경우 人物美에 대한
인식은 도덕윤리 관념의 굴레에서 탈피하지 못했으며, 自然美에
대한 이해 역시 실용적이면서 공리적인 목적이 강하였다.

> 공자께서 말씀하시길, 날씨가 추워진 뒤에야 소나무
> 와 잣나무가 뒤늦게 시듦을 알 수 있는 것이다.(子曰,
> 歲寒, 然後知松栢之後凋也.)382)

---

380) ≪世說新語≫ 品藻 편 제13조.
381) 표현하고자 하는 대상을 좀 더 인상적이고 흥미롭고 그리고 선명
　　하게 이해하도록 하기 위해 쓰여지는 표현 방법이다. 어떤 사람은
　　비유를 표현의 轉化作用이라 말하고 있다. 하나의 事象을 표현함
　　에 이르러 어떤 의미에서든지, 그와 같은 原性을 가진 다른 것을
　　轉用하거나 다른 것으로 轉化시켜 그 事象을 더욱 확고하게 또
　　선명하게 드러내는 효과를 가진 방법이라는 말이다. 즉, 표현하려
　　는 관념에 보조적인 관념을 부과시켜 본래의 관념을 보다 명확하
　　고 강하게 표현하려는 것이다. 朴和穆 著 ≪新稿文章論≫(서울,
　　민족문화문고간행회, 1986) 115-116쪽.

공자께서 시냇가에 계시면서 말씀하시길, 가는 것이
물과 같구나. 밤낮을 그치지 않는 도다.(子在川上曰,
逝者如斯夫, 不舍晝夜.)383)

　小人이 태평성세에 있어서는 君子와 다를 것이 없으나 利害
를 당하고 事變을 만난 뒤에야 君子의 지킴을 볼 수 있는 것이
다. 또한 天地의 조화는 가는 것은 지나가고 오는 것이 이어져
서 한 순간도 그침이 없으니, 바로 道體의 本然이다. 그것을 지
적하여 쉽게 볼 수 있는 것은 시냇물의 흐름만한 것이 없다. 여
기에서 배우는 자들이 때때로 성찰하여 공부에 털끝만한 간격
도 없게 하고자 한 것이다. 이는 모두 단지 자연현상의 단순한
묘사가 아니라, 심오한 도덕적 의의를 담고 있다. 사람은 이러한
감상 속에서 자신의 道德的 處境을 느껴야 한다는 것이 儒家의
관점이다. 즉, 儒家에서 사용하는 비유라는 표현의 관점으로 보
면, 自然美는 단순히 객관적인 것이 아니라 審美主體의 思想이
나, 聯想, 想像의 성분을 포함하고 있으며, 또한 이데올로기적
성분도 지니고 있다.384)

　魏晉의 인물품평은 漢 末의 政治的이면서 實用的인 성향에서
審美的, 感賞的으로 옮겨가게 되고 표현형식에 있어서는 形象化
라는 두드러진 특징을 보이게 된다. 사회와 審美意識의 부단한
발전으로 원시적 대자연은 점차 두려움의 대상에서 숭배의 대
상으로 바뀌게 되고 결국에는 인류가 감상하는 대상이 되었다.
사람이 외부적으로 自然美를 인식하고 내부적으로 자신의 人格
美를 인식하여 自然美로 人格美를 형용하고 비유하는 일은 더
이상 특이한 일이 아니다. 이러한 審美的 비유의 방식은 언어로

---

382) ≪論語・子罕≫.
383) ≪論語・子罕≫.
384) 葉朗 著 ≪中國美學史大綱≫(臺北, 滄浪出版社, 1986) 58쪽 참조.

212

는 전달할 수 없는 내재적 人格美를 구체적인 자연경물로 형상
화시킬 수 있다. ≪世說新語≫에서 자연계의 美로 인물품격의
美를 형용하는 예는 너무도 많아 일일이 언급할 수도 없다. 이
두 방면의 美－自然美와 人格美－는 魏晉시대의 사람들에게 동
시에 발견되었다. 人格美의 중시는 이미 漢 末부터 시작되었고,
그 위로 孔子 및 儒家에서 인격이나 그 기상을 중시하였다. '世
說新語의 時代'에는 더욱이 인물의 용모나 식견, 도량, 그리고
육체와 정신의 아름다움에 심취해 있었다.385) 또한 인물의 내재
된 才情의 美나 외재된 儀容風度의 美 대부분이 비유의 방법을
사용하여 표현되고 있으며, 형상화의 수법으로 인물의 美와 자
연경물의 美를 상호결합하여 人格美와 自然美의 통일을 이루고
있다. 인물의 아름다움이나 품격을 자연의 경물이나 현상에 결
합 비유하면 품평을 듣는 이로 하여금 시각적으로나 청각적으
로 상상을 일으킬 수 있으며, 추상적인 사물이나 사건을 통하여
구체적으로 형상화시킬 수도 있다.

> 왕공(王導)이 태위(王衍)를 품평하기를 "높고 험준
> 하며 특출한 것이 천길 암벽같이 서있다."라고 했다.
> (王公目太尉:「巖巖淸峙, 壁立千仞.」)386)

> 세간에서 주후(周顗)를 품평하길 "깎아지른 산처럼
> 준엄하다."고 했다.(世目周侯:「嶷如斷山.」)387)

> 어떤 사람이 승상(王導)에게 묻길 "주후(周顗)는 화
> 교와 비교하면 어떻습니까?"라고 하자, 대답하길 "장여

---

385) 宗白華 著 ≪美學散步≫(上海, 上海人民出版社, 1981) 219쪽.
386) ≪世說新語≫ 賞譽 편 제37조.
387) ≪世說新語≫ 賞譽 편 제56조.

(和嶠)는 우뚝 솟아 있지요."라고 했다.(人問丞相:「周侯何如和嶠?」 答曰:「長輿嵯櫱.」)388)

왕융이 이르길 "태위(王衍)는 정신과 자태가 고상하고 고결하여 옥림옥수와 같으니, 본디 풍진 밖의 인물이다."라고 했다.(王戎云:「太尉神姿高徹, 如搖林瓊樹, 自然是風塵外物!」)389)

유천이 처음 양도부를 지어 온교와 유량을 평하길 "온교는 義의 표상을 내걸고, 유량은 만민의 희망이 되니, 명성을 비유하면 쇠의 소리요, 덕을 비유하면 옥의 광택이로다."라고 했는데, 유량이 그 부가 완성되었다는 말을 듣고 보여 달라고 하면서 아울러 선물을 주자, 유천은 희망[望]을 준일[儁]로 고치고 광택[亮]을 윤택[潤]으로 고쳤다.(庾闡始作揚都賦, 道溫·庾云:「溫挺義之標, 庾作民之望; 方響則金聲, 比德則玉亮.」 庾公聞賦成, 求看, 兼贈貺之. 闡更改「望」爲「儁」, 以「亮」爲「潤」云.)390)

유문강(庾亮)이 죽었을 때 하양주(何充)가 장례식에 참석하여 이르길 "玉樹를 땅 속에 묻고 보니 사람의 마음이 어떻게 견딜 수 있겠는가!"라고 했다.(庾文康亡, 何揚州臨葬云:「埋玉樹箸土中, 使人情何能已已!」)391)

세상 사람들이 이원례(李膺)를 품평하길 "곧게 뻗은 소나무 아래에 이는 바람처럼 엄숙하다."라고 했다.(世目李元禮:「謖謖如勁松下風.」)392)

---

388) ≪世說新語≫ 品藻 편 제16조.
389) ≪世說新語≫ 賞譽 편 제16조.
390) ≪世說新語≫ 文學 편 제77조.
391) ≪世說新語≫ 傷逝 편 제9조.

이러한 표현들은 모두 自然美와 人格美를 비유한 것들로 형상이 선명해지고, 풍부한 내용들을 정련된 문학언어로 표현하여 사람들에게 구체적이고도 깊은 인상을 심어준다. 특히 사람들로 하여금 시각적 상상을 불러 일으켜 인물의 구체적 형상을 창출해내고 있다. 위의 品藻 편 제16조와 文學 편 제77조, 傷逝 편 제9조에서 볼 수 있는 玉의 경우 ≪世說新語≫에서 비유대상으로 가장 많이 등장하고 있는데, 진귀함이나 굳은 의지, 순수 등 주로 인물의 자질을 평가하거나 儀容의 아름다움을 형용할 때 사용하고 있다. 그 외에 松은 강인함, 빼어남, 완강함, 특출함, 고상함, 장수, 아름다움 등의 의미를 내포하고 있으며, 山水나 明月, 游雲, 春月 등과 같은 대자연의 光明美好한 상징으로 비유하여 인격의 優美와 超然하고 飄逸한 풍도를 형용하기도 한다. 또한 賞譽 편 제37조와 56조, 品藻 편 제16조에서는 인물의 품격이나 인품을 높이 우뚝 치솟아 있는 산에 비유하여 추상적인 개념을 구체화하고 있으며, 賞譽 편 제2조에서 謖謖은 세찬 솔바람 소리나 소나무가 우뚝 솟아있는 모양으로[393] 淸新하고 엄숙한 기상을 뜻하는데, 단지 일곱 글자로 인물 개성의 묘사를 생생하게 표현해내고 더욱이 청각적인 상상을 불러일으킴으로써 인물의 이미지를 성공적으로 그려내고 있다.

자연의 경물 이외의 것에 비유하는 경우도 쉽게 찾아 볼 수 있다.

> 고사공(顧和)이 아직 이름이 알려지지 않았을 때 왕승상(王導)을 만나보러 갔는데, 승상이 조금 피곤하여 그와 마주한 채 졸았다. 이를 본 고사공은 승상을 정

---

392) ≪世說新語≫ 賞譽 편 제2조.
393) 張萬起 編 ≪世說新語詞典≫(北京, 商務印書館, 1993) 41쪽.

신 차리게 할 생각으로 동석한 사람들에게 말하길
"지난 달 매번 원공에게서 듣기로는 승상께서 중종을
보위하여 강남땅을 보전하셨다고 하던데, 몸을 잠시도
편하게 두지 않으시니 사람을 숨차게 하십니다."라고
하자, 승상이 이에 퍼뜩 깨어 고사공에게 이르길 "이
사람은 규장처럼 인품이 뛰어나고 번뜩이는 기지 속
에 예리함이 있도다!"라고 했다.(顧司空未知名, 詣王丞
相, 丞相小極, 對之疲睡; 顧思所以叩會之, 因謂同坐曰:
「昔每聞元公道公協贊中宗, 保全江表; 體小不安, 令人喘
息.」 丞相因覺, 謂顧曰: 「此子珪璋特達, 機警有鋒.」)394)

환공(桓溫)은 사안석(謝安)이 지은 <간문제의 시호
를 정하기 위한 상주문[簡文諡議]>을 보았는데, 그것
을 다 보고 나서 좌중의 여러 빈객들에게 던지면서 말
하길 "이것은 안석의 금 조각[碎金]이오."라고 했다.(桓
公見謝安石作簡文諡議, 看竟, 擲與坐上諸客曰: 「此是安
石碎金.」)395)

珪璋은 玉으로 만든 귀중한 기물로 顧和의 훌륭한 인품에 비
유되고 있으며, <簡文諡議>는 碎金에 비유하여 비록 편폭은 짧
지만 대단한 가치가 있는 뛰어난 걸작임을 보여주고 있다.

명제(司馬紹)가 주백인에게 묻길 "진장(劉惔)은 어떠
한 인물이오?"라고 하자, [주백인이] 대답하길 "진정 천
근이나 되는 힘센 수소입니다."라고 했다. 왕공(王導)이
그 말을 듣고 웃었더니, 주백인이 말하길 "말 잘 듣는
뿔 꼬부라진 암소만은 못하지요."라고 했다.(明帝問周
伯仁: 「眞長何如人?」 答曰: 「故是千斤犗特.」 王公笑其

---

394) ≪世說新語≫ 言語 편 제33조.
395) ≪世說新語≫ 文學 편 제87조.

言. 伯仁曰: 「不如捲角牸, 有盤辟之好..」)396)

　　왕우군(王羲之)이 남쪽에 있을 때, 승상(王導)이 편지를 보내 조카들이 뛰어나지 못함을 늘 탄식하며 이르길 "호돈(王彭之)과 호독(王彪之)은 여전히 그 모양이다."라고 했다.(王右軍在南, 丞相與書, 每歎子姪不令. 云: 「虎豘·虎犢, 還其所如.」)397)

　　捲角牸는 늙은 암소를 말한다. 늙은 암소는 성질이 온순해서 부리는 사람의 뜻대로 잘 움직이지만, 기력이 쇠하여 큰일은 맡지 못한다는 뜻을 내포하고 있다. 여기서는 東晉의 원로인 王導가 東晉 朝野의 복잡하게 얽힌 모순, 특히 南北 士族集團 간의 모순 속에서 잘 타협하고 화합하기는 하지만 과단성 있게는 일을 처리하지 못함을 비유하고 있다.398) 또한 虎犢은 王彪之의 어릴 적 字이고, 虎豘은 王彭之의 어릴 적 字이다. 豘은 새끼 돼지, 犢은 새끼 소를 가리키는데, 王彭之와 王彪之를 그들의 小字에 비유하여 자질이 형편없음을 보여주고 있다.

　　유원규(庾亮)가 주백인(周顗)에게 말하길 "사람들이 모두 당신을 악씨에 견주더군요."라고 하자, 주백인이 말하길 "어떤 악씨요? 樂毅 말입니까?"라고 했다. 유원규가 말하길 "그 사람이 아니고 樂令(樂廣)이랍니다."라고 했더니, 주백인이 말하길 "어찌하여 무염을 곱게 그려서 서자(西施)를 범하려 하는가?"라고 했다.(庾元規語周伯仁: 「諸人皆以君方樂.」 周曰: 「何樂?

---

396) ≪世說新語≫ 排調 편 제17조.
397) ≪世說新語≫ 輕詆 편 제8조.
398) 金長煥 譯注 ≪世說新語≫(서울, 살림, 2000) 下卷 排調 편 제17조 譯注 참조.

謂樂毅邪?」 庾曰: 「不爾. 樂令耳.」 周曰: 「何乃刻畫無
鹽, 以唐突西子也!」)[399]

위의 고사는 사람의 능력을 여성의 美醜에 비유한 것으로, 자존심 강한 周顗가 世間에서 자신을 樂廣과 비교한 것에 분노하여 자신을 빼어난 미모의 西施와, 樂廣을 鍾離春[400]에 비유하여 世間의 평가에 강렬하게 항의하고 있다.

인물의 성격과 개성은 매우 복잡하여 才性과 品格을 언어로 명확하게 정의를 내리기는 무척 곤란하다. 특히 인물을 식별할 때 인간의 주관과 직감으로 추상적인 개념을 정의내리기에는 한계가 있다. 인물 개개의 서로 다른 개성을 자연경물이나 사물과 상호결합하는 방법을 통하여 원래 추상적인 인격의 내용을 구체적으로 형상화시켰다는 점에서 ≪世說新語≫의 審美意識에 중요한 의의가 있다 하겠다.

3. 方　言

八王의 亂 이후 匈奴의 石勒은 시국이 혼란한 틈을 이용하여

---

399) ≪世說新語≫ 輕詆 편 제2조.
400) 鍾離春은 齊 無鹽 출신의 여자이다. 그 못생김이 둘도 없었는데, 누런 머리카락에 움푹한 눈, 장대한 체격에 굵직한 관절, 들창코에 불거진 목젖, 살찐 목덜미에 성긴 머리카락, 굽은 허리에 튀어나온 가슴, 옻칠처럼 까만 피부를 하고 있었다. 나이 30이 되도록 받아 주는 사람이 없어서 시집가려고 직접 나섰지만 데려가려는 사람이 없었다. 그래서 스스로 齊 宣王을 찾아가 후궁으로 받아 달라고 청하면서 宣王에게 네 가지 위태로운 일을 진언했더니, 宣王이 正后로 삼았다.(鍾離春者, 齊無鹽之女也. 其醜無雙, 黃頭深目, 長壯大節, 鼻昂結喉, 肥項少髮, 折腰出胸, 皮膚若漆. 行年三十, 無所容入, 衒嫁不售. 乃自詣齊宣王, 乞備後宮, 因說王以四殆, 王拜爲正后.) 輕詆 편 제2조 劉孝標 注引 ≪列女傳≫.

218

洛陽을 향해 진군, 劉曜와 힘을 합쳐 이를 함락시키고 懷帝를 사로잡아 平陽으로 보내 사형시켰다. 懷帝의 조카인 愍帝는 洛陽 함락의 소식을 듣고 長安에서 천자위에 올랐지만 역시 얼마 못가서 공격을 받아 항복하고 平陽에 송치되어 죽임을 당했다. 中原에서 전란이 진행되기 시작하자 일찍이 王導의 권유로 華北을 단념하고 吳의 옛 도읍인 建康에 의거하여 자립을 도모했던 것이 晉의 일족인 琅琊王 司馬睿였다. 그는 정치적 식견이 뛰어난 王導를 신임하여 막하에 두고 천자위에 오른 후, 吳地의 名賢인 顔榮과 賀循 등을 이용하여 江南의 士族세력을 진정시키고 민심을 장악하였다.401)

비록 東晉이 남쪽으로 옮겨와 建康에 도읍을 세웠다 하더라도 東漢에서 西晉에 이르기까지 정치, 경제, 사회, 문화의 중심이 모두 북쪽의 洛陽이었고, 또한 東晉의 성립과 아울러 북쪽의 士族들이 대거 南渡하여 사회의 상류계층을 이루고 있었기 때문에 建康의 상류사회는 여전히 北方語를 사용하고 있었다. 이러한 정치적 배경 속에서 ≪世說新語≫는 대부분 北方官話를 위주로 하면서 간간히 南方方言을 사용하고 있다. 士族들은 北方語를 쓰고 일반 백성들은 當地의 吳語를 사용하였기 때문에 당시 江南에서는 몇 마디만 들어도 그 신분을 바로 파악할 수 있었다.402) 상황이 이러했기 때문에 상류사회에서 吳語를 사용하면 조롱의 대상이 되었고, 吳나라 사람이라 하더라도 상류사회에 들어서게 되면 吳語를 쓰지 않고 바로 北方語를 사용할 정도였다.

---

401) 傅樂成 主編, 鄒紀萬 著 ≪魏晉南北朝史≫(臺北, 衆文圖書公司, 1990) 52쪽 참조.
402) 余嘉錫 ≪世說新語箋疏≫(上海, 上海古籍出版社, 1993) 793쪽 排調편 제13조 箋疏(二) 참조.

왕대장군(王敦)은 젊었을 때, 이전부터 ‘시골뜨기’라는 별명이 있었으며 말씨도 촌스러웠다. 무제(司馬炎)가 당시의 명사들을 초청하여 함께 기예에 관한 일을 이야기했는데, 사람들은 모두 알고 있는 바가 많았지만 왕대장군만은 전혀 관심을 보이지 않고 있다가 못내 떨떠름한 표정으로 북을 칠 줄 안다고 스스로 말했다. 무제가 북을 가져오게 하여 그에게 주었더니, [왕대장군은] 자리에서 소매를 떨치고 일어나 북채를 들고 격정적으로 쳤는데 음절이 조화롭고 경쾌했으며 기상이 호쾌하고 고매하여 방약무인의 지경이었다. 온 좌중이 그의 웅혼함과 호방함에 감탄했다.(王大將軍年少時, 舊有田舍名, 語音亦楚; 武帝喚時賢共言伎藝之事, 人人皆多有所知, 唯王都無所關; 意色殊惡, 自言知打鼓吹. 帝卽令取鼓與之, 於坐振袖而起, 揚槌奮擊, 音節諧捷, 神氣豪上, 傍若無人. 擧坐歎其雄爽.)403)

지도림(支遁)이 동쪽[會稽]으로 들어가서 왕자유(王徽之) 형제를 만나보고 돌아왔는데, 어떤 사람이 묻길 “여러 왕씨들을 만나 보니 어떻습니까?”라고 하자, 대답하길 “보이는 건 목이 흰 까마귀 한 무리404)이었고, 들리는 건 까악! 까악! 하고 지르는 소리뿐이었소.”라고 했다.(支道林入東, 見王子猷兄弟, 還, 人問:「見諸王何如?」答曰:「見一群白頸烏, 但聞喚啞啞聲.」)405)

여기에서 田舍는 六朝時代의 俗語로 田舍兒, 田舍翁의 뜻이고,406) 楚 역시 吳의 方言으로 언행이 규범이 없고 비속한 것을

---

403) ≪世說新語≫ 豪爽 편 제1조.
404) 王徽之의 일곱 형제들을 비유한 것으로, 王氏 형제들은 흰 옷깃이 달린 옷을 즐겨 입었다고 한다. 金長煥 譯注 ≪世說新語≫(서울, 살림, 2000) 下卷 輕詆 편 제30조 譯注 참조.
405) ≪世說新語≫ 輕詆 편 제30조.

220

가리키며 사람이 촌스러움을 의미한다.407) 또한 支遁은 南方人
인 王氏 형제들이 吳語를 즐겨 쓴 것을 비꼬며 조롱하고 있다.

江左에 이르러 처음에 晉室은 많은 문제에 봉착하여 위기에
처해있었다. 북쪽 오랑캐들의 남하를 저지해야 할 뿐 아니라 南
北 士族들의 관계 역시 첨예한 대립으로 그 긴장은 고조에 달
했는데,408) 吳나라의 멸망 이후 南方의 士族들은 晉室에서 차별
과 멸시로 뜻을 이룰 수 없어 호시탐탐 復國의 기회를 엿보고
있었다. 이러한 상황하에서 王導는 以吳制吳의 책략과 유화정책
으로 남북의 갈등문제를 성공적으로 해결할 수 있었다.

> 유진장(劉恢)이 처음 왕승상(王導)을 만났다. 그때는
> 한창 더운 계절이었는데, 승상이 배를 탄기판에 갖다대
> 며 말하길 "어쩌면 이렇게 차가울까?"라고 했다. 유진
> 장이 나온 뒤에 어떤 사람이 묻길 "왕공(王導)을 만나
> 보니 어떻습니까?"라고 하자, 유진장이 말하길 "다른
> 특이한 점은 보지 못했고, 다만 吳語를 사용하는 것만
> 들었소이다."라고 했다.(劉眞長始見王丞相, 時盛暑之月,

---

406) 張萬起 編 ≪世說新語詞典≫(北京, 商務印書館, 1993) 393쪽.
407) 앞의 책 593쪽.
408) 아래 王導가 처음 江南에 와서 정치적인 도움을 얻고자 吳地의 세
    력가인 陸阮에게 의도적으로 청혼을 하였으나 거절을 당한 方正 편
    제24조의 고사를 보면 당시 南北의 갈등상황을 짐작할 수 있다.
    「왕승상(王導)이 처음 강남으로 건너왔을 때, 吳지방 인사들의 도
    움을 얻고자 하여 육태위(陸阮)에게 혼사를 맺자고 청했더니, 대
    답하길 "작은 언덕에는 소나무와 측백나무가 자라지 않고, 향초와
    약초는 같은 그릇에 담을 수 없습니다. 제가 비록 재주는 없으나
    도의상 윤리를 어지럽히는 시작이 되지는 않을 것입니다."라고 했
    다.(王丞相初在江左, 欲結援吳人, 請婚陸太尉. 對曰: 「培塿無松柏,
    薰蕕不同器; 玩雖不才, 義不爲亂倫之始.」)」 이외에도 政事 편 제13
    조와 排調 편 제10조 역시 南北의 갈등과 대립상황이 배후에 깔
    려 있다.

丞相以腹熨彈棊局, 口:「何如乃淸?」 劉旣出, 人問:「見
王公如何?」 劉口:「未見他異, 唯作吳語耳!」)409)

이 고사에서는 王導의 정치적 의도를 깨닫지 못한 劉惔이 차
다는 의미의 淸이라는 吳語를 사용한 王導를 조롱하고 있다. 사
실 두 사람은 모두 北方人으로 劉惔은 王導의 吳語 사용의 속
셈을 전혀 눈치 채지 못하고 있다. 東晉 초기 정치가 아직 안정
되지 못한 상황에서 吳人의 민심을 달래기 위해 北方人의 조롱
꺼리인 吳語를 고의적으로 사용한 王導의 모습은 그가 언어의
정치적 효과를 충분히 이해하고 있다는 것을 보여주고 있다. 이
렇게 ≪世說新語≫에 보이고 있는 方言의 사용을 단순한 언어
적 표현으로만 여기기보다는 그 저변에 깔려 있는 당시 정치상
황과 함께 이해해야 할 것이다.

4. 用 典

劉勰은 그의 ≪文心雕龍≫에서 用典을 '事類'라고 하여 각종
舊典籍에 있는 문장의 의미와 내용을 類型化시켜 작품에 운용
하는 것이라고 하고 있다.

> 典故란 대개 문장 밖에서 있는 일을 가지고 그 뜻
> 을 類型化하고, 옛 일을 빌어서 현실을 설명하는 技法
> 이다. 옛날 周의 文王은 易의 체계로 爻의 성립을 해
> 석할 때, 旣濟 九三의 爻辭에서 멀리 殷나라 高宗이
> 오랑캐를 친 일을 인용했고, 明夷 六五의 爻辭에서는
> 가까이 암흑의 세상에 貞潔을 지킨 箕子의 일을 말하

---

409) ≪世說新語≫ 排調 편 제13조.

고 있다. 여기에서는 대략 구체적인 인간의 事蹟을 들
어서 어떠한 추상적인 개념을 끄집어내고 있는 것이
다. 또 ≪尙書≫ 속에 胤國의 王이 羲和를 정벌할 때
夏의 정치의 典範을 인용하고, 殷王 盤庚이 민중을 설
득시킬 때 옛날의 어진 이 遲任의 말을 이용하고 있
다. 그러나 이것은 좋은 구절들만을 인용해서 보편적
인 도리를 분명히 한 것이다. 이것으로 보면, 도리를
분명히 하기 위해서 좋은 구절을 인용하고 진리를 말
하기 위해서 인간의 事蹟을 들어 말하는 방법은 바로
聖賢의 創案에 의한 것이요, 儒敎의 經典에 널리 쓰여
진 것이다. ≪易經≫ 大畜의 象傳에 "君子는 옛 사람
의 수많은 언행들에 대해 잘 알고자 하였다."라고 했
다. 여기에는 역시 문장의 道에도 一脈 통하는 데가
포함되어 있다.(事類者, 蓋文章之外, 據事類義, 援古以
證今者也. 昔文王繇易, 剖判爻位, 旣濟九三, 遠引高宗
之伐, 明夷六五, 近書箕子之貞. 斯略擧人事, 以徵義者
也. 至若胤征羲和, 陳政典之訓. 盤庚誥民, 敍遲任之言.
此全引成辭, 以明理者也. 然則明理引乎成辭, 徵義擧乎
人事, 迺聖賢之鴻謨, 經籍之通矩也. 大畜之象, "君子以
多識前言往行", 亦有包於文矣.)410)

　　文人들이 자신의 작품 창작에 典故를 사용하는 큰 이유 중의
하나는 바로 언어의 효율적인 운용을 통해서 의미전달의 함축
성을 높일 수 있기 때문이다. 즉 직접적인 표현을 원치 않을 경
우에, 또는 그렇게 할 수 없을 때 옛 것을 빌어서 비유하는 형
식으로 用典을 하게 되는 것이다. 그리고 用典은 적은 수의 글
자를 사용함으로써 매우 풍부하고 복잡한 의미를 전달할 수 있

---

410) 劉勰 著, 李民樹 譯 ≪文心雕龍≫(서울, 乙酉文化社, 1984) 229쪽
　　　제38장 事類 편.

고, 또한 前代의 故事를 빌려씀으로써 자신의 논리에 설득력을 높일 수 있는 효과도 기할 수 있는 장점이 있다.

六朝는 詩歌藝術이 매우 발전했던 시대였다. 특히 ≪世說新語≫가 産生된 시대에는 六朝時代의 세련이 최고조에 달하였는데, 그 이유는 六朝의 文學이 文體에 있어 詩歌藝術의 영향으로 四字와 六字를 위주로 하는 四六騈儷文의 전성기를 맞이하였기 때문이었다. 이러한 문화적 배경을 바탕으로 ≪世說新語≫와 같은 敍事性의 문학작품 역시 詩와 같은 言語美를 가지게 된 것이다.411)

≪世說新語≫에는 西晉 이전의 주요 典籍 거의 모두가 典故로 사용되고 있는데,412) 그 이유는 玄學이 유행했던 당시 魏晉 시대의 분위기와 연관이 있다. 당시 名士들은 학문의 수양을 매우 중시하여 대부분의 經典의 내용에 해박하였으며, 談論의 자리에서 자신의 학식정도를 과시하기 위해 다른 사람들이 알지 못하는 난해한 구절들을 인용하였다. 그 결과 魏晉 名士들의 문학적 소양을 바탕으로 더욱 고급화되고 난해한 다량의 典故가

---

411) 范子燁 著 ≪中古文人生活硏究≫(山東, 山東敎育出版社, 2001) 388쪽 참조.

412) 李在弘의 석사논문 <世說新語의 內容과 言語特性 硏究> 111-117쪽에 걸쳐 1954년 岡村繁이 ≪世說新語≫의 문장과 출전을 명시한 原典을 함께 수록한 자료인 <世說所見話言川典考>를 토대로 일부 고사의 川典 상황을 간략히 정리하였다. 또한 范子燁은 ≪中古文人生活硏究≫ 389쪽에서 ≪世說新語≫에는 西漢 이전 典籍 총 36종이 사용되었으며, 川典 횟수가 총 325회에 이른다는 통계를 내었다. 그 빈도는 다음과 같다. ≪史記≫(59회), ≪詩經≫(40회), ≪論語≫(37회), ≪莊子≫(35회), ≪禮記≫, ≪左傳≫(각 19회), ≪周易大傳≫(15회), ≪尚書≫, ≪淮南子≫(각 13회), ≪老子≫(11회), ≪孟子≫(7회), ≪周易≫(5회), ≪爾雅≫, ≪戰國策≫, ≪呂氏春秋≫, ≪韓詩外傳≫(각 4회), ≪山海經≫, ≪周禮≫, ≪孝經≫, ≪春秋公羊傳≫, ≪楚辭≫(각 3회), ≪孫子兵法≫, ≪尚書大傳≫, ≪荀子≫, ≪國語≫, ≪吳越春秋≫, ≪說苑≫(각 2회), ≪韓非子≫, ≪墨子≫, ≪靈樞經≫, ≪法言≫, ≪新書≫, ≪列仙傳≫, ≪新序≫, ≪夏小正≫, ≪風賦≫(각 1회).

다양하게 활용되었다.

이제 ≪世說新語≫에 운용된 用典의 몇 가지 경우를 살펴보자.

> 간문제(司馬昱)가 무문장군으로 있을 때 환선무(桓
> 溫)와 함께 조정에 들어갔는데, 서로 앞장서라고 양보
> 하다가 환선무가 부득이 먼저 들어가면서 말하길 "님
> 은 날 없는 창 들고 왕 위해 앞서 달렸다네."라고 하
> 자, 간문제가 말하길 "이른바 '아이 어른 할 것 없이
> 公을 쫓아 달리네.'라는 것이오."라고 했다.(簡文作撫
> 軍時, 嘗與桓宣武俱入朝, 更相讓在前; 宣武不得已而先
> 之. 因曰:「『伯也執殳, 爲王前驅.』」 簡文曰:「所謂『無
> 小無大, 從公于邁.』」)413)

'님은 날 없는 창 들고 왕 위해 앞서 달렸다네.(伯也執殳, 爲
王前驅.)'는 ≪詩經·衛風·伯兮≫의 한 구절이고, '아이 어른 할
것 없이 公을 쫓아 달리네.(無小無大, 從公于邁.)'는 ≪詩經·魯
頌·泮水≫의 한 구절이다. 서로 양보하는 상황에서 어쩔 수 없
이 앞서 가게 된 桓溫이 ≪詩經≫이라는 공인된 古典詩歌의 詩
句와 연계하여 자신을 諸侯에, 상대방을 王에 비유함으로써 난
처한 상황에서 벗어날 수 있었고, 簡文帝 역시 상대방을 大人에,
자신은 그를 따르는 무리 가운데 한 사람이라는 桓溫과 상반된
유형에 비유하여 상호존중의 모습을 보여줌으로써 典故의 성공
적인 효과를 거두고 있다.

> 왕안기(王承)가 동해군의 태수로 있을 때, 어떤 말
> 단 관리가 연못 속의 물고기를 훔쳤다. 主簿가 그에게
> 죄를 묻자, 왕안기가 말하길 "문왕의 동산은 뭇 백성

---

413) ≪世說新語≫ 言語 편 제56조.

들과 함께 공유했으니 연못 속의 물고기가 무에 그리
아깝단 말인가?"라고 했다.(王安期爲東海郡, 小吏盜池
中魚, 綱紀推之. 王曰:「文王之囿, 與衆共之, 池魚復何
足惜?」)414)

　王承은 성격이 담백하고 욕심이 적었으며 政事를 처리함이
공정하여 관리와 백성들의 존경을 받았다. '文王之囿, 與衆共之'
는 ≪孟子·梁惠王下≫「문왕의 동산은 꼴 베고 나무하는 자들
이 마음대로 왕래하고, 꿩과 토끼를 사냥하는 자들이 마음대로
왕래하여 백성들과 함께 공유했으니 백성들이 작다고 여긴 것
이 또한 당연하지 않겠습니까? (文王之囿, 芻蕘者往焉, 雉兎者往
焉, 與民同之. 民以爲小, 不亦宜乎?)」에서 인용한 것으로 함축적
인 이 표현을 통하여 王承의 愛民精神을 엿볼 수 있다.

　　　왕자유(王徽之)가 사공(謝安)을 방문했는데, 사공이
　　　말하길 "七言詩란 어떤 것이오?"라고 하자, 왕자유는
　　　질문을 받고 대답하길 "천리의 준마처럼 기세등등하
　　　고, 수중의 오리처럼 둥둥 떠 있네."라고 했다.(王子猷
　　　詣謝公, 謝曰:「云何七言詩?」子猷承問, 答曰:「昂昂若
　　　千里之駒, 汎汎若水中之鳧.」)415)

　'昂昂若千里之駒, 汎汎若水中之鳧'는 ≪楚辭·卜居≫의 「지조
와 행실이 높아 천리마처럼 달릴 것인가, 장차 둥둥 떠도는 물
속의 오리와 같이 물결과 함께 오르고 내리면서 구차하게 내
몸을 온전히 할 것인가.(寧昂昂若千里之駒乎, 將汜汜若水中之鳧,
與波上下, 偸以全吾軀乎)」에서 인용한 구절로, 王徽之가 이 두

------

414) ≪世說新語≫ 政事 편 제9조.
415) ≪世說新語≫ 排調 편 제45조.

구절을 사용하여 七言詩에 대해 설명하는 동시에 謝安의 이중
성을 비꼬고 있다. 즉, 卜은 占卜으로 의문을 해결한다는 의미이
고, 居는 처세의 방법이나 태도를 가리킨다.416) 七言으로 된 두
구절을 인용하여 七言詩에 대한 자신의 견해도 밝히고, 아울러
의도적으로 卜居라는 제목에서 千里駒와 水中鳬라는 상대적인
언어를 운용함으로써 謝安의 出處태도가 이중적임을 교묘하게
꼬집고 있다.

典故의 사용은 古典에 대한 공통의 인식이 없이는 효과는 물
론이고 상대의 의도조차 이해하기가 곤란하다. ≪世說新語≫의
곳곳에서 다량의 典故를 사용하고 있다는 사실은 당시 귀족들
의 학식과 교양의 수준이 상당했음을 반증하는 것이다. 따라서
≪世說新語≫에 등장하는 인물로 天子나 皇后를 포함하는 귀족
상층부라는 사회적 범위를 짐작할 수 있을 뿐 아니라, 상당한 학
식의 정도를 요구하는 典故의 사용이 빈번하다는 점에서 ≪世說
新語≫가 귀족문학임을 증명하고 있다.

5. 誇 張

誇張은 표현하려는 사물이나 내용을 實體보다 과장하여 크게
또는 작게 나타내어 강한 효과를 거두려는 기법이다. 그러나 이
과장법은 감정에 충실해야 하고 情調가 자연스러워야 한다. 다
시 말해 충실한 감정과 情調의 高低에서 오는 자연스러운 표현
으로 과장의 효과를 극대화시킬 수 있다.417) 과장은 사실을 있
는 그대로 고지식하게 표현했을 때 바로 이해가 안가거나 情感
을 얻지 못할 경우에 주로 사용하는데, 그렇다고 지나치게 과장

---

416) 黃鳳顯 注釋 ≪楚辭≫(北京, 華夏出版社, 1998) 215쪽 注釋 참조.
417) 趙炳華, 徐東轍 共著 ≪現代文章論≫(서울, 열화당, 1977) 176쪽.

을 하면 실감이 나지 않고 과장을 위한 과장이 되어 진실성을 상실할 수도 있으므로 기발한 표현을 함에 있어서 전달하고자 하는 내용의 핵심을 벗어나지 말아야 한다. ≪世說新語≫는 眞人眞事의 문학작품이지만 간간히 과장이라는 문학적 기교를 십분 활용하여 표현의 묘미를 한층 더해주고 있다.

≪世說新語≫에 활용된 과장의 수법을 몇 가지 들어보기로 한다.

> 환공(桓溫)이 형주자사로 있을 때, 오로지 덕으로써 江漢의 땅을 다스리고자 했으며, 위엄과 형벌로써 인사를 다스리는 것을 부끄러워했다. 한 번은 令史가 곤장 형을 받았는데, 정작 곤장이 붉은 관복 위를 스쳐 지나가기만 했다. 桓式은 당시 나이가 어렸는데, 밖에서 돌아와서 말하길 "아까 관청을 지나가다가 令史가 곤장 맞는 것을 보았는데, 그 곤장이 위로는 구름 끝에 닿고 아래로는 땅 끝을 스치더군요."라고 했다. 그 뜻은 곤장이 몸에 닿지 않은 것을 비꼰 것이었다. 환공이 말하길 "나는 그래도 그것이 심할까봐 걱정하고 있느니라."라고 했다.(桓公在荊州, 全欲以德被江漢, 恥以威刑肅物. 令史受杖, 正從朱衣上過. 桓式年少, 從外來, 云:「向從閣下過, 見令史受杖, 上捎雲根, 下拂地足.」意譏不著. 桓公云:「我猶患其重.」)[418]

桓溫은 永和 원년에 徐州에서 荊州刺史로 옮겨갔는데, 荊州에 있을 당시 관용과 인자함으로 다스려 백성들이 편안해 했다.[419] '上捎雲根'은 곤장을 위로 높이 치켜 든 것을 표현한 것이고, '下拂地足'은 곤장이 地面을 스치기만 할 뿐 몸에는 거의 닿지 않고 있는 것을 표현한 것이다. 즉, 동작만 크게 할 뿐 令史는 전혀 맞

---

418) ≪世說新語≫ 政事 편 제19조.
419) ≪世說新語≫ 政事 편 제19조 劉孝標 注引 ≪桓溫別傳≫ 참조.

고 있지 않음을 桓式이 교묘하게 과장의 표현으로 비꼬고 있다.

　　고장강(顧愷之)이 환선무(桓溫)의 묘에 참배하고 시
를 지어 이르길 "산이 무너지고 바다가 고갈되니, 물
고기와 새는 장차 어디에 의지할거나?"라고 했다. 어
떤 사람이 그에게 묻길 "당신은 그토록 환온에게 의지
함이 심하니 곡하는 형상을 한 번 볼 수 있겠소?"라고
하자, 고장강이 말하길 "코에서 나오는 숨소리는 광막
의 거센 바람 같고, 눈에서 흐르는 눈물은 급류가 터져
흐르는 듯하네."라고 했다. 일설에는 "소리는 지진과 번
개가 산을 찢는 듯하고, 눈물은 河水를 기울여 바다에
붓는 듯하네."라고 했다고도 한다.(顧長康拜桓宣武墓,
作詩云:「山崩溟海竭, 魚鳥將何依?」人問之口:「卿憑重
桓乃爾, 哭之狀其可見乎?」顧曰:「鼻如廣莫長風, 眼如
懸河決溜.」或曰「聲如震雷破山, 淚如傾河注海.」)[420]

海西公 司馬奕을 폐위시키고 簡文帝 司馬昱을 옹립하여 몰래
제위를 찬탈하려다가 뜻을 이루지 못하고 病死한 桓溫을 그리워
하는 顧愷之의 주관적인 감정과 상상의 과장된 표현에서 죽은 이
에 대한 顧愷之의 진실한 추도의 정을 느낄 수 있게 해준다.

　　주처는 젊었을 때 성질이 매우 난폭하여 마을 사람
들의 근심거리였다. 또한 의흥의 강 속에는 蛟龍이 있
었고 산 속에는 배회하는 호랑이가 있어서 모두 백성
들에게 큰 해를 끼쳤다. 의흥 사람들은 이를 三橫이라
불렀는데 [그 중에서] 주처가 가장 심했다. 어떤 사람
이 주처에게 호랑이를 죽이고 교룡의 목을 베어 보라
고 부추겼는데, 사실은 삼횡 중에서 그 하나만 남았으

---

420) ≪世說新語≫ 言語 편 제95조.

면 하는 바램에서 한 말이었다. 주처는 즉시 호랑이를 찔러 죽이고 다시 강에 들어가 교룡과 싸웠다. 교룡이 떴다 가라앉았다 하면서 수십 리를 갔는데 주처도 교룡과 함께 맞붙어 삼 일 밤낮을 경과했다. 마을에서는 모두들 [주처가] 이미 죽었다고 생각하여 서로 축하했다. [주처는] 마침내 교룡을 죽이고 나와 마을 사람들이 서로 축하하는 소리를 듣고서 비로소 [자기가] 사람들의 근심거리였다는 것을 알게 되어 스스로 잘못을 고치려는 뜻을 품었다. 그래서 吳로 들어가 二陸(陸機, 陸雲)을 찾아 갔다. 평원(陸機)이 집에 없어서 곧 청하(陸雲)를 만나 사정을 갖추어 고하고 덧붙여 이르길 "스스로 잘못을 고치려고 하나 나이가 이미 많이 들어서 결국 이룰 바가 없을 듯 합니다."라고 하자, 청하가 말하길 "옛 사람은 '아침에 도를 깨달으면 저녁에 죽어도 좋다'는 말을 귀히 여겼소. 하물며 그대는 앞길이 아직도 창창한 사람이오. 또한 사람은 뜻을 세우지 못함을 근심할 뿐이니 어찌 훌륭한 명성을 드날리지 못함을 걱정하리오?"라고 했다. 주처는 마침내 스스로 고치고 노력하여 결국에는 충신효자가 되었다.(周處年少時, 兇彊俠氣, 爲鄕里所患; 又義興水中有蛟, 山中有邅跡虎, 並皆暴犯百姓; 義興人謂爲「三橫」, 而處尤劇. 或說處殺虎斬蛟, 實冀「三橫」唯餘其一. 而處旣刺殺虎, 又入水擊蛟, 蛟或浮或沒, 行數十里, 處與之俱, 經三日三夜, 鄕里皆謂已死, 更相慶; 處竟殺蛟而出. 聞里人相慶, 始知爲人情所患, 有自改意. 乃入吳尋二陸, 平原不在, 正見淸河, 其以情告; 幷云:「欲自修改, 而年已蹉跎, 終無所成!」淸河曰:「古人貴朝聞夕死, 況君前途尙可; 且人患志之不立, 亦何憂令名不彰邪?」處遂自改勵, 終爲忠臣孝子.)421)

---

421) ≪世說新語≫ 自新 편 제1조.

이 周處의 고사는 도덕적인 측면에서 뿐만 아니라 문학적으로도 고사성이 뛰어나 후대의 여러 희곡작품으로 개편되어 그 영향이 지대하다.422) 그 주제는 아무리 나쁜 사람이라 하더라도 改過遷善하여 열심히 노력하면 훌륭한 사람이 될 수 있다는 교훈을 담고 있다. 이 가운데 三橫(周處, 蛟龍, 虎) 중 가장 난폭한 周處가 蛟龍과 강물 속에서 수십 리를 오가며 싸웠다는 것은 과장적으로 표현한 것이다.

또한 ≪世說新語≫에서 魏晉 名士들의 任誕행위를 묘사할 때 종종 과장의 표현을 쓰기도 한다.

유령은 항상 맘껏 술을 마시고 분방하게 행동했는데, 간혹 옷을 벗고 나체로 집 안에 있곤 했다. 사람들이 그것을 보고 비난하자, 유령이 말하길 "나는 천지를 거처로 삼고 집을 속옷으로 삼고 있는데, 그대들은 어찌하여 나의 속옷 안으로 들어왔소?"라고 했다.(劉伶常縱酒放達, 或脫衣裸形在屋中, 人見譏之. 伶曰:「我以天地爲棟宇, 屋室爲幃褌衣, 諸君何爲入我幃褌中?」)423)

阮氏 집안사람들은 모두 술을 잘 마셨다. 완중용(阮咸)이 일족의 거처로 가서 함께 모일 때면, 보통 술잔으로 술을 따르지 않고 커다란 옹기에 술을 담아 놓고 빙 둘러앉아 서로 맞대고서 많이 마셨다. 그때 돼지들이 술을 마시려고 달려들었는데, [완함은 그 사이를] 곧장 파고들어 [돼지들과] 함께 술을 마셨다.(諸阮皆能飮酒, 仲容至宗人間共集, 不復用常杯斟酌, 以大甕盛酒, 圍坐, 相向大酌. 時有群猪來飮, 直接去上,

---

422) 金長煥 譯注 ≪世說新語≫(서울, 살림, 2000) 下卷 39쪽 篇目 해설 부분 참조.
423) ≪世說新語≫ 任誕 편 제6조.

便共飮之.)424)

　天地를 거처로 삼고 집을 속옷으로 삼는다는 劉伶의 세속을
초탈한 모습이나 여러 阮氏들이 돼지들과 술을 마신다는, 도저
히 상식적으로 이해가 가지 않는 사건을 과장의 수법을 사용함
으로써 당시 名士들의 세속에 구애됨이 없는 放達한 모습을 실
감나게 그려내고 있다.

6. 疊　字

　疊字는 같은 글자를 중복 사용하여 소리 또는 모양으로 사물
이나 현상을 표현하는 기법이다. ≪世說新語≫에서는 다양한 疊
字를 사용하여 예술적인 美를 한층 더해주고 있다. 이제 疊字를
잘 운용한 몇 가지 경우를 들고 疊字가 무엇을 형용하는지를425)
간단히 살펴보자.

　　　여러 명사가 함께 낙수에 가서 놀다가 돌아왔는데,
　　　악령이 왕이보(王衍)에게 묻길 "오늘 놀이는 즐거웠습
　　　니까?"라고 하자, 왕이보가 말하길 "배복야(裴頠)는
　　　명리를 논하는 데 뛰어나 끊임없이 고아한 운치가 솟
　　　아났으며, 장무선(張華)은 사기와 한서를 논했는데 오
　　　래도록 계속 들을 만 했으며, 나와 왕안풍은 연릉과
　　　자방에 대해서 이야기했는데 역시 초연하게 심오하고
　　　진지했소이다."라고 했다.(諸名士共至洛水戲, 還, 樂令
　　　問王夷甫曰:「今日戲樂乎?」王曰:「裴僕射善談名理, 混

---

424) ≪世說新語≫ 任誕 편 제12조.
425) 사용된 疊字의 의미는 張萬起 編 ≪世說新語詞典≫(北京, 商務印
　　　書館, 1993)을 근거로 하였다.

混有雅致; 張茂先論史漢, 靡靡可聽; 我與王安豊說延陵
子房, 亦超超玄著.」)426)

여기에서 混混은 말이 끊임이 없음을, 靡靡는 아름답고 듣기
좋은 모습을, 超超는 議論이 高妙함을 형용하고 있다.

사태부(謝安)가 눈 내리는 추운 날 집안에 모여 아이
들과 함께 문장을 강론하고 있었는데, 잠시 후 눈이 갑
자기 펑펑 내렸다. 공이 기뻐하며 말하길 "흩날리는 흰
눈이 무엇과 같은고?"라고 했더니, 형[謝據]의 아들인
호아가 말하길 "'공중에 소금을 뿌리네.'라고 하는 것이
거의 비슷할 듯 합니다."라고 하자, 형[謝奕]의 딸이 말
하길, "'버들 솜이 바람에 일어나네.'라고 하는 것만 못
합니다."라고 했다. 이에 공이 크게 웃으며 기뻐했다.
이가 바로 공의 큰 형 사무혁(謝奕)의 딸로 좌장군 왕
응지의 처이다.(謝太傅寒雪日內集, 與兒女講論文義; 俄
而雪驟, 公欣然曰:「白雪紛紛何所似?」兄子胡兒曰:「撒
鹽空中差可擬.」 兄女曰:「未若柳絮因風起.」 公大笑樂.
卽公大兄無奕女, 左將軍王凝之妻也.)427)

紛紛은 많고 어지러운 모양으로, 여기에서는 매우 많은 눈이
흩날리는 모양을 형용하는 것이다.

승상(王導)은 만년에 거의 정사는 돌보지 않고 다만
封事와 錄文만 처리하면서 스스로 탄식하여 말하길
"사람들은 날더러 노망들었다고 하지만, 후인들은 틀
림없이 이 노망을 그리워하겠지!"라고 했다.(丞相末年,

---

426) ≪世說新語≫ 言語 편 제23조.
427) ≪世說新語≫ 言語 편 제71조.

略不復省事, 正封錄諾之. 白歎曰：「人言我憒憒, 後人常
思此憒憒!」)428)

憒憒는 멍청하고 어리석은 모양을 형용하며, 나이가 들어 노
망이 든 것을 가리킨다.

　　사공(謝安)이 이르길 "임공의 두 눈을 보면 새카만
　　[눈동자] 속에서 빛이 난다."라고 했다. 손흥공(孫綽)
　　이 임공을 보고 "위엄 속에서 그 기상이 드러난다."라
　　고 했다.(謝公云：「見林公雙眼, 黯黯明黑.」 孫興公見林
　　公,「稜稜露其爽.」)429)

黯黯은 매우 새카만 모양을 형용하는 것이고, 稜稜은 위엄스
러운 모양을 형용하는 것이다.

　　지도림(支遁)이 동쪽[會稽]으로 들어가서 왕자유(王
　　徽之) 형제를 만나보고 돌아왔는데, 어떤 사람이 묻길
　　"여러 왕씨들을 만나 보니 어떻습니까?"라고 하자, 대
　　답하길 "보이는 건 목이 흰 까마귀 한 무리였고, 들리
　　는 건 까악! 까악! 하고 지르는 소리뿐이었소."라고
　　했다.(支道林入東, 見王子猷兄弟, 還, 人問：「見諸王何
　　如?」 答曰：「見一群白頸烏, 但聞喚啞啞聲.」)430)

여기에서 啞啞는 擬聲語로 쓰여 까마귀가 까악까악 하고 우
는 소리를 가리킨다.

---

428) ≪世說新語≫ 政事 편 제15조.
429) ≪世說新語≫ 容止 편 제37조.
430) ≪世說新語≫ 輕詆 편 제30조.

234

왕평자(王澄)가 [형] 태위(王衍)를 품평하길 "형님은 겉으로는 [無爲의] 도를 체득한 듯하지만, 정신적인 기세가 너무 예리합니다."라고 하자, 태위가 답하길 "진실로 그대의 대범하고 침착함에는 미치지 못하지."라고 했다.(王平子目太尉: 「阿兄形似道, 而神鋒太雋.」 太尉答曰: 「誠不如卿落落穆穆.」)431)

落落은 도량이 넓어 마음이 대범하고 솔직한 것을 말하며, 穆穆은 인품이 신중하고 장중한 것을 가리킨다.432)

혜강은 신장이 7척 8촌이었고 풍모가 특히 빼어났다. [그를] 본 사람이 감탄하길 "깔끔하고 엄숙하며 상쾌하고 淸俊하구나!"라고 했다. 어떤 사람은 이르길 "쏴아! 하고 소나무 아래의 바람처럼 높다랗게 천천히 분다."라고 했다. 산공(山濤)이 말하길 "혜숙야(嵇康)의 사람됨은 외로운 소나무가 홀로 서 있는 것처럼 우뚝하며, 그가 취했을 때는 玉山이 장차 무너지려는 것처럼 흔들거린다."라고 했다.(嵇康身長七尺八寸, 風姿特秀. 見者歎曰: 「蕭蕭肅肅, 爽朗淸擧.」 或云: 「肅肅如松下風, 高而徐引.」 山公曰: 「嵇叔夜之爲人也, 巖巖若孤松之獨立; 其醉也, 傀俄若玉山之將崩.」)433)

蕭蕭肅肅은 사람의 風度가 말쑥하고 멋스러우며 嚴整한 모습을 형용하며, 肅肅은 擬聲語로서 상쾌하고 힘 있게 부는 바람의 소리를 형용한다. 巖巖은 높이 우뚝 솟아 있는 모양으로 성격이 강하고 의지가 확고하여 쉽게 타협하지 않는 이미지를 가지고 있다.

---

431) ≪世說新語≫ 賞譽 편 제27조.
432) 金長煥 譯注 ≪世說新語≫(서울, 살림, 1997) 中卷 賞譽 편 제27조 譯注 참조.
433) ≪世說新語≫ 容止 편 제5조.

이렇게 疊字는 주로 인물의 외모나 품격을 형상화하는 데에 擬聲語나 擬態語로 사용되고 있으며, 聽者로 하여금 간결함과 음악적 효과를 느낄 수 있게 해주어 문장에 생동감이 넘치게 하는 효과를 발휘하고 있다. 疊字는 雙音節 疊字와 四音節 疊字가 주로 쓰였는데, 詹秀惠의 ≪世說新語語法研究≫에 의하면 ≪世說新語≫에는 雙音節 疊字가 61회, 四音節 疊字는 5회, 총 66회 사용되었다.434)

第3節 品評의 主要內容

1. 外　貌

魏 初 세력가의 인연에 좌우되는 관직등용의 폐단을 바로잡고자 제정했던 九品中正制가 관리등용의 주요 의거로서의 기능을 상실한 후, 점차 인물의 外貌나 品格, 才能 등의 관찰을 고도로 중시하는 評論으로 바뀌어 魏晉시대 인물품평은 超公利的 審美색채를 띠게 된다. 인간의 외면적 행위, 절개, 지조가 아니라 인간의 내면적 精神性(역시 잠재적인 무한한 가능성으로 간주되어지고 있기도 하는 내면적 정신성)이 최고의 가치기준과 원칙이 되었으며, 전적으로 문벌사족들이 귀족적 패기에 부응해 나가면서 脫俗的인 風度와 자태를 추구하는 것이 이 시대의 이상적인 아름다움이 되었다. 일반적, 세속적, 외면적인 풍도와 자

---

434) 李在弘 <世說新語의 內容과 言語特性 研究> 한국외국어대학교 중국어과 석사논문 1996, 104쪽 재인용.

태가 아니라 내재적, 본질적이면서 특수하고 초탈한 풍모와 자태가 사람들이 감상, 평가, 토론, 고무하던 대상이 되었다.435) 또한, 禮法을 무시하고 虛靜超然한 경지를 추구하는 老莊的 談論인 淸談 기풍의 성행으로 전통적 儒學사상은 큰 타격을 입게 되고, 또한 덕행, 절조, 유학, 기개를 중심으로 품평하던 인물품평 역시 인격의 情感과 才能을 首位에 놓고 美의 관점으로부터 출발하여 개인의 個性이나 情感, 外貌와 才能 등을 품평하게 되어 인물에 대한 품평이 정식으로 정치, 사회, 문화 전반에 걸친 제반 談論의 중심과제로 되어갔다. 이렇듯 당시의 사회는 淸談과 談論의 활동이 이미 일상생활 가운데 한 해설 부분을 차지하고 있었고, 특히 개인의 외모와 행동거지를 인물품평의 내용에 포함한 것으로 보아 言談과 外貌가 평론의 주관점이었음을 짐작할 수 있다.

인물의 외모에 대한 인식은 魏晉 이전부터 이미 중시되어 왔는데, 이는 儒家에서 禮儀를 중히 여긴 것과 연관이 있다. 孔子는 儒學者의 儀容과 風度를 매우 중시하여 君子는 응당「온화하면서도 엄숙하고, 위엄이 있으면서도 사납지 않고, 공손하면서도 편안하여야 한다.(溫而厲, 威而不猛, 恭而安.)」436)라고 하였으며, 또한 ≪論語·鄕黨≫에서는 전편에 걸쳐 서로 다른 상황에서의 孔子의 風度와 말씀, 그리고 儀容에 관해 상세히 기술하고 있다.

한편, 荀子는

사군자의 용모를 보면, 그 冠은 우뚝 솟아 있고 옷은 크고 그 모습은 훌륭하며, 근엄, 장엄하고 씩씩하

---

435) 李澤厚 著, 尹壽榮 譯 ≪美의 歷程≫(서울, 東門選, 1991) 253쪽 참조.
436) ≪論語·述而≫.

고 평화로우며, 너그럽고 광대하며 뚜렷하고 호탕하
니, 이는 父兄으로서의 태도이다. 그리고 그 冠이 높
직하고 옷은 크며, 모습은 삼가는 듯 공손하고 고분고
분 친절하며, 번듯하고 한결같으며 성실하고 다소곳하
면 이는 子弟의 모습이다. 내 그대들에게 학문하는 자
들의 괴상한 모습을 말하리라. 그 冠은 축 처져 있고
갓끈은 흔들흔들 늘어져 있으며, 태도는 오만불손하고
만족한 듯 까불거리며 속되고 좀스럽고, 엄숙한 척 눈
은 지그시 감았다 부릅떴다 하여 절도가 없으면서 술,
음식, 소리, 여색 중에서는 눈을 감으며 무시하는 척
하지만 혼을 빼앗기고, 예절을 지키는 자리에서는 증
오하고 헐뜯으며, 고된 일을 벌이는 자리에서는 빈둥
거리며 게으름을 피워 일에 마음을 붙이지 않으며, 힘
든 일은 애써 피하면서 남의 말은 두려워하지도 않고
염치없이 남을 꾸짖기만 하니, 이것이 학문하는 자들
의 괴상한 모양이다. 冠은 찌그러졌지만 높직하고 말
은 뜻이 담긴 것처럼 그럴 듯하며, 禹임금을 닮은 걸
음걸이에다 舜임금의 몸짓을 하는 이런 사람들은 子
張의 천박한 후예들이다. 옷차림이나 冠은 바르고 엄
숙하며, 안색은 장중하여 종일 가만히 말없이 앉아 있
는 사람들은 子夏의 천박한 후예들이다. 일하기를 싫
어하고 염치없이 먹기만을 즐기며, 입으로는 항상 군
자를 거론하지만 기력을 쓰지 않음을 당연한 것으로
아는 사람들은 子游의 천박한 후예들이다. 군자들이란
그렇지가 않아서 안일하되 게으르지 아니하고 수고하
되 게으름을 피우지 아니하며, 禮와 儀를 근본으로 하
여 변화에 대처하고 모든 일에 타당하지 않은 것이
없으니, 이와 같아야만 성인을 이루는 것이다.(士君子
之容, 其冠進, 其依逢, 其容貌, 儼然壯然, 祺然蕼然, 恢
恢然, 廣廣然, 昭昭然, 蕩蕩然, 是父兄之容也. 其冠進,
其依逢, 其容愨, 儉然侈然, 輔然端然, 訾然洞然, 綴綴

238

然, 脊脊然, 是子弟之容也. 吾語汝學子之嵬容. 其冠絻,
其纓禁緩, 其容簡連, 塡塡然, 狄狄然, 莫莫然, 瞡瞡然,
瞿瞿然, 盡盡然, 盱盱然, 酒食聲色之中則瞞瞞然, 瞑瞑
然, 禮節之中則疾疾然, 訾訾然, 勞苦事業之中則儢儢然,
離離然, 偸儒而罔無廉恥而忍訽詢, 是學子之嵬也. 弟佗
其冠, 神禫其辭, 禹行而舜趨, 是子張氏之賤儒也. 正其
衣冠, 齊其顏色, 嗛然而終日不言, 是子夏氏之賤儒也.
偸儒憚事, 無廉恥而耆飲食, 必曰君子固不用力, 是子游
氏之賤儒. 彼君子則不然, 佚而不惰, 勞而不慢, 宗原應
變, 曲得其宜, 如是然後聖人也.)437)

라고 하여 士君子가 갖추어야 할 儀容을 구체적으로 언급하면서 아울러 각종 추악하고 천박한 儀容들을 비판하였다. 이러한 구체적 표현들은 儒家의 도덕적 준칙에서 결코 벗어나지 않고 있다. 다시 말하면 儒家의 외모에 대한 인식은 정통 윤리도덕과 禮法이라는 한계가 있었던 것이다.

東漢은 인물품평이 매우 성행했던 시기로 士人들이 높은 평가를 받을 수 있는 중요 수단이 외모와 뛰어난 언어적 감각이었기 때문에 이 중 하나인 외모를 매우 중시하였고,438) 혼란한 정국을 타개하기 위해 실용노선을 선택한 曹魏시기에 외모는 求名과 求仕라는 실용성을 근거로 중시 받았다. 이 점은 曹操가 匈奴의 사신을 살해한 고사에서 선명하게 드러나고 있다.

위 무제가 장차 흉노의 사신을 접견하려 할 때, [자신의] 모습이 볼품없어서 먼 나라에 위엄을 보이기에 부족하다고 스스로 생각하여, 최계규(崔琰)에게 대신

---

437) ≪荀子·非十二子≫.
438) 寧稼雨 著 ≪世說新語與中古文化≫(河北, 河北敎育出版社, 1994) 76쪽 참조.

접견하도록 하고 무제 자신은 칼을 들고 어좌 앞에
서 있었다. [접견이] 다 끝난 뒤에 첩자를 보내 [사신
에게] 물어보길 "위왕은 어떠하더이까?"라고 했더니,
흉노의 사신이 대답하길 "위왕의 훌륭하신 儀容은 비
범하시지만, 어좌 앞에서 칼을 들고 서 있던 그 사람
이 바로 영웅이시더군요."라고 했다. 위 무제는 보고
를 듣고 그 사신을 추격하여 살해하게 하였다.(魏武將
見匈奴使, 自以形陋, 不足雄遠國; 使崔季珪代, 帝自捉
刀立牀頭. 旣畢, 令間諜問曰: 「魏王何如?」 匈奴使答曰:
「魏王雅望非常; 然牀頭捉刀人, 此乃英雄也!」 魏武聞之,
追殺此使.)439)

劉孝標 注引 ≪魏氏春秋≫는 「무왕의 외모는 왜소했지만, 정
신은 기백이 넘쳤다.(武王姿貌短小, 而神明英發.)」라고 하고 있
다. 자신의 부족한 외모로 국가의 위엄을 실추시킬 수 있음을
고려한 사실과 이를 알아차린 안목 있는 흉노의 사신을 추격하
여 살해하는 曹操의 모습에서 그의 외모에 대한 인식이 어느
정도인지를 충분히 엿볼 수 있다. 그 후 외모를 숭상하는 士人
들의 태도는 審美的 성향으로 바뀌어 愛美의 정신은 극에 달하
게 된다. 이는 당시 외모의 아름다움이 개인의 명성을 결정하는
요인 중 가장 중요한 부분이었기 때문이었다.440)

≪世說新語≫의 곳곳에 인물의 외모에 대한 품평이 등장하지
만, 특히 容止 편 전체 39조의 거의 모두가 인물의 외모나 행동
거지에 대해 묘사하고 있는데, 인물 형상의 구체적인 묘사보다
는 추상적으로 인물의 美醜를 비교하여 그 당시 인물 美醜의

---

439) ≪世說新語≫ 容止 편 제1조.
440) 范子燁 著 ≪中古文人生活硏究≫(山東, 山東敎育出版社, 2001) 95
　　　쪽 참조.

240

審美的 표준과 성향을 짐작케 해준다.

　　왕이보(王衍)는 용모가 단정하고 미려했으며 현담에
뛰어났다. 항상 흰 옥으로 만든 자루가 달린 麈尾를
들고 있었는데, [흰] 손과 [그 주미 자루를] 전혀 구별
할 수 없을 정도였다.(王夷甫容貌整麗, 妙於談玄; 恒捉
白玉柄麈尾, 與手都無分別.)441)

　　왕대장군이 태위(王衍)를 칭찬하기를 "사람들 속에
있으면 주옥이 기와조각 사이에 있는 것 같다."라고 했
다.(王大將軍稱太尉:「處衆人之中, 似珠玉在瓦石間.」)442)

　王衍은 당시 衛玠와 함께 美男으로 유명하였다. 玉으로 만든
麈尾443)의 자루와 손을 구별하지 못할 정도로 피부가 희고 고왔
으며 외모 또한 매우 출중함을 격찬하고 있다.

　　유장인(庾統)이 동생들과 함께 뭇지방으로 들어가는
길에 驛亭에서 숙박하려 했다. 동생들이 먼저 가 보았
더니 常民들이 방에 가득 차 있었는데, 도무지 서로
비켜 줄 생각이 없었다. 유장인이 말하길 "내가 한 번
가 보아야겠다."라고 하고는 지팡이를 짚은 채 한 아
이를 데리고 문으로 막 들어서자, 투숙객들이 그의 기
상과 풍모를 보고 일시에 물러나 숨었다.(庾長仁與諸
弟入吳, 欲住亭中宿; 諸弟先上, 見群小滿屋, 都無相避

---

441) ≪世說新語≫ 容止 편 제8조.
442) ≪世說新語≫ 容止 편 제17조.
443) 麈尾는 사슴의 꼬리로 만든 일종의 부채 모양의 총채로, 六朝人들
　　은 淸談을 나눌 때 반드시 麈尾를 사용했는데, 처음에는 玄理를
　　談論할 때만 사용했으나 나중에는 名士들의 애용품이 되어 談論
　　을 하지 않을 때에도 항상 들고 다녔다.

意. 長仁曰:「我試觀之.」 乃策杖將一小兒; 始入門, 諸
客望其神姿, 一時退匿..)[444]

　　석두의 사건 때문에 조정이 무너질 위기에 처하자,
온충무(溫嶠)와 유문강(庾亮)이 도공(陶侃)에게 의탁
하여 구원을 요청했더니, 도공이 말하길 "숙조(明帝
司馬紹)의 顧命에 [나는] 언급되지 않았고, 또한 소준
이 난을 일으킨 것은 그 실마리가 庾氏 일족에게서
비롯된 것이니, 그들 형제를 주살한다 하더라도 천하
에 사죄하기에는 부족하오."라고 했다. 그때 유문강은
온충무의 배 후미에 있다가 그 말을 듣고 걱정되고
두려웠으나 달리 방법이 없었다. 다른 날 온충무가 유
문강에게 도공을 만나보라고 권했으나 유문강이 주저
하며 가지 못하자, 온충무가 말하길 "溪땅의 개는 내
가 잘 알고 있으니, 그대는 그를 한 번 만나보기만 하
면 되오. 틀림없이 걱정거리는 없을 것이오."라고 했
다. 유문강은 풍모가 너무나도 빼어났는데, 도공은 그
를 보자마자 곧장 생각을 바꾸고 온종일 환담하면서
극진히 아끼고 존중하게 되었다.(石頭事故, 朝廷傾覆;
溫忠武與庾文康投陶公求救. 陶公云:「肅祖顧命不見及,
且蘇峻作亂, 釁由諸庾, 誅其兄弟, 不足以謝天下!」 于時
庾在溫船後, 聞之, 憂怖無計. 別日, 溫勸庾見陶, 庾猶豫
未能往. 溫曰:「溪狗我所悉, 卿但見之, 必無憂也!」 庾
風姿神貌, 陶一見便改觀; 談宴竟日, 愛重頓至.)[445]

　　庾統 역시 일반 백성들이 敬畏하는 마음이 생길 정도로 빼어
난 외모를 가지고 있었다. 또한 東晉시기 蘇峻의 난이 발생하자
庾亮은 그 책임을 다른 사람에게 전가시킬 수도 없는 상황에서

---

444) ≪世說新語≫ 容止 편 제38조.
445) ≪世說新語≫ 容止 편 제23조.

陶侃의 미움을 받았으나, 庾亮의 외모에 반한 陶侃은 오히려 마음을 바꾸어 그의 죄를 사면하여 주고 그를 좋아하게 되었다. 이 두 가지 예에서만 보더라도 출중한 외모에 대한 당시 사회의 분위기를 짐작할 수 있다.

이론상으로 볼 때, 美와 醜는 상대적인 범주에 속하며, 상대적으로 존재한다. 美에 대한 감상은 외재적인 뛰어난 외모로 야기되는 直觀的인 美感에만 국한되는 것이 아니라 감상자에게 상상의 審美의식을 심어 줄 수 있는 내재적인 영역도 감상의 대상이 될 수 있다. 따라서 외모가 醜한 것도 美의 대상이 될 수 있는 것이다.

> 유자숭(庾敳)은 신장은 7척에도 못 미쳤으나 허리둘레는 10뼘이나 되었으며, [어떤 것에도] 구애받지 않고 제멋대로 행동했다.(庾子嵩長不滿七尺, 腰帶十圍, 頹然自放.)446)

> 유영은 신장이 6척이었으며 외모가 추하고 보잘 것 없었지만, 유유히 [만사를] 초탈하여 육체를 흙이나 나무처럼 여겼다.(劉伶身長六尺, 貌甚醜顇; 而悠悠忽忽, 土木形骸.)447)

庾敳는 보잘 것 없는 외모에도 불구하고 오히려 어떠한 것에도 구애받지 않고 제멋대로 행동하는 독특한 기질을 보여줌으로써 여러 사람들의 주목을 받을 수 있었고, 劉伶은 세속의 가치관에 개의치 않은 채 자유분방하고 느긋하게 유유자적하는 모습에서 전혀 修飾이 없는 순수한 自然美感을 느낄 수 있게

---

446) ≪世說新語≫ 容止 편 제18조.
447) ≪世說新語≫ 容止 편 제13조.

해준다.

또한, 인물의 외모를 묘사함에 美醜의 對比라는 수법을 통하여 상대적으로 빼어난 외모를 표현한 경우도 볼 수 있다.

> 반악은 용모가 빼어났으며 표정과 태도가 매력적이었다. 젊었을 때 彈弓을 옆에 끼고 낙양 거리로 나가면 그를 만난 여인들이 모두 손을 맞잡고 함께 그를 에워싸곤 했다. 좌태충(左思)은 너무 못생겼지만 역시 반악을 흉내 내서 놀러 나갔다가 여인들이 일제히 마구 그에게 침을 뱉는 바람에 기가 죽어 돌아왔다.(潘岳妙有姿容, 好神情; 少時, 挾彈出洛陽道, 婦人遇者, 莫不連手共縈之. 左太沖絶醜, 亦復效岳遊遨; 於是群嫗齊共亂唾之, 委頓而返.)448)

> 표기장군 왕무자(王濟)는 위개의 외숙으로 재기가 뛰어나고 풍모가 훌륭했는데, 위개를 볼 때마다 감탄하길 "주옥이 옆에 있으니, 나의 모습이 초라함을 느낀다!"라고 했다.(驃騎王武子, 是衛玠之舅, 儁爽有風姿; 見玠, 輒歎曰:「珠玉在側, 覺我形穢!」)449)

劉孝標 注引 ≪潘岳別傳≫의 기사에 의하면 潘岳은 외모가 매우 美麗하고 풍채 역시 단아하여 衛玠와 함께 당시 미남으로 유명하였다. 左思는 자신의 외모가 추한 것을 잊고 潘岳을 흉내 내며 놀러 나갔다가 망신만 당하고 허둥대며 돌아오게 되는데, 비록 위의 고사에서 두 인물의 출중한 외모에 대해 구체적으로 묘사하지는 않았지만, 對比의 수법을 사용함으로써 두 인물의 형상이 성공적으로 돌출되고 있다.

---

448) ≪世說新語≫ 容止 편 제7조.
449) ≪世說新語≫ 容止 편 제14조.

244

2. 品　格

品格과 관련된 고사들의 주제는 매우 다양하지만, 크게 人品
과 才能이라는 두 가지로 귀납할 수 있다.

東漢 黨錮의 禍 이후 三國의 투쟁, 司馬氏의 魏 찬탈, 八王의
亂, 五胡十六國의 혼전, 王敦의 반란, 桓玄의 왕위찬탈 등과 아울
러 민족 간, 계층 간의 내부적 갈등은 국가의 통일과 사회적 안정
을 파괴하였고, 혼란한 사회와 공포정치 속에서 士人들은 老莊思
想으로 전향하여 정신적 위로를 추구하며 잔혹한 현실세계로부터
도피하려 하였다. 魏晉 士人들의 淸談을 숭상하고 玄理에 열중하
거나 飮酒와 服藥에 도취하는 도교사상으로의 심취로 그들의 언
행은 虛靜玄遠하면서 자유분방하였고, 삶 역시 낭만과 심미적인
흥취로 충만하여 그 내재된 사상감정과 외재된 행동양식은 魏晉
風流라는 독특한 시대사조를 형성하게 되었다. 이로 인해 더 이상
兩漢시대의 외면적인 공훈, 절조, 학문 등이 아닌, 주로 내면적인
思辨과 風神 그리고 정신적인 경지를 통하여 존경과 찬미의 뜻을
표하게 되었으며, 외면적인 사물이 아닌 인간과 인격 그 자체가
갈수록 이 시기에 중시를 받았다.[450] 정신적 자유의 추구와 유유
자적한 삶의 태도는 청신하고 우아한 품격을 구현해내었는데, 이
는 당시 그들이 숭상하던 玄學的인 인생태도와 상관이 있다. 또한
그들의 품격 역시 老莊에서 제창하는 超功利的인 審美的 인생태
도의 표현으로 魏晉 士人들이 放達한 생활 속에서 淸新하고 玄妙
한 품격으로 표현해내었고, 아울러 당시 인물품평의 審美的 표현
중의 중요한 요소가 되었다.

---

450) 李澤厚 著, 尹壽榮 譯 ≪美의 歷程≫(서울, 東門選, 1991) 252쪽 참조.

왕이보(王衍)가 일찍이 친척에게 어떤 일을 부탁했
는데, 시일이 지났는데도 처리해주지 않았다. 어떤 곳
의 연회에서 만난 김에 그에게 말하길 "근자에 당신께
일을 부탁했는데 어찌하여 처리해주지 않습니까?"라고
했더니, 그 친척이 크게 화를 내면서 곧장 찬합을 들
어 그의 얼굴에 던졌다. 왕이보는 아무런 말도 하지
않은 채 얼굴을 다 씻고 나서 왕승상(王導)의 팔을 잡
아끌고 함께 牛車를 타고 돌아갔다. 수레 안에서 거울
을 비춰보면서 왕승상에게 말하길 "그대가 보기에 내
눈빛이 분명히 저 소의 등위를 보고 있지 않은가?"라
고 했다.(王夷甫嘗屬族人事, 經時未行; 遇於一處飮燕,
因語之曰: 「近屬尊事, 邪得不行?」 族人大怒, 便擧樏擲
其面. 夷甫都無言; 盥洗畢, 牽王丞相臂, 與公載去. 在車
中照鏡語丞相曰: 「汝看我眼光, 迺出牛背上.」)451)

劉孝標의 注에 「왕이보는 아마도 자신의 품격이 뛰어나서 다
른 사람과는 다투지 않을 것이라고 스스로 생각한 것 같다.(王夷
甫蓋自謂風神英俊, 不至與人校.)」라고 하고 있다. 공개 석상에서
친척에게 모욕을 당하고도 방금 전의 일 따위는 전혀 신경 쓰
지 않는다는 듯 거울을 보며 자신의 모습을 단정하게 하는 王
衍의 태연자약한 모습에서 그의 기품을 엿볼 수 있다.

왕자경(王獻之)이 사공(謝安)에게 말하길 "공은 진실
로 시원시원하십니다."라고 하자, 사공이 말하길 "나는
시원시원하지 않지만, 당신이 나를 가장 적절하게 평
가했다면 나는 정말 기분이 좋소."라고 했다.(王子敬
語謝公: 「公故蕭灑.」 謝曰: 「身不蕭灑, 君道身最得, 身
正自調暢.)452)

---

451) ≪世說新語≫ 雅量 편 제8조.

王獻之가 거의 숭배에 가까운 어조로 謝安의 시원스러운 脫俗의 이미지를 칭찬하자[453] 謝安 역시 자신의 풍모를 인정하고 있다. 謝安에게서 자연스럽게 풍겨 나오는 시원스럽고 대범한 풍모는 거의 필적할 대상이 없을 듯싶다.

> 유태위(庾亮)가 [반란을 일으킨] 소준과 싸우다가 패하여 부하 10여 명을 이끌고 작은 배를 타고 서쪽으로 패주했다. 반란군이 추격하여 덮치자 [유태위의 부하가 그들을] 쏜다는 것이 잘못하여 조타수를 맞췄는데, 슝! 하는 소리와 함께 [조타수가] 고꾸라졌다. 배 위의 사람들이 모두 대경실색하여 우왕좌왕했지만, 유량은 동요된 기색을 보이지 않고 천천히 말하길 "그런 솜씨로 어떻게 적을 맞힐 수 있겠는가?"라고 했다. 사람들은 이내 안정을 되찾았다.(庾太尉與蘇峻戰, 敗, 率左右十餘人, 乘小船西奔. 亂兵相剝掠, 亮左右射賊, 誤中柂工, 應弦而倒. 擧船上咸失色分散. 亮不動容, 徐口: 「此手那可使箸賊?」 衆迺安.)[454]

> 사태부(謝安)가 동산에 은거하고 있을 때, 손흥공(孫綽) 등 여러 사람들과 함께 바다에 배를 띄우고 유람했다. 바람이 불어 파도가 일렁이자, 손흥공과 왕희지 등은 모두 다급한 기색을 띠면서 곧장 배를 돌리라고 소리쳤다. 그러나 사태부는 분위기가 한창 고조되어 시를 읊조리면서 아무 말도 하지 않았다. 뱃사공은 사태부가 느긋한 마음으로 즐거워하는 것을 보고는 멈추지 않고 계속 갔다. 이윽고 바람이 거세어 지

---

452) ≪世說新語≫ 賞譽 편 제148조.
453) 劉孝標 注引 ≪續晉陽秋≫에 「사안은 아량이 넓고, 기품이 있었으며, 품격이 조화로웠다.(安弘雅有氣, 風神調暢也.)」라고 하고 있다.
454) ≪世說新語≫ 雅量 편 제23조.

면서 파도가 더욱 맹렬해지자, 사람들은 모두 소란스
럽게 움직이면서 가만히 앉아 있지 못했다. 그래서 사
태부가 천천히 말하길 "이래 가지고는 아마 [살아서]
돌아가지 못할 텐데!"라고 했다. 사람들은 이 말이 떨
어지자마자 즉시 제자리로 돌아갔다. 그래서 사태부의
기량이 충분히 조야를 안정시킬 수 있다는 것을 알게
되었다.(謝太傅盤桓東山, 時與孫興公諸人汎海戱. 風起
浪涌, 孫・王諸人色並遽, 便唱使還; 太傅神情方王, 吟
嘯不言. 舟人以公貌閒意說, 猶去不止; 旣風轉急, 浪猛,
諸人皆諠動不坐. 公徐云: 「如此, 將無歸!」 衆人卽承響
而回. 於是審其量, 足以鎭安朝野.)455)

顧亮과 謝安은 위급한 순간에 대경실색하기는커녕 오히려 해학적
인 말로 분위기를 반전시키고 있다. 이러한 운치가 바로 당시 魏晉
名士들의 청신하고 玄妙한 품격인 것이다. 특히 謝安의 훌륭한 품격
은 처한 상황이 좋지 않을수록 더욱 두드러지게 나타나고 있다.

　　환공(桓溫)이 병사를 매복시켜 놓고 잔치를 열어 조
　　정의 인사를 널리 초청했는데, 그것을 기회로 사안과
　　왕탄지를 주살하려고 했다. 왕탄지가 몹시 다급해 하
　　면서 사안에게 묻길 "어떤 계책을 세우는 것이 좋겠
　　소?"라고 하자, 사안은 안색에 변함이 없는 채로 문도
　　(王坦之)에게 말하길 "晉 조정의 존망이 이 한 번의
　　행동에 달렸소!"라고 했다. 그리하여 함께 나아갔는데,
　　왕탄지는 두려워하는 모습이 표정에 그대로 나타났지
　　만, 사안은 늠름한 태도가 얼굴에 더욱 드러났다. 계
　　단을 바라보고 자리로 가면서 [사안이] 낙양 서생의
　　창법456)으로 "도도한 저 큰 물결이여."라는 시를 읊었

---

455) ≪世說新語≫ 雅量 편 제28조.
456) '洛下書生詠'이라고도 하는데, 당시 유행했던 창법으로 둔탁한 鼻

248

다. 환온은 그의 광대하고 심원한 기품에 주눅이 들어
곧장 복병을 해산시켰다. 왕탄지와 사안은 예전부터
명성을 나란히 했는데, 이 일을 가지고 비로소 그 우
열을 가리게 되었다.(桓公伏甲設饌, 廣延朝士, 因此欲
誅謝安, 王坦之. 王甚遽, 問謝曰:「當作何計?」謝神意
不變, 謂文度曰:「晉阼存亡, 在此一行!」相與俱前. 王
之恐狀, 轉見於色; 謝之寬容, 愈表於貌; 望階趨席, 方
作「洛生詠」, 諷「浩浩洪流」. 桓憚其曠遠, 乃趣解兵. 王 ·
謝舊齊名, 於此始判優劣.)457)

　桓溫이 잔치를 열어 謝安과 王坦之를 제거하려 하였으나 이를
미리 알아차린 謝安은 生과 死의 기로에서 오히려 당시 유행하던
'洛生詠'의 창법으로 태연자약하게 시를 읊자 桓溫은 謝安의 기품
에 그만 기가 죽고 만다. 이렇게 목숨이 달려 있는 위급한 상황에
서「王之恐狀, 轉見於色; 謝之寬容, 愈表於貌.」라는 대조적인 수법
을 사용함으로써 두 인물의 內心世界를 부각시키고 있을 뿐 아니
라 謝安의 품격 역시 성공적으로 그려내고 있다.
　한편, 隱逸은 정치적 불안이나 사상적 영향으로 인한 士人들
의 의식적이고도 자각적인 일종의 사회행위로, 당시 出仕는 졸
렬하고 속된 행위로 간주되어 隱逸의 기풍이 크게 진작되었다.
隱逸之士들은 대부분 당시에 높은 명망과 영향력을 지닌 名士
들로, 庾亮이나 郗超와 같은 權臣들은 그들의 역량으로 끌어들
이려는 목적과 함께 자신들의 명성을 높이기 위하여 의도적으

音으로 노래하였다. 輕詆 편 제26조 역시 이와 관련된 고사로 顧
愷之가 이를 '늙은 종년의 소리'에 비유하여 비꼬고 있다. '洛生詠'
은 둔탁한 소리를 내는 北方의 창법이어서 吳地 출신인 顧愷之가
맑고 낭랑한 南方音에 익숙하였기 때문에 당시 유행하던 北方 창
법을 무시한 것이다.

457) ≪世說新語≫ 雅量 편 제29조.

로 그들과 교유하면서 淸談을 나누었으며 거금을 들여 그들의
거처를 마련해 주기도 하였다. 나중에는 隱逸에 대한 통치자의
관심이 갈수록 깊어짐에 따라 隱逸을 빙자하여 자신의 몸값을
높임으로써 높은 관직을 얻으려는 자들까지 생겨나게 되어 魏
晉 士人들의 처세방편의 하나로 변질되었다.458)

> 치초는 매번 고상한 뜻을 지니고 은거하려는 자가
> 있다는 소식을 들으면, 곧 백만의 자금을 마련해 주고
> 그를 위해 거처까지 지어 주었다. 섬현에서 대공(戴
> 逵)을 위해 집을 지어 주었는데 매우 정교하고 깔끔
> 했다. 대공은 처음 그 집으로 갔을 때 친구에게 편지
> 를 보내 말하길 "근자에 섬현의 [집]에 왔는데 마치
> 관사에 [들어간 것] 같네."라고 했다. 치초는 부약을
> 위해서도 백만의 자금을 마련했지만, 부약의 은거하려
> 는 일에 차질이 생기는 바람에 그에게 주지 못하고
> 말았다.(郗超每聞欲高尙隱退者, 輒爲辦百萬資, 幷爲造
> 立居宇. 在剡爲戴公起宅, 甚精整; 戴始往居, 與所親書
> 曰: 「近在剡, 如入官舍.」 郗爲傅約亦辦百萬資, 傅隱事
> 差互, 故不果遺.)459)

이 당시는 桓溫이 전권을 휘두르던 시기였으며, 郗超는 그런 桓
溫의 심복으로 강력한 세력을 가지고 있었다. 郗超가 戴逵처럼 은
거하려는 고상한 의지가 있는 사람에게 거금을 들여 거처까지 마
련해 주었다는 사실은 당시 혼란한 정치상황과 老莊철학의 영향
으로 隱逸의 기풍이 크게 유행하였고, 아울러 통치자들이 隱逸之
士들을 얼마나 추앙했는지를 단적으로 보여주고 있다.

---

458) 金長煥 譯注 ≪世說新語≫(서울, 살림, 2000) 下卷 75쪽 篇目 해설
　　 부분 참조.
459) ≪世說新語≫ 棲逸 편 제15조.

사공(謝安)은 처음에는 동산의 뜻을 지켰으나, 나중에 [출사하라는] 엄한 명령이 누차 이르러 부득이한 상황이 되자, 비로소 환공(桓溫)의 사마로 취임했다. 당시에 어떤 사람이 환공에게 약초를 선물했는데, 그 중에 遠志가 있었다. 환공이 그것을 들고 사공에게 묻길 "이 약초는 또한 小草라고도 하는데, 어찌하여 한 가지 물건에 두 가지 명칭이 있는 것이오?"라고 했으나, 사공은 즉시 대답을 하지 못했다. 그때 학륭이 그 자리에 있다가 곧바로 대답하길 "이것은 아주 쉽게 설명할 수 있으니, [땅 속에] 묻혀 있으면 원지가 되고 [땅 위로] 나오면 소초가 되는 것입니다."라고 하자, 사공은 몹시 부끄러운 기색을 띠었다. 환공이 사공을 보면서 웃으며 말하길 "학참군(郝隆)의 이러한 해석은 그리 나쁘지 않으며, 또한 매우 적절하기도 하군!"이라고 했다.(太傅始有東山之志, 後嚴命屢臻, 勢不獲已, 始就桓公司馬. 于時人有餉桓公藥草, 中有「遠志」, 公取以問謝:「此藥又名『小草』, 何以一物而有二稱?」謝未卽答. 時郝隆在坐, 應聲答曰:「此甚易解: 處則爲遠志, 出則爲小草.」謝甚有愧色. 桓公目謝而笑曰:「郝參軍此通乃不惡, 亦極有會.」)460)

謝安은 東山에서 20여 년간 은거하였지만 形勢에 쫓기어 결국 桓溫의 司馬로 出仕하여 小草라는 一物二稱의 약초461)에 비유되어 조롱당하고 있다. 이는 당시 隱逸은 일종의 高尙한 행위이고 出仕는 庸俗한 행위로, 처음에 은거하였다가 후에 그 마음

---

460) ≪世說新語≫ 排調 편 제32조.
461) 땅 속에 있는 뿌리는 遠志라 하고 땅 위로 나온 잎은 小草라 한다는 표면적인 의미와, 隱居하면 뜻이 고원하지만 出仕하면 보잘 것 없다는 심층적인 의미를 포함하고 있다. 이는 東山에서 隱居하다가 결국 出仕한 謝安을 암암리에 비꼰 것이다. 金長煥 譯注 ≪世說新語≫(서울, 살림, 2000) 下卷 排調 편 제32조 譯注 참조.

을 바꾸어 出仕를 하게 되면 사람들로부터 비난을 받았기 때문이었다. '땅 속에 묻혀 있으면 원지가 되고, 땅 위로 나오면 소초가 됨.(處則爲遠志, 出則爲小草.)'이라는 표현은 다소 냉소적이지만, 한편으로는 魏晉 士人들의 자신의 가치를 높이기 위한 '隱逸 후 出世'라는 의지를 반영하고 있기도 하다.

東漢 末年 儒敎의 붕괴와 해체로 사람들은 엄격했던 道德禮敎의 굴레에서 벗어나 自我에 대한 부단한 추구와 탐색을 시도하였으며, 그 결과 내재되었던 재능 역시 점차 주목을 받게 되어 魏晉 士人들의 중시를 받았다. 아래의 두 고사를 보면 당시 재능에 대한 인식이 어느 정도인지 짐작할 수 있다.

> 환선무(桓溫)가 蜀을 평정하고 나서 막료들을 소집하여 이세의 궁전에서 주연을 베풀었는데, 巴와 蜀의 벼슬아치 가운데 모이지 않은 사람이 없었다. 환선무는 평소에 장쾌한 마음과 호방한 기상을 지니고 있었으며 게다가 이 날은 목소리가 특히 낭랑하여, 고금의 [일의] 성패는 인물로 말미암고 [국가의] 존망은 재능에 달렸다는 것을 서술했는데, 그 기백이 넘치는 모습에 온 좌중이 찬탄했다. [주연이] 이미 끝난 뒤에도 사람들이 [환선무의] 나머지 말을 되새겨 음미하자, 그때 심양의 주복이 말하길 "그대들이 왕대장군(王敦)을 보지 못한 것이 안타깝소!"라고 했다.(桓宣武平蜀, 集參僚置酒於李勢殿, 巴·蜀縉紳, 莫不悉萃. 桓旣素有雄情爽氣, 加爾日音調英發, 敍古今成敗由人, 存亡繫才, 奇拔磊落, 一坐讚賞不暇. 坐旣散, 諸人追味餘言, 于時尋陽周馥曰:「恨卿輩不見王大將軍!」馥嘗作敦掾.)462)

> 환공(桓溫)이 환자야(桓伊)에게 묻길 "사안석(謝安)

---

462) ≪世說新語≫ 豪爽 편 제8조.

은 [동생] 사만석(謝萬)이 [北征에서] 틀림없이 패하리란 것을 알면서도 어찌하여 말리지 않았을까?"라고 하자, 환자야가 대답하길 "틀림없이 범하기 어려워서 그랬을 것입니다."라고 했더니, 환공이 정색을 하며 말하길 "사만석은 나약하고 무능한 凡才인데 무슨 위엄스런 얼굴을 했길래 범하기 어려웠단 말인가?"라고 했다.(桓公問桓子野: 「謝安石料萬石必敗, 何以不諫?」 子野答曰: 「故當出於難犯耳.」 桓作色曰: 「萬石撓弱凡才, 有何嚴顏難犯!」)463)

桓溫이 언급한 「古今成敗由人, 存亡繫才.」의 내용은 정치군사와 관련 있는 말이지만, 그 핵심은 바로 '인물'과 '재능'에 있음을 강조한 것이다. 반면 특출한 재능이 없는 謝萬은 멸시를 당하고 있어 당시 인물의 재능이 매우 중시되었음을 알 수 있다.

이외에 뛰어난 재능으로 당시 사람들에게 격찬을 받는 고사들을 몇 가지 살펴보도록 하겠다.

> 치사공(郗愔)이 북부에 있을 때, 환선무(桓溫)는 그가 병권을 장악하고 있는 것을 못 마땅해했다. 치사공은 정세에 대해 평소 어두웠기에 환선무에게 서찰을 보냈는데, "바야흐로 함께 왕실을 도와 陵寢을 수복하고 싶다."는 내용이었다. [치사공의] 장남 가빈(郗超)이 일이 있어 멀리 출타 중에 [부친이 환선무에게 보내는] 사자가 도착했다는 소식을 듣고는 급히 부친이 쓴 서찰을 꺼내 읽어보았다. 다 읽고 나서 갈기갈기 찢어버린 뒤 곧장 [집으로] 돌아가 부친 몰래 서찰을 다시 작성했는데, "늙고 병들어 세상일을 감당할 수 없으니 한직이나 맡으면서 스스로 보양하기를 청하고

---

463) ≪世說新語≫ 方正 편 제55조.

싫다.”는 내용이었다. 환선무는 그 서찰을 받고 크게 기뻐했으며, [천자는] 즉시 조서를 내려 [치사공을] 독오군과 회계태수로 전임시켰다.(郗司空在北府, 桓宣武惡其居兵權; 郗於事機素暗, 遣牋詣桓: 「方欲共獎王室, 脩復園陵.」 世子嘉賓出行於道上, 聞信至, 急取牋; 視竟, 寸寸毁裂, 便廻還更作牋: 自陳老病不堪人間, 欲乞閒地自養. 宣武得牋, 大喜; 卽詔轉公督五郡, 會稽太守.)464)

병권을 장악하고 있던 郗愔을 평소 제거하려는 桓溫에게 빌미를 제공한 부친 郗愔의 서찰을 바꿔 쓰는 민첩함과 지혜로 위기를 모면할 수 있었던 郗超의 총명한 才智가 돋보인다.

제갈도명(諸葛6恢)이 처음 강남으로 건너왔을 때 스스로 도명이라고 이름을 지었는데, 이전에 임기령으로 있을 때 승상(王導)이 말하길 “명부는 틀림없이 검은 머리의 재상이 될 것이오.”라고 했다.(諸葛道明初過江左, 自名道明, 名亞王·庾之下. 先爲臨沂令, 丞相謂曰: 「明府當爲黑頭公!」)465)

유공이 이르길 “일소(王羲之)는 국가적인 인재로 등용된 인물이다.”라고 했다. 그래서 유예(庾倩)가 [왕일소의] 비문에 쓰길 “여러 사람 중에서 발탁되어 국가적인 인재로 등용되었다.”라고 했다.(庾公云: 「逸少國擧.」 故庾倩爲碑文云: 「拔萃國擧.」)466)

효무제(司馬曜)는 왕국보와 왕아를 매우 신임하고 경애했다. 왕아가 효무제에게 왕순을 추천하자, 효무

---

464) ≪世說新語≫ 捷悟 편 제6조.
465) ≪世說新語≫ 識鑒 편 제11조.
466) ≪世說新語≫ 賞譽 편 제72조.

254

제는 그를 만나보고자 했다. 한번은 밤에 왕국보, 왕아와 함께 마주 앉아 있었는데, 무제가 약간 술기운이 있는 상태에서 왕순을 불러들이라고 했다. [왕순이] 거의 도착할 즈음에, 사졸이 보고하는 소리가 이미 들렸다. 왕국보는 자신의 재능이 왕순보다 못하다는 것을 알고 있었기 때문에, 황제의 총애를 빼앗길까봐 두려워서 말하길 "왕순은 당대의 이름 난 명사이므로, 폐하께서 술기운이 있는 상태에서 그를 접견하시는 것은 마땅하지 못하오니, 따로 조서를 내려 부르시는 것이 좋겠습니다."라고 했다. 효무제는 그의 말이 옳다고 여겼으며 마음속으로 충성스럽다고 생각하여, 결국 왕순을 접견하지 않았다.(孝武甚親敬王國寶·王雅. 雅薦王珣於帝, 帝欲見之; 嘗夜與國寶及雅相對, 帝微有酒色, 令喚珣. 垂至, 已聞卒傳聲, 國寶自知才出珣下, 恐傾奪其寵, 因曰: 「王珣當今名流, 陛下不宜有酒色見之, 自可別詔召也.」帝然其言, 心以爲忠, 遂不見珣.)467)

黑頭는 젊은이를 뜻하고, 公은 三公(재상)을 뜻한다. 즉 젊은이로서 三公의 지위에 오른 자를 말하는데, 諸葛恢의 재능을 간파한 王導의 예견대로 결국 諸葛恢는 후에 尙書左僕射가 되었으며, 庾亮은 王羲之의 재능을 높게 평가하여 당시 鄕擧, 郡擧보다도 높은 단계의 명예인 國擧로 격찬하고 있다. 또한, 讒險 편 제3조에서는 자신의 재능이 王珣의 재능보다 못하여 황제의 총애를 빼앗길까봐 걱정하는 王國寶의 시기와 질투에서 재능을 중시한 당시 사회분위기를 충분히 엿볼 수 있다.

---

467) ≪世說新語≫ 讒險 편 제3조.

3. 談　論

　談論 부분에서는 크게 儒家思想, 佛敎思想, 魏晉淸談의 세 가
지로 나누어 살펴보도록 하겠다.

1) 儒家思想

　東漢 중기부터 형성된 외척과 환관이라는 두 집단의 전횡으로
정치는 날로 쇠락의 길로 접어들게 되고, 환관이 정권을 독점한
후 정국은 더욱더 어지러워지게 된다. 이 시기 中國의 사상계는
큰 변화를 맞이하게 되는데, 이는 바로 儒學의 붕괴와 老莊思想
의 대두이다. 東漢 末年 학술경학이 陰陽五行과 뒤섞이고 讖緯說
이 성행함에 따라 사회가 온통 미신의 풍조로 만연하게 되어 이
에 대한 반동으로 反儒의 거센 물결이 일기 시작하였다. 또한,
秦始皇의 焚書坑儒 이후 漢 왕조는 긴 세월동안 典籍訓詁의 考
證작업에 적극적으로 매진하여 수많은 성과가 있었던 반면, 儒學
者들이 학문연구에 염증을 느끼게 되는 부작용을 낳게 되었으며,
그 후 曹魏시기에는 인재를 등용함에 「오직 재능 있는 자만을
선발한다(唯才是擧)」의 기조 아래 儒家의 덕목보다는 재능을 더
중시하여 그 결과 당시 儒學者들은 관리 등용의 기회를 잃게 되
어 儒學은 더욱더 쇠퇴 일로를 걷게 되었다.
　東漢 末年에서 魏晉시기에 걸쳐 儒家思想을 대신하여 사상의
중심이 된 老莊思想의 성행 속에서468) 儒家思想이 완전히 사라

---

468) 「왕융과 화교가 동시에 친상을 당했는데 모두 효성으로 이름이
　　 나 있었다. 왕융은 슬퍼서 뼈만 남은 채 침상에 의지하고 있었으
　　 나, 화교는 곡읍하면서 예를 갖추었다. 진 무제가 유중웅(劉毅)에
　　 게 이르길 "경은 왕융과 화교를 자주 보았소? 듣건대 화교는 애
　　 통함이 예에 지나쳐서 사람들을 걱정케 한다던데!"라고 하자, 중
　　 웅이 말하길 "화교는 비록 예는 갖추었지만 정신과 기력은 손상

진 것은 아니었다. 漢代 이래로 정치제도나 사회예법 등이 모두 六經을 근거로 하고 있어 儒家思想은 여전히 정통의 지위를 차지하고 있었다.469) 玄學에 심취했던 당시 士人들은 어려서부터 유학적 소양을 지니고 있었고, 그들의 의식 역시 老莊思想이 성행하는 가운데에서도 유교적인 가치관에서 완전히 벗어나지 못하고 있었다. 대표적인 老莊思想家들과 관련된 몇몇 고사들을 살펴보면 이를 바로 입증할 수 있다.

　　왕보사(王弼)가 약관의 나이에 배휘를 방문했을 때, 배휘가 묻길 "대저 '無'라는 것은 진실로 만물의 바탕이 되는 바로서, 성인은 기꺼이 언급하려 하지 않았는데 老子는 끊임없이 부연 설명했으니 왜 그러한가?"라고 하자, 왕필이 말하길 "성인은 '無'를 체득했고, '無'는 또한 설명할 수 없는 것이기 때문에 언제나 '有'에 대해서 언급했으나, 老子와 莊子는 '有'에서 아직 벗어나지 못했기 때문에 항상 그 부족한 바를 설명했던 것입니다."라고 했다.(王輔嗣弱冠詣裴徽, 徽問曰:「夫無者, 誠萬物之所資, 聖人莫肯致言, 而老子申之

되지 않았고, 왕융은 비록 예는 갖추지 않았지만 애통함이 몸을 망쳐 뼈만 남았습니다. 신이 생각건대 화교는 살아서 효도를 하고, 왕융은 죽더라도 효를 하겠다는 것입니다. 그러니 폐하께서는 화교를 걱정하실 게 아니라 응당 왕융을 걱정하셔야 합니다."라고 했다.(王戎·和嶠同時遭大喪, 俱以孝稱. 王鷄骨支牀, 和哭泣備禮. 武帝謂劉仲雄曰:「卿數省王和不? 聞和哀苦過禮, 使人憂之!」仲雄曰:「和嶠雖備禮, 神氣不損; 王戎雖不備禮, 而哀毀骨立. 臣以和嶠生孝, 王戎死孝; 陛下不應憂嶠, 而應憂戎.」)」 ≪世說新語≫ 德行 편 제17조에서 화교의 태도는 儒敎的인 禮이고, 왕융의 禮보다 眞情을 다한 태도는 老莊的인 것이다. 두 인물의 비교에서 왕융의 태도를 더 높이 인정했다는 것은 그 만큼 老莊思想이 당시에 매우 성행하였다는 것을 단적으로 보여주는 것이다.

469) 朴美齡 著 ≪世說新語中所反映的思想≫(臺北, 文津出版社, 1990) 33-34쪽 참조.

無己, 何邪?」 弼曰: 「聖人體無, 無又不可以訓, 故言必及有; 老莊未免於有, 恒訓其所不足.」)470)

西晉시대에 老莊의 도를 흠모하는 무리가 있었는데, 그 중 한 사람이 의문점을 물어 보려고 왕이보(王衍)를 찾아갔다. 마침 왕이보는 어제 너무 말을 많이 해서 약간 피곤했기 때문에 더 이상 응답할 수가 없었다. 그래서 그 손님에게 말하길 "내 몸이 지금 조금 좋지 않소. 하지만 배일민(裴頠)이 또한 이 근처에 살고 있으니 당신은 그 사람한테 가서 물어 보시오."라고 했다.(中朝時, 有懷道之流, 有詣王夷甫諮疑者. 値王昨已語多. 小極, 不復相酬答; 乃謂客曰: 「身今少惡, 裴逸民亦近在此, 君可往問.」)471)

완선자(阮脩)는 훌륭한 명성이 있었다. 태위 왕이보(王衍)가 그를 만나보고 묻길 "老莊과 성인[孔子]의 가르침이 같은가?"라고 하자, 대답하길 "아마 같지 않을런지요?"라고 했다. 태위가 그 대답을 훌륭하다고 여겨 그를 불러 속관으로 삼자, 세상 사람들이 그를 '세 字로 얻은 속관'이라 했다. 위개가 그것을 조롱하여 말하길 "한 字면 가히 초징될 수 있는데 어찌 세 字를 빌린단 말인가?"라고 하자, 완선자가 말하길 "진실로 천하의 인망을 얻는다면 또한 아무 말 안 해도 초징될 수 있는데 어찌 다시 한 字를 빌린단 말인가?"라고 했다. 마침내 두 사람은 친한 친구가 되었다.(阮宣子有令聞, 太尉王夷甫見而問曰: 「老莊與聖敎同異?」 對曰: 「將無同!」 太尉善其言, 辟之爲掾. 世謂「三語掾」. 衛玠嘲之曰: 「一言可辟, 何假於三?」 宣子曰: 「苟是天下人望, 亦可無言

---

470) ≪世說新語≫ 文學 편 제8조.
471) ≪世說新語≫ 文學 편 제11조.

而辟, 復何假一?」遂相與爲友.)472)

　　대표적인 淸談家인 王衍이 老莊思想에 반대하는 <崇儒論>을 지은 裴頠에게 묻도록 추천한 것이나, 王弼과 阮脩의 경우처럼 그들의 의식 속에는 여전히 儒敎와 老莊의 사상이 절충되어 있음을 알 수 있다.

　　≪世說新語≫ 전체 36편 가운데 儒家思想과 관련된 고사는 대부분 德行 편에 기재되어 있다.473) 특히 孔門四科와 합치되는 德行, 言語, 政事, 文學 편 가운데 德行 편을 첫 번째 篇目에 둔 구성체계와474) 첫 고사 역시 天下를 다스리는 儒敎的인 사대부상이 그려져 있어475) 당시 老莊思想이 홍성했다 하더라도 儒家思想이 여전히 士人들에게 尊崇받고 있음을 입증하고 있다.

　　그런데, 전통적인 儒家의 예교는 군주에 대한 忠과 부모에 대한 孝를 근간으로 하고 있음에도 孝에 관한 고사는 많지만 忠

---

472) ≪世說新語≫ 文學 편 제18조.
473) 方正, 雅量, 品藻, 容止, 自新, 企羨, 棲逸, 賢媛, 任誕, 簡傲, 儉嗇, 汰侈, 忿狷, 讒險, 尤悔, 惑溺, 仇隙 편 등에서도 儒家의 입장에서 긍정하거나 비판하는 고사를 다루고 있다.
474) 제2장 39쪽 참조.
475) 「진중거(陳藩)의 말은 선비의 준칙이 되었으며, 행동은 세상의 모범이 되었다. 수레에 올라 말고삐를 잡고서는 천하를 깨끗이 하려는 뜻이 있었다. 예장의 태수가 되어 그곳에 이르자 곧장 서유자(徐穉)가 있는 곳을 묻고서 먼저 그를 만나보려 했더니, 주부가 아뢰길 "모두들 부군께서 먼저 관청으로 납시기를 바라고 있습니다."라고 했다. 그러자 진중거가 말하길 "옛날 周의 武王은 상용이 사는 마을을 향해 수레에서 허리를 굽히느라 자리가 따뜻해질 겨를이 없었다 하니, 내가 현자에게 예의를 차리는 것이 안 될게 무어란 말이냐?"라고 했다.(陳仲擧言爲士則, 行爲世範, 登車攬轡, 有澄清天下之志. 爲豫章太守, 至, 便問徐孺子所在, 欲先看之. 主簿白:「群情欲府君先入廨.」陳曰:「武王式商容之閭, 席不暇煖. 吾之禮賢, 有何不可!」)」≪世說新語≫ 德行 편 제1조.

에 관한 고사는 거의 없다. 이는 魏와 晉이 禪讓이라는 교묘한 수단으로 정권을 찬탈하여 자신들의 행위를 정당화시키기 위해 忠보다는 孝를 강조하면서 반대파 士族들의 저항을 억누르며 정권을 유지한 것과 관련이 있기 때문이다.476)

이제 儒家思想을 표방하는 고사들을 몇 가지 살펴보자.

이원례(李膺)는 품격이 수려하고 엄정했으며 고상하게 스스로 높은 긍지를 지니고 있어서, 세상에 名敎를 펴고 시비를 바로잡는 것을 자기의 임무로 삼으려 했다. 후배된 선비로서 그의 堂에 올라 수업을 받은 자는 모두 등용문했다고 여겨졌다.(李元禮風格秀整, 高自標持, 欲以天下名敎是非爲己任. 後進之士, 有升其堂者, 皆以爲「登龍門」.)477)

실질적인 유교도덕의 가르침인 名敎를 發揚하는 데 앞장섰던 漢末黨錮의 인물 중 한 사람인 李膺의 모습에서 儒學 사수의 의지를 엿볼 수 있다.

환공(桓溫)이 형주자사로 있을 때, 오로지 덕으로써 江漢의 땅을 다스리고자 했으며, 위엄과 형벌로써 인사를 다스리는 것을 부끄러워했다. 한 번은 슈史가 곤장형을 받았는데, 정작 곤장이 붉은 관복 위를 스쳐 지나가기만 했다. 환식은 당시 나이가 어렸는데, 밖에서 돌아와서 말하길 "아까 관청을 지나가다가 슈史가 곤장맞는 것을 보았는데, 그 곤장이 위로는 구름 끝에 닿고 아래로는 땅 끝을 스치더군요."라고 했다. 그 뜻은 곤장이 몸에 닿지 않은 것을 비꼰 것이었다. 환공이 말하길

---

476) 제3장 注339 참조.
477) ≪世說新語≫ 德行 편 제4조.

260

"나는 그래도 그것이 심할까봐 걱정하고 있느니라."라
고 했다.(桓公在荊州, 全欲以德被江漢, 恥以威刑肅物.
令史受杖, 正從朱衣上過. 桓式年少, 從外來, 云: 「向從閤
下過, 見令史受杖, 上捎雲根, 下拂地足.」意譏不著. 桓公
云: 「我猶患其重.」)[478]

桓溫은 永和 원년에 徐州에서 荊州刺史로 옮겨갔는데, 荊州에
있을 당시 관용과 인자함으로 다스려 백성들이 편안해 했다고 한
다. 이 고사에서는 治者로서의 桓溫의 仁德을 잘 그려내고 있다.

유공(庾亮)이 타는 말 중에 적로라는 흉마가 있었는
데, 어떤 사람이 그에게 팔아 버리라고 말하자, 유공
이 말하길 "이것을 판다면 반드시 살 사람이 있겠지
만 다시 그 주인을 해칠 것이니, 어찌 자기에게 편하
지 않다고 해서 그것을 다른 사람에게 옮길 수 있겠
는가? 옛날에 손숙오가 뒷사람을 위해 머리 둘 달린
뱀을 죽였다는 옛 미담도 있으니, 이를 본받는 것이
또한 도리에 맞는 것이 아니겠는가?"라고 했다.(庾公
乘馬有的盧, 或語令賣去. 庾云: 「賣之必有買者, 卽復害
其主; 寧可不安己而移於他人哉? 昔孫叔敖殺兩頭蛇以
爲後人, 古之美談; 效之, 不亦達乎?」)[479]

庾亮이 荊州에 있을 때 殷浩가 말을 팔아버리라고 권했지만
다른 사람에게 피해를 줄 수 있다고 생각한 庾亮은 이를 거절
하였다. 이는 孔子의 「자기가 하고자 하지 않는 것을 남에게 베
풀지 말라.(己所不欲, 勿施於人.)」[480]의 정신과 일맥상통한 내용

---

478) ≪世說新語≫ 政事 편 제19조.
479) ≪世說新語≫ 德行 편 제31조.
480) ≪論語·衛靈公≫

이라 할 수 있다.

　　오군의 진유는 집안에서 지극히 효성스러웠다. 그의
어머니는 솥 밑에 누른 누룽지를 좋아했는데, 진유는
군의 주부가 되어서도 항상 자루 하나를 가지고 다니
면서 밥을 지을 때마다 누룽지를 긁어모아 돌아와서
어머니께 드리곤 했다. 후에 손은의 도적이 오군에 나
타나자 원부군이 그날로 바로 정벌에 나섰다. 그때 진
유는 여러 말의 누룽지를 모았지만 미처 집에 돌아갈
겨를이 없어서 마침내 그것을 메고 종군했다. 호독의
싸움에서 패하여 병사들이 뿔뿔이 흩어져 산 속으로
도망했지만 대부분 굶어 죽었다. 그러나 진유만은 누
룽지 때문에 살아남게 되었는데, 당시 사람들은 지극
한 효성에 대한 보답이라고 여겼다.(吳郡陳遺, 家至孝,
母好食鐺底焦飯. 遺作郡主簿, 恒裝一囊, 每煮食, 輒貯
錄焦飯, 歸以遺母. 後值孫恩賊出吳郡, 袁府君卽日便征,
遺以聚斂得數斗焦飯, 未展歸家, 遂帶以從軍; 戰於滬瀆,
敗,軍人潰散, 逃走山澤, 皆多餓死, 遺獨以焦飯得活. 時
人以爲純孝之報也.)481)

이 고사는 孝와 관련된 것으로 자식의 부모에 대한 지극한
孝心이 오히려 굶어 죽을 뻔한 목숨을 살려주게 되었다는 교훈
을 담고 있다.
　　또한, 친구 간의 굳은 義理와 友情으로 한 郡을 위기에서 구
해내는 모습도 볼 수 있다.

　　순거백이 멀리 친구의 병을 위문하러 갔는데, 때마
침 호적이 郡을 공격했다. 친구가 거백에게 이르길

---

481) ≪世說新語≫ 德行 편 제45조.

262

"나는 이제 죽을 것이니 자네는 떠나는 게 좋겠네."라
고 하자, 거백이 말하길 "멀리 자네를 보러 왔는데 자
네는 날더러 떠나라고 하니, 이것은 의리를 해쳐서 목
숨을 구하자는 것이니 어찌 나 순거백이 행할 바이겠
는가?"라고 했다. 도적이 이미 이르러서 거백에게 이
르길 "대군이 밀어 닥쳐 온 군이 도망가 텅 비었는데,
너는 어떤 사내 길래 감히 홀로 남아 있느냐?"라고
하자, 거백이 말하길 "친구가 병이 들어서 차마 버리
고 떠날 수가 없으니, 차라리 내 몸으로 친구의 목숨
을 대신하고자 한다!"라고 하니, 도적들이 서로 이르
길 "우리같이 의리 없는 사람들이 의로운 나라에 잘
못 들어 왔구나!"하고 마침내 군대를 이끌고 돌아갔
다. 그래서 온 郡이 아울러 온전함을 얻게 되었다.(荀
巨伯遠看友人疾, 値胡賊攻郡; 友人語巨伯曰:「吾今死
矣, 子可去!」巨伯曰:「遠來相視, 子令吾去; 敗義以求
生, 豈荀巨伯所行邪?」賊旣至, 謂巨伯曰:「大軍至, 一
郡盡空, 汝何男子, 而敢獨止?」巨伯曰:「友人有疾, 不
忍委之, 寧以我身代友人命!」賊相謂曰:「我輩無義之人,
而入有義之國.」遂班軍而還. 一郡並獲全.)482)

2) 佛敎思想

東漢 이전에 이미 佛敎가 中國에 유입되었음을 입증할 수는
없지만, 東漢시기에 정식으로 中國에 전래되었다는 학설이 지배
적이다. 漢의 明帝가 꿈에 자극받아 사신을 파견하여 佛法을 구
하였다는 전설이 佛敎 전래의 대표적 학설인데, 그 전설에 의하
면 永平 7년(64)에 明帝가 꿈에서 金人을 보고 이튿날 여러 신
하들에게 물으니, 태사인 傅毅가 대답하기를, 황제가 꿈에 본 서
방의 도인은 佛이라 부른다고 하였다.483) 이에 明帝가 蔡愔 등

---

482) ≪世說新語≫ 德行 편 제9조.

18명을 서역으로 파견하여 佛道를 구해 오게 하였다. 3년 후 蔡愔 등은 서역에서 迦葉摩騰과 竺法蘭이라는 두 승려와 함께 佛像 및 佛經을 구하여 백마를 타고 洛陽으로 돌아 왔다. 明帝는 洛陽城의 서쪽에 그들을 위해 특별히 白馬寺를 건립하였고, 두 승려는 그곳에서 <四十二章經>을 번역하여 佛敎가 비로소 漢나라에 유포되기 시작하였다. 이 전설은 추정할 만한 근거가 있기는 하지만 明帝 이전에 이미 佛敎가 中國에 전래되었을 수도 있다. ≪後漢書≫에 楚王 劉英이 「황로의 학설을 읊조리고 佛敎를 숭상한다.(誦黃老之微言, 尙浮屠之仁祠.)」라는 기록이 있어 당시 상층사회에서 佛敎를 신봉하는 사람들이 이미 적지 않았음을 보여주고 있다.484)

漢 末 이래의 혼란한 정치와 잇따른 전란으로 당시 환경과 민중의 요구에 따라 佛敎는 종교적 안식처로 선택되었다. 魏晉 시대의 思潮를 대표하던 玄學은 원래 종교는 아니었지만 신비적인 종교적 색채가 짙었고, 佛敎의 空無와 玄學의 虛無는 인식론상에 있어 근본적으로 공통점이 있었기에 魏晉 名士들과 高僧들의 교류를 통하여 자연스럽게 佛學과 玄學의 合流가 이루어져 함께 발전할 수 있는 계기가 마련되었다.

---

483) 東漢 末의 ≪牟子理感論≫에 「옛날 孝明皇帝가 꿈에서 神人을 보았는데, 몸에서 빛을 내며 궁전 앞을 날아 다녔다. 크게 기뻐하여 이튿날 군신들에게 "이 신은 어떤 신인가?"하고 두루 물어보았더니, 傅毅가 대답하길 "신이 듣기에 天竺에 得道한 자가 있다고 하는데, 佛이라 불립니다. 허공을 날아다니고 몸에서 빛이 난다고 하니 아마도 그 신인 것 같습니다."(昔孝明皇帝, 夢見神人, 身有日光, 飛在殿前. 欣然悅之. 明日, 博問群臣, 此爲何神? 有通人傅毅曰, 臣聞天竺有得道者, 號之曰佛, 飛行虛空, 身有日光. 殆將其神也.)」라는 기록이 있다.
484) 夏乃儒 主編, 황희경, 황성만 共譯 ≪중국철학문답≫(서울, 한울, 1991) 143-144쪽 참조.

또한,

> 왕승상(王導)이 양주자사에 제수되었을 때, 수백 명
> 의 빈객이 함께 융숭한 대접을 받아 모두들 기쁜 얼
> 굴을 하고 있었는데, 오직 임해의 임씨라는 손님과 몇
> 명의 胡人만이 흡족해 하지 않았다. 그래서 왕공(王
> 導)이 소변보러 갔다 오면서 임씨 곁을 지나치며 말
> 하길 "그대가 떠나오니 임해에는 이제 더 이상 사람
> 이 없겠구료."라고 하자, 임씨가 크게 기뻐하게 되었
> 다. 또한 胡人들 앞을 지나가면서 손가락을 튕기며[485]
> 말하길 "蘭闍![486] 蘭闍!"라고 하자, 여러 胡人들이 함
> 께 웃었다. 그래서 모든 사람들이 함께 기뻐하게 되었
> 다.(王丞相拜揚州, 賓客數百人並加霑接, 人人有悅色; 唯
> 有臨海一客姓任, 及數胡人爲未洽. 公因便還, 到過任邊
> 云: 「君出,臨海便無復人.」 任大喜悅. 因過胡人前彈指
> 云:「蘭闍, 蘭闍.」 群胡同笑, 四坐並懽.)[487]

위의 고사에서 볼 수 있듯이 당시 통치계층들은 유화정책의
일환으로 佛敎와 僧徒들을 존중하였으며, 정권이 비교적 안정된
簡 文帝시기에 이르러서는 정치적 의도보다는 求知와 博愛의
목적으로 佛敎를 숭상하여 사회적 요구와 통치계층의 옹호 속
에 佛敎 발전의 기틀을 마련할 수 있었다. 따라서 ≪世說新語≫

---

485) 彈指는 불교의 풍습으로 許諾, 歡喜, 警告 등을 나타내는 동작이
　　다. 金長煥 譯注 ≪世說新語≫(서울, 살림, 1996) 上卷 政事 편 제
　　12조 譯注 참조.
486) 蘭闍는 胡語로서 蘭奢라고도 하며 칭찬의 뜻을 담고 있다. 일설에
　　는 梵語 aranya의 音譯인 阿蘭若, 阿練茹, 阿蘭那의 일종으로 보
　　아 그 뜻을 閑靜處, 空寂 등으로 풀기도 한다. 金長煥 譯注 ≪世
　　說新語≫(서울, 살림, 1996) 上卷 政事 편 제12조 譯注 참조.
487) ≪世說新語≫ 政事 편 제12조.

에 등장하는 佛敎的 성향의 고사는 약 80건에 이르는데, 주로 이 시기인 東晉 中期에 집중되어 있다.

　이렇게 조성된 사회분위기 속에서 名士들이 佛敎와 高僧들을 존중하였음은 당연하다.

　　치가빈(郗超)이 道安 화상의 덕망을 흠모하여, 쌀 천곡을 보내주고 몇 장에 달하는 장문의 편지를 써서 정성스런 마음을 담았다. 그런데 도안은 답장에서 다만 이르길 "쌀을 보내주시니 먹을 것에 의지하는 처지가 더욱 번거롭게 느껴집니다."라고만 했다.(郗嘉賓欽崇釋道安德問, 餉米千斛, 修書累紙, 意寄殷勤. 道安答, 直云:「損米, 愈覺有待之爲煩.」)488)

　　유공(庾亮)이 일찍이 절에 들어가 누워 있는 불상을 보고 말하길 "이 사람은 중생을 구제하느라 피곤한 것이로다."라고 했는데, 당시 사람들이 이를 명언이라 여겼다.(庾公嘗入佛圖, 見臥佛, 口:「此子疲於津梁.」于時以爲名言.)489)

　　환상시(桓彝)는 사람들이 심공(竺法深)에 대해 비평하는 소리를 들으면, 곧바로 말하길 "그 분은 이미 훌륭한 명성이 있으며 게다가 고승으로 알려져 있습니다. 또한 저의 선친과는 아주 가까운 사이셨습니다. 그러니 그를 비평하는 것은 옳지 않습니다."라고 했다.(桓常侍聞人道深公者, 輒口:「此公旣有宿名, 加先達知稱, 又與先人至交, 不宜說之.」)490)

---

488) 《世說新語》 雅量 편 제32조.
489) 《世說新語》 言語 편 제41조.
490) 《世說新語》 德行 편 제30조.

이상의 고사에서 당시 高僧들은 이미 상당한 명망을 지니고 있었으며, 名士들의 구체적인 표현을 통해 그들의 佛敎와 승려들에 대한 존경의 마음이 어느 정도 인지 짐작할 수 있게 해준다.

아울러 佛敎의 교리에 대해 상당한 이해가 있었음도 알 수 있다.

장현지와 고부는 고화의 외손과 친손으로 모두 어려서부터 총명했다. 고화도 이를 알고 있었지만 늘 고부를 낮게 여겨 치우치게 편애하자 장현지가 자못 못마땅해 했다. 당시에 장현지는 9살이었고, 고부는 7살이었다. 한 번은 고화가 이들을 데리고 절에 가서 부처의 입적도를 보았는데, 부처의 제자들 가운데 우는 자도 있었고, 울지 않는 자도 있었다. 고화가 그 까닭을 두 손자에게 묻자, 장현지가 말하길 "친애함을 받았기 때문에 울고, 친애함을 받지 못했기 때문에 울지 않는 것입니다."라고 했다. 이에 고부가 말하길 "그렇지 않습니다. 정을 잊어버렸기 때문에 울지 않고, 정을 잊을 수 없기 때문에 우는 것입니다."라고 했다. (張玄之・顧敷, 是顧和中外孫, 皆少而聰惠, 和並知之, 而常謂顧勝; 親重偏至, 張頗不懕. 于時張年九歲, 顧年七歲; 和與俱至寺中, 見佛般泥洹像, 弟子有泣者, 有不泣者. 和以問二孫. 玄謂:「彼親故泣, 彼不親故不泣.」敷曰:「不然! 當由忘情故不泣, 不能忘情故泣.」)491)

은중군(殷浩)이 小品般若經을 읽으면서 [의심나는 곳에] 200개의 표시를 해 두었는데, 그것은 모두 정미하여 세인들이 이해하기 어려운 심오한 부분이었다. 은중군은 일찍이 지도림(支遁)과 함께 그것을 논하고

---

491) ≪世說新語≫ 言語 편 제51조.

자 했으나 결국 하지 못하고 말았다. 지금까지 小品般
若經이 남아 있다.(殷中軍讀小品, 下二百籤, 皆是精微,
世之幽滯.嘗欲與支道林辯之, 竟不得. 今小品猶存.)492)

비록 어려서부터 총명하였다고는 하나 겨우 7살 된 어린 아
이가 佛敎의 진리에 근접하고 있는 사실과 東晉中期 대표적 청
담가인 殷浩의 교리에 대한 인식 수준으로 보아 당시 佛敎의
영향력을 짐작할 수 있다.

佛學과 玄學은 서로 다른 문화적 배경에서 발전한 철학사상
이지만 修心과 養性, 생활행위 등에 있어서는 서로 통하는 점이
있었고, 게다가 이론상에 있어서도 虛無思想과 空無思想이라는
공통분모를 형성하고 있었다. 당시 淸談家들은 玄思를 좋아하여
佛敎의 이치를 玄學과 혼융하여 새로운 지평을 열기도 하였으
며, 또한 佛經을 연구하기도 하였다. 승려들 역시 佛法과 玄理가
서로 교감하는 점이 있어 玄學으로 佛敎를 전파할 목적을 가지
고 있었다.493) 그 결과 名士들과 高僧들 사이에 빈번한 교류가
이루어졌고, 高僧들 역시 名士들과의 談論활동에 적극 참여하여
魏晉이라는 亂世 속에서 俗世를 벗어나려는 사람들과 통치계층
의 지지로 佛敎는 흥성할 수 있었다.

장자의 소요유는 예부터 난해하여 여러 명현들이
연구했지만 곽상과 상수를 뛰어 넘는 해석을 할 수가
없었다. 지도림(支遁)이 백마사에서 풍태상(馮懷)과
함께 담론하다가 소요유를 논하게 되었는데, 지도림은
탁월하게 두 사람을 능가하는 새로운 해석을 하고 여

---

492) ≪世說新語≫ 文學 편 제43조.
493) 朴美齡 著 ≪世說新語中所反映的思想≫(臺北, 文津出版社, 1990)
    84쪽 참조.

러 명현들과는 다른 견해를 세웠다. 이것은 모두 여러 명현들이 연구했지만 통달하지 못한 바였다. 그래서 나중에는 마침내 지도림의 해석을 쓰게 되었다.(莊子 逍遙篇, 舊是難處, 諸名賢所可鑽味, 而不能拔理於郭·向之外. 支道林在白馬寺中, 將馮太常共語: 因及逍遙. 支卓然標新理於二家之表, 立異義於衆賢之外, 皆是諸名賢尋味之所不得. 後遂用支理.)[494]

환남군(桓溫)이 道曜와 함께 노자를 강론하고 있을 때, 주부로 있던 왕시중(王楨之)이 그 자리에 있었다. 환남군이 말하길 "왕주부는 [자신의] 이름을 돌아보고서 뜻을 생각해 보시오."라고 했는데, 왕시중이 미처 대답하지 못하고 크게 웃자, 환남군이 말하길 "왕사도(王楨之)는 대갓집 자식의 웃음을 잘 웃는군."이라고 했다.(桓南郡與道曜講老子, 王侍中爲主簿在坐; 桓口:「王主簿, 可顧名思義.」 王未答, 且大笑. 桓口:「王思道, 故能作大家兒笑.」)[495]

지도림(支遁)과 허연(許詢) 등이 함께 회계왕(簡文帝)의 齋頭에 참석했다. 지도림이 법사가 되고 허연이 도강이 되었다. 지도림이 하나의 해석을 하면 온 좌중이 만족해하지 않음이 없었고, 허연이 하나의 논박을 하면 모든 사람이 손뼉을 치며 기뻐하지 않음이 없었다. 그러나 모두들 두 사람의 뛰어남에만 감탄할 뿐 그 이치가 어디에 있는지는 가려내지 못했다.(支道林·許掾諸人, 共在會稽王齋頭. 支爲法師, 許爲都講. 支通一義, 四坐莫不厭心; 許送一難, 衆人莫不抃舞. 但共嗟詠二家之美, 不辯其理之所在.)[496]

---

494) ≪世說新語≫ 文學 편 제32조.
495) ≪世說新語≫ 排調 편 제63조.
496) ≪世說新語≫ 文學 편 제40조.

　高僧들은 당시 유행하던 老莊思想의 義理나 語彙로 佛經의 내용을 해석하여 쉽게 이해시키려는 방법을 이용하였는데, 이것이 바로 老莊思想의 핵심 이론인 無로 佛敎의 空을 해석하는 格義[497]이다. 즉, 佛敎의 근본사상이 空인 것에 대해서 老莊思想은 無인 것이다. 空과 無를 완전히 같은 것이라고 말할 수는 없지만 적어도 有의 부정에서 출발한다는 점에서 일치한다. 이와 같이 老莊的인 색채를 띤 佛敎를 格義佛敎라고 하는데, 格義佛敎는 초기단계의 佛敎로서 魏晉 佛敎의 대명사가 되었다. 위의 고사들에서 볼 수 있듯이 高僧이 담론에서 老莊思想을 論하는 모습이나, 高僧과 名士가 淸談의 방식으로 佛經에 대해 함께 담론하는 모습들은 당시 흔히 볼 수 있는 장면들이었다. 그 결과 누가 僧侶이고 누가 名士인지 분간하기 어려울 정도로 僧侶들이 玄學에 심취하게 되고 名士들 또한 佛敎에 심취하게 되어 독특한 현상이 나타나게 되는데, 그것은 바로 '名士의 佛僧化'와 '高僧의 名士化'[498]로 殷浩와 支遁이 각각 대표적 인물이었다.

　당시 名士들이 관심을 보인 것은 종교로서의 佛敎가 아닌 이론으로서의 佛敎로,[499] 中國의 전통 학술사상이 해결하지 못했던 우주와 인생의 문제를 佛學 이론으로 해결하려고 시도하였고, 아울러 정신적 자유와 해탈을 추구하였다. 이 시기 佛敎思想

---

497) 格義의 格은 '量', '재다'의 뜻이다. 梵語와 老莊의 용어를 비교하여 가늠하고, 후자를 전자에 적용시키는 것이다. 예컨대 초기의 漢譯에서는 空을 無로, 涅槃을 無爲로, 보리(菩提)를 道로, 眞如를 本無로 돌렸다. 이와 같은 譯經을 읽는 자는 부지불식간에 老莊的인 이해를 하게 된다. 黃秉國 編著 ≪老莊思想과 中國의 宗敎≫ (서울, 文潮社, 1987) 154쪽.
498) 寧稼雨는 그의 저서인 ≪世說新語與中古文化≫(河北, 河北敎育出版社, 1994) 139쪽과 145쪽에서 이러한 표현을 사용하였다.
499) 佛敎를 종교로 신봉하였다가 조롱을 당하는 고사를 排調 편 제22조와 제51조에서 볼 수 있다.

과 老莊思想, 名士와 高僧의 결합은 魏晉이라는 특수한 시기에 함께 발전할 수 있었던 계기를 제공하였을 뿐 아니라 中國 문화의 새로운 전환점이 되었다.

3) 魏晉淸談

東漢 말 정치적 부패에 대해 위정자들을 비평하던 淸議는 결국 잇따른 黨錮의 禍와 정치적 박해로 해를 당하게 되자, 淸議를 일삼던 士人들은 목숨을 부지하기 위해 더 이상 政事를 논하지 않고 당시 유행하던 老莊의 학문에 의지하며 구체적이고 실제적인 議論으로부터 추상적 개념에 의거한 談論으로 전향하여 품성과 식견의 정도를 나타내는 모호한 言談을 나누거나 인물을 품평하는 등 당시의 정치에 소극적으로 대처하였다. 즉, 黨錮의 禍 이후 鄕論으로서의 淸議는 점차 사회적 기능을 잃고 사적인 장소에서 정치성을 배제한 채 자유로이 인물의 內在美를 추상적인 언어로 형상화시키는 淸談의 기능이 많아지게 되었다. 이렇게 淸談을 나누는 名士들은 당시 사회에서 여전히 큰 세력을 형성하고 있었는데, 만약 淸談을 나눌 수 없으면 名士로서의 자격이 부족하다고 여겼기 때문에 淸談의 내용을 담고 있는 ≪世說新語≫는 당시에 '名士의 교과서'로 간주되었다.500)

한편, 魏 正始年間(240-249)에 何晏과 王弼 등은 辨析, 論難, 評判의 방법을 적용, ≪老子≫와 ≪莊子≫의 사상으로 ≪周易≫을 해석하여 無를 근본으로 삼는(以無爲本) 철학체계를 구축하였는데, 이것이 바로 '正始之音'이다. 正始之音은 兩漢의 經學이 魏晉玄學으로 전화하는 기점이라 할 수 있다. 東漢 末에 신학적 經學의 체계가 경화되어 허위로 전락함에 따라 反讖緯思想이라

---

500) ≪魯迅小說史論文集≫(臺北, 里仁書局, 1992), <中國小說的歷史的 變遷> 515쪽.

는 비판을 받게 되었다. 이 시기 사회의 기풍이 무너지고 정치가 부패하게 되어 사상윤리의 위기가 가속화되었고, 결국 儒家의 經學은 人心 유지의 기능을 상실하게 되었다. 그러나 綱常名敎는 이러한 일로 부정된 것이 아니라 여전히 새로운 정권을 공고히 하는 데 필수적인 것이었다. 파기되어가는 儒家의 학설에서 綱常名敎를 구해내기 위해서는 반드시 새로운 논증, 즉 본체와 현상의 관계로부터 名敎의 합리성을 논증하여 이전의 '天人感應'설을 대체해야 했다. 儒學의 대가들은 일관되게 道家의 自然無爲說을 흡수하여 綱常名敎를 논증하는 일종의 새로운 철학체계가 탄생하게 되었던 것이다.501)

도탄에 빠진 사회와 군웅들의 할거 속에서 西晉은 비록 천하를 통일하였으나 국운이 오래가지 못하고 오히려 앞으로 닥칠 더욱더 큰 혼란을 배양하고 있었다. 이 시기는 어지러운 정치와 계급 간의 모순이 첨예하게 대립하고 있었으며 백성들은 질고의 나날을 보내고 있었다. 통치집단 내부의 서로 속고 속이는 기만과 정권쟁취를 위한 암투는 끊일 날이 없었고, 허위와 보복이 난무하는 급박한 사회분위기 속에서 士人들은 화를 면하기 위해 山水에 은거하여 유유자적하거나 飮酒와 服藥에 도취되어 放蕩한 생활을 하는 등 처세의 방식이 크게 바뀌어 당시 淸談의 분위기가 널리 만연되었다. 西晉시기 王衍을 대표로 하는 名士들은 淸談에 더욱 몰두하였을 뿐 아니라 淸談을 잘 하는가의 여부가 인물의 재능을 평가하는 판단기준이 되기도 하였으며, 簡約하고 巧妙한 언사로 관직을 얻는 등 통치계층에게 높이 평가되었다. 東晉시기에 이르러 淸談의 기풍은 최고조에 다다르게 되는데 士族文人은 물론 승려와 제왕들까지도 淸談활동에 적극

---

501) 夏乃儒 主編, 황희경, 황성만 共譯 ≪중국철학문답≫(서울, 한울, 1991) 132-133쪽 참조.

적으로 참여하여 朝野에서 크게 유행하였다. 그러나 魯迅이 ≪魏晉風度及文章與藥及酒之關係≫에서 「東晉 이후에는 문장을 짓지 않고 淸談이 유행하였는바, ≪世說新語≫에서 그러한 것을 볼 수 있다.(東晉以後, 不做文章而流爲淸談, 由世說新語裏可以看到.)」라고 지적한 것처럼 이 시기에 이르러서는 지나친 淸談의 기풍에 대한 지적과 亡國의 원인이라는 비판도 받게 된다.

　왕우군(王羲之)이 사태부(謝安)와 함께 야성에 올랐는데, 사태부는 유연히 고원한 생각에 잠겨 세속을 초탈한 뜻이 있었다. 왕우군이 사태부에게 말하길 "하우는 王事에 진력하여 손발에 굳은살이 박혔고, 문왕은 저녁 늦게야 식사할 정도로 하루 종일 한가한 겨를이 없었습니다. 지금 도성의 사방에 보루가 많이 세워져 있으니, 마땅히 사람들은 스스로 힘써야 합니다. 그런데도 공허한 담론을 하느라 실무를 제쳐두고, 헛된 문장을 짓느라 중요한 업무를 방해하니, 아마도 지금에 적절한 일이 아닌 듯 합니다."라고 하자, 사태부가 답하길 "秦이 상앙을 등용했지만 두 세대 만에 망했으니, 어찌 청담이 환난을 부른다고 하겠소이까?"라고 했다.(王右軍與謝太傅共登冶城, 謝悠然遠想, 有高世之志. 王謂謝曰:「夏禹勤王, 手足胼胝; 文王旰食, 日不暇給. 今四郊多壘, 宜人人自效; 而虛談廢務, 浮文妨要, 恐非當今所宜!」謝答曰:「秦任商鞅, 二世而亡; 豈淸言致患邪?」)502)

　환공(桓溫)이 낙양으로 [공격해] 들어갔을 때, 회수와 사수를 건너 북쪽 국경을 밟으면서, 막료들과 함께 戰船의 망루에 올라 중원을 바라보다가, 개탄하며 말

---

502) ≪世說新語≫ 言語 편 제70조.

하길 "결국 신주(中原)를 망하게 하여 백 년의 폐허를
가져온 것은 왕이보(王衍) 등이 그 책임을 지지 않으
면 안 된다!"라고 했다.(桓公入洛, 過淮·泗, 踐北境,
與諸僚屬登平乘樓眺矚中原, 慨然曰:「遂使神州陸沈, 百
年丘墟, 王夷甫諸人, 不得不任其責!」)503)

그렇다면 당시 淸談家들은 왜 그렇게 비생산적인 활동에 집
착을 하여 비판을 받는 것일까? 그들은 形而上學的인 문제에
도취하는 방법으로 세력과 세력이 격렬하게 충돌하는 혼란한
사회의 현실 속에서 벗어나 협소한 談論의 공간에서 그들의 심
적 갈등과 억압을 해소하려 했기 때문이다.504) 아무튼 초기 사
상가들에 의해 自然無爲學說로 綱常名敎를 논증하는 새로운 철
학으로 등장한 淸談은 그 후 空談名理의 사회기풍 속에서 위로
는 제왕을 비롯한 귀족 상류층으로부터 아래로는 士人들과 승
려에 이르기까지 매우 성행하여 魏晉의 사조를 이루게 되었다.
　≪世說新語≫에 자주 보이는 淸談論辯의 주제로는 ≪老子≫,
≪莊子≫, ≪周易≫ 등 三玄에 관한 내용이 가장 많고, 주로 文學
편에 집중적으로 기재되어 있다. 林麗眞은 ≪世說新語≫ 및 劉孝
標의 注에서 언급한 내용 가운데 魏晉의 史傳, 遺文, 類聚, 御覽
등 관련 자료를 근거로 淸談論辯의 주제를 아래와 같이 총 16가
지로 귀납하였는데,505) 王能憲과 같은 다른 ≪世說新語≫ 연구자
의 분석보다 명료하고 구체적이다. 이를 정리하여 보면 아래와 같다.

---

503) ≪世說新語≫ 輕詆 편 제11조.
504) 井波律子 著, 李慶, 張榮湄 共譯 ≪中國人的機智－以世說新語爲中
　　心≫(上海, 學林出版社, 1998) 36쪽 참조.
505) 林麗眞 <從世說新語看魏晉淸談論辯的主題>; ≪書目季刊≫ 1977,
　　10권 4기.

1. 易理에 관한 주제(3종): 言象意之辨, 易象妙於見形論, 易體論
2. 老莊學에 관한 주제(6종): 無貴論, 逍遙論, 齊物論, 漁夫論, 旨不至論, 養生論
3. 儒道異同에 관한 주제(2종): 老莊與聖敎異同論, 聖人有情無情論
4. 人物才性에 관한 주제(2종): 人物品藻, 才性四本論
5. 기타(3종): 樂論, 夢論, 佛理之論

이처럼 淸談의 내용을 거의 모두 반영하고 있는 풍부한 論辯의 주제로 보아 玄理에 대한 당시 士人들의 관심이 어느 정도였으며 魏晉淸談이 얼마나 성행했는지를 짐작할 수 있다. 淸談論辯의 주제 중에서 ≪世說新語≫에는 ≪莊子≫에 관한 내용이 가장 많고, 그 중에서도 특히 逍遙游에 관한 논제로 열띤 토론을 하였는데 그 이유는 莊子가 강조한 「의지하는 바가 없는(無所待)」至人의 逍遙철학이 魏晉人의 자유롭고 낭만적인 정신에 가장 부합될 수 있었기 때문이었다.506)

淸談論辯의 주제 가운데 ≪莊子≫의 逍遙游에 관한 고사를 대표적으로 살펴보자.

> 장자의 소요유는 예부터 난해하여 여러 명현들이 연구했지만 곽상과 상수를 뛰어넘는 해석을 할 수가 없었다. 지도림(支遁)이 백마사에서 풍태상(馮懷)과 함께 담론하다가 소요유를 논하게 되었는데, 지도림은 탁월하게 두 사람을 능가하는 새로운 해석을 하고 여러 명현들과는 다른 견해를 세웠다. 이것은 모두 여러 명현들이 연구했지만 통달하지 못한 바였다. 그래서

---

506) 王能憲 著 ≪世說新語硏究≫(江蘇, 江蘇古籍出版社, 1992) 128쪽 참조.

나중에는 마침내 지도림의 해석을 쓰게 되었다.(莊子
逍遙篇, 舊是難處, 諸名賢所可鑽味, 而不能拔理於郭·
向之外. 支道林在白馬寺中, 將馮太常共語: 因及逍遙.
支卓然標新理於二家之表, 立異義於衆賢之外, 皆是諸名
賢尋味之所不得. 後遂用支理.)507)

　왕일소(王羲之)가 회계내사가 되어 처음 부임했을 때
지도림(支遁)이 그곳에 있었다. 손흥공(孫綽)이 왕일소
에게 말하길 "지도림은 기발하고 특이한 사람으로서 가
슴속에 품은 생각이 언제나 뛰어나니 경께서는 한 번
만나보고 싶지 않으십니까?"라고 했지만, 왕일소는 본
래 스스로 줄곧 준일한 기품을 지니고 있다고 자부하여
지도림을 거의 경시했다. 나중에 손흥공과 지도림이 함
께 수레를 타고 왕일소의 집을 찾아갔지만, 왕일소는
긍지가 대단하여 그와 더불어 얘기를 나누지 않았다.
그래서 잠시 후 지도림은 돌아갔다. 나중에 왕일소가
막 출타하려고 하여 수레가 이미 문 앞에서 대기하고
있을 때, 지도림이 왕일소에게 말하길 "당신은 아직 떠
나지 마시오. 빈도가 그대에게 몇 마디 드릴 말씀이 있
소이다."라고 했다. 그래서 ≪莊子≫ 逍遙游를 논하면
서 지도림은 수천 언을 지었는데, 그 재기 넘치는 논변
이 참신하여 마치 찬란한 꽃이 만발한 듯 했다. 왕일소
는 마침내 옷깃을 열어젖히고 허리띠를 풀어놓은 채 차
마 떨치고 떠나질 못했다.(王逸少作會稽, 初至, 支道林
在焉. 孫興公謂王曰:「支道林拔新領異, 胸懷所及, 乃自
佳, 卿欣見不?」王本自有一往儁氣, 殊自輕之. 後孫與支
共載往王許, 王都領域, 不與交言. 須臾支退; 後正值王常
行, 車已在門; 支語王曰:「君未可去, 貧道與君小語.」因
論莊子逍遙遊; 支作數千語, 才藻新奇, 花爛映發. 王遂披

____

507) ≪世說新語≫ 文學 편 제32조.

襟解帶, 流連不能己.)508)

아울러 文學 편 제32조 劉孝標의 注에서 向秀와 郭象의 <逍遙義>와 支遁의 <逍遙論>이라는 서로 다른 견해를 상호비교하여 기록하고 있다.

● 向秀, 郭象의 <逍遙義>

대저 붕새는 하늘로 날아오르는 것이 9만 리나 되고, 메추라기는 힘껏 날아 봤자 느릅나무 꼭대기 정도의 높이이다. 비록 크고 작음에는 차이가 있지만 각각 그 본성에 말미암은 것이다. 진실로 그 본분에 합당하다면 소요하는 것은 매 한가지이다. 그러나 온갖 만물은 모두 그 바탕에 의지하고 있으니, 그 의지하는 바를 얻은 후에야 소요할 수 있다. 오직 성인만이 만물과 합치되어 대자연의 변화에 순응하기 때문에, 의지하는 것이 없더라도 언제나 도에 통할 수 있다. 어찌 성인 혼자만 도에 통할 수 있을 뿐이겠는가? 또한 설령 의지하는 것이 있다 하더라도 그 의지하는 바를 잃지 않아야 하니, 그것을 잃지 않는다면 大道와 하나가 될 수 있다.(夫大鵬之上九萬, 尺鷃之起楡枋, 小大雖差, 各任其性. 苟當其分, 逍遙一也. 然物之芸芸, 同資有待, 得其所待, 然後逍遙耳. 唯聖人與物冥而循大變, 爲能無待而常通, 豈獨自通而已? 又從有待者不失其所待. 不失, 則同於大通矣.)

● 支遁의 <逍遙論>

대저 소요라는 것은 至人의 마음을 알 수 있는 것이다. 장자는 대도를 설파하면서 그 뜻을 붕새와 메추

---

508) ≪世說新語≫ 文學 편 제36조.

라기에 기탁했다. 붕새는 삶을 영위하는 길이 광대하
기 때문에 몸 밖으로는 갈 바를 잃어버린다. 메추라기
는 가까운 테두리에 살면서 먼 것을 비웃지만 마음속
으로는 궁지를 느낀다. 지인은 하늘의 正氣를 타고 높
이 올라 무궁의 세계에서 노닐며 방랑한다. 그는 대상
을 대상물로 다루고 다른 대상의 대상물로 다루어지
지 않으므로 자유로이 스스로 득의하지 않고 심오하
게 감응하여 作爲하지 않으며, 서두르지 않아도 신속
하므로 자유로이 가지 못하는 곳이 없다. 이것이 바로
소요라는 것이다. 만약에 자신이 만족하는 바를 달성
하고자 하여 자신이 만족하는 바에 만족한다면, 당장
에는 흔연히 천진난만한 것 같지만, 이것은 배고픈 자
가 한 번 배불리 먹고 목마른 자가 한 번 가득 마시
는 경우와 같은 것이다. 어찌 마른 밥 때문에 최고의
제사 음식을 망각하고, 탁주 때문에 최상의 제사 술을
망각할 수 있겠는가? 만약에 至足의 경지에 이르지
못한다면 어찌 소요라고 할 수 있겠는가? (夫逍遙者,
明至人之心也. 莊生建言人道, 而寄指鵬鷃. 鵬以營生之
路曠, 故失適於體外. 鷃以在近而笑遠, 有矜伐於心內.
至人乘大正而高興, 遊無窮於放浪. 物物而不物於物, 則
逍遙不我得, 玄感不爲. 不疾而速, 則逍靡不適, 此所以
爲逍遙也. 若夫有欲當其所足. 足於所足, 快然有似天眞,
獨饑者一飽, 渴者一盈, 豈忘烝嘗於糗糧, 絶觴爵於醪醴
哉? 苟非至足, 豈所以逍遙乎?)

　　劉孝標가 「이것은 向秀와 郭象의 注에서 일찍이 언급하지 못
한 바이다.(此向郭之注所未盡.)」라고 지적한 것이나, 文學 편 제
36조에서 王羲之로 하여금 자리를 떠나지 못하게 한 논변의 내
용으로 보아 逍遙游에 정통한 支遁의 해석이 훨씬 더 참신하고
탁월하였음을 확인할 수 있다.

魏晉시기 名士들 사이에 이루어졌던 淸談활동은 당시 생활의 일부분으로 자리 잡게 되어 환경과 時空의 제한 없이 자유롭게 행하여 졌다. ≪世說新語≫에서 볼 수 있는 淸談論辯의 방식에 대해서 葉栢村, 王能憲, 唐翼明, 范子燁 등 4명의 학자가 언급하고 있는데, 각각 그 논변의 방식을 정리하여 보면 다음과 같다.

【葉栢村】509)

1. 一人提出自己的論斷, 徵求對手的駁難: 한 사람이 자기의 논단을 제기하고 상대가 논박하는 방식.

2. 在聽衆面前自己說問, 自己答辯: 청중 앞에서 스스로 질문을 설정하고 답변하는 방식.

3. 在稠人廣座中選擇特定的對手向他挑戰, 對手起而應戰: 좌중 가운데 특정의 상대를 선택하여 도전하고 상대가 대응하는 방식.

4. 臨時拈題, 在座者就題先後發言, 人人有份: 임시로 제목을 고르고 좌중이 모두 차례로 발언하는 방식.

【王能憲】510)

1. 主客相對: 主와 客이 서로 상대하며 담론하는 방식.

2. 自爲客主: 혼자 主客이 되어 담론하는 방식.

3. 臨時拈題, 四座皆通: 임시로 제목을 고르고 좌중이 모두 차례로 발언하는 방식.

4. 兩人論辯, 一人評判(或調和): 양자 간의 논변에 제3자가 평가를 내리거나 조정해주는 방식.

---

509) 葉栢村 <世說新語中所見魏晉淸談風尙>; ≪中國古代近代文學硏究≫ 10, 1982, 11쪽 참조.
510) 王能憲 著 ≪世說新語硏究≫(江蘇, 江蘇古籍出版社, 1992) 121-124쪽 참조.

5. 獨自講論: 단독적인 강론방식.

【范子燁】511)

1. 口談與筆談: 대화뿐만 아니라 필담도 사용하였다.

2. 口談的場所(公座, 私座, 大自然): 때와 장소에 상관없이 자유로운 담론이 행해졌으나, 통상 한 名士의 집에 밤에 모여 공적인 자리보다는 주로 사적인 자리에서 청담을 즐겼다.

3. 口談的基本模式: 흔히 볼 수 있는 질문하고 답변하는 主客의 담론으로, 이는 주로 두 사람 사이에서 진행된다.

4. 口談與佛家‘講經之制’: 淸談論辯의 방식에 있어 東晉의 名士들도 僧徒의 講經의 방식을 사용하였다.

5. 口談的音調: 淸談 언어의 音節과 語調에 주의하였다.

6. 口談之‘番數’: 한 번 질문하고 답변하는 것을 番이라 하는데, 논변주제의 輕重에 따라 番數가 다르다.

7. 口談中的‘通’: 通을 사용한 방식으로, 淸談에서의 通은 설명과 해석을 가리킨다.

8. 口談的美境: 淸談 속에서 美妙한 境界를 느끼게 해준다.

【唐翼明】512)

1. 一人主講式

2. 二人論辯式

3. 多人座談式

이상 4명의 大同小異한 淸談論辯의 방식 가운데 唐翼明의 방식으로 몇몇 고사를 살펴보도록 하겠다.

---

511) 范子燁 著 ≪中古文人生活研究≫(山東, 山東敎育出版社, 2001) 170-197쪽 참조.
512) 唐翼明 著 ≪魏晉淸談≫(臺北, 東大圖書公司, 1992) 51-61쪽 참조.

280

(1) 一人主講式

이 방식은 학문에 정통한 한 사람이 상석에 앉아 담론을 펼치면서 한 단락이 끝나면 청중들이 질문을 하거나 다른 의견을 제시하는 방식을 말한다. 文學 편 제37조가 그 대표적인 예이다.

> 삼승은 불가의 어려운 문제인데 지도림(支遁)이 분석하여 삼승의 뜻을 훤히 밝혔다. 사람들은 堂下에 앉아서 들을 때는 모두 통달했다고 말하지만, 지도림이 堂上에서 내려와 앉아 있고 자기네들끼리 함께 토론할 때는 정작 제2승까지는 터득할 수 있었지만 제3승에 들어가면 곧 혼란에 빠져 버렸다. 지금 지도림의 해석을 제자들이 비록 전하기는 하지만 그 뜻을 완전히 터득한 것은 아니다.(三乘佛家滯義, 支道林分判, 使三乘炳然; 諸人在下坐聽, 皆云可通. 支下坐, 自共說, 正當得兩, 入三便亂. 今義弟子雖傳, 猶不盡得.)

(2) 二人論辯式

主客의 논변은 통상 어떤 한 논제가 전개되면 한 사람은 의론을 세우고 또 다른 한 사람은 논박하며 主客이 서로 담론을 주고받으면서 玄理를 탐구하고 분석하는 魏晉淸談의 전형적인 방식으로, 이는 다시 두 가지로 세분된다.

> 은중군(殷浩)이 한 번은 유윤(劉惔)의 집을 찾아가서 오랫동안 청담을 나누었는데, 은중군은 논리가 약간 막혔지만 그치지 않고 계속해서 말을 늘어놓았다. 그래서 유윤은 더 이상 대답하지 않고 있다가 은중군이 돌아간 뒤에 말하길 "촌놈! [뜻도 모르는 주제에] 억지로 남을 흉내 내어 그와 같은 말을 지껄이다니!"라고 했다.(殷中軍浩嘗至劉尹所淸言, 良久, 殷理小屈,

遊辭不已. 劉亦不復答. 殷去後, 乃云: 「田舍兒, 强學人
作爾馨語.」)513)

위의 고사에서처럼 主客 두 사람 이외에는 청중이 없는 경우
와, 아래의 고사처럼 기타 청중들이 함께 하고는 있지만 主客의
논변에 절대 참여하지 않는 경우가 있다.

  은중군(殷浩)이 유공(庾亮)의 장사가 되어 도읍[建
康]에 도착했을 때, 왕승상(王導)이 그를 위해 모임을
열자 환공(桓溫), 왕장사(王濛), 왕람전(王述), 사진서
(謝尙)가 모두 참석했다. 왕승상은 스스로 일어나 휘
장을 열어젖히고 주미를 든 채 은중군에게 말하길
"내 오늘 자네와 함께 담론하여 명리를 분석해 보려
하네."라고 했다. 이윽고 청담을 시작하여 어느덧 삼
경에 이르렀다. 왕승상과 은중군이 서로 반복하여 응
수하는 바람에 나머지 여러 명현들은 조금도 끼어 들
틈이 없었다. 이미 쌍방이 서로의 견해를 남김없이 다
펼치고 난 뒤에 왕승상이 탄식하여 말하길 "방금 전
의 담론은 결국 그 명리의 근원이 귀착되는 바를 알
지는 못하겠지만, 언변과 비유만큼은 서로에게 손색이
없으니 정시시기의 청담이 바로 이러했도다."라고 했
다. 다음 날 아침에 환선무(桓溫)가 사람들에게 말하
길 "어제 밤에 은중군과 왕승상의 청담을 들었는데
매우 훌륭했소. 사인조(謝尙) 역시 심심해하지는 않았
고, 나 또한 때때로 마음에 와 닿는 점이 있었소. 그
러나 두 王掾을 돌아보니 마치 [사람 구경을 못해 본]
야생 암캐처럼 우두커니 놀란 모습이었소."라고 했
다.(殷中軍爲庾公長史, 下都, 王丞相爲之集, 桓公·王

---

513) ≪世說新語≫ 文學 편 제33조.

長史・王藍田・謝鎭西並在. 丞相自起解帳, 帶麈尾, 語
殷曰: 「身今日當與君共談析理.」 旣共淸言, 遂達三更.
丞相與殷共相往反, 其餘諸賢, 略無所關. 旣彼我相盡,
丞相乃歎曰: 「向來語, 乃竟未知理源所歸; 至於辭喩不
相負. 正始之音, 正當爾耳!」 明旦, 桓宣武語人曰: 「昨
夜聽殷・王淸言, 甚佳. 仁祖亦不寂寞, 我亦時復造心;
顧看兩王掾, 輒翣如生母狗聲.」)514)

(3) 多人座談式

이것은 서로의 학식정도가 백중세인 명현들이 모임을 가지게 되
었을 때 採用하는 방식으로, 즉석에서 정해진 논제에 대해 각 자의
의견을 발표함으로써 평소의 소양이나 재능을 파악할 수 있다.

> 지도림(支遁), 허(許詢), 사(謝安) 등 명현들이 모두
> 왕(王濛)의 집에 모였다. 사안이 사람들을 돌아보며
> 말하길 "오늘은 가히 명사의 모임이라 할 만합니다.
> 시간은 더 이상 붙잡아 둘 수 없으며 이 모임 역시
> 진실로 늘 있기 어려우니, 마땅히 함께 담론을 벌려
> 마음속의 생각을 펼쳐보도록 합시다."라고 했다. 허순
> 이 곧 주인에게 "莊子가 있습니까?"하고 물었더니, 마
> 침 漁父 한 편을 찾아내 왔다. 사안이 표제를 보고 나
> 서 곧 좌중의 사람들에게 각자 해석을 해보라고 했다.
> 지도림이 먼저 해석하여 칠백여 언을 지었는데, 서술
> 이 精美하고 재기가 기발하여 사람들이 모두 훌륭하
> 다고 칭찬했다. 이윽고 좌중의 사람들이 각자 생각을
> 다 피력했다. 사안이 묻길 "경들은 다 말씀하셨습니
> 까?"라고 하자, 모두들 말하길 "오늘의 담론에서는 다
> 피력하지 못한 것이 거의 없습니다."라고 했다. 사안

---

514) ≪世說新語≫ 文學 편 제22조.

이 나중에 문제점을 지적한 뒤 스스로 자신의 생각을
서술하여 만여 언을 지었는데, 재기 넘치는 필봉이 수
려하여 더 이상 건드릴 수 없었으며 게다가 意氣까지
깃들어 있어서 흔연히 스스로 만족해했다. 그래서 좌
중에서 흡족해 하지 않는 사람이 없었다. 지도림이 사
안에게 말하길 "당신은 일거에 핵심을 찔렀기 때문에
더욱 절로 훌륭한 것이오."라고 했다.(支道林·許·謝
盛德, 共集王家. 謝顧謂諸人：「今日可謂彦會, 時旣不可
留, 此集固亦難常；當共言詠, 以寫其懷.」許便問主人有
莊子不？ 正得漁父一篇. 謝看題, 便各使四坐通. 支道林
先通, 作七百許語；敍致精麗, 才藻奇拔, 衆咸稱善. 於是
四坐各言懷畢. 謝問曰：「卿等盡不？」皆曰：「今日之言,
少不自竭.」謝後粗難, 因自敍其意, 作萬餘語, 才峯秀逸；
旣自難干, 加意氣擬託, 蕭然自得, 四坐莫不厭心. 支謂
謝曰：「君一往奔詣, 故復自佳耳.」)515)

　정리하여 보면, 魏晉 淸談論辯의 방식에는 한 사람이 담론을
펼치거나 主客의 두 사람이 논변을 펼치는 경우, 그리고 여러
명이 토론을 벌이는 세 가지 경우가 있다. 이 점은 현대 학술활
동의 lecture나 dialogue, seminar와 상당히 흡사하다. 세 가지
방식 가운데 二人論辯式이 가장 많이 등장하고 있고, 또한 전형
적이어서 魏晉淸談의 특색을 가장 잘 나타내주고 있는 것이라
하겠다.516)

---

515) ≪世說新語≫ 文學 편 제55조.
516) 唐翼明 著 ≪魏晉淸談≫(臺北, 東大圖書公司, 1992) 61쪽 참조.

第5章 結 論

　中國에서는 일찍부터 人物鑑別法이 발달했고, 이것이 발전하여 인물의 內在精神과 外在形體 사이의 모종의 연계에 대한 인식은 후대 인물품평에 큰 영향을 주었다. 先秦시기에 이르러 인물품평은 儒學을 사상적 기반으로 하여 인물행위에 대한 관찰의 결과로써, 주로 인물의 德行으로 人品의 高下를 평가하여 善惡, 優劣, 交遊 및 관리등용의 참고기준으로 삼았다. 그리고 班固의 <古今人表>로 대표되는 東漢시기의 인물품평과 철저히 효용성에 바탕을 두고 인물 천거의 어려운 점이나 공정하게 식별하는 데 따르는 여러 가지 難題, 아울러 감별된 인물의 선별과 적절한 활용까지의 내용을 총망라하여 서술한 曹魏시기 劉劭 ≪人物志≫ 등의 목적은 知人과 官人에 있었다. 그러나 魏晉시기의 독특한 시대분위기 속에서 탄생한 ≪世說新語≫에 이르러서는 儒學을 근거로 한 정치 실용적인 태도에서 예술적이고도 감상적인 超公利的 성향으로 바뀌게 되었다.

　魏晉시기는 전반적으로 장기간의 분열과 전쟁의 혼란에 빠져 있었고, 西晉시기 일시적 통일 국면이 형성되기는 하였지만, 곧 八王의 亂이 발생하였다. 이어서 북방은 異民族에게 점령되어 16국의 할거가 야기되었으며, 그 결과 황실은 남천하여 長江 남쪽에 안주하면서 東晉시기로 접어들게 되었다. 극도의 시대혼란과 맞물려 兩漢 철학의 해체와 함께 玄學의 흥기로 士人들은 自我와 個性, 才能과 感情을 중시하여 이전 시대의 엄숙하고도 경건했던 생활기풍과는 다른 태도를 보임으로써 전대미문의 사상적 자유와 해방을 촉진하였다. 아울러 생존의식과 사고 역시 이에 발맞추어 새로운 인생관을 전개하여 兩漢시대 이래의 외면적인 도덕적 행위를 통한 찬양이 아니라 인물과 그 인격 자체의 고결한 성정 및 탁월한 재능, 그리고 뛰어난 淸談과 수려한 외모 등과 같은 유유자적하며 탈속적인 기풍과 자태를 추구하는 내면적인 정신세계가 최고의 가치기준과 원칙이 되었다. 특히 晉의 성립 이후에는 인물의 외모나 품격, 재능 등을 윤리도덕이나 사회적 명망과 구별하여 독립적으로 인격에 대해 審美的 觀照와 評價를 하는 것이 인물품평의 主流가 되었다.

한편, 正史인 ≪晉書≫는 敍事의 주된 목적이 史的 사실의 인과관계나 사실관계를 규명하는 것에 있다. 기사의 전개 과정으로 볼 때 敍事의 핵심이 사건에 있고, 등장하는 인물의 인품이나 형상(모습)을 구체적이고 입체적으로 표현하기보다는 도입부에 초보적인 서술에 그치고 있어 인물의 전반적인 형상을 파악하기가 곤란하다. 반면, ≪晉書≫의 편찬과정에 풍부한 자료를 제공하여 底本으로 사용된 ≪世說新語≫는 전편을 통하여 敍事의 중심이 인물형상이나 인품 등에 집중되어 있고, 또한 ≪晉書≫와는 달리 인물성격의 복잡성과 다양성을 발견하고 인물에 대한 풍부하고 빼어난 예술적 표현으로 수많은 인물들이 처해있던 역사적 사회상황과 인물의 성격 등을 생동감 넘치게 표현해내고 있다. ≪世說新語≫가 비록 현대적 의미의 소설과 동일한 형태는 아니지만, 수많은 인물들이 각각의 상황에서 서로 다른 표현을 하고 있고, 어떠한 성격이나 개성을 반복적으로 드러내어 강조하거나 또 다른 면모를 보여주고 있기 때문에 각 篇目에 산재되어 있는 인물의 모습들을 집중시키는 입체적인 방식을 통하여 한 인물의 전체적인 형상을 살펴볼 수 있었으며, 아울러 인물의 종합적이고 다각적인 분석을 통해 당시 魏晉 士人들의 품평특징과 내용 등도 파악할 수 있었다.

　≪世說新語≫에 등장하는 인물들의 사회적 범위는 東漢에서 魏晉시대라는 정권교체의 혼란 속에서 實存했던 門閥士族들로, 이들 간의 상호 관계로 얽혀진 일화를 중심으로 하고 있다. 인물의 평가에 있어 당시 老莊思想을 숭상하는 자유로운 사회분위기로 인해 儒家에서 강조하는 長幼有序에 제한 받지 않았다. 대부분이 지위나 나이의 高下와 상관없이 好評과 惡評을 주고받는 상대적인 모습을 보여주고 있으며, 別族, 親族, 親屬 등의 사이에서는 물론이고 교유의 有無에도 상관없이 상류사회에서 광범위하게 자유로운 인물품평이 진행되었다.

　魏晉南北朝시기는 문학과 예술, 그리고 철학 방면에서 자유로운 정신세계의 추구와 개성의 존중으로 이전에 없었던 중흥의 시대를 맞이하였다. 특히 문학은 얼마나 교묘하고 아름답게 표현하느냐의 문제에 주로 관심을 기울였던 철저한 修辭 중심의 문학이었다. ≪世說新語≫ 역시 끊임없이 修辭手法을 의식하는 당시 사람들의 정신을 선명하게 반영하여 比較와 比喩, 典故의 사용이나 誇張, 또는 疊字의 운용 등과 같은 다양한 표현기법으로 수많은 인물들의 성격이나 품격을 생동감 넘치게 표현해내었다. ≪世說新語≫의 기초가 되었던 당시 魏晉사회는 流言이 매우 성행했던 시기로 名士 간의 뛰어난 언어감각을 통한 상호비교의 방법이 인물품평의 중요한 방법이 되어 크게 유행하였다. ≪世說新語≫의 識鑒 편과 賞譽 편, 그리고 品藻 편 가운데 특히 品藻 편의 대다수가 집중적으로 비교를 통한 방법으로 인물에 대한 품평을 하고 있는데, 당시의 품평기준에 따라 피품평자를 품평하여 話者나 聽者 모두 용이하게 공통의 느낌이나 인식을 갖게 해주는 효과를 갖게 하고 있다. 한편 儒家의 경우 人物美에 대한 인식은 도덕윤리 관념의 굴레에서 탈피하지 못했으며, 自然美에 대한 이해 역시 실용적이면서 공리적인 목적이 강하였다. 따라서 儒家의 관점에서 비유는 審美主體의 思想이나 聯想, 想像의 성분은 물론이고 이데올로기적 성분도 지니고 있다. 반면 ≪世說新語≫에 사용된 審美的 비유의 방식은 이러한 제약에서 벗어나 인물의 아름다움이나 품격을 자연의 경물이나 현상에 상호결합하는 人格美와 自然美의 통일을 이루어 추상적인 인격의 내용을 구체화시켰다는 점에서 중요한 의의가 있다. 典故의 사용은 古典에 대한 공통의 인식이 없이는 효과는 물론이고 상대의 의도조차 이해하기가 곤란하다. ≪世說新語≫의 곳곳에서 다량의 典故를 사용하고 있다는 사실은 당시 귀족들의 학식과 교양의 수준이 상당했음을 반증하는 것이다. 따라서 ≪世說新語≫에 등장하는 인물로 天子나 皇后를 포함하는 귀족 상층부라는 사회적 범위를 짐작할 수 있을 뿐 아니라, 상당한 학식의 정도를 요구하는 典故의 사용이 빈번하다는 점에서 ≪世說新語≫가 귀족문학임을 증명한다. 또한 ≪世說新語≫는 眞人眞事의 문학작품이지만 간간히 과장이라는 문학적 기교를 십분 활용하여 표현의 묘미를 한층 더해주고 있으며, 인물의 외모나 품격을 형상화하는 데에 擬聲語나 擬態語로 사용되고 있는 疊字는 독자로 하여금 간결함과 음악적 효과를 느낄 수 있게 해주어 문장에 생동감이 넘치게 하는 효과를 발휘하고 있다.

東漢은 인물품평이 매우 성행했던 시기로 士人들이 높은 평가를 받을 수 있는 중요 수단이 외모와 뛰어난 언어적 감각이었기 때문에 이 중 하나인 외모를 매우 중시하였고, 혼란한 정국을 타개하기 위해 실용노선을 선택한 曹魏시기에 외모는 求名과 求仕라는 실용성을 근거로 중시 받았다. 그 후 외모를 숭상하는 士人들의 태도는 審美的 성향으로 바뀌어 愛美의 정신은 극에 달하게 된다. 이는 당시 외모의 아름다움이 개인의 명성을 결정하는 요인 중 가장 중요한 부분이었기 때문이었다. ≪世說新語≫ 가운데 특히 容止 편 전체 39조의 거의 모두가 인물의 외모나 행동 거지에 대해 묘사하고 있는데, 인물 형상의 구체적인 묘사보다는 추상적으로 인물의 美醜를 비교하여 그 당시 인물 美醜의 審美的 표준과 성향을 짐작할 수 있다. 魏晉 士人들의 淸談을 숭상하고 玄理에 열중하거나 飮酒와 服藥에 도취하는 도교사상으로의 심취로 그들의 언행은 虛靜玄遠하면서 자유분방하였고, 삶 역시 낭만과 심미적인 흥취로 충만하여 더 이상 兩漢시대의 외면적인 공훈이나 절조, 학문 등이 아닌 인간과 인격 그 자체가 갈수록 이 시기에 중시를 받았으며, 自我에 대한 부단한 추구와 탐색으로 내재되었던 재능 역시 점차 주목을 받게 되었다. 정신적 자유의 추구와 유유자적한 삶의 태도는 淸新하고 우아한 품격을 구현해내었는데, 이는 당시 그들이 숭상하던 玄學的인 인생태도와 상관이 있다. 또한 그들의 품격 역시 老莊에서 제창하는 超公利的인 審美的 인생태도의 표현으로 魏晉 士人들이 放達한 생활 속에서 淸新하고 玄妙한 품격으로 표현해내었고, 아울러 당시 인물품평의 審美的 표현 중의 중요한 요소가 되었다.

東漢 말년에서 魏晉시기에 걸쳐 中國의 사상계는 큰 변화를 맞이하게 된다. 이는 바로 儒學의 붕괴와 老莊思想의 대두이다. 東漢 末年 학술경학이 陰陽五行과 뒤섞이고 讖緯說이 성행함에 따라 사회가 온통 미신의 풍조로 만연하게 되어 이에 대한 반동으로 反儒의 거센 물결이 일기 시작하였다. 魏晉南北朝시기의 문화는 道家思想에 의해 주도되었으나 儒家와의 단절을 의미하는 것은 아니었다. 漢代 이래로 정치제도나 사회예법 등이 모두 六經을 근거로 하고 있어 儒家思想은 여전히 정통의 지위를 차지하고 있었다. ≪世說新語≫ 역시 전체 36편 가운데 孔門四科와 합치되는 德行, 言語, 政事, 文學 편 가운데 德行 편을 첫 번째 篇目에 둔 구성체계와 함께 여러 篇目에서 儒敎를 표방하는

290

고사를 다루고 있어 儒家思想이 여전히 士人들에게 尊崇받고 있음을 입증하고 있다. 한편 漢 末 이래의 혼란한 정치와 잇따른 전란으로 당시 환경과 민중의 요구에 따라 佛敎는 종교적 안식처로 선택되었다. 魏晉시대의 思潮를 대표하던 玄學은 원래 종교는 아니었지만 신비적인 종교적 색채가 짙었고, 佛敎의 空無와 玄學의 虛無는 인식론 상에 있어 근본적으로 공통점이 있었다. 당시 淸談家들은 玄思를 좋아하여 佛敎의 이치를 玄學과 혼용하여 새로운 지평을 열기도 하였으며, 또한 佛經을 연구하기도 하였다. 승려들 역시 佛法과 玄理가 서로 교감하는 점이 있어 玄學으로 佛敎를 전파할 목적을 가지고 있었다. 그 결과 名士들과 高僧들 사이에 빈번한 교류가 이루어졌고, 高僧들 역시 名士들과의 談論활동에 적극 참여하여 魏晉이라는 亂世 속에서 俗世를 벗어나려는 사람들과 통치계층의 지지로 佛敎는 흥성할 수 있었다. 高僧이 담론에서 老莊思想을 論하는 모습이나, 高僧과 名士가 淸談의 방식으로 佛經에 대해 함께 담론하는 장면들을 ≪世說新語≫에서 흔히 볼 수 있다. 초기 사상가들에 의해 自然無爲學說로 綱常名敎를 논증하는 새로운 철학으로 등장한 淸談은 空談名理의 사회기풍 속에서 위로는 제왕을 비롯한 귀족 상류층으로부터 아래로는 士人들과 승려에 이르기까지 매우 성행하여 魏晉의 사조를 이루었다. 魏晉시기 名士들 사이에 이루어졌던 淸談활동은 당시 생활의 일부분으로 자리 잡게 되어 환경과 時空의 제한 없이 자유롭게 행하여 졌으며, 淸談論辯의 방식에는 한 사람이 담론을 펼치거나 主客의 두 사람이 논변을 펼치는 경우, 그리고 여러 명이 토론을 벌이는 세 가지 경우가 있었다. 이 세 가지 방식 가운데 二人論辯式이 가장 많이 등장하고 있고, 또한 전형적이어서 魏晉淸談의 특색을 가장 잘 나타내주고 있는 것이라 할 수 있다.

宗白華는 그의 저서인 ≪美學散步≫에서 魏晉시기 인물품평이 중국의 美學과 문학비평에 지대한 영향을 끼쳤음을 지적하였다. 또한 ≪世說新語≫가 비록 전문 문학비평저작이 아닌 志人小說이지만, 인물의 특징을 개괄하는 용어의 사용이나 품격의 우열에 대한 구분, 그리고 文學 편과 巧藝 편 등에 기록된 魏晉人의 문학과 예술에 대한 견해 역시 문학이론으로서 상당한 가치와 평가를 받고 있기 때문에 인물품평은 문학비평과 상당히 밀접한 관계를 지니고 있을 것으로 추정된다.

魏晉南北朝는 중국 역사에 있어 대분열의 시기였으며, 독특한 문화적 현상도 가지고 있었다. 즉, 가장 혼란한 시기였으면서도 정신적인 면에 있어서는 가장 자유스러웠으며 美的 성취가 가장 컸던 시기라는 모순된 특징을 가지고 있다. 이러한 시대적 분위기 속에서 탄생한 ≪世說新語≫에는 魏晉 士人들의 사회보다는 개인을, 外在性보다는 內在性을, 윤리 도덕적인 모습보다는 재능과 탈속적인 기품을 중시하는 魏晉 審美활동의 모습을 담고 있어 이 시기 審美思想을 이해하는 데 중요한 역할을 하고 있다고 할 수 있다.

參考文獻

【單行本類】

≪晉書≫ 臺北, 鼎文書局, 1980

≪漢書≫ 臺北, 鼎文書局, 1981

≪後漢書≫ 臺北, 鼎文書局, 1980

≪三國志≫ 臺北, 鼎文書局, 1979

≪隋書≫ 北京, 中華書局, 1973

≪宋書≫ 北京, 中華書局, 1973

≪梁書≫ 北京, 中華書局, 1973

≪陳書≫ 北京, 中華書局, 1972

≪南史≫ 北京, 中華書局, 1987

≪漢晉學術編年≫(上・下) 臺北, 長安出版社, 1979

≪東晉南北朝學術編年≫ 臺北, 長安出版社, 1979

≪老子今註今譯≫ 臺北, 臺灣商務印書館, 1970

≪莊子今註今譯≫(上・下) 臺北, 臺灣商務印書館, 1975

≪人物志≫ 北京青海人民出版社, 1998

≪博物志校證≫ 臺北, 明文書局, 1981

≪新編諸子集成≫(第8冊) 臺北, 世界書局, 1978

≪陳寅恪先生文集≫(第3冊) 臺北, 里仁書局, 1981

≪魯迅選集≫ 北京, 人民文學出版社, 1995

≪魯迅小說史論文集≫ 臺北, 里仁書局, 1992

曹道衡, 劉躍進 ≪南北朝文學編年史≫ 北京, 人民文學出版社, 2000

金長煥 編譯 ≪列仙傳≫ 서울, 예문서원, 1996

柳月誕 編譯 ≪高僧傳≫ 서울, 자유문고, 1991

李世烈 解譯 ≪漢書藝文志≫ 서울, 자유문고, 1995

余嘉錫 ≪世說新語箋疏≫ 上海, 上海古籍出版社, 1993

徐震堮 ≪世說新語校箋≫ 北京, 中華書局, 1984

楊　勇 ≪世說新語校箋≫ 臺北, 正文書局, 1992

汪　藻 ≪世說敍錄≫ 臺北, 藝文印書館, 1968

金長煥 ≪世說新語≫(上・中・下) 서울, 살림出版社, 1996・199
　　　7・2000

張永言 主編 ≪世說新語辭典≫ 成都, 四川人民出版社, 1992

張萬起 編 ≪世說新語辭典≫ 北京, 商務印書館, 1993

李水海 主編 ≪中國小說大辭典≫ 陝西, 陝西人民出版社, 1994

劉世德 主編 ≪中國古代小說百科全書≫ 北京, 中國大百科全書出
　　　版社, 1998

車相轅 ≪中國古典文學評論史≫ 서울, 汎學圖書, 1979

周勛初 ≪中國文學批評小史≫ 長江文藝出版社, 1981

劉大杰 ≪中國文學發展史≫ 上海, 上海古籍出版社, 1984

葉慶炳 ≪中國文學史≫ 臺北, 學生書局, 1987

丁範鎭 ≪中國文學史≫ 서울, 學研社, 1982

許世旭　《中國古代文學史》 서울, 法文社, 1987

徐公持　《魏晉文學史》 北京, 人民文學出版社, 1999

范煙橋　《中國小說史》 臺北, 漢京文化事業有限公司, 1983

魯　迅　《中國小說史略》 臺北, 風雲時代出版社, 1989

吳同瑞　《中國俗文學概論》 北京, 北京大學出版社, 1997

苗　壯　《筆記小說史》 杭州, 浙江古籍出版社, 1998

王枝忠　《漢魏六朝小說史》 杭州, 浙江古籍出版社, 1997

楊　義　《中國古典小說史論》 北京, 中國社會科學出版社, 1995

郭豫適　《中國古代小說論集》 上海, 華東師範大學出版社, 1985

國立政治大學中文系　主編　《漢代文學與思想學術研討會論文集》
　　　臺灣, 文史哲出版社, 1991

國立成功大學中文系　主編　《魏晉南北朝文學與思想學術研討會論
　　　文集》 臺灣, 文史哲出版社, 1991

國立成功大學中文系　主編　《魏晉南北朝文學與思想學術研討會論
　　　文集》 臺灣, 文津出版社, 1993

李祥年　《漢魏六朝傳記文學史稿》 上海, 復旦大學出版社, 1995

周勛初　《魏晉南北朝文學論叢》 南京, 江蘇古籍出版社, 1999

顏崑陽　《六朝文學觀念叢論》 臺北, 正中書局, 1993

彭會資　《中國古代文論教程》 桂林, 廣西師範大學出版社, 1996

韋政通　《中國思想史》 臺北, 水牛出版社, 1980

張豈之　《中國儒學思想史》 臺北, 水牛出版社, 1992

鄺士元　《中國學術思想史》 臺北, 里仁書局, 1992

林　尹　《中國學術思人綱》 臺北, 臺灣商務印書館, 1979

勞思光 著, 鄭仁在 譯 ≪中國哲學史≫ 서울, 探求堂, 1986

徐復觀 ≪中國人性論史≫ 臺北, 臺灣商務印書館, 1969

錢　穆 ≪中國思想通俗講話≫ 臺北, 東大圖書公司, 1990

吳錫澤 ≪中國學術思想論叢≫ 臺北, 臺灣商務印書館, 1967

李澤厚 著, 윤수영 譯 ≪美의 歷程≫ 서울, 東文選, 1991

赤塚忠 著, 조성을 譯 ≪중국사상개론≫ 서울, 이론과 실천,
　　　　1987

王治心 著, 전명용 譯 ≪중국종교사상사≫ 서울, 이론과 실천,
　　　　1988

張岱年 著, 최형식 譯 ≪중국유물사상사≫ 서울, 이론과 실천,
　　　　1989

李澤厚, 劉綱紀 主編 ≪中國美學史≫ 서울, 대한교과서주식회사,
　　　　1992

胡　適 ≪中國中古思想史長篇≫(上・下) 臺北, 遠流出版公司, 1986

王治心 ≪中國宗敎思想史≫ 臺北, 彙文堂出版社, 1988

黃秉國 ≪老莊思想과 中國의 宗敎≫ 서울, 文潮社, 1987

이강수 ≪중국고대철학의 이해≫ 서울, 지식산업사, 1999

三神良三 著, 홍성주 譯 ≪중국의 人間戰略≫ 서울, 삶과 함께
　　　　출판사, 1988

許杭生 ≪魏晉玄學史≫ 陝西, 陝西師範大學出版社, 1990

許杭生 ≪魏晉思想史≫ 臺北, 桂冠叢刊, 1992

呂　凱 ≪魏晉玄學析評≫ 臺北, 世紀書局, 1980

周紹賢 ≪魏晉淸談述論≫ 臺北, 商務印書館, 1972

編輯部 《魏晉思想論》 臺北, 臺灣中華書局, 1983

湯用彤 《理學·佛學·玄學》 北京, 北京大學出版社, 1991

唐翼明 《魏晉淸談》 臺北, 東大圖書公司, 1992

何啓民 《魏晉思想與談風》 臺北, 學生書局, 1990

盧建榮 《魏晉自然思想》 臺北, 聯鳴文化有限公司, 1980

湯一介 《魏晉南北朝時期的道敎》 臺北, 東大圖書公司, 1988

編輯部 《道敎與傳統文化》 北京, 中華書局, 1992

方東美 《原始儒家道家哲學》 臺北, 黎明文化事業公司, 1983

구보 노리따나 著, 최준식 譯 《道敎史》 서울, 분도출판사,
　　1990

任繼愈 主編 《中國道敎史》(上·下) 臺北, 桂冠圖書公司, 1991

宮崎市定 著, 曺秉漢 編譯 《中國史》 서울, 역민사, 1983

白壽彝 著, 임효섭, 임춘성 譯 《중국통사강요》 서울, 이론과
　　실천, 1991

鄒紀萬 《魏晉南北朝史》 臺北, 衆文圖書公司, 1990

嘯　馬 《中國古典小說人物審美論》 上海, 華東師範大學出版社,
　　1990

宗白華 《美學散步》 上海, 上海人民出版社, 1981

甯稼雨 《魏晉風度－中古文人生活行爲的文化意蘊》 北京, 東方
　　出版社, 1992

劉葉秋 《魏晉南北朝小說》 臺北, 國文天地, 1990

袁　峰 《魏晉六朝文學與玄學思想》 西安, 三秦出版社, 1995

羅宗强 《玄學與魏晉 士人心態》 臺北, 文史哲出版社, 1992

何啓民 ≪中古門第論集≫ 臺北, 學生書局, 1978

譚令仰 注譯 ≪古代經典微型小說－神話志怪篇≫ 北京, 中國人民 大學出版社, 1995

陳文新 編著 ≪六朝小說≫ 北京, 文化藝術出版社, 1997

石昌渝 ≪中國古代文體叢書－小說≫ 北京, 人民文學出版社, 1994

曹道衡 ≪南朝文學與北朝文學研究≫ 南京, 江蘇古籍出版社, 1998

郭英德 ≪中國古代文人集團與文學風貌≫ 北京, 北京師範大學出 版社, 1998

小南一郎 著, 孫昌武 譯 ≪中國的神話傳說與古小說≫ 北京, 中華 書局, 1993

朱義雲 ≪魏晉風氣與六朝文學≫ 臺北, 文史哲出版社, 1980

김천혜 ≪소설 구조의 이론≫ 서울, 文學과 知性社, 1990

鄭漢淑 ≪小說文章論≫ 서울, 고려대학교 출판부, 1973

신상성 ≪예술 문장론≫ 서울, 태학사, 1999

朴和穆 ≪新稿文章論≫ 서울, 민족문화문고간행회, 1986

趙炳華, 徐東轍 共著 ≪現代文章論≫ 서울, 열화당, 1977

蔣　凡 ≪世說新語研究≫ 上海, 學林出版社, 1998

王能憲 ≪世說新語研究≫ 江蘇, 江蘇古籍出版社, 1992

王守華 ≪世說新語發微≫ 上海, 上海文藝出版社, 1998

甯稼雨 ≪世說新語與中古文化≫ 石家莊, 河北敎育出版社, 1994

甯稼雨 ≪劉義慶與世說新語≫ 瀋陽, 春風文藝出版社, 1999

蕭　艾 ≪世說探幽≫ 長沙, 湖南出版社, 1992

井波律了 ≪中國人的機智－以世說新語爲中心≫ 上海, 學林出版

社, 1998

朴美齡　《世說新語中所反映的思想》　臺北, 文津出版社, 1990

胡友鳴　《世說新語的名士風度》　臺北, 大村文化出版事業有限公司, 1998

逯耀東　《魏晉史學及其他》　臺北, 東大圖書公司, 1998

李淸筠　《魏晉名士人格研究》　臺北, 文津出版社, 2000

張蓓蓓　《魏晉學術人物新研》　臺北, 大安出版社, 2001

范子燁　《中古文人生活研究》　山東, 山東敎育出版社, 2001

吳金華　《世說新語考釋》　合肥, 安徽敎育出版社, 1994

張撝之　《世說新語譯注》　上海, 上海古籍出版社, 1996

許紹早, 王萬莊　《世說新語譯注》　吉林, 吉林文史出版社, 1996

林東錫　《世說新語》　서울, 敎學研究社, 1984

簡美玲　《世說新語》　臺北, 文國書局, 1992

白惟良　《世說新語新譯》　臺北, 大衆書局, 1982

編輯部　《國語注音世說新語》　臺北, 金谷書局, 1978

毛德富, 殷書偉　主編　《文白對照全譯世說新語》　河南, 中州古籍出版社, 1994

徐傳武　《世說新語選譯》　濟南, 齊魯書社, 1991

岳希仁, 趙運仕, 黃林濤　編著　《世說新語譯注》　桂林, 廣西師範大學出版社, 1998

張振德, 宋子然　主編　《世說新語語言研究》　成都, 巴蜀書社, 1995

郭豫適　主編　《世說新語》　上海, 東方出版中心, 1996

郭豫適　主編　《南北朝續世說》　上海, 東方出版中心, 1996

300

郭豫適 主編 ≪續世說≫ 上海, 東方出版中心, 1996

郭豫適 主編 ≪今世說≫ 上海, 東方出版中心, 1996

郭豫適 主編 ≪新世說≫ 上海, 東方出版中心, 1996

羅龍治 ≪世說新語≫ 臺北, 時報文化出版社, 1983

柳士鎭 ≪世說新語選譯≫ 四川, 巴蜀書社, 1990

Richard B. Mather ≪A New Account of Tales of the World≫
    Minneapolis, University of Minnesota Press, 1978

Richard B. Mather ≪A New Account of Tales of the World≫
    臺北, 文治出版社, 1979

【論文類】

朴敬姬 <世說新語中人物品鑑之研究> 臺灣國立政治大學 석사논
    문, 1980

林志孟 <世說新語人物考> 臺灣文化大學 석사논문, 1982

曾文樑 <世說新語研究> 臺灣輔仁大學 박사논문, 1999

張蓓蓓 <漢晉人物品鑒研究> 國立臺灣大學 박사논문, 1982

賴麗蓉 <魏晉人物品鑒研究> 國立臺灣師範大學 박사논문, 1995

林琇寬 <世說新語敍事結構之研究> 國立中興大學 석사논문, 1998

吳惠玲 <世說新語之人物美學研究> 國立臺灣師範大學 석사논문, 1997

方碧玉 <魏晉人物品評風尙探究－以世說新語爲例> 國立中興大學
    석사논문, 1995

徐麗眞 <世說新語呈現之魏晉 士人審美觀硏究> 臺灣國立政治大
    學 박사논문, 1994

麥麗鳳 ＜世說新語之人物群像與描寫技巧研究＞ 國立臺灣師範大學 석사논문, 1989

尤雅姿 ＜劉義慶及世說新語之散文＞ 國立臺灣師範大學 석사논문, 1985

蔘伯森 ＜世說新語中人物美學之研究＞ 臺灣東海大學 석사논문, 1989

江建俊 ＜劉邵人物志研究＞ 臺灣國立政治大學 석사논문 1975

陳慧玲 ＜由世說新語探討－魏晉淸談與雋語之關係＞ 臺灣東吳大學 석사논문, 1987

李淸筠 ＜魏晉名士人格研究＞ 國立臺灣師範大學 석사논문, 1991

梅家玲 ＜世說新語的語言藝術＞ 國立臺灣大學 박사논문, 1991

馬　森 ＜世說新語研究目錄＞ 國立臺灣師範大學 석사논문, 1960

金鎭玉 ＜世說新語에 대한 一考察＞ 서강대학교 사학과 석사논 문, 1983

金長煥 ＜世說新語 硏究＞ 서울대학교 중문과 석사논문, 1987

金長煥 ＜魏晉南北朝 志人小說 硏究＞ 연세대학교 중문과 박사논 문, 1992

李在弘 ＜世說新語의 내용과 言語特性 硏究＞ 한국외국어대학교 중국어과 석사논문, 1996

金在淑 ＜魏晉南北朝 藝術思想 硏究－書畵論을 중심으로＞ 고려 대학교 철학과 박사논문, 1998

朴敬姬 ＜魏晉淸談과 玄學에 관한 小考＞; ≪中語中文學≫ 제19 집, 1997

朴敬姬 ＜謝道韞을 통해 본 淸談시대의 여성＞; ≪中語中文學≫ 제31집, 2002

金長煥 ＜世說新語의 國內 流傳狀況과 研究槪況＞; ≪東方學志≫

104, 연세대학교 國學研究院, 1999

朴駱圭 <魏晉南北朝 美學思想의 形成過程>; ≪中國學報≫ 제30집, 1990

宋河璟 <劉劭 人物志의 美學的 考察>; ≪中國學報≫ 제30집, 1990

曾一民 <魏晉南北朝的學風－儒學的反彈>; ≪中國學報≫ 제30집, 1990

何啓民 <魏晉南北朝的知識份子>; ≪中國學報≫ 제30집, 1990

張釟星 <魏晉知識人의 個體意識에 관한 考察>; ≪中國學研究≫ 제7집, 1990

宗白華 <論世說新語和晉人的美>; ≪美學與意境≫, 北京, 人民出版社, 1987

張海明 <世說新語的文體特徵及與淸談之關係>; ≪文學遺産≫ 1, 北京, 1997

林麗眞 <從世說新語看魏晉淸談論辯的主題>; ≪書目季刊≫ 10/4, 臺北, 1977

葉慶炳 <論世說新語比較人物優劣>; ≪書評書目≫ 57, 臺北, 1978

楊美愛..<世說新語新探－從世說新語探魏晉之思想社會與亡國>; ≪弘光護專學報≫ 6, 臺北, 1978

熊國華 <世說新語品評人物的審美特徵及影響>; ≪廣東敎育學院學報≫ 1, 香港, 1996

趙春寧 <論世說新語人物品評的兩極四維模式>; ≪內蒙古大學學報≫ 5, 內蒙古, 1998

卞 岐 <略論世說新語志人特質及其影響>; ≪蘇州大學學報≫ 3,

蘇州, 1998

景聖琪　<從世說新語看魏晉南北朝志人小說的特點>; ≪南通師範學院學報≫ 16/4, 江蘇, 2000

楊　芳 <世說新語言語的模糊美>; ≪郴州師範高等專科學教學報≫ 21/5, 江蘇, 2000

魯統彥　<試論世說新語的史料價值>; ≪東岳論叢≫ 22/1, 山東, 2001

劉正國　<論世說新語的志人特點>; ≪武漢敎育學院學報≫ 18/4, 武漢, 1999

劉桂莉 <世說新語淺論>; ≪四川師範學院學報≫ 1, 四川, 1998

方碧玉 <魏晉人物品評風尙初探－以世說新語中琅琊王氏爲例>; ≪中興史學≫ 1, 臺北, 1994

張躍生 <佛敎文化與世說新語>; ≪華中理工大學學報≫ 3, 1996

范子燁 <小說書袋子: 世說新語的用典藝術>; ≪求是學刊≫ 5, 臺北, 1998

吳曉靑　<從世說新語看魏晉的人倫鑒識活動>; ≪臺北科技大學學報≫ 31/2, 臺北

林麗星　<美的自覺－從世說新語看魏晉人物品評>; ≪東南學報≫ 19, 臺北, 1996

林秀蓉　<魏晉論人物的經典著作－人物志與世說新語>; ≪中國語文≫ 519, 臺北

徐麗眞 <世說新語才性之美析論>; ≪哲學雜誌≫ 22, 臺北, 1997

張海明 <魏晉淸談與世說新語的語言特徵>; ≪遼寧大學學報≫ 6, 遼寧, 1996

陳金泉 ＜世說新語: 中國古典寫實小說之濫觴＞; ≪南昌敎育學院學報≫ 15/4, 南昌, 2000

段振良 ＜從世說新語看魏晉 士人的風度觀＞; ≪貴陽師專學報≫ 1, 貴陽, 1997

劉仁樹 ＜論世說新語的藝術成就＞; ≪中國社會科學院學報≫ 6, 北京, 1997

吳開俊 ＜塵尾、清談、玄學、縱酒與名士以及文學－讀世說新語＞; ≪淮陽師專學報≫ 17/1, 淮陽, 1995

李建中 ＜轉型時期的才性理論－劉劭人物志硏究＞; ≪蘇州大學學報≫ 3, 蘇州, 1996

劉劍康 ＜人物志產生的社會環境－兼論魏晉淸談風氣形成的原因＞; ≪長沙水電師院社會科學學報≫ 11, 長沙, 1995

鄭萬耕 ＜曹植劉劭的唯物主義觀點＞; ≪甘肅社會科學≫ 2, 甘肅, 1994

燕國材 ＜劉劭的心理學思想硏究＞; ≪心理科學≫ 18, 上海, 1995

王記錄 ＜漢書·古今人表選述旨趣新探＞; ≪山西師大學報≫ 23/2, 山西, 1996

何永淸 ＜世說新語之修辭例(上)＞; ≪中國語文≫ 72/3, 臺北, 1993

何永淸 ＜世說新語之修辭例(下)＞; ≪中國語文≫ 72/4, 臺北, 1993

李 栖 ＜魏晉淸談的場面－以世說新語爲例＞; ≪國文天地≫ 10/7, 臺北, 1994

尤雅姿 ＜世說新語所表現之幽默現象及其意義之探究－從美學的觀點出發＞; ≪中興大學文史學報≫ 26, 臺北, 1996

周法高 ＜讀世說新語小記＞; ≪書目季刊≫ 24/2, 臺北, 1990

曾文樑 ＜從世說新語看魏晉當時之婚姻現象＞; ≪輔仁學誌≫18, 臺北, 1989

李振興 ＜三本研讀世說新語値得參考的書－評介楊勇、徐震堮的校箋和余嘉錫的箋疏＞; ≪孔孟月刊≫ 31/7, 臺北, 1993

廖蔚卿 ＜論魏晉名士的雅量－世說新語雜論之一＞; ≪臺大中文學報≫ 2, .臺北, 1988

劉向仁 ＜品鑒人物的一個標準－試析世說新語中的雅量＞; ≪德育學報≫ 9, 臺北, 1993

康韻梅 ＜試論魏晉淸談的形式和語言－主以世說新語爲考察範圍＞; ≪中國文學研究≫ 4, 臺北, 1990

梅家玲 ＜世說新語名士言談中的用典技巧＞; ≪臺大中文學報≫ 2, 臺北, 1988

張芳鈴 ＜淺談世說新語中的文學理論＞; ≪黃埔學報≫ 28, 臺北, 1994

張蓓蓓 ＜世說新語別解－任誕篇＞; ≪文史哲學報≫ 38, 臺北, 1990

朱一玄 ＜朱鑄禹先生世說新語滙校集注序＞; ≪中國古代近代文學研究≫17, 1981

段熙仲 ＜搜神記與世說新語＞; ≪中國古代近代文學研究≫ 17, 1981

曲　沐 ＜試論魏晉南北朝志怪小說的人情美＞; ≪中國古代近代文學研究≫ 10, 1982

葉栢村 ＜世說新語中所見魏晉淸談風尙＞; ≪中國古代近代文學研究≫ 10, 1982

錢南秀 ＜論世說新語審美觀＞; ≪中國古代近代文學研究≫ 10, 1982

鄭學韜 ＜讀世說新語・文學篇禮記＞; ≪中國古代近代文學研究≫ 17, 1982

程毅中　<略談漢魏六朝的小說>；≪中國古代近代文學研究≫ 19, 1982

傅淑芳　<試論世說新語思想內容的進步性>；≪中國古代近代文學研究≫ 21, 1982

金家興　<史記人物描寫的藝術創新－史記與戰國策比較研究>；≪中國古代近代文學研究≫ 3, 1985

鄭學韜　<世說新語的思想傾向與成書年代>；≪中國古代近代文學研究≫ 7, 1985

劉兆云　<世說中的文學觀點>；≪中國古代近代文學研究≫ 17, 1985

周棱伽　<第一部志人小說裴啓語林>；≪中國古代近代文學研究≫ 2, 1986

徐傳武　<世說新語劉注淺探>；≪中國古代近代文學研究≫ 3, 1986

侯忠義　<世說新語思想藝術論>；≪中國古代近代文學研究≫ 9, 1987

徐尚定　<南朝文學思想演変的邏輯起點－劉宋詩歌思想初探>；≪中國古代近代文學研究≫ 9, 1988

孟昭連　<魏晉小說觀之再認識>；≪中國古代近代文學研究≫ 12, 1988

甯稼雨　<世說新語是志人小說觀念成就的標志>；≪中國古代近代文學研究≫ 2, 1989

高永清，章義和　<吳越文化與世說新語>；≪中國古代近代文學研究≫ 4, 1989

張繼紅　<從世說新語談志人小說的特点>；≪中國古代近代文學研究≫ 4, 1989

程章燦　<從世說新語看晉宋文學觀念與魏晉美學新風>；≪中國古代近代文學研究≫ 5, 1989

馬興國　<世說新語在日本的流傳及影響>；《中國古代近代文學研究》 12, 1989

江興祐　<從世說新語看魏晉 士人的生命意識>；《中國古代近代文學研究》 3, 1990

江興祐　<論世說新語對人的審觀及其依據>；《中國古代近代文學研究》 6, 1990

熊國華　<論世說新語對個體人格的審美>；《中國古代近代文學研究》 6, 1990

徐守寬，裴彦貴　<從世說新語看魏晉南北朝志人小說的幾個特点>；《中國古代近代文學研究》 8, 1990

唐富齡　<文言小說人物性格刻畫的歷史進程>；《中國古代近代文學研究》 11, 1990

張繼紅　<論世說新語獨特的文學價值>；《中國古代近代文學研究》 12, 1990

【附　錄】

＜關係圖表＞

一: 親族關係
…: 婚姻關係

【표 1】

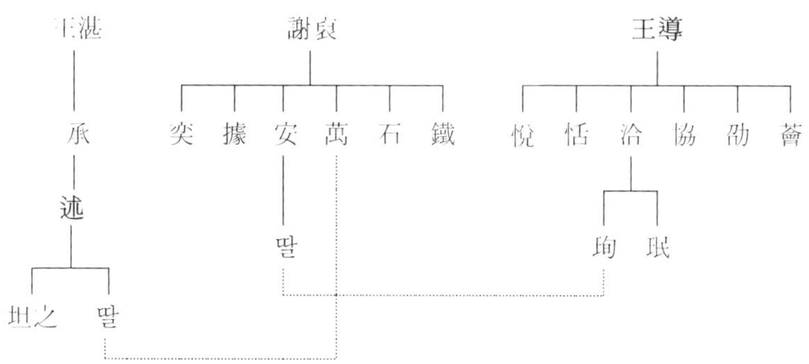

【표 2】

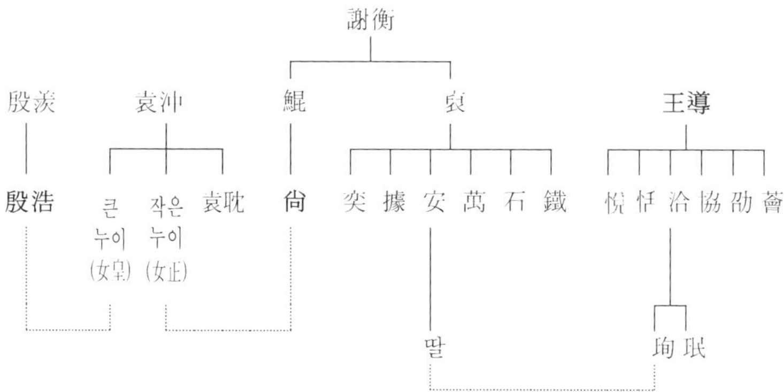

310

【표 3】

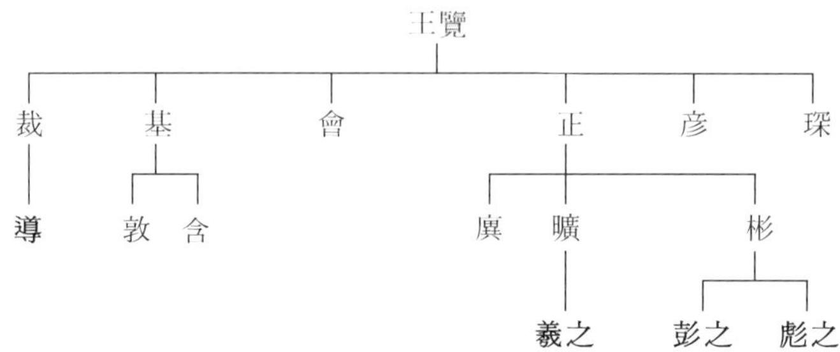

【표 4】

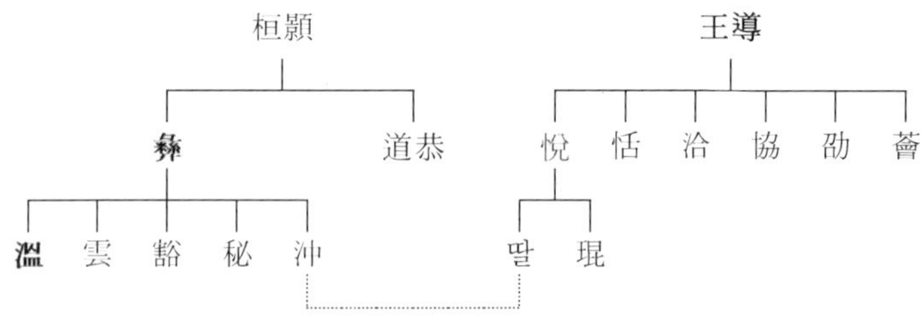

【표 5】

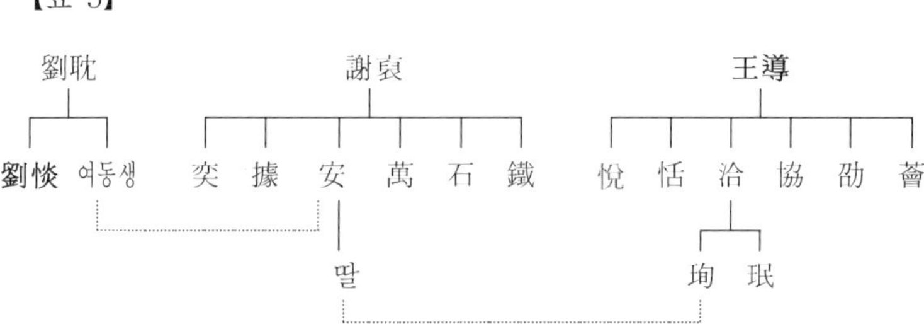

＜人物綜合의　故事　分析＞

◉　品評者

＜王導＞

1. 賞譽 편　제37조:

왕공(王導)이　태위(王衍)를　품평하기를　"높고　험준하며　특출한　것이　천길　암벽
같이　서있다."라고　했다.(王公曰太尉:「巖巖清峙, 壁立千仞.」)

*피품평자: 王衍(王夷甫)
*관계: 別族
*비교, 비유대상: 巖巖(험준한　모양)
*품평방식: 比物
*품평내용: 品格, 外貌
*품평결과: 好評

2. 品藻 편　제23조:

유공(庾亮)이　왕승상(王導)에게　묻길　"남전(王述)은　어떻소이까?"　라고　하자, 왕
승상이　말하길　"진솔하고　특출하며　간약하고　고귀한　것은　부친[王承]이나　조부
[王湛]에　뒤지　않지만, 그러나　활달하고　담담한　점은　진실로　그만　못하지요."라
고　했다.(庾公問丞相:「藍田何似?」 王曰:「眞獨簡貴, 不減父祖; 然曠澹處, 故當不
如爾.」)

*피품평자: 王述(王藍田)
*관계: 왕술은　太原　왕씨로써　낭야　왕씨와　혼인을　통한　親屬
　(사돈의　사돈).
*비교, 비유대상: 품평자　왕도와　親屬관계(사돈의　사돈)이며,
　피품평자인　왕술의　親族인　父와　祖父를　비교대상으로　삼음.
*품평방식: 比自家人
*품평내용: 品格, 談論

*품평결과: 어떤 점은 비교대상과 같거나 낫지만, 또 다른 어
떤 점은 비교대상만 못하다.

3. 文學 편 제22조:

왕승상(王導)과 은중군(殷浩)이 서로 반복하여 응수하는 바람에 나머지 여러 명
현들은 조금도 끼어 들 틈이 없었다. 이미 쌍방이 서로의 견해를 남김없이 다
펼치고 난 뒤에 왕승상이 탄식하여 말하길 "방금 전의 담론은 결국 그 명리의
근원이 귀착되는 바를 알지는 못하겠지만, 언변과 비유만큼은 서로에게 손색이
없으니 정시시기의 청담이 바로 이러했도다."라고 했다.(丞相與殷共相往反, 其餘
諸賢, 略無所關. 旣彼我相盡, 丞相乃歎曰: 「向來語, 乃竟未知理源所歸; 至於辭喩
不相負. 正始之音, 正當爾耳!」)

*피품평자: 殷浩
*관계: 혼인을 통한 親屬(사돈의 동서)
*비교, 비유대상: 正始之音(정시시기의 청담)
*품평방식: 比物
*품평내용: 談論
*품평결과: 好評

4. 賞譽 편 제47조:

왕승상(王導)이 어떤 사람에게 서찰을 보내 말하길 "[周顗는] 고아한 인물로 큰
기량을 지니고 있으니 어찌 버려둘 수 있으리오?"라고 했다.(王丞相與人書曰: 「
雅流弘器, 何可得遺?」)

*피품평자: 周顗
*품평방식: 直敍
*품평내용: 品格(고아, 기량)
*품평결과: 好評

5. 品藻 편 제16조:

어떤 사람이 승상(王導)에게 묻길 "주후(周顗)는 화교와 비교하면 어떻습니까?"
라고 하자, 대답하길 "장여(和嶠)는 우뚝 솟아 있지요."라고 했다.(人問丞相: 「周

侯何如和嶠?」 答曰:「長輿嵯櫱.」)

*피품평자: 周顗
*비교, 비유대상: 和嶠(長輿)
*품평방식: 比他人
*품평내용: 비교대상과 단순우열 비교
*품평결과: 비교대상 好評. 내용상 화교가 주의보다 뛰어나다
　는 뜻.
(주의 < 화교)

6. 品藻 편　제28조:

왕우군(王羲之)이 젊었을 때, 승상(王導)이 이르길 "일소(王羲之)가 어찌하여 또
한 만안(劉綏)에게 뒤지겠는가?"라고 했다.(王右軍少時, 丞相云:「逸少何緣復減萬
安邪?」)

*피품평자: 王羲之
*관계: 親族(사촌의 아들, 조카)
*비교, 비유대상: 劉綏(萬安)
*품평방식: 比他人
*품평내용: 비교대상과 단순우열 비교
*품평결과: (왕희지 > 유수)

7. 品藻 편　제26조:

왕승상(王導)이 이르기를 "사인조(謝尙)를 만날 때면 항상 사람을 향상 진보케
하지만, 하차도(何充)와 담론할 때면 다만 손을 들어 땅을 가리키며 '정작 진실
로 이와 같다'고만 한다."라고 했다.(王丞相云:「見謝仁祖, 恒令人得上; 與何次道
語, 唯舉手指地, 曰:「正自爾馨!」)

*피품평자: 謝尙(謝仁祖)
*관계: 親屬(사돈)
*품평방식: 直敍
*품평내용: 品格
*품평결과: 好評

314

8. 品藻 편 제26조:

왕승상(王導)이 이르기를 "사인조(謝尚)를 만날 때면 항상 사람을 향상 진보케
하지만, 하차도(何充)와 담론할 때면 다만 손을 들어 땅을 가리키며 '정작 진실
로 이와 같다'고만 한다."라고 했다.(王丞相云: 「見謝仁祖, 恒令人得上; 與何次道
語, 唯舉手指地, 口: 「正自爾馨!」)

*피품평자: 何充(何次道)
*관계: 賞譽 편 제59조와 品藻 편 제26조에서 함께 談論을
　나누는 관계
*품평방식: 直敍
*품평내용: 談論
*품평결과: 惡評

9. 容止 편 제16조:

왕승상(王導)이 위세마(衛玠)를 보고 나서 말하길 "확연하게 몸이 쇠약하여 비
록 온종일 몸조리한다 하더라도 비단 옷조차 감당하지 못할 것 같다."라고 했
다.(王丞相見衛洗馬, 口: 「居然有羸形; 雖復終日調暢, 若不堪羅綺.」)

*피품평자: 衛玠(衛世馬)
*품평방식: 直敍
*품평결과: 위개의 병약함을 惡評

10. 傷逝 편 제6조:

승상 왕공(王導)이 명을 내리길 "위세마는 마땅히 이장을 해야 한다. 이 분은
고아한 명사로서 천하 사람들이 추앙하는 바이니, 검소한 제례를 준비해서 옛
정의를 돈독히 하는 것이 옳다."라고 했다.(丞相王公敎曰: 「衛洗馬當改葬. 此君風
流名上, 海內所瞻, 可脩薄祭, 以敦舊好.」)

*피품평자: 衛玠(衛世馬)
*품평방식: 直敍
*품평내용: 品格
*품평결과: 好評

11. 賞譽 편　제57조:

왕승상(王導)이 조약을 불러 밤에 담론을 나누다가 새벽까지 잠을 자지 못했다. 다음 날 아침에 손님이 왔는데, 공은 아직 머리도 빗지 못하고 있었고, 또한 약간 피곤한 상태였다. 손님이 말하길 "이와 같으시니 공께서는 아마 어젯밤에 주무시지 못한 모양이군요?"라고 하자 공이 말하길 "어젯밤에 사소(祖約)와 함께 담론을 나누었는데, 사람으로 하여금 피곤함을 잊게 하더이다."라고 했다.(王丞相招祖約夜語, 至曉不眠; 明旦有客, 公頭鬢未理, 體亦小倦. 客曰:「公昨如似失眠?」公曰:「昨夜與上少語, 遂使人忘疲.」)

*피품평자: 祖約
*관계: 함께 談論을 나누는 관계
*품평방식: 直敍
*품평내용: 談論
*품평결과: 好評

12. 輕詆 편　제8조:

왕우군(王羲之)이 남쪽에 있을 때, 승상(王導)이 편지를 보내 조카들이 뛰어나지 못함을 늘 탄식하며 이르길 "호돈(王彭之)과 호독(王彪之)은 여전히 그 모양이다."라고 했다.(王右軍在南, 丞相與書, 每歎子姪不令. 云:「虎豘·虎犢, 還其所如.」)

*피품평자: 王彭之, 王彪之
*관계: 親族(조카)
*비교, 비유대상: 어렸을 적 小字(虎豘: 새끼 돼지, 虎犢: 새끼 소)
*품평방식: 比物
*품평내용: 品格(재능)
*품평결과: 惡評.「還其所如」는 才質이 부족하다는 뜻.

13. 容止 편　제25조:

왕경예(王恬)는 미려한 용모를 지니고 있었는데, [부친] 왕공(王導)에게 문안을 두드렸더니 왕공이 그의 어깨를 두드리며 말하길 "애야, 재능이 용모를 따라가지 못하는 것이 유감이구나!"라고 했다.(王敬豫有美形, 問訊王公; 王公撫其肩曰:「阿奴, 恨才不稱!」)

*피품평자: 王恬(王敬豫)
*관계: 親族(아들)
*비교, 비유대상: 피품평자 王恬 자신의 외모
*품평방식: 比物
*품평내용: 品格(재능)
*품평결과: 惡評(재능＜외모)

14. 賞譽 편 제54조:

왕승상(王導)이 이르길 "조현량(刁協)은 명찰하고, 대약사(戴儼)는 엄숙하며, 변망지(卞壺)는 준엄하다."라고 했다.(王丞相云:「刁玄亮之察察, 戴若思之巖巖, 卞望之之峯岠.」)

*피품평자: 刁協(刁玄亮)
*품평방식: 直敍
*품평내용: 品格(정밀하게 사물을 관찰하여 분석해내는 것)
*품평결과: 好評

15. 賞譽 편 제54조:

왕승상(王導)이 이르길 "조현량(刁協)은 명찰하고, 대약사(戴儼)는 엄숙하며, 변망지(卞壺)는 준엄하다."라고 했다.(王丞相云:「刁玄亮之察察, 戴若思之巖巖, 卞望之之峯岠.」)

*피품평자: 戴儼(戴若思)
*비교, 비유대상: 巖巖(산이 높고 험준한 모양)
*품평방식: 比物
*품평내용: 品格
*품평결과: 好評

16. 賞譽 편 제54조:

왕승상(王導)이 이르길 "조현량(刁協)은 명찰하고, 대약사(戴儼)는 엄숙하며, 변망지(卞壺)는 준엄하다."라고 했다.(王丞相云:「刁玄亮之察察, 戴若思之巖巖, 卞望之之峯岠.」)

*피품평자: 卞壺(卞望之)
*비교, 비유대상: 峯距(산봉우리가 높이 솟아있는 모양)
*품평방식: 比物
*품평내용: 品格(성품)
*품평결과: 好評

17. 品藻 편 제13조:

왕승상(王導)이 일찍이 우비에게 말하길 "공유는 삼공의 재능은 있지만 삼공의
명망이 없고, 정담은 삼공의 명망은 있지만 삼공의 재능은 없는데, 이를 겸비한
사람은 바로 그대로다!"라고 했다.(王丞相嘗謂驎曰: 「孔愉有公才而無公望, 丁潭
有公望而無公才, 兼之者其在卿乎?」)

*피품평자: 虞驎
*비교, 비유대상: 孔愉, 丁潭
*품평방식: 比他人
*품평내용: 品格(재능과 명망)
*품평결과: 好評

18. 言語 편 제33조:

고사공(顧和)이 아직 이름이 알려지지 않았을 때 왕승상(王導)을 만나보러 갔는
데, 승상이 조금 피곤하여 그와 마주한 채 졸았다. 이를 본 고사공은 승상을 정
신 차리게 할 생각으로 동석한 사람들에게 말하길 "지난 달 매번 원공에게서
듣기로는 승상께서 중종(元帝, 司馬睿)을 보위하여 강남땅을 보전하셨다고 하던
데, 몸을 잠시도 편하게 두지 않으시니 사람을 숨차게 하십니다."라고 하자, 승
상이 이에 퍼뜩 깨어 고사공에게 이르길 "이 사람은 규장처럼 인품이 뛰어나고
번뜩이는 기지 속에 예리함이 있도다!"라고 했다.(顧司空未知名, 詣王丞相, 丞相
小極, 對之疲睡; 顧思所以叩會之, 因謂同坐曰: 「昔每聞元公道公協贊中宗, 保全江
表; 體小不安, 令人喘息.」 丞相因覺, 謂顧曰: 「此子珪璋特達, 機警有鋒.」)

*피품평자: 顧和(顧司空)
*비교, 비유대상: 珪璋(옥으로 만든 귀중한 기물)
*품평방식: 比物
*품평내용: 品格(인품과 기지)
*품평결과: 好評

19. 賞譽 편 제40조:

승상(王導)이 자궁(庾琮)을 품평하길 "철리를 매우 깊이 깨닫고 있으니 나보다 뛰어난 인물이다."라고 했다.(丞相目子躬云:「入理泓然, 我已上人.」)

    *피품평자: 庾琮(庾子躬)
    *비교, 비유대상: 품평자 王導
    *품평방식: 比自己
    *품평내용: 談論
    *품평결과: 好評

20. 賞譽 편 제61조:

왕승상(王導)이 사도에 임명되고 나서 탄식하길 "유왕교(劉疇)가 만약 장강을 넘어왔더라면, 나 혼자만 삼공에 임명되지는 않았을 텐데!"라고 했다.(王丞相拜司徒, 而歎曰:「劉王喬若過江, 我不獨拜公.」)

    *피품평자: 劉疇(劉王喬)
    *품평방식: 直敍
    *품평내용: 品格(人才)
    *품평결과: 好評

21. 識鑒 편 제11조:

제갈도명(諸葛恢)이 처음 강남으로 건너왔을 때 스스로 도명이라고 이름을 지었는데, 이전에 임기령으로 있을 때 승상(王導)이 말하길 "명부는 틀림없이 검은 머리의 재상이 될 것이오."라고 했다.(諸葛道明初過江左, 自名道明, 名亞王・庾之下. 先爲臨沂令, 丞相謂曰:「明府當爲黑頭公!」)

    *피품평자: 諸葛恢(諸葛道明)
    *비교, 비유대상: 黑頭公(검은 머리의 재상, 즉 젊은이로서 三
     公의 지위에 오른 자를 말함)
    *품평방식: 比物
    *품평내용: 品格(人才)
    *품평결과: 好評

22. 輕詆 편　제6조:

왕승상(王導)이 채공(蔡謨)을 경시하여 말하길 "내가 안기(王承), 천리(阮瞻)와 함께 낙수가에서 노닐었을 때, 蔡充의 자식[蔡謨]이 있다는 말을 어디서 들었겠는가?"라고 했다.(王丞相輕蔡公, 曰: 「我與安期・千里, 共遊洛水邊, 何處聞有一蔡克兒?」)

*피품평자: 蔡謨
*품평결과: 惡評

23. 紕漏 편　제4조:

[任育長(任瞻)]이 한 번은 외출했다가 관 파는 가게를 지나면서 눈물을 흘리며 슬퍼했다. 왕승상(王導)이 그 말을 듣고 말하길 "그는 정에 너무 빠져 있다."라고 했다.(嘗行從棺邸下度, 流涕悲哀. 王丞相聞之曰: 「此是有情癡.」)

*피품평자: 任瞻
*품평내용: 品格(성품)
*품평결과: 惡評

24. 德行 편　제27조:

주진이 임천태수를 그만 두고 도성으로 돌아 왔는데, 아직 뭍으로 올라와 거주하지 못하고 그냥 배에 탄 채로 청계저에 정박해 있었다. 왕승상(王導)이 가서 그를 만나 보았는데, 때는 여름이라 폭우가 갑자기 쏟아졌다. 배는 몹시 좁았고 게다가 비가 크게 새어서 거의 앉을 자리가 없었다. 왕승상이 말하길 "호위의 청렴함인들 어찌 이보다 더하겠는가?"라고 하고, 즉시 상주하여 오흥태수로 등용했다.(周鎭罷臨川郡還都, 末及上住, 泊靑溪渚. 王丞相往看之; 時夏月, 暴雨卒至, 舫至狹小, 而又大漏, 殆無復坐處. 王曰: 「胡威之淸, 何以過此!」 即啓川爲吳興郡.)

*피품평자: 周鎭
*비교, 비유대상: 胡威
*품평방식: 比他人
*품평내용: 品格(청렴)
*품평결과: 好評

320

<王敦>

1. 豪爽 편 제3조:

왕대장군(王敦)이 자신을 평하기를 “고명하고 진솔하며 학문은 춘추좌씨전에 밝다.”라고 했다.(王大將軍自目「高朗疎率, 學通左氏.」)

*피품평자: 王敦
*관계: 자신(本人)
*품평방식: 自評
*품평내용: 品格(고명, 진솔, 학식)
*품평결과: 好評

2. 容止 편 제17조:

왕대장군(王敦)이 태위(王衍)를 칭찬하기를 “사람들 속에 있으면 주옥이 기와조각 사이에 있는 것 같다.”라고 했다.(王大將軍稱太尉:「處衆人之中, 似珠玉在瓦石間.」)

*피품평자: 王衍
*관계: 別族, ⑥
*비교, 비유대상: 珠玉
*품평방식: 比物
*품평결과: 好評

3. 賞譽 편 제55조:

대장군(王敦)이 우군(王羲之)에게 말하기를 “너는 우리 집안의 훌륭한 자제로서, 당연히 완주부(阮裕)에 못지않다.”라고 했다.(大將軍語右軍:「汝是我家佳子弟, 當不減阮主簿.」)

*피품평자: 王羲之
*관계: 親族(조카, 사촌의 아들)
*비교, 비유대상: 阮裕
*품평방식: 比他人
*품평내용: 品格(집안의 훌륭한 자제)

＊품평결과: 好評(왕희지＝완유)

4. 賞譽 편　제51조:

왕돈이 대장군이 되어 예장에 주둔하고 있을 때, 위개가 전란을 피하여 낙양으로부터 왕돈에게 의탁했는데, 서로 만나보고는 기뻐하면서 며칠 동안 담론을 나눴다. 그때 사곤이 [왕돈의] 장사로 있었는데, 왕돈이 사곤에게 이르기를 "영가 연간에 정시 연간의 청담을 다시 듣게 될 줄은 생각지도 못했소. 아평(王澄)이 살아 있다면 틀림없이 또 절도했을 것이오."라고 했다.(王敦爲大將軍, 鎭豫章, 衛玠避亂從洛投敦, 相見欣然, 談話彌日. 于時謝鯤爲長史, 敦謂鯤曰:「不意永嘉之中, 復聞正始之音; 阿平若在, 當復絶倒!」)

＊피품평자: 衛玠
＊관계: ①
＊비교, 비유대상: 정시청담
＊품평방식: 比物
＊품평내용: 談論
＊품평결과: 好評

5. 賞譽 편　제49조:

왕대장군(王敦)이 자신의 아들을 칭찬하기를 "그 정신상태가 올바르고자 하는 것과 같다."라고 했다.(王大將軍稱其兒云:「其神候似欲可.」)

＊피품평자: 王應
＊관계: 親族(아들)
＊품평내용: 品格(정신)
＊품평결과: 好評

6. 方正 편　제28조:

왕함이 여강군의 태수로 있을 때, 독직함이 심하여 평판이 매우 좋지 않았다. [동생] 왕돈이 자기 형을 옹호하려고 일부러 여러 사람이 모인 자리에서 칭찬하기를 "우리 형님은 군에서 틀림없이 [정치를] 잘 하고 계시는 모양이오. 여강의 인사들이 모두 칭송하는 걸 보니."라고 했다. 당시 하충은 왕돈의 주부로 있었는데 그 자리에 있다가 정색하며 말을 하기를 "제가 바로 여강 사람인데 소문은 그와 다르던데요."라고 했다. 왕돈은 묵묵히 말이 없었고 주위의 사람들은 그 때문에 불안해했으나, 하충은 안색이 태연자약했다.(王含作廬江郡, 貪濁狼籍. 王敦護其兄, 故於衆坐稱:「家兄在郡定佳, 廬江人士咸稱之.」時何充爲敦主簿, 在坐, 正色曰:「充卽廬江人, 所聞異於此!」敦默然. 旁人爲之反側, 充晏然神意自若.)

*피품평자: 王含
*관계: 親族(형)
*품평내용: 品格(정치)
*품평결과: 好評(개인사견)

7. 賞譽 편 제46조:

왕대장군(王敦)이 원황(司馬睿)에게 올린 표문에서 이르길 "왕서는 품격이 진솔하고 단정하여 진실로 전아한 인물이며 왕수보다 뛰어납니다. 그래서 그는 신이 젊어서부터 가장 높이 인정한 사람입니다. 중간에 왕이보(王衍)와 왕징이 [신에게] 말하길 '그대는 처명(王舒)과 무홍(王導)을 인정해주었는데, 무홍은 이미 훌륭한 명성이 있어서 진실로 그대의 품평에 부합되지만, 처명은 가까운 사람이나 먼 사람이나를 [막론하고] 그를 인정해주는 자가 없소. 우리는 항상 그대의 評語를 주시하고 있는데 [처명에 대해서는] 거의 합당함을 얻지 못했으니 아마도 이미 그것을 후회하고 있지는 않소?'라고 하길래, 신이 개탄하면서 말하길 '당신은 그것[처명에 대한 나의 평가]을 두고 보시오. 근자에 비로소 그를 칭찬하는 사람이 생겨나기 시작했으니까.'라고 했습니다. 보통 사람들은 정작 [남을] 인정해줄 때는 너무 지나칠까[使過] 걱정하고, 인정해주지 않을 때는 사실에 어긋날까[使負實] 걱정하는 법입니다."라고 했다.(王大將軍與元皇表云:「舒風槪簡正, 允作雅人, 自多於邃, 最是臣少所知拔. 中問夷甫·澄見語:『卿智處明·茂弘. 茂弘已有令名, 眞副卿淸論; 處明親疎無知之者, 吾常以卿言爲意, 絶未有得, 恐已悔之?』臣慨然曰:『君以此試, 頃來始乃有稱之者.』言常人正自患知之使過, 不知使負實.」)

*피품평자: 王舒
*관계: 親族(사촌동생)
*비교, 비유대상: 王邃
*품평방식: 比自家人
*품평내용: 品格(진솔, 雅人)
*품평결과: 好評

8. 賞譽 편　제58조:

왕대장군(王敦)이 승상(王導)에게 서찰을 보내 양랑을 칭찬하길 "세언(楊朗)은 감식력과 논리가 뛰어나고 재능을 감춘 채 [사물을] 명확히 판단하니 이미 국가 적인 인재입니다. 게다가 양후회의 아들이기도 합니다. [그러나 근자에] 직위와 명망이 점점 쇠미해지고 있으니, 당신이라면 충분히 그에게 [걸맞은] 자리를 마련해 줄 수 있을 것입니다."라고 했다.(王大將軍與丞相書, 稱楊朗曰: 「世彥識器理致, 才隱明斷, 旣爲國器, 且是楊侯淮之子. 位望絶爲陵遲, 卿亦足與之處.」)

*피품평자: 楊朗
*관계: ④
*비교, 비유대상: 器(그릇, 인재)
*품평방식: 比物
*품평내용: 品格(감식력, 논리, 인재)
*품평결과: 好評

9. 賞譽 편　제43조:

유곤이 조거기(祖逖)를 고명하게 높은 경지에 이르렀다고 칭송하면서 말하기를 "[그는] 젊었을 때 왕돈의 감탄을 받은 인물이다."라고 했다.(劉琨稱祖車騎爲朗詣, 曰: 「少爲王敦所歎.」)

*피품평자: 祖逖
*품평내용: 品格
*품평결과: 好評(감탄)

<王珣>

1. 容止 편　제34조:

간문제(司馬昱)가 상왕으로 있을 때, 사공(謝安)과 함께 환선무(桓溫)을 찾아갔다. 왕순이 먼저 와서 안에 있었는데, 환선무가 왕순에게 말하길 "그대는 일찍이 상왕을 보고 싶어 했으니 휘장 안에 들어가 [살펴보고] 있으면 될 걸세."라고 했다. 두 손님이 돌아간 뒤에 환선무가 왕순에게 말하길 "도대체 어떠하던가?"라고 하자, 왕순이 말하길 "상왕은 재상으로서 본디 神君처럼 청정하고 공(桓溫)

또한 만인의 존망을 받고 있습니다. 그렇지 않다면 복야(謝安)가 어떻게 스스로 [공에게] 머리를 숙일 수 있겠습니까?"라고 했다.(簡文作相王時, 與謝公共詣桓宣武; 王珣先在內, 桓語王:「卿嘗欲見相王, 可住帳裏.」二客旣去, 桓謂王曰:「定何如?」王曰:「相王作輔, 自然濙若神君, 公亦萬夫之望; 不然, 僕射何得自沒?」)

*피품평자: 桓溫
*관계: 親屬(사돈), ②, ③
*품평내용: 品格(관상, 만인의 존망)
*품평결과: 好評

2. 容止 편 제34조:

간문제(司馬昱)가 상왕으로 있을 때, 사공(謝安)과 함께 환선무(桓溫)를 찾아갔다. 왕순이 먼저 와서 안에 있었는데, 환선무가 왕순에게 말하길 "그대는 일찍이 상왕을 보고 싶어 했으니 휘장 안에 들어가 [살펴보고] 있으면 될 걸세."라고 했다. 두 손님이 돌아간 뒤에 환선무가 왕순에게 말하길 "도대체 어떠하던가?"라고 하자, 왕순이 말하길 "상왕은 재상으로서 본디 神君처럼 청정하고 공(桓溫) 또한 만인의 존망을 받고 있습니다. 그렇지 않다면 복야(謝安)가 어떻게 스스로 [공에게] 머리를 숙일 수 있겠습니까?"라고 했다.(簡文作相王時, 與謝公共詣桓宣武; 王珣先在內, 桓語王:「卿嘗欲見相王, 可住帳裏.」二客旣去, 桓謂王曰:「定何如?」王曰:「相王作輔, 自然濙若神君, 公亦萬夫之望; 不然, 僕射何得自沒?」)

*피품평자: 簡文帝
*관계: 親屬, ②
*비교, 비유대상: 神君
*품평방식: 比物
*품평내용: 品格(청정)
*품평결과: 好評

3. 識鑒 편 제28조:

왕순이 친구에게 말하길 "어찌 황문랑에게 그러한 대임을 맡길 수 있단 말인가? 이번에 중감을 기용한 것은 바로 나라가 망할 징조이다."라고 했다.(王語所親曰:「豈有黃門郎而受如此任? 仲堪此擧, 迺是國之亡徵!」)

*피품평자: 殷仲堪(은호의 조카)

　*품평결과: 惡評

＜王衍＞

1. 賞譽 편　제25조:

왕이보(王衍)가 스스로 탄식하길 "나는 악령(樂廣)과 담론할 때마다 일찍이 나의 언담이 번잡하다고 느끼지 않은 적이 없다."라고 했다.(王夷甫自嘆:「我與樂令談, 未嘗不覺我言爲煩.」)

　*피품평자: 王衍
　*관계: 자신(本人)
　*비교, 비유대상: 樂令(樂廣)
　*품평방식: 自評, 比他人
　*품평내용: 談論
　*품평결과: 비교대상을 好評하면서 자신을 폄하

2. 品藻 편　제10조:

왕이보(王衍)가 왕동해(王承)를 악령에게 견주었기 때문에 [왕동해의 손자] 왕중랑(王坦之)이 [왕동해]의 비문을 지어 이르길 "당시 사람들이 높이 기리어 악광의 짝이라 했다."라고 했다.(王夷甫以王東海比樂令; 故王中郎作碑云:「當時標榜, 爲樂廣之儷.」)

　*피품평자: 王承
　*관계: 太原 王氏
　*비교, 비유대상: 樂令(樂廣)
　*품평방식: 比他人

3. 文學 편　제13조:

제갈굉은 젊었을 때 학문에 힘쓰려 하지 않았는데, 처음으로 왕이보(王衍)와 담론했을 때 곧바로 이미 고매한 경지에 도달했다. 왕이보가 탄복하여 말하길 "그대는 천부적인 재능이 탁월하니 조금만 더 노력한다면 어느 누구에게도 손색이 없을 것이네."라고 했다. 제갈굉이 나중에 장자와 노자를 읽고 나서 다시 왕이보와 담론했을 때는 족히 상대가 되었다.(諸葛宏年少不肯學問, 始與王夷甫談, 便已超詣. 王歎曰:「卿天才卓出, 若復小加研尋, 一無所愧.」宏後看莊老, 更與王語, 便足相抗衡.)

*피품평자: 諸葛宏
*관계: ①, ③
*품평내용: 談論, 品格(才能)
*품평결과: 好評

4. 賞譽 편 제27조:

왕평자(王澄)가 [형] 태위(王衍)를 품평하길 "형님은 겉으로는 [無爲의] 道를 체득한 듯하지만, 정신적인 기세가 너무 예리합니다."라고 하자, 태위가 답하길 "진실로 그대의 대범하고 침착함에는 미치지 못하지."라고 했다.(王平子曰太尉:「阿兄形似道, 而神鋒太儁.」太尉答曰:「誠不如卿落落穆穆.」)

*피품평자: 王澄
*관계: 親族(동생)
*비교, 비유대상: 王衍 자신
*품평방식: 比自己
*품평내용: 品格(대범, 침착, 솔직)
*품평결과: 好評

5. 賞譽 편 제31조:

왕이보(王衍)가 악령에게 말하길 "명사는 많은 사람은 필요 없고 당연히 평자(王澄)의 인정을 받아야 합니다."라고 했다.(王夷甫語樂令:「名士無多人, 故當容平子知.」)

*피품평자: 王澄
*관계: 親族(동생)
*품평내용: 品格(인물평가능력)
*품평결과: 好評

6. 言語 편　제23조:

여러 명사가 함께 낙수에 가서 놀다가 돌아왔는데, 악령이 왕이보(王衍)에게 묻
길 "오늘 놀이는 즐거웠습니까?"라고 하자, 왕이보가 말하길 "배복야(裴頠)는 명
리를 논하는 데 뛰어나 끊임없이 고아한 운치가 솟아났으며, 장무선(張華)은 사
기와 한서를 논했는데 오래도록 계속 들을 만 했으며, 나와 왕안풍(王戎)은 연
릉과 자방에 대해서 이야기했는데 역시 의론이 높고 현묘했소이다."라고 했다.
(諸名士共至洛水戲, 還, 樂令問王夷甫曰:「今日戲樂乎?」 王曰:「裴僕射善談名理,
混混有雅致; 張茂先論史漢, 靡靡可聽; 我與王安豐說延陵子房, 亦超超玄著.」)

*피품평자: 王戎
*관계: 親族(사촌형)
*품평내용: 品格(심오, 진지)
*품평결과: 好評

7. 言語 편　제23조:

여러 명사가 함께 낙수에 가서 놀다가 돌아왔는데, 악령이 왕이보(王衍)에게 묻
길 "오늘 놀이는 즐거웠습니까?"라고 하자, 왕이보가 말하길 "배복야(裴頠)는 명
리를 논하는 데 뛰어나 끊임없이 고아한 운치가 솟아났으며, 장무선(張華)은 사
기와 한서를 논했는데 오래도록 계속 들을 만 했으며, 나와 왕안풍(王戎)은 연
릉과 자방에 대해서 이야기했는데 역시 의론이 높고 현묘했소이다."라고 했다.
(諸名士共至洛水戲, 還, 樂令問王夷甫曰:「今日戲樂乎?」 王曰:「裴僕射善談名理,
混混有雅致; 張茂先論史漢, 靡靡可聽; 我與王安豐說延陵子房, 亦超超玄著.」)

*피품평자: 裴頠
*품평내용: 談論(명리론)
*품평결과: 好評

8. 言語 편　제23조:

여러 명사가 함께 낙수에 가서 놀다가 돌아왔는데, 악령이 왕이보(王衍)에게 묻
길 "오늘 놀이는 즐거웠습니까?"라고 하자, 왕이보가 말하길 "배복야(裴頠)는 명
리를 논하는 데 뛰어나 끊임없이 고아한 운치가 솟아났으며, 장무선(張華)은 사
기와 한서를 논했는데 오래도록 계속 들을 만 했으며, 나와 왕안풍(王戎)은 연
릉과 자방에 대해서 이야기했는데 역시 의론이 높고 현묘했소이다."라고 했다.

(諸名士共至洛水戲, 還, 樂令問王夷甫曰:「今日戲樂乎?」 王曰:「裴僕射善談名理, 混混有雅致; 張茂先論史漢, 靡靡可聽; 我與王安豐說延陵子房, 亦超超玄著.」)

*피품평자: 張華
*품평내용: 談論(사기, 한서론)
*품평결과: 好評

9. 賞譽 편 제24조:

왕태위(王衍)가 말하길 "배령공(裴楷)을 보니 그 명철함이 환하게 빛나 모든 사람을 압도하니 보통 식견을 지닌 인물이 아니다. 만약 죽은 사람을 다시 살릴 수 있다면 마땅히 그와 함께 뜻을 같이 하겠다."라고 했다. 혹은 왕융이 한 말이라고도 한다.(王太尉曰:「見裴令公精明朗然, 籠蓋人上, 非凡識也! 若死而可作, 當與之同歸.」 或云王戎語.)

*피품평자: 裴楷
*품평내용: 品格(명철, 식견)
*품평결과: 好評

10. 容止 편 제10조:

배령공(裴楷)은 빼어난 용모를 지니고 있었는데, 어느 날 병이 들어 위독한 지경에 이르자, 혜제(司馬衷)가 왕이보(王衍)를 보내 위문하게 했다. 배령공은 벽을 향하여 누워 있다가 왕의 사자가 도착했다는 말을 듣고 억지로 [눈을] 돌려 그를 보았다. 왕이보가 나와서 사람들에게 말하길 "두 눈이 번쩍이는게 바위 아래에서 치는 번개와 같으니, 정신은 활기차게 움직이지만 몸이 약간 안 좋은 것 같소."라고 했다.(裴令公有儁容姿, 一旦有疾至困, 惠帝使王夷甫往看; 裴方向壁臥, 聞王使至, 強回視之. 王出, 語人曰:「雙眸閃閃, 若巖下電; 精神挺動, 體中故小惡.」)

*피품평자: 裴楷
*비교, 비유대상: 번개
*품평방식: 比物
*품평내용: 品格(정신)
*품평결과: 好評

11. 賞譽 편 제21조:

어떤 사람이 왕이보(王衍)에게 묻길 "산거원(山濤)의 철리는 어떠합니까? 어느 무리입니까?"라고 하자, 왕이보가 말하길 "그 사람은 애당초 청담가로 자처하려 하지 않고 노자와 장자도 읽지 않았는데, 때때로 그가 하는 말을 들어보면 종종 그[노자, 장자의] 논지와 부합하곤 합니다."라고 했다.(人問王夷甫:「山巨源義理何如? 是誰輩?」王曰:「此人初不肯以談自居, 然不讀老莊, 時聞其詠, 往往與其旨合.」)

*피품평자: 山濤
*관계: ⑥
*품평내용: 談論(노자, 장자의 논지와 부합)
*품평결과: 好評

12. 識鑒 편 제4조:

당시 사람들이 생각하길 "산도는 손자와 오자의 병법을 배우지 않았지만 암암리에 그 이치에 통달했다."라고 했으며, 왕이보(王衍)도 감탄하길 "산공은 암암리에 道에 합치되었도다."라고 했다.(時人以謂「山濤不學孫吳, 而闇與之理會.」王夷甫亦歎云:「公闇與道合!」)

*피품평자: 山濤
*관계: ⑥
*품평내용: 談論(도에 합치)
*품평결과: 好評

13. 賞譽 편 제32조:

왕태위(王衍)가 이르길 "곽자현(郭象)의 논변은 마치 폭포에서 물이 쏟아지는 것처럼 [아무리] 부어도 다함이 없다."라고 했다.(王太尉云:「郭子玄語議如懸河寫水, 注而不竭.」)

*피품평자: 郭象
*비교, 비유대상: 폭포의 물
*품평방식: 比物
*품평내용: 談論(언변)

*품평결과: 好評

14. 品藻 편 제9조:

왕이보(王衍)가 이르길 "여구충은 만분, 학륭보다 우수하다. 이 세 사람은 모두 뛰어난 인재인데 [그 중에서] 여구충이 가장 먼저 顯達한 인물이다."라고 했다. (王夷甫云: 「閭丘沖, 優於滿奮·郝隆; 此三人, 並是高才, 沖最先達.」)

*피품평자: 閭丘沖
*비교, 비유대상: 滿奮, 郝隆
*품평방식: 比他人
*품평내용: 品格(현달)
*품평결과: 好評(비교대상도 好評)

<王述>

1. 賞譽 편 제74조:

왕람전(王述)이 양주자사에 임명되었을 때, 주부가 [왕람전의 조부와 부친의] 휘를 묻자, 가르쳐주며 이르기를 "돌아가신 조부님과 부친께서는 함자가 천하에 널리 알려져 있어서 원근의 사람들이 [모두 잘] 알고 있으며, 부인의 휘는 밖을 나가지 않는 법이오. 그 나머지는 꺼릴 것이 없소."라고 했다.(王藍田拜揚州, 主簿請諱. 教云: 「亡祖先君, 名播海內, 遠近所知; 內諱不出於外. 餘無所諱.」)

*피품평자: 王承, 王湛
*관계: 親族(父, 祖父)
*품평내용: 品格(명성)
*품평결과: 好評

2. 簡傲 편 제10조:

"사람들이 군후를 어리석다고 하더니, 군후는 정말로 어리석습니다."라고 하자, 왕람전(王述)이 말하길 "그런 평론이 없는 것은 아니지만 다만 [나는] 늦게 훌륭해졌을 뿐이지."라고 했다.(直言曰: 「人言君侯癡, 君侯信自癡.」藍田曰: 「非無此論, 但晚令耳.」)

*피품평자: 王述
*관계: 자신(本人)
*품평방식: 自評
*품평내용: 品格(대기만성)
*품평결과: 好評(객관, 자기합리)

3. 方正 편　제47조:

왕술이 상서령으로 전임되어 인사 발령이 나자 곧바로 부임했다. [그의 아들] 문도(王坦之)가 말하길 "일부러라도 두씨나 허씨에게 양보하는 것이 마땅합니다."라고 했더니, 남전(王述)이 이르길 "너는 내가 이 직분을 감당할 수 없다고 생각하는 것이냐?"라고 하자, 문도가 말하길 "어찌 감당하실 수 없겠습니까? 다만 겸양을 잘 하는 것은 자고로 훌륭한 일로 여겨지는지라 아마도 빼놓을 수 없는 덕목일 것입니다."라고 했다. 이에 남전이 탄식하며 말하길 "이미 감당할 수 있다고 한다면 어찌 다시 겸양할 필요가 있겠느냐? 사람들은 너를 나보다 낫다고 하는데 [이제 보니] 분명 나만 못하구나."라고 했다.(王述轉尙書令, 事行便拜. 文度曰:「故應讓杜許.」藍田云:「汝謂我堪此否?」文度曰:「何爲不堪! 但克讓自是美事, 恐不可闕.」藍田慨然曰:「旣云堪, 何爲復讓? 人言汝勝我, 實不如我!」)

*피품평자: 王坦之
*관계: 親族(아들)
*비교, 비유대상: 王述(자신)
*품평방식: 比自己
*품평내용: 品格
*품평결과: 惡評(나만 못하다, 단순비교)

4. 方正 편　제58조:

문도(王坦之)가 환공(桓溫)이 자신의 딸을 며느릿감으로 청한다는 말을 했더니, 남전(王述)이 대노하여 문도를 무릎 아래로 밀쳐내며 말하길 "문도 네가 이렇게 멍청한 줄을 어찌 알았겠느냐? 환온의 얼굴을 두려워하다니! 군인 나부랭이에게 어떻게 딸을 시집보낼 수 있단 말이냐?"라고 했다.(文度因言桓求己女婿. 藍田大怒, 排文度下膝曰:「惡見文度已復癡, 畏桓溫面? 兵, 那可嫁女與之!」)

*피품평자: 王坦之
*관계: 親族(아들)

*품평내용: 品格
*품평결과: 惡評(멍청)

5. 品藻 편 제64조:

왕승은(王禕之)이 임공(支遁)을 경시하자, [부친] 남전(王述)이 말하길 "네 형[王坦之]을 따라 하지 말아라. 네 형은 본래 그만 못하느니라."라고 했다.(王僧恩輕林公. 藍田曰:「勿學汝兄, 汝兄自不如伊.」)

*피품평자: 王坦之
*관계: 親族(아들)
*비교, 비유대상: 支遁
*품평방식: 比他人
*품평결과: 惡評(왕탄지<지둔)

6. 方正 편 제58조:

문도(王坦之)가 환공(桓溫)이 자신의 딸을 며느릿감으로 청한다는 말을 했더니, 남전이 대노하여 문도를 무릎 아래로 밀쳐내며 말하길 "문도 네가 이렇게 멍청한 줄을 어찌 알았겠느냐? 환온의 얼굴을 두려워하다니! 군인 나부랭이에게 어떻게 딸을 시집보낼 수 있단 말이냐?"라고 했다.(文度因言桓求己女婿. 藍田大怒, 排文度下膝曰:「惡見文度已復癡, 畏桓溫面? 兵, 那可嫁女與之!」)

*피품평자: 桓溫
*관계: 親屬(사돈), 아들의 사돈, ①
*품평내용: 品格(군인 나부랭이)
*품평결과: 惡評

<王坦之>

1. 品藻 편 제53조:

왕중랑(王坦之)이 일찍이 유장사(劉惔)에게 묻길 "나는 구자(王俗)와 비교하여 어떤가?"라고 했더니, 유장사가 대답하길 "그대의 재능은 당연히 구자보다 못하지만 명성을 얻는 경우는 [그보다] 많지."라고 하자, 왕중랑이 웃으며 말하길

“어리석긴!”이라고 했다.(王中郞嘗問劉長沙曰:「我何如荀子?」劉答曰:「卿才乃當
不勝荀子; 然會名處多.」王笑曰:「擬!」)

*품평내용: 상호비방
*품평결과: 惡評

2. 排調 편 제46조:

앞으로 나아가려 할 때 서로 앞서라고 양보하다가 한참 [실랑이를 벌인] 뒤에
왕문도(王坦之)가 결국 범영기(范啓)의 뒤에 있게 되었다. 그래서 왕문도가 말하
길 “까부르고 날리고 나니 겨와 쭉정이만 앞에 있네.”라고 하자, 범영기가 말하
길 “씻어내고 골라내고 나니 모래와 조약돌만 뒤에 있네.”라고 했다.(將前, 更相
推在前; 旣移久, 王遂在范後. 王因謂曰:「簸之揚之, 糠秕在前.」范曰:「洮之汰之,
沙礫在後.」)

*품평내용: 상호비방
*품평결과: 惡評

<謝安>

1. 賞譽 편 제147조:

사공(謝安)은 집으로 돌아가서 유부인에게 말하길 “아까 아과(王珣)을 만났는데,
진실로 쉽게 얻을 수 있는 인물은 아니었소. 비록 [두 집안이 이젠] 서로 관계
가 없지만, 진정 사람을 감탄해 마지않게 했소.”라고 했다.(還, 謂劉大人曰:「向
見阿瓜, 故自未易有; 雖不相關, 正自使人不能已已!」)

*피품평자: 王珣
*관계: 親屬(사위였음), ⑤
*품평내용: 品格(능력 方面의 출중함)
*품평결과: 好評

2. 賞譽 편 제141조:

사공(謝安)이 왕우군(王羲之)에게 서찰을 보내 말하길 “경화(王洽)는 [몸을] 깃

334

들이고 [뜻을] 기탁하는 것이 훌륭합니다.”라고 했다.(謝公與王右軍書曰:「敬和棲
託好佳.」)

*피품평자: 王洽
*관계: 親屬(사돈)
*품평내용: 品格
*품평결과: 好評

3. 賞譽 편 제143조:

사공(謝安)이 왕효백(王恭)에게 말하길 “당신 집안의 남전(王述)은 모든 행동거
지가 보통 사람의 것과는 다르오.”라고 했다.(謝公語王孝伯:「君家藍田, 擧體無常
人事.」)

*피품평자: 王述
*관계: 親屬(조카사위, 사돈), 太原 王氏
*품평내용: 品格(비범)
*품평결과: 好評

4. 賞譽 편 제78조:

사공(謝安)이 왕람전(王述)을 칭찬하길 “살갗을 벗겨내면 [그 속은] 모두 眞하
다.”라고 했다.(謝公稱藍田:「掇皮皆眞.」)

*피품평자: 王述
*관계: 親屬(조카사위, 사돈), 太原 王氏
*품평내용: 品格(진솔)
*품평결과: 好評

5. 賞譽 편 제128조:

사태부(謝安)가 안북(王坦之)을 평하길 “그를 만나면 남으로 하여금 싫증나지
않게 하지만, [그가] 문 밖으로 나가기만 하면 더 이상 생각나지 않는다.” (謝太
傅道安北:「見之乃不使人厭; 然出戶去, 不復使人思.」)

*피품평자: 王坦之
*관계: 親屬(조카사위아들, 사돈), 太原 王氏, ⑦
*품평내용: 品格(직언을 잘함)
*품평결과: ～이나 ～이다

6. 賞譽 편 제133조:

사공(謝安)이 이르길 "장사(王濛)는 말은 그다지 많이 하지 않지만, 아름다운 언사가 담겨 있다고 이를 만하다."라고 했다.(謝公云: 「長史語甚不多, 可謂有令音.」)

*피품평자: 王濛(王坦之 사촌)
*관계: 親屬, 太原 王氏, ①
*품평내용: 品格(아름다운 말을 잘 사용함)
*품평결과: 好評

7. 言語 편 제75조:

사공(謝安)이 이르길 "현인, 성인과 범인과의 차이는 그 사이가 가깝다."라고 했는데, 자식과 조카들이 이를 인정하지 않자 사공이 탄식하며 말하길 "郗超가 이 말을 들었다면 반드시 은하수처럼 끝없는 말로는 여기지 않을 터인데."라고 했다.(謝公云: 「賢聖去人, 其間亦邇.」 子姪未之許. 公歎曰: 「若郗超聞此語, 必不至河漢.」)

*피품평자: 郗超
*관계: 親屬(형 사돈의 생질, 사돈의 사촌(王羲之)의 생질, ①
  or 친구 王羲之의 생질, 조카 謝玄과 不善(7.22)
*비교, 비유대상: 謝安의 조카들(조카 謝玄과 不善 7.22)
*품평방식: 比自家人
*품평내용: 談論(철리)
*품평결과: 好評

8. 雅量 편 제27조:

환선무(桓溫)가 치초와 함께 조정의 신하를 숙청할 것을 의논하여 명단이 들어 있는 문서를 이미 작성해 놓고 그날 밤 함께 잠을 잤다. 다음날 새벽에 일어나 사안과 왕탄지를 불러 들어오게 하여 그 문서를 던져 보여 주었다. 치초는 아직 침대 휘장 속에서 자고 있었다. 사안은 아무 말도 하지 않았지만, 왕탄지는 곧바로 던져 돌려주면서 "많습니다."라고 했다. 환선무가 붓을 들어 [일부 명단을] 삭제하려 하자, 치초가 어느덧 휘장을 사이에 두고 환선무와 가만히 이야기를 나누었다. 사안이 웃음을 머금고 말하길 "치초 선생은 가히 장막 속에 들어 있는 손님이라 할 만하군요."라고 했다.(桓宣武與郗超議晏夷朝臣, 條牒旣定, 其夜同宿. 明晨起, 呼謝安·王坦之入, 擲疏示之. 郗猶在帳內, 謝都無言, 王直擲還, 云多. 宣武取筆欲除, 郗不覺竊從帳中與宣武言. 謝含笑曰:「郗生可謂入幕賓也!」)

*피품평자: 郗超
*관계: 親屬(형 사돈의 생질, 사돈의 사촌(王羲之)의 생질, ①
 or 친구 王羲之의 생질, 조카 謝玄과 不善(7.22)
*비교, 비유대상: 入幕賓
*품평내용: 品格(入幕賓)
*품평결과: 惡評(비꼼)

9. 品藻 편 제82조:

왕자경(王獻之)이 사공(謝安)에게 묻길 "가빈(郗超)은 도계(庾龢)와 비교하여 어떻습니까?"라고 하자, 대답하길 "도계는 진실로 뛰어난 깨달음의 경지를 체득하고 있지만, 가빈은 본래 [도계보다] 훌륭하오."라고 했다.(王子敬問謝公:「嘉賓何如道季?」 答曰:「道季誠復鈔撮淸悟, 嘉賓故自上.」)

*피품평자: 郗超
*관계: 親屬(형 사돈의 생질, 사돈의 사촌(王羲之)의 생질, ①
 or 친구 王羲之의 생질, 조카 謝玄과 不善(7.22)
*비교, 비유대상: 庾道季(庾龢), 庾亮의 조카
*품평방식: 比他人
*품평결과: 好評(치초>유화)

10. 品藻 편 제74조:

왕황문(王徽之) 형제 세 명이 함께 사공(謝安)을 방문했는데, 자유(王徽之)와 자중(王操之)은 세속의 일을 많이 말했으나, 자경(王獻之)은 문안인사만 할 뿐이었다. [그들이] 떠난 뒤에 그 자리에 있던 빈객이 사공에게 묻길 "방금 전의 세 현자 중에서 누가 뛰어납니까?"라고 하자, 사공이 말하길 "막내가 가장 뛰어나지요."라고 했다. 빈객이 말하길 "어떻게 그것을 알 수 있습니까?"라고 하자, 사공이 말하길 "훌륭한 사람은 말이 적고 경솔한 사람은 말이 많다고 했으니, 이것으로 미루어 알 수 있지요."라고 했다.(王黃門兄弟三人俱詣謝公, 子猷·子重多說俗事, 子敬寒溫而已. 旣出, 坐客問謝公:「向三賢孰愈?」謝公曰:「小者最勝!」客曰:「何以知之?」謝公曰:「『吉人之辭寡, 躁人之辭多.』推此知之.」)

*피품평자: 王獻之
*관계: 親屬(사돈의 조카, 사위의 사촌, 친구 王羲之의 아들), ②
*비교, 비유대상: 王徽之, 王操之
*품평방식: 比自家人
*품평내용: 品格
*품평결과: 好評

11. 品藻 편　제77조:

어떤 사람이 태부(謝安)에게 묻길 "자경(王獻之)은 선배 중에서 누구에 견줄 수 있습니까?"라고 하자, 사태부가 말하길 "아경(王獻之)은 왕(王濛)과 유(劉惔)의 품격을 비슷하게 체득하고 있소."라고 했다.(人有問太傅:「子敬可是先輩誰比?」謝曰:「阿敬近撮王·劉之標.」)

*피품평자: 王獻之
*관계: 親屬(사돈의 조카, 사위의 사촌, 친구 王羲之의 아들), ②
*비교, 비유대상: 王濛, 劉惔
*품평방식: 比他人
*품평내용: 品格
*품평결과: 好評

12. 忿狷 편　제6조:

왕령(王獻之)이 사공(謝安)을 찾아갔는데, 마침 습착치가 이미 그 자리에 있었기에 같은 의자에 앉아야만 했다. 왕령이 머뭇거리면서 앉지 않자, 사공이 그를 잡아끌어 [습착치와] 의자를 마주하게 했다. [두 사람이] 돌아간 뒤에 [사공이 조카] 사호아(謝朗)에게 말하길 "자경은 진실로 청고한 인물이지만, 단지 사람됨이 그처럼 너무 자긍심에 구애받다 보면, 아마 그의 자연스러운 성품을 해치게 될 것이다."라고 했다.(王令詣謝公, 値習鑿齒已在坐, 常與倂榻; 王徙倚不坐, 公引之與對榻. 去後, 語胡兒曰:「子敬實自淸立; 但人爲爾多矜咳, 殊足損其自然.」)

*피품평자: 王獻之
*관계: 親屬(사돈의 조카, 사위의 사촌, 친구 王羲之의 아들), ②
*품평내용: 品格(청고한 인물)
*품평결과: 好評(걱정)

13. 賞譽 편 제125조:

사태부(謝安)가 왕수령(王脩齡)을 칭송하길 "사주(王胡之)는 [성품이 청아하여] 함께 산수에서 노닐 만하다."라고 했다.(謝太傅稱王脩齡曰:「司州可與林澤遊.」)

*피품평자: 王胡之
*관계: 親屬(사돈의 조카, 친구 王羲之의 사촌), ⑥
*품평내용: 品格(성품)
*품평결과: 好評

14. 賞譽 편 제129조:

사공(謝安)이 이르길 "사주(王胡之)는 [담론이] 뛰어난 경지에 이르렀고 전반적으로 결단성이 있다."라고 했다.(謝公云:「司州造勝遍決.」)

*피품평자: 王胡之
*관계: 親屬(사돈의 조카, 친구 王羲之의 사촌), ⑥
*품평내용: 談論
*품평결과: 好評

15. 賞譽 편 제131조:

사태부(謝安)가 유진장(劉惔)에게 말하길 "아령(王胡之)은 이 일에 대해서 진실로 너무 엄격하고자 합니다."라고 하자, 유진장이 말하길 "역시 명사 중에서 고상한 절조를 지닌 자이지요."라고 했다.(謝太傅語眞長:「阿齡於此事, 故欲太厲.」 劉曰:「亦名士之高操者.」)

*피품평자: 王胡之
*관계: 親屬(사돈의 조카, 친구 王羲之의 사촌), ⑥
*품평내용: 品格(청렴, 수신)

＊품평결과: 好評(객관적)

16. 品藻 편　제73조:

사태부(謝安)가 왕효백(王恭)에게 이르길 "유윤(劉惔) 역시 훌륭하게 자신을 알고 있지만, [자신을 알고 있는 점에서는] 장사(王濛)보다 낫다고 할 수는 없소."라고 했다.(謝太傅謂王孝伯:「劉尹亦奇自知, 然不言勝長史.」)

＊피품평자: 劉惔
＊관계: 親屬(처형) 26.17 劉注
＊비교, 비유대상: 王濛
＊품평방식: 比他人
＊품평내용: 品格
＊품평결과: ～이나 ～이다(유담<왕몽)

17. 賞譽 편　제116조:

사공(謝安)이 이르길 "유윤(劉惔)의 언담은 치밀하고 상세하다."라고 했다.(謝公云:「劉尹語審細.」)

＊피품평자: 劉惔
＊관계: 親屬(처형)
＊품평내용: 談論
＊품평결과: 好評

18. 賞譽 편　제146조:

사거기(謝玄)가 [숙부] 사공(謝安)에게 묻길 "진장(劉惔)은 성품이 지극히 준엄했는데도 어찌하여 그렇게 존중받습니까?"라고 하자, [사공이] 대답하길 "그것은 [네가 그를] 만나 보지 못해서 그렇다! 너는 자경(王獻之)을 만나고서도 오히려 탄복해 마지않던걸."라고 했다.(謝車騎問謝公:「眞長性至峭, 何足乃重?」答曰:「是不見耳! 阿見子敬, 尚使人不能已.」)

＊피품평자: 劉惔
＊관계: 親屬(처형)

*비교, 비유대상: 王獻之
*품평방식: 比自家人
*품평내용: 品格(성품)
*품평결과: 好評(유담>왕몽)

19. 品藻 편 제70조:

왕자경(王獻之)이 사공(謝安)에게 묻길 "임공(支遁)은 유공(庾亮)과 비교하여 어떻습니까?"라고 하자, 사공은 [두 사람을 비교하는 것 자체를] 결코 받아들이지 않으면서 대답하길 "선인들은 애당초 [그러한 문제는] 논하지 않았으니, 유공은 본래 임공을 제압하기에 충분하오."라고 했다.(王子敬問謝公:「林公何如庾公?」謝殊不受; 答曰:「先輩初無論, 庾公自足沒林公.」)

*피품평자: 支遁(林公)
*관계: ①
*비교, 비유대상: 庾亮
*품평방식: 比他人
*품평내용: 品格(성품)
*품평결과: 비교대상好評(유량>지둔)

20. 品藻 편 제67조:

치가빈(郗超)이 사태부(謝安)에게 묻길 "임공(支遁)의 담론은 혜공(嵇康)과 비교하여 어떻습니까?"라고 하자, 사태부가 이르길 "혜공은 발걸음을 부지런히 해야 겨우 [임공을] 따라갈 수 있을 뿐이오."라고 했다.(郗嘉賓問謝太傅曰:「林公談何如嵇公?」謝云:「嵇公勤箸脚, 裁可得去耳.」)

*피품평자: 支遁(林公)
*관계: ①
*비교, 비유대상: 嵇康
*품평방식: 比他人
*품평내용: 談論
*품평결과: 好評(지둔>혜강)

21. 品藻 편　제76조:

왕효백(王恭)이 사태부(謝安)에게 묻길 "임공(支遁)은 장사(王濛)와 비교하여 어떻습니까?"라고 하자, 사태부가 말하길 "장사는 아름다운 흥취가 있소."라고 했다. [왕효백이 다시 묻길] "유윤(劉惔)과 비교해서는 어떻습니까?"라고 하자, 사태부가 말하길 "아! 유윤이 우수하오."라고 했다. 왕효백이 말하길 "만약 공의 말씀대로라면 [임공은] 결코 이 두 사람만 못하다는 것입니까?"라고 하자, 사태부가 이르길 "내 생각이 바로 그렇소."라고 했다.(王孝伯問謝太傅:「林公何如長史?」太傅曰:「長史韶興.」問:「何如劉尹?」謝曰:「噫! 劉尹秀.」王曰:「若如公言, 並不如此二人邪?」謝云:「身意正爾也.」)

*피품평자: 支遁(林公)
*관계: ①
*비교, 비유대상: 王濛
*품평방식: 比他人
*품평결과: 惡評, 비교대상 好評(지둔＜왕몽)

22. 品藻 편　제76조:

왕효백(王恭)이 사태부(謝安)에게 묻길 "임공(支遁)은 장사(王濛)와 비교하여 어떻습니까?"라고 하자, 사태부가 말하길 "장사는 아름다운 흥취가 있소."라고 했다. [왕효백이 다시 묻길] "유윤(劉惔)과 비교해서는 어떻습니까?"라고 하자, 사태부가 말하길 "아! 유윤이 우수하오."라고 했다. 왕효백이 말하길 "만약 공의 말씀대로라면 [임공은] 결코 이 두 사람만 못하다는 것입니까?"라고 하자, 사태부가 이르길 "내 생각이 바로 그렇소."라고 했다.(王孝伯問謝太傅:「林公何如長史?」太傅曰:「長史韶興.」問:「何如劉尹?」謝曰:「噫! 劉尹秀.」王曰:「若如公言, 並不如此二人邪?」謝云:「身意正爾也.」)

*피품평자: 支遁(林公)
*관계: ①
*비교, 비유대상: 劉惔
*품평방식: 比他人
*품평결과: 惡評, 비교대상 好評(지둔＜유담)

23. 品藻 편 제85조:

왕효백(王恭)이 사공(謝安)에게 묻길 "임공(支遁)은 우군(王羲之)와 비교하여 어떻습니까?"라고 하자, 사공이 말하길 "우군이 임공보다 훌륭하오. [그렇지만] 임공은 사주(王胡之)보다 앞에 있으니, 역시 존귀하고 통찰력이 있소."라고 했다. (王孝伯問謝公:「林公何如右軍?」謝曰:「右軍勝林公; 林公在司州前亦貴徹.」)

*피품평자: 支遁(林公)
*관계: ①
*비교, 비유대상: 王羲之
*품평방식: 比他人
*품평결과: 비교대상 好評(지둔<왕희지)

24. 品藻 편 제85조:

왕효백(王恭)이 사공(謝安)에게 묻길 "임공(支遁)은 우군(王羲之)와 비교하여 어떻습니까?"라고 하자, 사공이 말하길 "우군이 임공보다 훌륭하오. [그렇지만] 임공은 사주(王胡之)보다 앞에 있으니, 역시 존귀하고 통찰력이 있소."라고 했다. (王孝伯問謝公:「林公何如右軍?」謝曰:「右軍勝林公; 林公在司州前亦貴徹.」)

*피품평자: 支遁(林公)
*관계: ①
*비교, 비유대상: 王胡之
*품평방식: 比他人
*품평결과: 好評(지둔>왕호지)

25. 容止 편 제37조:

사공(謝安)이 이르길 "임공(支遁)의 두 눈을 보면 새카만 [눈동자] 속에서 빛이 난다."라고 했다.(謝公云:「見林公雙眼, 黯黯明黑.」)

*피품평자: 支遁(林公)
*관계: ①
*비교, 비유대상: 빛
*품평방식: 比物

＊품평내용: 외모(눈) ― 내면의 세계
＊품평결과: 好評

26. 排調 편　제55조:

사알(謝玄)이 여름날 한번은 드러누워 있었는데, [숙부] 사공(謝安)이 첫새벽에 갑자기 찾아오자, 옷 입을 겨를도 없이 맨발로 집 밖으로 나가서야 비로소 신발을 신고 인사했더니, 사공이 말하길 "너는 가히 '전에는 거만하다가 나중에는 공손하다'고 할 만하다."라고 했다.(謝遏夏月嘗仰臥, 謝公淸晨卒來, 不暇箸衣, 跣出坐外, 方躡履問訊. 公曰:「汝可謂前倨而後恭.」)

＊피품평자: 謝玄
＊관계: 親族(조카)
＊품평내용: 品格(예의)
＊품평결과: ～이나 ～이다

27. 輕詆 편　제23조:

사태부(謝安)가 아들과 조카에게 말하길 "중랑(謝萬)이야말로 천년의 명성을 홀로 얻었다."라고 했더니, 거기(謝玄)가 말하길 "중랑은 마음이 겸허하지 못하니, 어찌 홀로 얻었다고 할 수 있겠습니까?"라고 했다.(謝太傅謂子姪曰:「中郎始是獨有千載!」車騎曰:「中郎衿抱未虛, 復那得獨有?」)

＊피품평자: 謝萬
＊관계: 親族(동생)
＊품평내용: 品格(명성)
＊품평결과: 好評(謝玄의 반발, 사견)

28. 賞譽 편　제97조:

사공(謝安)이 [백부] 예장(謝鯤)을 평하길 "만약 죽림칠현을 만났다면 틀림없이 팔을 끌고 죽림으로 들어갔을 것이다."라고 했다.(謝公道豫章:「若遇七賢, 必自把臂入林.」)

＊피품평자: 謝鯤

*관계: 親族(백부)
*비교, 비유대상: 죽림칠현
*품평방식: 比他人
*품평내용: 談論(淸談)
*품평결과: 好評(객관적, 사실평)

29. 文學 편 제39조:

임도인(支遁)이 사공(謝安)을 방문했다. 동양(謝朗)은 갓 머리를 땋은 10여 세의 나이로 막 병상에서 일어난 처지여서 몸이 아직 피곤함을 감당치 못할 지경이었으나, 임공(支遁)과 담론하다가 마침내 서로 열띤 토론을 벌이게 되었다. 동양의 모친 왕부인이 벽 뒤에서 듣고 있다가 두 번이나 사람을 보내 그를 데려 오게 했으나, 태부(謝安)가 그를 계속 붙잡아 두었다. 그래서 왕부인이 직접 나와서 말하길 "이 아낙은 젊어서 남편을 잃었으며 일생동안 의지하는 것이라곤 오직 이 아들뿐입니다."라고 한 뒤, 눈물을 흘리면서 아들을 안고 돌아갔다. 사공이 동석한 사람들에게 말하길 "우리 형수의 격정적인 말과 심정은 가히 후세에 전할 만하오. 조정의 인사들에게 보여주지 못한 것이 안타깝소."라고 했다.(林道人詣謝公, 東陽時始總角, 新病起, 體未堪勞; 與林公講論, 遂至相苦. 母王夫人在壁後聽之, 再遣信令還, 而太傅留之使竟論. 王夫人因自出云:「新婦少遭家難, 一生所寄, 唯在此兒.」因流涕抱兒以歸. 謝公語同坐曰:「家嫂辭情慷慨, 致可傳述, 恨不使朝士見!」)

*피품평자: 謝據의 처
*관계: 親屬(형수)
*품평내용: 品格(말, 심정)
*품평결과: 好評

30. 雅量 편 제33조:

사태부(謝安)는 그(謝奉)가 면직된 것을 위로해주려고 했으나 [그럴 때마다] 사안남(謝奉)이 문득 다른 화제를 꺼내는 바람에 비록 도중에 이틀 밤을 지냈지만 결국 그 일을 언급하지 못하고 말았다. 사태부는 마음속의 말을 다하지 못하여 몹시 애석해하면서 같이 배를 탄 사람에게 말하길 "사봉은 참으로 특이한 사람이야!"라고 했다.(太傅欲慰其失官, 安南輒引以他端, 雖信宿中塗, 竟不言及此事. 太傅深恨在心未盡, 謂同舟曰:「謝奉故是奇士!」)

*피품평자: 謝奉
*관계: 別族
*품평내용: 品格(성격)
*품평결과: 好評(객관적, 사실평)

31. 任誕 편 제42조:

환자야(桓伊)는 매번 輓歌를 들을 때마다 "아이고!"라고 외치곤 했다. 사공(謝安)이 그 말을 듣고 말하길 "자야는 한결같이 깊은 정을 지닌 사람이라 할 만하도다!"라고 했다.(桓子野每聞淸歌, 輒喚「奈何!」謝公聞之曰: 「子野可謂一往有深情!」)

*피품평자: 桓伊
*관계: 親屬(사돈의 사돈, 桓溫부친)
*품평내용: 品格(정)
*품평결과: 好評

32. 德行 편 제34조:

사태부(謝安)가 저공(褚裒)을 매우 중시하여 늘 칭찬하길 "저계야(褚裒)는 비록 말은 하지 않지만 四時의 기운이 또한 갖추어져 있다."라고 했다.(謝太傅絶重褚公, 常稱: 「褚季野雖不言, 而四時之氣亦備.」)

*피품평자: 褚季野(褚裒)
*관계: ③
*품평내용: 品格(기운)
*품평결과: 好評

33. 識鑒 편 제24조:

저기생(褚爽)이 젊었을 때 사공(謝安)이 그를 높이 인정하여, 항상 이르길 "저기생이 만약 훌륭한 인물이 되지 않는다면, 나는 다시는 인물을 품평하지 않겠노라!"라고 했다.(褚期生少時, 謝公甚知之, 恒云: 「褚其生若不佳者, 僕不復相上!」)

*피품평자: 褚爽(褚季野의 손자)
*관계: ⑦

*품평내용: 品格(인물)
*품평결과: 好評

34. 文學 편 제79조:

유중초(庾闡)가 <양도부>를 다 짓고 나서 庾亮에게 보냈는데, 유량은 그의 친족이었기 때문에 그 가치를 대대적으로 호평하길 "<이경부>와 더불어 셋이 되고 <삼도부>와 더불어 넷이 될 수 있다."라고 했다. 그래서 사람들이 다투어 필사하는 바람에 도성의 종이값이 비싸졌다. 그러나 사태부(謝安)는 말하길 "그렇지 않다. 이것은 집 밑에 집을 지은 것일 따름으로 일마다 모방을 하여 비천함을 면치 못한다."라고 했다.(庾仲初作揚都賦成, 以呈庾亮; 亮以親族之懷, 大爲其名價云:「可三二京, 四三都.」於此人人競寫, 都下紙爲之貴. 謝太傅云:「不得爾. 此是屋下架屋耳! 事事擬學, 而不免儉狹.」)

*피품평자: 庾闡
*관계: 庾亮의 別族
*비교, 비유대상: 집 밑에 집 지음
*품평방식: 比物
*품평내용: 品格(모방의 비천함)
*품평결과: 惡評

35. 賞譽 편 제63조:

세간에서 양랑을 품평하길 "침착하고 명찰하며, 경험이 풍부하고 과단성이 있다."라고 했다. 채사도(蔡謨)가 이르길 "만약 서진 왕조가 어지러워지지 않았다면, 양씨 가문에서 三公을 배출하는 것이 아직도 끊이지 않을 텐데."라고 했다. 사공(謝安)이 이르길 "양랑은 큰 인재이다."라고 했다.(世目楊朗「沈審經斷」. 蔡司徒云:「若使中朝不亂, 楊氏作公方末已!」謝公云:「朗是大才!」)

*피품평자: 楊朗
*품평내용: 品格(인재)
*품평결과: 好評

36. 賞譽 편　제139조:

사호아(謝朗)가 저작랑이 되어 <왕감전>을 짓게 되었는데, 왕감이 어떠한 사람인지 잘 알지 못하여 사공(謝安)에게 물어보았더니, 사공이 말하길 "왕세주(王堪) 역시 [세상에서 널리] 인정을 받은 인물이네. 왕감은 왕렬의 아들로서 완천리(阮瞻)와는 동서 간이고 반안인(潘岳)과는 고종형제 간이네. [그래서] 안인의 시에서 '그대의 모친은 나의 고모, 나의 부친은 그대의 외숙이시라네.'라고 한 것이네. [또한 그는] 허윤의 사위이네."라고 했다.(謝胡兒作著作郎, 嘗作王堪傳, 不諳堪是何似人, 咨謝公. 謝公曰: 「世冑亦被遇.」 堪, 烈之子, 阮千理姨兄弟, 潘安仁中外; 安仁詩所謂『子親伊姑, 我父唯舅.』 是許允壻.)

＊피품평자: 王堪
＊품평내용: 品格(인물)
＊품평결과: 好評

37. 品藻 편　제46조:

사공(謝安)이 호아(謝朗)에게 말하길 [李弘度(李充)은] "식견을 지닌 자라서 과연 나의 의견과 다르지 않구먼."라고 했다.(謝公語胡兒曰: 「有識者果不異人意.」)

＊피품평자: 李弘度(李充)
＊품평내용: 品格(식견)
＊품평결과: 好評

38. 品藻 편　제67조:

[치가빈이] 다시 묻길 "殷浩는 지둔과 비교하여 어떻습니까?"라고 하자, 사태부가 말하길 "진정 초탈하고 특출한 것은 지둔이 은호보다 낫지만, 열심히 논변하는 것은 아마도 [은호의] 구변이 지둔을 제압할 것 같소."라고 했다.(又問: 「殷何如支?」 謝曰: 「正爾有超拔, 支乃過殷; 然亹亹論辯, 恐口欲制支.」)

＊피품평자: 殷浩
＊관계: 親屬(사촌 謝尙과 동서), ①
＊비교, 비유대상: 支遁(林公)
＊품평방식: 比他人

*품평내용: 談論
*품평결과: ～이나 ～이다(지둔>은호, 은호>지둔)

39. 品藻 편 제57조:

사공(謝安)이 이르길 "금곡의 [모임에 참석한 사람] 중에서 소소가 가장 뛰어나다."라고 했다. 소소는 석숭의 자형으로 소칙의 손자이며 소유의 아들이다.(謝公云:「金谷中, 蘇紹最勝; 紹是石崇姉夫, 紹則孫, 愉子也.」)

*피품평자: 蘇紹
*관 계: 石崇의 자형
*품평내용: 品格(가장 뛰어남)
*품평결과: 好評

40. 品藻 편 제69조:

위군장(衛永)은 소조주(蕭輪) 부인의 오라비였다. 사공이 손승노(孫騰)에게 묻길 "당신 집안에서는 위군장을 어떻게 평가하시오?"라고 하자, 손승노가 말하길 "세상에 공업을 세운 인물이라고 말합니다."라고 했더니, 사공(謝安)이 말하길 "결코 그렇지 않소. 위군장은 본래 名理에 뛰어난 인물이오."라고 했다. 그래서 당시에 [위군장을] 은홍원(殷浩)에 견주었다.(衛君長是蕭祖周婦兄. 謝公問孫僧奴: 「君家道衛君長云何?」 孫曰: 「云是世業人.」 謝曰: 「殊不爾. 衛自是理義人.」 于時以比殷洪遠.)

*피품평자: 衛永
*품평내용: 談論(명리)
*품평결과: 好評

41. 夙慧 편 제6조:

진 효무제가 12살 때, 겨울인데도 낮에는 겹옷을 입지 않고 명주 홑적삼만 대여섯 겹으로 입었으며 밤에는 요를 포개서 깔았다. 사공(謝安)이 간언하길 "聖體는 마땅히 일정한 체온을 유지하도록 해야 하는데, 폐하께서는 낮에는 너무 차게 하시고 밤에는 너무 덥게 하시니, 아마도 [옥체를] 보양하는 방법이 아닌 듯합니다."라고 하자, 효무제가 말하길 "낮에는 활동하고 밤에는 가만히 있기 때문이오."라고 했다. 사공이 물러 나와 감탄하길 "황상의 논리는 선제(簡文帝)에 못

지않도다!"라고　했다.(晉孝武年十三四, 時冬天, 晝日不箸複衣, 但箸單練衫五六重,
夜則累茵褥. 謝公諫曰: 「體宜令有常. 陛下晝過冷, 夜過熱, 恐非攝養之術?」 帝曰:
「夜靜.」謝公出, 歎曰: 「上理不減先帝.」)

＊피품평자: 孝武帝
＊관계: ②
＊비교, 비유대상: 簡文帝
＊품평방식: 比他人
＊품평내용: 談論(논리)
＊품평결과: 好評(효무제＝간문제)

42. 棲逸 편　제12조:

대안도(戴逵)는 이미 동산에서 굳게 지조를 지키고 있었지만, 그의 형[戴逯]은
무공을 세우고자 했다. 사태부(謝安)가 말하길 "그대 형제가 뜻한 일은 어쩌면
그렇게 너무나 다르오?"라고 하자, [그의 형이] 대답하길 "하관은 '그 근심을 견
디지 못하고' 아우는 '그 즐거움을 고치지 않기' 때문입니다."라고 했다.(戴安道
旣厲操東山, 而其兄欲建「式遏」之功. 謝太傅曰: 「卿兄弟志業, 何其太殊?」 對曰: 「
下官『不堪其憂』, 家弟『不改其樂』.」)

＊피품평자: 戴逵형제
＊품평내용: 品格(뜻, 일)
＊품평결과: 객관적 질문

43. 巧藝 편　제7조:

사태부(謝安)가 이르길 "고장강(顧愷之)의 그림은 사람이 생겨난 이래로 없었던
바이다."라고　했다.(謝太傅云: 「顧長康畫, 有蒼生以來所無!」)

＊피품평자: 顧愷之 그림
＊품평내용: 그림
＊품평결과: 好評

44. 任誕 편 제41조:

사공(謝安)이 이르길 "나우가 어찌 위양원(魏舒)만 못하겠는가!"라고 했다.(謝公云:「羅友詎減魏陽元!」)

*피품평자: 羅友
*비교, 비유대상: 魏舒
*품평방식: 比他人
*품평내용: 品格(식견)
*품평결과: 好評(나우>위서)

<桓溫>

1. 文學 편 제22조:

왕승상(王導)과 은중군(殷浩)이 서로 반복하여 응수하는 바람에 나머지 여러 명현들은 조금도 끼어 들 틈이 없었다. 이미 쌍방이 서로의 견해를 남김없이 다 펼치고 난 뒤에 왕승상이 탄식하여 말하길 "방금 전의 담론은 결국 그 명리의 근원이 귀착되는 바를 알지는 못하겠지만, 언변과 비유만큼은 서로에게 손색이 없으니 정시시기의 청담이 바로 이러했도다."라고 했다. 다음 날 아침에 환선무(桓溫)가 사람들에게 말하길 "어제 밤에 은중군과 왕승상의 청담을 들었는데 매우 훌륭했소. 사인조(謝尚) 역시 심심해하지는 않았고, 나 또한 때때로 마음에 와 닿는 점이 있었소. 그러나 두 王掾을 돌아보니 마치 [사람 구경을 못해 본] 야생 암캐처럼 우두커니 놀란 모습이었소."라고 했다.(丞相與殷共相往反, 其餘諸賢, 略無所關. 既彼我相盡, 丞相乃歎曰:「向來語, 乃竟未知理源所歸; 至於辭喩不相負. 正始之音, 正當爾耳!」明旦, 桓宣武語人曰:「昨夜聽殷·王淸言, 甚佳. 仁祖亦不寂寞, 我亦時復造心; 顧看兩王掾, 輒翣如生母狗聲.」)

*피품평자: 殷浩, 王導
*관계: 殷浩(親屬: 사돈의 사돈의 동서) ①, 王導(親屬: 사돈) ①
*품평내용: 談論(淸談)
*품평결과: 好評

2. 文學 편　제22조:

왕승상(王導)과 은중군(殷浩)이 서로 반복하여 응수하는 바람에 나머지 여러 명현들은 조금도 끼어 들 틈이 없었다. 이미 쌍방이 서로의 견해를 남김없이 다 펼치고 난 뒤에 왕승상이 탄식하여 말하길 "방금 전의 담론은 결국 그 명리의 근원이 귀착되는 바를 알지는 못하겠지만, 언변과 비유만큼은 서로에게 손색이 없으니 정시시기의 청담이 바로 이러했도다."라고 했다. 다음 날 아침에 환선무(桓溫)가 사람들에게 말하길 "어제 밤에 은중군과 왕승상의 청담을 들었는데 매우 훌륭했소. 사인조(謝尙) 역시 심심해하지는 않았고, 나 또한 때때로 마음에 와 닿는 점이 있었소. 그러나 두 王掾을 돌아보니 마치 [사람 구경을 못해 본] 야생 암캐처럼 우두커니 놀란 모습이었소."라고 했다.(丞相與殷共相往反, 其餘諸賢, 略無所關. 既彼我相盡, 丞相乃歎曰:「向來語, 乃竟未知理源所歸; 至於辭喩不相負. 正始之音, 正當爾耳!」明旦, 桓宣武語人曰:「昨夜聽殷‧王清言, 甚佳. 仁祖亦不寂寞, 我亦時復造心; 顧看兩王掾, 輒翣如生母狗聲.」)

*피품평자: 王述, 王濛
*관계: 親屬(王述: 사돈), 太原 王氏, ①
*비교, 비유대상: 암캐
*품평방식: 比物
*품평내용: 談論(淸談)
*품평결과: 惡評

3. 賞譽 편　제79조:

환온이 길을 가다가 왕돈의 묘 옆을 지나가면서 바라보며 이르길 "괜찮은 사람이야! 괜찮은 사람이야!"라고 했다.(桓溫行經王敦墓邊過, 望之云:「可兒! 可兒!」)

*피품평자: 王敦
*관계: 親屬(사돈), ⑦
*품평내용: 品格(인물)
*품평결과: 好評(권력찬탈 욕심 같음)

4. 賞譽 편　제101조:

사태부(謝安)가 환공(桓溫)의 사마로 있을 때 환공이 사태부를 찾아갔는데, 사태부는 머리를 빗고 있다가 급히 의관을 착용하려 했다. [이것을 보고] 환공이 이르길 "어찌 이렇게 번거롭게 하시는가?"라고 하면서 그대로 앉아 날이 저물 때까지 함께 담론했다. [환공은] 돌아간 뒤에 좌우 사람들에게 말하길 "일찍이 이러한 사람을 본 적이 있는가?"라고 했다.(謝太傅爲桓公司馬, 桓詣謝, 値謝梳頭, 遽取衣幘; 桓公云:「何煩此?」因下共語至暝. 旣去, 謂左右曰:「頗曾見如此人不?」)

*피품평자: 謝安
*관계: 親屬(사돈의 사돈), ①, ②
*품평내용: 談論
*품평결과: 好評

5. 文學 편 제87조:

환공(桓溫)은 사안석(謝安)이 지은 <간문제의 시호를 정하기 위한 상주문[簡文諡議]>을 보았는데, 그것을 다 보고 나서 좌중의 여러 빈객들에게 던지면서 말하길 "이것은 안석의 금 조각[碎金]이오."라고 했다.(桓公見謝安石作簡文諡議, 看竟, 擲與坐上諸客曰:「此是安石碎金.」)

*피품평자: 謝安
*관계: 親屬, ①, ②
*비교, 비유대상: 금 조각
*품평방식: 比物
*품평내용: 品格(문학적 재질)
*품평결과: 好評

6. 賞譽 편 제105조:

환대사마(桓溫)가 병이 들었을 때 사공(謝安)이 병문안하러 갔는데 동쪽 문으로 들어갔다. 환공(桓溫)이 멀리서 바라보며 감탄하길 "나의 문 안에서 이런 사람을 오랫동안 보지 못했다!"라고 했다.(桓大司馬病, 謝公往省病, 從東門入; 桓公遙望, 歎曰:「吾門中久不見如此人!」)

*피품평자: 謝安
*관계: 親屬, ①, ②
*품평내용: 品格
*품평결과: 好評

7. 品藻 편　제45조:

환공(桓溫)이 공서양(孔巖)에게 묻길 "안석(謝安)은 중문(殷仲文)과 비교하여 어떻소?"라고 했는데, 공서양이 생각하면서 대답하지 못하다가 오히려 환공에게 반문하길 "어떻습니까?"라고 하자, [환공]이 대답하길 "안석은 확고부동하여 업신여길 수 없으니, 그의 처지가 저절로 [중문보다] 뛰어난 것이오."라고 했다.(桓公問孔西陽: 「安石何如仲文?」孔思未對, 反問公曰: 「何如?」答曰: 「安石居然不可陵踐; 其處, 故勝也.」)

*피품평자: 謝安
*관계: 親屬, ①, ②
*비교, 비유대상: 殷仲文(殷浩의 조카)
*품평방식: 比他人
*품평내용: 品格(확고부동)
*품평결과: 好評(사안>은중문)

8. 賞譽 편　제103조:

환선무(桓溫)의 表文에서 이르길 "사상은 정신력이 뛰어나고 마음이 진솔하여 젊어서부터 인망을 얻었습니다."라고 했다.(桓宣武表云: 「謝尚神懷挺率, 少致民譽.」)

*피품평자: 謝尚
*관계: 親屬(사돈의 사돈), ①
*품평내용: 品格(진솔, 정신력, 인망)
*품평결과: 好評

9. 規箴 편　제19조:

환공(桓溫)이 묻길 "무슨 일이 있던가?"라고 하자, 나군장(羅含)이 이르길 "공께서는 사상을 어떤 사람이라고 생각하시는지 모르겠군요?"라고 했다. 환공이 말하길 "인조(謝尚)는 우리들보다 뛰어난 인물이지."라고 하자, 나군장이 이르길 "어찌 공보다 뛰어난 인물이 잘못을 저지를리 있겠습니까? 그래서 아무것도 묻지 않았습니다."라고 했다. 환공은 그의 의견을 훌륭하다고 여겨 질책하지 않았다.(桓公問; 「有何事?」君章云: 「不審公謂謝尚是何似人?」桓公曰: 「仁祖是勝我許人!」君章云: 「豈有勝公人而行非者? 故一無所問.」桓公奇其意, 而不責也.)

*피품평자: 謝尙
*관계: 親屬, ①
*비교, 비유대상: 桓溫(자신), 羅含
*품평방식: 比自己, 比他人
*품평내용: 品格(인물)
*품평결과: 好評(사상>환온, 사상>나함)

10. 容止 편 제32조:

사인조(謝尙)와 비교하는 것을 그다지 명예롭지 못하다고 생각하는 어떤 사람이 있었는데, 환대사마(桓溫)가 말하길 "그대들은 함부로 평하지 말게. 인조가 북쪽 창 아래에서 발돋움하고 비파를 타면, 진실로 天界의 仙人과 같은 상념에 잠기네."라고 했다.(或以方謝仁祖不乃重者. 桓大司馬曰: 「諸君莫輕道, 仁祖企脚在北牖下彈琵琶, 故自有天際眞人意!」)

*피품평자: 謝尙
*관계: 親屬, ①
*비교, 비유대상: 天際眞人
*품평방식: 比物
*품평내용: 品格
*품평결과: 好評

11. 簡傲 편 제8조:

환선무(桓溫)는 매번 [謝奕에 대해] 말하길 "나의 방외사마"라고 했다. [사혁은] 마침내 술로 인해 일상적인 예절까지도 무시하는 지경에 이르렀다. 환온이 [그를] 놔두고 내실로 들어가면 사혁도 따라 들어갔다. 나중에 사혁이 [몹시] 취하자, 환온이 [부인인] 공주의 처소로 피신했더니, 공주가 말하길 "당신에게 망나니 사마가 없었다면 내가 어떻게 [당신을] 만나 볼 수 있겠습니까?"라고 했다.(宣武每曰: 「我方外司馬.」 遂因酒, 轉無朝夕禮. 桓舍入內, 奕輒復隨去; 後至奕醉, 溫往主許避之. 主曰: 「君無狂司馬, 我何由得相見?」)

*피품평자: 謝奕
*관계: 親屬(사돈의 사돈), ⑥
*비교, 비유대상: 方外司馬

＊품평방식: 比物
＊품평내용: 品格
＊품평결과: 好評

12. 方正 편　제55조:

환공(桓溫)이 환자야(桓伊)에게 묻길 "사안석(謝安)은 [동생] 사만석(謝萬)이 [北征에서] 틀림없이 패하리란 것을 알면서도 어찌하여 말리지 않았을까?"라고 하자, 환자야가 대답하길 "틀림없이 범하기 어려워서 그랬을 것입니다."라고 했더니, 환공이 정색을 하며 말하길 "사만석은 나약하고 무능한 凡才인데 무슨 위엄스런 얼굴을 했길래 범하기 어려웠단 말인가?"라고 했다.(桓公問桓子野: 「謝安石料萬石必敗, 何以不諫?」 子野答曰: 「故當出於難犯耳.」 桓作色曰: 「萬石撓弱凡才, 有何嚴顔難犯!」)

＊피품평자: 謝萬
＊관계: 親屬(사돈의 사돈), ⑦
＊품평내용: 品格(凡才)
＊품평결과: 惡評

13. 雅量 편　제39조:

[왕동정(王珣)은] 처음 [환공을] 만나 인사할 때 예의절차에 실수를 범했지만 안색은 태연자약했다. 좌중의 빈객들이 [그의 실수를 보고] 즉시 비꼬면서 웃자, 환공이 말하길 "그렇지 않소. 그의 표정과 모습을 보니 틀림없이 평범한 인물은 아닐 것이오, 내가 마땅히 시험해 보겠소."라고 했다. 나중에 매월 초하루에 열리는 조회에서 [환온의 속관들이] 관청 앞에 엎드려 있을 때, 환공이 안에서 말을 타고 곧장 돌진해 나왔다. 좌우의 사람들은 모두 어지럽게 넘어졌으나 왕동정은 꼼짝도 하지 않았다. 이에 명성이 크게 높아져 사람들이 모두 말하길 "재상이 될 만한 그릇이야!"라고 했다.(初見謝失儀, 而神色自若; 坐上賓客即相貶笑. 公曰: 「不然. 觀其情貌, 必自不凡; 吾當試之.」 後因月朝閣下伏, 公於內走馬直出突之, 左右皆宕仆, 而王不動. 名價於是大重, 咸云: 「是公輔器也!」)

＊피품평자: 王珣
＊관계: 親屬(사돈), ②, ③
＊품평내용: 外貌, 品格(표정, 모습 非凡)
＊품평결과: 好評(사건대처능력)

14. 賞譽 편 제117조:

환공(桓溫)이 가빈(郗超)에게 말하길 "아원(殷浩)은 덕행도 있고 언변도 있으니, 지난날 [그를] 상서령이나 상서복야로 삼았더라면 충분히 백관의 모범이 되었을 것인데, 조정에서 그의 재능을 잘못 썼을 따름이오."라고 했다.(桓公語嘉賓:「阿源有德有言, 向使作令僕, 足以儀刑百揆; 朝廷用違其才耳!」)

*피품평자: 殷浩
*관계: 親屬(사돈의 사돈의 동서), ①
*비교, 비유대상: 백관의 모범
*품평내용: 品格, 談論(언변)
*품평결과: 好評

15. 品藻 편 제38조:

은후(殷浩)가 이미 파직 당한 뒤에 환공(桓溫)이 사람들에게 말하길 "어렸을 때 연원(殷浩)과 함께 죽마를 타고 놀았는데, 내가 [죽마를] 버리면 연원이 바로 그것을 주워서 타곤 했으니, 내 밑에 있는 것이 진실로 당연하다."라고 했다.(殷侯既廢, 桓公語諸人曰:「少時與淵源共騎竹馬, 我棄去, 己輒取之, 故當出我下.」)

*피품평자: 殷浩
*관계: 親屬, ①
*비교, 비유대상: 桓溫(자신)
*품평결과: 惡評

16. 排調 편 제42조:

환표노(桓嗣)는 왕단양(王混)의 외조카였는데, 모습이 그의 외숙과 닮아서 환표노가 몹시 못 마땅해했다. 환선무(桓溫)가 이르길 "늘 닮은 것이 아니고 때때로 닮았을 뿐이니, 늘 닮은 것은 모습이고 때때로 닮은 것은 정신이다."라고 하자 환표노는 더욱 불쾌해 했다.(桓豹奴是王丹陽外生, 形似其舅, 桓甚諱之. 宣武云:「不恒相似, 時似耳! 恒似是形, 時似是神.」桓逾不説.)

*피품평자: 桓豹奴(桓嗣)
*관계: 親族(조카), 王珣 사촌의 생질

*품평내용: 外貌, 品格(정신)
*품평결과: 惡評

17. 容止 편　제28조:

왕경륜(王劭)은 풍모가 부친[王導]을 닮았었는데, 시중으로 있을 때 [조정에서] 환공(桓溫)에게 [太尉 벼슬을] 제수하게 되자, [그 예식에 참석하기 위하여] 관복을 입고 대문을 통해 [궁전으로] 들어갔더니, 환공이 그를 바라보며 말하길 "대노는 진실로 봉황의 깃털을 지니고 있다."라고 했다.(王敬倫風姿似父, 作侍中, 加授桓公, 公服從大門入, 桓公望之曰:「大奴固自有鳳毛.」)

*피품평자: 王劭
*관계: 親屬(사돈), ②
*비교, 비유대상: 봉황의 깃털
*품평방식: 比物
*품평내용: 品格(威儀)
*품평결과: 好評

18. 文學 편　제92조:

환선무(桓溫)가 원언백(袁宏)에게 <북정부>를 지으라고 명했는데, 다 완성이 되자 공(桓溫)과 당시의 명사들이 함께 보면서 모두 감탄했다. 그때 왕순이 그 자리에 있다가 이르길 "애석하게도 한 구절이 부족한 것 같으니, 寫자를 써서 韻을 보충하면 틀림없이 더 훌륭해질 것이오."라고 하자, 원언백이 곧바로 붓을 들어 첨가하여 쓰길 "감회가 내 마음에서 끊이질 않아, [先人의] 유풍을 이어 홀로 [나의 정회를] 써 내네."라고 했다. 공이 왕순에게 말하길 "이제는 이 일로 인해 원언백을 推崇하지 않을 수 없게 되었군."라고 했다.(桓宣武命袁彦伯作北征賦, 旣成, 公與時賢共看, 咸嗟歎之. 時王珣在坐云:「恨少一句; 得‘寫’字足韻, 當佳.」袁卽於坐攬筆益云:「感不絶於余心, 泝流風而獨寫.」公謂王曰:「當今不得不以此事推袁!」)

*피품평자: 袁宏
*관계: ②
*품평결과: 好評

19. 雅量 편 제25조:

선무(桓溫)가 간문제(司馬昱), 태재(司馬晞)와 함께 수레를 타고 가다가, 은밀히 사람을 시켜 수레의 앞뒤에서 북을 울리며 크게 소리 지르게 하였더니, 호위대열이 놀라 소요했다. 태재는 두려움에 떨면서 수레에서 내려달라고 요청했다. 그러나 간문제를 돌아보았더니 그는 태연히 편안한 모습이었다. 선무가 사람들에게 말하길 "조정에 진실로 또한 이러한 현자가 있다니!"라고 했다.(宣武與簡文‧太宰共載, 密令人在輿前後鳴鼓大叫; 鹵簿中驚擾, 太宰惶怖求下輿; 顧看簡文, 穆然清恬. 宣武語人曰:「朝廷間故復有此賢!」)

*피품평자: 簡文帝
*관계: ②
*품평내용: 品格(賢者)
*품평결과: 好評

20. 賞譽 편 제48조:

당시 사람들이 高坐道人(帛ﾉ黎密多羅)을 품평하려고 했으나 할 수 없었는데, 환정위(桓彝)가 주후(周顗)에게 물었더니, 주후가 말하길 "가히 탁월하고 고명하다고 이를 만합니다."라고 했다. [나중에] 환공(桓溫)이 말하길 "[고좌도인은] 정신이 심오하고 현저하다."라고 했다.(時人欲題目高坐而未能, 桓廷尉以問周侯. 周侯曰:「可謂卓朗.」 桓公曰:「精神淵箸.」)

*피품평자: 高坐道人 스님
*품평내용: 品格(정신)
*품평결과: 好評

21. 假譎 편 제13조:

[范玄平(范汪)이] 들어와 뜰에 이를 때까지 [환대사마는] 몸을 기울인 채 목을 빼고서 기다렸으며, 매우 즐겁게 담소했다. [환대사마가] 원호(袁宏)를 돌아보며 말하길 "범공(范汪)은 태상경도 될 만하다."라고 했다.(比入至庭, 傾身引望, 語笑歡甚; 顧謂袁虎曰:「范公且可作太常卿.」)

*피품평자: 范玄平(范汪)
*관계: ②

*품평내용: 品格(인재)
*품평결과: 好評

<殷浩>

1. 品藻 편　제34조:

무군(司馬昱)이 은호에게 묻길 "그대는 정작 배일민(裴頠)과 비교하여 어떻다고 생각하오?"라고 하자, 한참 있다가 대답하길 "아마 [그보다] 뛰어날 겁니다."라고 했다.(撫軍問殷浩:「卿定何如裴逸民?」 良久答曰:「故當勝耳.」)

*피품평자: 殷浩
*관계: 殷浩(자신)
*비교, 비유대상: 裴逸民(裴頠)
*품평방식: 自評, 比他人
*품평결과: 好評(은호>배위)

2. 賞譽 편　제80조:

은중군(殷浩)이 왕우군(王羲之)을 평하길 "일소(王羲之)는 청아하고 존귀한 인물이다. 나는 그를 매우 친애하고 있는데, [이 점에 있어서는] 당대에 [그 누구에게도] 뒤지지 않는다."라고 했다.(殷中軍道王右軍云:「逸少清貴人, 吾於之甚至, 一時無所後!」)

*피품평자: 王羲之
*관계: 親屬(사돈의 사촌의 동서)
*품평내용: 品格(청아, 존귀)
*품평결과: 好評

3. 賞譽 편　제100조:

은중군(殷浩)이 우군(王羲之)을 평하길 "고명한 식견을 지닌 존귀한 인물이다."라고 했다.(殷中軍道右軍:「清鑒貴要.」)

*피품평자: 王羲之

*관계: 親屬(사돈의 사촌의 동서)
*품평내용: 品格(식견)
*품평결과: 好評

4. 賞譽 편 제93조:

은중군(殷浩)이 어떤 사람에게 서찰을 보내 사만을 평하길 "문장과 논리가 점점 강건해지고 있는데, 이렇게 되는 것은 결코 쉽지 않은 일이오."라고 했다.(殷中軍與人書, 道謝萬「文理轉遒, 成殊不易.」)

*피품평자: 謝萬
*관계: 親屬(사촌 謝尙의 동서)
*품평내용: 談論(논리), 品格(문장)
*품평결과: 好評

5. 輕詆 편 제10조:

사진서(謝尙)가 은양주(殷浩)에게 편지를 보내, 유진장(劉惔)을 위해 회계태수직을 청했더니, 은양주가 답하길 "진장은 [자기와 뜻이] 같은 사람은 칭찬하고 다른 사람은 공격하는 속이 매우 좁은 자입니다. [나는] 늘 사군께서 [진장에게 자신을] 너무 낮춘다고 생각하고 있는데, 그런데도 다시 그를 위해 분주히 뛰어다니십니까?"라고 했다.(謝鎭西書與殷揚州, 爲眞長求會稽; 殷答曰:「眞長標同伐異, 俠之大者. 常謂使君降階爲甚, 乃復爲之驅馳邪?」)

*피품평자: 劉惔
*관계: 親屬, ①
*품평내용: 品格(속 좁은 자)
*품평결과: 惡評

6. 賞譽 편 제90조:

은중군(殷浩)이 한태상(韓伯)을 평하길 "강백(韓伯)은 젊어서부터 스스로 고상한 품격을 표방하여 확연히 출중한 인재가 되었으며, 그의 발언과 담론에는 종종 정취가 담겨있다."라고 했다.(殷中軍道韓太常曰:「康伯少自標置, 居然是出群器; 及其發言遣辭, 往往有情致.」)

*피품평자: 韓伯(韓康伯)
*관계: 親屬(외삼촌과 조카)
*품평내용: 談論, 品格
*품평결과: 好評

7. 文學 편 제27조:

은중군(殷浩)이 이르길 "한강백(韓伯)은 아직 나의 아낌없는 칭찬을 받지 못했다."라고 했다.(殷中軍云:「康伯未得我牙後惠.」)

*피품평자: 韓伯(韓康伯)
*관계: 親屬(외삼촌과 조카)
*품평내용: 담론에 대해 아직 칭찬 못 받음

<郗超>

1. 品藻 편 제62조:

치가빈(郗超)이 사공(謝安)을 평하길 "무릎을 맞대고 담론해보니 비록 [철리를] 통찰한[徹] 것은 아니지만 [논리가] 면밀하고 매우 조리가 있다."라고 했다. 어떤 사람이 말하길 "우군(王羲之)은 경지에 이르렀다.[詣]"라고 했는데, 치가빈이 그것을 듣고 이르길 "[우군은] 경지에 이르렀다고는 할 수 없고, 정작 [사공과] 같은 무리라고 할 수 있을 뿐이다."라고 했다. 사공은 치가빈의 말을 타당하다고 생각했다.(郗嘉賓道謝公:「造膝雖不深徹, 而纏綿綸至.」 又曰:「右軍詣嘉賓.」 嘉賓聞之云:「不得稱詣, 政得謂之朋耳.」 謝公以嘉賓言爲得.)

*피품평자: 謝安
*관계: 親屬(사돈의 사촌, 형 사돈, 친구 → 王羲之의 생질), ①
*품평내용: 談論
*품평결과: 好評(~이나 ~이다)

2. 品藻 편 제62조:

치가빈(郗超)이 사공(謝安)을 평하길 "무릎을 맞대고 담론해보니 비록 [철리를] 통찰한[徹] 것은 아니지만 [논리가] 면밀하고 매우 조리가 있다."라고 했다. 어떤 사람이 말하길 "우군(王羲之)은 경지에 이르렀다.[詣]"라고 했는데, 치가빈이 그것을 듣고 이르길 "[우군은] 경지에 이르렀다고는 할 수 없고, 정작 [사공과] 같은 무리라고 할 수 있을 뿐이다."라고 했다. 사공은 치가빈의 말을 타당하다고 생각했다.(郗嘉賓道謝公:「造膝雖不深徹, 而纏綿綸至.」又曰:「右軍詣嘉賓.」嘉賓聞之云:「不得稱詣, 政得謂之朋耳.」謝公以嘉賓言爲得.)

*피품평자: 王羲之
*관계: 親屬(고모부)
*품평내용: 談論
*품평결과: (사안 = 왕희지)

3. 識鑒 편 제22조:

당시 조정에서는 謝玄을 파견하여 북벌하기로 결의했지만 논자들 사이에서는 자못 찬반양론이 엇갈렸다. 그러나 오직 치초만은 말하길 "그는 반드시 일을 성공시킬 것입니다. 내가 옛날에 그와 함께 환선무(환온)의 막부에 있을 때 보았는데, [그는 사람들의] 재능을 모두 남김없이 발휘하도록 하여 비록 미천한 자일지라도 또한 자신의 임무를 해낼 수 있게 했습니다. 이것으로 미루어 보면 틀림없이 공훈을 세울 수 있을 것입니다."라고 했다.(于時朝議遣玄北討, 人間頗有異同之論; 唯超曰:「是必濟事. 吾昔嘗與共在桓宣武府, 見使才皆盡, 雖履屐之間, 亦得其任; 以此推之, 容必能立勳.」)

*피품평자: 謝玄
*관계: 親屬, ②, ⑤
*품평내용: 品格(임무수행능력)
*품평결과: 好評(객관적)

4. 品藻 편 제49조:

사만이 수춘에서 패전한 뒤에 간문제(司馬昱) 치초에게 묻길 "사만은 당연히 패할 만했지만 어떻게 그처럼 병사들의 신뢰를 잃을 수 있단 말이오?"라고 하자, 치초가 말하길 "그는 경솔한 성격으로 지혜와 용기를 구별하려 했기 때문입니다."라고 했다.(謝萬壽春敗後, 簡文問郗超:「萬自可敗, 那得乃爾失卒情?」超曰:「伊以率任之情, 欲區別智勇.」)

*피품평자: 謝萬

*관계: 親屬
*품평내용: 品格(지혜와 용기 무분별)
*품평결과: 惡評

5. 識鑒 편　제25조:

치초는 부원과 친하게 교유했다. 부원이 자기의 두 아들을 [치초에게] 인사시켰는데, [당시 그들은] 모두 소년이었다. 치초가 그들을 한참 동안 보고 나서 부원에게 말하길 "작은 놈[傅亮]은 재능과 명성이 모두 훌륭하겠소. 그러나 그대의 가문을 지키는 것은 결국 큰 놈[傅迪]에게 달렸소."라고 했다. [부원의 두 아들은] 바로 부량 형제이다.(郗超與傅瑗周旋, 瑗見其二子並總髮; 超觀之良久, 謂瑗曰:「小者才名皆勝; 然保卿家, 終當在兄.」卽傅亮兄弟也.)

*피품평자: 傅亮
*관계: ⑥, ⑦
*품평내용: 品格(재능, 명성)
*품평결과: 好評

6. 識鑒 편　제25조:

치초는 부원과 친하게 교유했다. 부원이 자기의 두 아들을 [치초에게] 인사시켰는데, [당시 그들은] 모두 소년이었다. 치초가 그들을 한참 동안 보고 나서 부원에게 말하길 "작은 놈[傅亮]은 재능과 명성이 모두 훌륭하겠소. 그러나 그대의 가문을 지키는 것은 결국 큰 놈[傅迪]에게 달렸소."라고 했다. [부원의 두 아들은] 바로 부량 형제이다.(郗超與傅瑗周旋, 瑗見其二子並總髮; 超觀之良久, 謂瑗曰:「小者才名皆勝; 然保卿家, 終當在兄.」卽傅亮兄弟也.)

*피품평자: 傅迪
*관계: ⑥, ⑦
*품평결과: 好評(형제우열)

<庾亮>

1. 賞譽 편 제69조:

세간에서 칭찬하길 "유문강(庾亮)은 풍년의 옥이고 [그의 동생] 유치공(庾翼)은
흉년의 곡식이다."라고 했다. [그러나] 유가론에서는 이르길 "문강이 칭찬하길,
[동생] 치공은 흉년의 곡식이고 [조카] 유장인(庾統)은 풍년의 옥이라고 했다."라
고 했다.(世稱「庾文康爲豐年玉, 稱恭爲荒年穀.」 庾家論云: 「是文康稱恭爲荒年穀,
庾長仁爲豐年玉.」)

*피품평자: 庾稱恭(庾翼)
*관계: 親族(동생)
*비교, 비유대상: 흉년의 곡식
*품평방식: 比物
*품평내용: 品格(재능)
*품평결과: 好評

2. 賞譽 편 제69조:

세간에서 칭찬하길 "유문강(庾亮)은 풍년의 옥이고 [그의 동생] 유치공(庾翼)은
흉년의 곡식이다."라고 했다. [그러나] 유가론에서는 이르길 "문강이 칭찬하길,
[동생] 치공은 흉년의 곡식이고 [조카] 유장인(庾統)은 풍년의 옥이라고 했다."라
고 했다.(世稱「庾文康爲豐年玉, 稱恭爲荒年穀.」 庾家論云: 「是文康稱恭爲荒年穀,
庾長仁爲豐年玉.」)

*피품평자: 庾長仁(庾統)
*관계: 親族(조카)
*비교, 비유대상: 풍년의 옥
*품평방식: 比物
*품평내용: 品格(재능)
*품평결과: 好評

3. 賞譽 편 제41조:

유태위(庾亮)가 유중랑(庾敱)을 품평하길 "우리 집안의 종숙은 담론의 으뜸이

다.”라고 했다.(庾太尉曰庾中郞:「家從談談之許.」)

＊피품평자: 庾中郞(庾敱)
＊관계: 親族(庾亮부친과 사촌)
＊품평내용: 談論
＊품평결과: 好評

4. 賞譽 편　제42조:

유공(庾亮)이 중랑(庾敱)을 품평하길 “정신과 기색이 고요하고 담백하여 거의 최상의 경지에 이른 듯하다.”라고 했다.(庾公曰中郞:「神氣融散, 差如得上..」)

＊피품평자: 庾中郞(庾敱)
＊관계: 親族
＊품평내용: 品格(정신, 기색)
＊품평결과: 好評

5. 排調 편　제47조:

유준조(庾爰之)는 젊었을 때 은중군(殷浩)의 인정을 받았는데, [은중군이] 유공(庾亮)에게 그를 칭찬했더니, 유공이 매우 기뻐하면서 곧바로 [그를] 막료로 삼았다. [유공은 그를] 만나 본 뒤에 그를 독탑 위에 앉히고 함께 담론했는데, 그날 유준조는 [담론 수준이 그의 명성과] 거의 어울리지 못했다. 유공은 약간 실망하여 마침내 그를 양공(羊祜)의 학이라고 불렀다. 이전에 양숙자(羊祜)에게 춤을 잘 추는 학이 있었는데, 한번은 손님에게 자랑하자 손님이 시험 삼아 몰아오게 했더니, [학은] 날개를 축 늘어뜨린 채 춤을 추려하지 않았다. 그래서 [유준조를] 그것에 비유하여 부른 것이다.(劉遵祖少爲殷中軍所知, 稱之於庾公, 庾公甚忻, 便取爲佐. 引見, 坐獨榻上與語; 劉爾日殊不稱, 庾小失望, 遂名之爲「羊公鶴」. 昔羊叔子有鶴能舞, 嘗向客稱之; 客至, 試使驅來, 氄氃而不能舞. 故稱比之.)

＊피품평자: 劉遵祖(劉爰之)
＊관계: 親族(조카, 동생 庾翼의 아들)
＊비교, 비유대상: 양호의 학
＊품평방식: 比物
＊품평내용: 談論

*품평결과: 惡評

6. 賞譽 편 제72조:

유공(庾亮)이 이르길 "일소(王羲之)는 국가적인 인재로 등용된 인물이다."라고
했다. 그래서 유예(庾倩)가 [왕일소의] 비문에 쓰길 "여러 사람 중에서 발탁되어
국가적인 인재로 등용되었다."라고 했다.(庾公云:「逸少國擧.」故庾倪爲碑文云:「
拔萃國擧.」)

*피품평자: 王羲之
*품평내용: 品格(인재)
*품평결과: 好評

7. 賞譽 편 제35조:

유태위(庾亮)은 젊어서부터 왕미자(王玄)에게 인정을 받았다. 유태위가 강남으로
건너온 뒤 왕미자에 대해 찬탄하길 "그의 집 [처마] 밑에 몸을 들이면 사람으로
하여금 추위와 더위를 잊게 한다!"라고 했다.(庾太尉少爲王眉子所知; 庾過江, 歎
王曰:「庇其宇下, 使人忘寒暑!」)

*피품평자: 王眉子(王玄) → 王衍의 아들
*비교, 비유대상: 집
*품평방식: 比物
*품평내용: 品格(도량)
*품평결과: 好評

8. 賞譽 편 제38조:

유태위(庾亮)가 낙양에 있을 때, 중랑(庾敳)을 방문했다. [유태위가 가려고 하자]
중랑이 그를 붙잡으면서 이르길 "사람들이 틀림없이 올 것이오."라고 했다. 이윽
고 온원보(溫幾), 유왕교(劉疇), 배숙칙(裴楷)이 모두 도착하여 하루 종일 담론을
펼쳤다. 유공은 [나중에도] 유왕교, 배숙칙의 걸출한 재능과 온원보의 청아하고
중정함[淸中]을 떠올리곤 했다.(庾太尉在洛下, 問訊中郎. 中郎留之云:「諸人當來!」
尋溫元甫·劉王喬·裴叔則俱至, 酬酢終日. 庾公猶憶劉·裴之才雋, 元甫之淸中.)

*피품평자: 劉疇, 裴楷
*관계: ①
*품평내용: 談論(재능)
*품평결과: 好評

9. 賞譽 편　제38조:

유태위(庾亮)가 낙양에 있을 때, 중랑(庾𫘝)을 방문했다. [유태위가 가려고 하자] 중랑이 그를 붙잡으면서 이르길 "사람들이 틀림없이 올 것이오."라고 했다. 이윽고 온원보(溫幾), 유왕교(劉疇), 배숙칙(裴楷)이 모두 도착하여 하루 종일 담론을 펼쳤다. 유공은 [나중에도] 유왕교, 배숙칙의 걸출한 재능과 온원보의 청아하고 중정함[淸中]을 떠올리곤 했다.(庾太尉在洛下, 問訊中郎. 中郎留之云:「諸人當來!」尋溫元甫・劉王喬・裴叔則俱至, 酬酢終日. 庾公猶憶劉・裴之才儁, 元甫之淸中.)

*피품평자: 溫幾
*관계: ①
*품평내용: 談論(청아, 중정함)
*품평결과: 好評

10. 賞譽 편　제68조:

두홍치(杜乂)는 [조상의] 묘가 무너졌는데도 슬픈 얼굴이 그다지 드러나지 않았다. 유공(庾亮)이 여러 빈객들을 돌아보면서 말하길 "홍치는 너무 쇠약하기 때문에 과도하게 슬퍼해서는 안 된다."라고 했다. 또한 말하길 "홍치는 곡할 때 과도하게 슬퍼해서는 안 된다."라고 했다.(杜弘治墓崩, 哀容不稱. 庾公顧謂諸客曰:「弘治至羸, 不可以致哀.」又曰:「弘治哭不可哀.」)

*피품평자: 杜弘治(杜乂)
*품평내용: 外貌(허약)
*품평결과: 걱정

11. 賞譽 편　제107조:

손홍공(孫綽)이 유공(庾亮)의 참군으로 있을 때, 함께 백석산을 유람했는데, 위군장(衛永)도 그 자리에 있었다. 손홍공이 말하길 "이 사람은 마음과 감정이 도무지 산수에 관심이 없지만 문장은 잘 짓는다.”라고 하자, 유공이 말하길 “위군장은 품격과 운치가 그대들에게는 미치지 못하지만, [마음을] 기울이는 것은 또한 凡俗하지 않다.”라고 했다. 손홍공은 마침내 그 말에 감복했다.(孫興公爲庾公參軍, 公遊白石山, 衛君長在坐. 孫曰: 「此子神情都不關山水, 而能作文?」 庾公曰: 「衛風韻雖不及卿諸人, 傾倒處亦不近.」 孫遂沐浴此言.)

*피품평자: 衛君長(衛永)
*품평내용: 品格(문장, 운치)
*품평결과: ~이나 ~이다(품격, 운치 ×, 문장 ○)

<周顗>

1. 品藻 편 제14조:

명제(司馬紹)가 주백인(周顗)에게 묻길 “그대는 스스로 치감과 비교하여 어떻다고 생각하오?”라고 하자, 주백인이 말하길 “치감은 신과 비교하면 조예가 있는 듯합니다.”라고 했다. [명제가 같은 질문을] 다시 치감에게 물었더니, 치감이 말하길 “주의는 신과 비교하면 국사로서의 가풍이 있습니다.”라고 했다.(明帝問周伯仁: 「卿自謂何如郗鑒?」 周曰: 「鑒方臣, 如有功夫.」 復問郗. 郗曰: 「周顗比臣, 有國士門風.」)

*피품평자: 周顗
*관계: 자신(本人)
*비교, 비유대상: 郗鑒(치초의 조부)
*품평방식: 比他人, 自評
*품평내용: 品格(조예)
*품평결과: 비교대상 好評(치감＜주의)

2. 品藻 편 제22조:

명제(司馬紹)가 주백인(周顗)에게 묻길 “그대는 스스로 유원규(庾亮)와 비교하여 어떻다고 생각하오?”라고 하자, 대답하길 “속세 밖에서 한적하게 노니는 것은 유량이 신만 못하지만, 조정에서 유유하게 일을 처리하는 것은 신이 유량만 못합니다.”라고 했다.(明帝問周伯仁: 「卿自謂何如庾元規?」 對曰: 「蕭條方外, 亮不如臣; 從容廊廟, 臣不如亮.」)

*피품평자: 周顗
*관계: 자신(本人)
*비교, 비유대상: 庾亮
*품평방식: 比他人, 自評
*품평내용: 品格
*품평결과: ～이나 ～이다(속세 밖: 주의>유량, 조정: 주의
 <유량)

3. 任誕 편　제25조:

어떤 사람이 주복야(周顗)를 비난하길 "친구들과 말장난이나 하고 난잡하게 굴
면서 절제함이 없다."라고 하자, 주복야가 말하길 "나는 만리장강과 같으니, 어
찌 천리마다 한 번씩 굽이지지 않을 수 있겠소?"라고 했다.(有人譏周僕射與親友
言戲, 穢雜無檢節 周曰:「吾若萬里長江, 何能不千里一曲?」)

*피품평자: 周顗
*관계: 자신(本人)
*비교, 비유대상: 만리장강
*품평방식: 比物, 自評
*품평내용: 品格
*품평결과: 好評(변명)

4. 排調 편　제14조:

왕공(王導)이 조정의 관리들과 함께 술을 마시다가, 유리 주발을 들고서 주백인
(周顗)에게 말하길 "이 주발은 속이 텅 비었는데도 보배로운 기물이라 하니 왜
그렇소?"라고 하자, 주백인이 대답하길 "이 주발은 밝게 빛나며 진실로 맑고 투
명합니다. 그래서 보물로 여기는 것이지요."라고 했다.(王公與朝士共飲酒, 擧瑠璃
盌謂伯仁曰:「此盌腹殊空, 謂之寶器, 何邪?」答曰:「此盌英英, 誠爲淸徹, 所以爲
寶耳.」)

*피품평자: 周顗
*관계: 자신(本人)
*비교, 비유대상: 보석(유리 주발)
*품평방식: 比物, 自評

*품평내용: 品格
*품평결과: 好評

5. 輕詆 편 제2조:

유원규(庾亮)가 주백인(周顗)에게 말하길 "사람들이 모두 당신을 악씨에 견주더군요."라고 하자, 주백인이 말하길 "어떤 악씨요? 樂毅 말입니까?"라고 했다. 유원규가 말하길 "그 사람이 아니고 樂令(樂廣)이랍니다."라고 했더니, 주백인이 말하길 "어찌하여 무염을 곱게 그려서 서자(西施)를 범하려 하는가?"라고 했다. (庾元規語周伯仁:「諸人皆以君方樂.」周曰:「何樂? 謂樂毅邪?」庾曰:「不爾. 樂令耳.」周曰:「何乃刻畫無鹽, 以唐突西子也!」)

*피품평자: 周顗
*관계: 자신(本人)
*비교, 비유대상: 西施
*품평방식: 比他人, 自評
*품평내용: 外貌, 品格
*품평결과: 好評(反論)

6. 言語 편 제40조:

주복야(周顗)는 풍모가 온화하고 위의가 훌륭했다. 왕공(王導)을 방문하여 처음 수레에서 내릴 때 여러 사람의 부축을 받았는데, 왕공이 웃음을 머금고 그를 보고 있었다. 이미 좌정하고 나서 도도히 노래를 불렀더니, 왕공이 말하길 "그대는 혜강이나 완적과 같이 되고자 하는가?"라고 하자, 대답하길 "어찌 감히 가까이 계시는 明公을 버려두고 먼 옛날의 혜강이나 완적과 같이 되고자 하리이까?"라고 했다.(周僕射雍容好儀形, 詣王公, 初下車, 隱數人. 王公含笑看之. 旣坐, 傲然嘯咏. 王公曰:「卿欲希嵇阮邪?」答曰:「何敢近捨明公, 遠希嵇阮?」)

*피품평자: 王導
*비교, 비유대상: 嵇康, 阮籍
*품평방식: 比他人
*품평내용: 品格
*품평결과: 好評(왕도>혜강, 완적)

7. 方正 편　제23조:

주후(周顗)는 그제야 개연히 부끄러워하면서 탄식하면서 탄식하길 "나는 늘 무홍(王導)보다 낫다고 스스로 말하곤 했는데 이제야 비로소 [그보다] 못하다는 것을 알겠구나!"라고 했다.(周侯方慨然愧歎曰:「我常自言勝茂弘, 今始知不如也!」)

*피품평자: 王導
*비교, 비유대상: 周顗(자신)
*품평방식: 比自己
*품평내용: 品格(사건대처능력)
*품평결과: 好評(왕도＞주의)

8. 排調 편　제17조:

명제(司馬紹)가 주백인(周顗)에게 묻길 "진장(劉惔)은 어떠한 인물이오?"라고 하자, [주백인이] 대답하길 "진정 천근이나 되는 힘센 수소입니다."라고 했다. 왕공(王導)이 그 말을 듣고 웃었더니, 주백인이 말하길 "말 잘 듣는 뿔 꼬부라진 암소만은 못하지요."라고 했다.(明帝問周伯仁:「眞長何如人?」 答曰:「故是千斤犢特.」 王公笑其言. 伯仁曰:「不如捲角牸, 有盤辟之好.」)

*피품평자: 王導
*비교, 비유대상: 암소
*품평방식: 比物
*품평내용: 品格(일처리)
*품평결과: 惡評(비꼼)

9. 排調 편　제17조:

명제(司馬紹)가 주백인(周顗)에게 묻길 "진장(劉惔)은 어떠한 인물이오?"라고 하자, [주백인이] 대답하길 "진정 천근이나 되는 힘센 수소입니다."라고 했다. 왕공(王導)이 그 말을 듣고 웃었더니, 주백인이 말하길 "말 잘 듣는 뿔 꼬부라진 암소만은 못하지요."라고 했다.(明帝問周伯仁:「眞長何如人?」 答曰:「故是千斤犢特.」 王公笑其言. 伯仁曰:「不如捲角牸, 有盤辟之好.」)

*피품평자: 劉惔

*관계: ④
*비교, 비유대상: 수소
*품평방식: 比物
*품평내용: 品格(인재)
*품평결과: 好評

10. 方正 편 제31조:

왕대장군(王敦)이 [長江을 따라 공격하여] 내려왔을 때 사람들이 모두 그럴 이유가 없다고들 하자, 백인(周顗)이 말하길 "지금의 군주는 요순이 아니니 어찌 허물이 없을 수 있겠소? 그렇다고 또한 신하가 어찌 군대를 이끌고 조정을 공격할 수 있겠소? 하지만 처중(王敦)은 난폭하고 거칠기 짝이 없소. 왕평자(王澄)는 어디에 있소? [그의 손에 죽었지 않소?]"라고 했다.(王大將軍當下, 時咸謂無緣爾. 伯仁曰:「今主非堯舜, 何能無過? 且人臣安得稱兵以向朝廷? 處仲狼抗剛愎, 王平子何在?」)

*피품평자: 王敦
*관계: ⑤, ⑦
*품평내용: 品格(성격)
*품평결과: 惡評

11. 容止 편 제21조:

주후(周顗)가 왕장사(王濛)의 부친을 평하길 "용모가 훌륭한데다 고아한 성품에 기개까지 갖추었으니, 천거하여 그를 임용한다면 여러 가지 일을 해낼 수 있을 것이다."라고 했다.(周侯說王長史父:「形貌旣偉, 雅懷有槪, 保而用之, 可作諸許物也.」)

*피품평자: 王訥(王濛의 부친, 王述의 사촌)
*관계: ④, 太原 王氏
*품평내용: 外貌, 品格(성품, 천거인재)
*품평결과: 好評

12. 容止 편 제20조:

주백인(周顗)이 환무륜(桓彝)을 평하길 "고고하고 탁월하지만, [그를 모르는 사람들에게] 비웃음 당하는 사람이다."라고 했다. 어떤 사람은 사유여(謝鯤)가 한 말이라고도 한다.(周伯仁道桓茂倫:「嶔崎歷落可笑人.」 或云謝幼輿言.)

*피품평자: 桓彝(桓溫의 부친)
*관계: ⑥
*비교, 비유대상: 금기(산이 높고 험한 모양)
*품평방식: 比物
*품평내용: 品格
*품평결과: 好評(～이나 ～이다)

13. 賞譽 편 제48조:

당시 사람들이 高坐道人(帛｜'黎密多羅)을 품평하려고 했으나 할 수 없었는데, 환정위(桓彝)가 주후(周顗)에게 물었더니, 주후가 말하길 "가히 탁월하고 고명하다고 이를 만합니다."라고 했다. [나중에] 환공이 말하길 "[고좌도인은] 정신이 심오하고 현저하다."라고 했다.(時人欲題目高坐而未能, 桓廷尉以問周侯. 周侯曰: 「可謂卓朗.」 桓公曰: 「精神淵箸.」)

*피품평자: 高坐道人 스님
*품평내용: 品格(고명)
*품평결과: 好評

14. 雅量 편 제22조:

주후(周顗)가 이미 지나쳐 갔다가 다시 돌아와 고화의 가슴을 가리키며 말하길 "이 속에 무엇이 있는가?"라고 하자, 고화가 변함없이 이를 잡으면서 천천히 대답하길 "이 속이 가장 헤아리기 어려운 곳입니다."라고 했다. 이윽고 주후가 관청으로 들어가 승상에게 말하길 "당신 州郡의 관리 중에 상서령과 복야가 될 만한 인재가 한 명 더 있더군요."라고 했다.(周旣過, 反還, 指顧心曰: 「此中何所有?」 顧搏虱如故; 徐應曰: 「此中最是難測地.」 周侯旣入, 語丞相曰: 「卿州史中, 有一令僕才!」)

*피품평자: 顧和
*품평내용: 品格(인재)
*품평결과: 好評

15. 輕詆 편 제2조:

유원규(庾亮)가 주백인(周顗)에게 말하길 "사람들이 모두 당신을 악씨에 견주더군요."라고 하자, 주백인이 말하길 "어떤 악씨요? 樂毅 말입니까?"라고 했다. 유원규가 말하길 "그 사람이 아니고 樂令(樂廣)이랍니다."라고 했더니, 주백인이 말하길 "어찌하여 무염을 곱게 그려서 서자(西施)를 범하려 하는가?"라고 했다. (庾元規語周伯仁:「諸人皆以君方樂.」周曰:「何樂? 謂樂毅邪?」庾曰:「不爾. 樂令耳.」周曰:「何乃刻畫無鹽, 以唐突西子也!」)

*피품평자: 樂令(樂廣)
*비교, 비유대상: 無鹽
*품평방식: 比他人
*품평내용: 外貌, 品格
*품평결과: 惡評

◉ 被品評者

＜王導＞

1. 言語 편 제40조:

주복야(周顗)는 풍모가 온화하고 위의가 훌륭했다. 왕공(王導)을 방문하여 처음 수레에서 내릴 때 여러 사람의 부축을 받았는데, 왕공이 웃음을 머금고 그를 보고 있었다. 이미 좌정하고 나서 도도히 노래를 불렀더니, 왕공이 말하길 "그대는 혜강이나 완적과 같이 되고자 하는가?"라고 하자, 대답하길 "어찌 감히 가까이 계시는 明公을 버려두고 먼 옛날의 혜강이나 완적과 같이 되고자 하리이까?"라고 했다.(周僕射雍容好儀形, 詣王公, 初下車, 隱數人. 王公含笑看之. 旣坐, 傲然嘯咏. 王公曰:「卿欲希嵇阮邪?」答曰:「何敢近捨明公, 遠希嵇阮?」)

*품평자: 周顗
*비교, 비유대상: 嵇康, 阮籍
*품평방식: 比他人
*품평내용: 品格
*품평결과: 好評(왕도＞혜강, 완적)

2. 方正 편 제23조:

주후(周顗)는 그제야 개연히 부끄러워하면서 탄식하길 "나는 늘 무홍(王導)보다 낫다고 스스로 말하곤 했는데 이제야 비로소 [그보다] 못하다는 것을 알겠구나!"라고 했다.(周侯方慨然愧歎曰:「我常自言勝茂弘, 今始知不如也!」)

*품평자: 周顗
*비교, 비유대상: 周顗(자신)
*품평방식: 比自己
*품평내용: 品格(사건대처능력)
*품평결과: 好評(왕도>주의)

3. 排調 편 제17조:

명제(司馬紹)가 주백인(周顗)에게 묻길 "진장(劉惔)은 어떠한 인물이오?"라고 하자, [주백인이] 대답하길 "진정 천근이나 되는 힘센 수소입니다."라고 했다. 왕공(王導)이 그 말을 듣고 웃었더니, 주백인이 말하길 "말 잘 듣는 뿔 꼬부라진 암소만은 못하지요."라고 했다.(明帝問周伯仁:「眞長何如人?」答曰:「故是千斤犗特.」王公笑其言. 伯仁曰:「不如捲角㸰, 有盤辟之好.」)

*품평자: 周顗
*비교, 비유대상: 암소
*품평방식: 比物
*품평내용: 品格(일처리)
*품평결과: 惡評(비꼼)

4. 企羨편 제1조:

왕승상(王導)이 사공에 임명되었을 때, 환정위(桓彝)가 두 갈래로 머리를 묶고 갈포 하의에 지팡이를 짚은 채 길가에서 그를 훔쳐보며 감탄하길 "사람들이 아롱(王導)을 뛰어나다고 하더니 아롱은 정말 뛰어나구나!"라고 했다.(王丞相拜司空, 桓廷尉作兩髻, 葛裙・策杖・路邊窺之; 歎曰:「人言阿龍超, 阿龍故自超!」)

*품평자: 桓廷尉(桓彝)
*관계: 親屬(사돈)

*품평방식: 直敍
*품평내용: 品格(뛰어남)
*품평결과: 好評

5. 排調 편 제13조:

유진장(劉惔)이 처음 왕승상(王導)을 만났다. 그때는 한창 더운 계절이었는데, 승상이 배를 탄기판에 갖다대며 말하길 "어쩌면 이렇게 차가울까?"라고 했다. 유진장이 나온 뒤에 어떤 사람이 묻길 "왕공(王導)을 만나보니 어떻습니까?"라고 하자, 유진장이 말하길 "다른 특이한 점은 보지 못했고, 다만 吳語를 사용하는 것만 들었소이다."라고 했다.(劉眞長始見王丞相, 時盛暑之月, 丞相以腹熨彈棊局, 曰:「何如乃淸?」劉旣出, 人問:「見王公如何?」劉曰:「未見他異, 唯作吳語耳!」)

*품평자: 劉惔
*관계: 親屬(사돈의 처형)
*품평방식: 直敍
*품평내용: 品格(정치관)
*품평결과: 惡評(비꼼)

6. 言語 편 제36조:

[온교가] 왕승상(王導)을 방문하여 주상께서 오랑캐의 포로가 되셨고 사직이 불타 무너졌으며 왕릉이 참혹하게 훼손되어 서리의 비통함이 있음을 진언했다. 온교는 충정과 강개함이 너무나도 격렬하여 눈물을 흘리면서 말을 이었고, 승상도 그와 함께 마주 보며 울었다. 심정을 다 털어 놓고 나서 힘을 합하자고 강하게 주장하자 승상도 흔쾌히 받아들였다. 물러 나와 기뻐하며 말하길 "강남에도 관이오(管仲)가 있으니 이제 다시 무엇을 걱정하리오?"라고 했다.(旣詣王丞相, 陳主上幽越, 社稷焚滅, 山陵夷毀之酷, 有黍離之痛; 溫忠慨深烈, 言與泗俱. 丞相亦與之對泣. 敍情旣畢, 便深自陳結. 丞相亦厚相酬納. 旣出, 懽然言曰:「江左自有管夷吾, 此復何憂?」)

*품평자: 溫嶠
*비교, 비유대상: 管仲(管夷吾)
*품평방식: 比他人
*품평내용: 品格(충정, 강개, 인정)
*품평결과: 好評

7. 棲逸 편 제4조:

[이흠은] 이미 높은 명성을 지니고 있었기에 왕승상(王導)이 그를 불러 예우해주려고 일부러 승상부의 속관으로 초징했다. 이흠은 임명장을 받아 보고 웃으며 말하길 "무홍(王導)은 여전히 관직 하나를 남에게 빌려주려 하는구먼!"이라고 했다.(既有高名, 王丞相欲招禮之, 故辟爲府掾. 歆得牋命, 笑曰:「茂弘乃復以一爵假人?」)

*품평자: 李歆
*품평방식: 直敍
*품평내용: 청렴, 지조 있는 자의 비꼼
*품평결과: 惡評(비꼼)

8. 術解편 제8조:

왕승상(王導)이 곽박에게 시험 삼아 한 괘를 짚어보게 했는데, 괘가 나오자 곽박이 매우 난감한 기색을 띠며 이르길 "공은 벼락 맞을 액운이 있습니다." 라고 했다. 왕승상이 묻길 "없앨 수 있는 방법이 있는가?" 라고 하자, 곽박이 말하길 "거마를 채비하게 하여 서쪽으로 몇 리를 가면 측백나무 한 그루가 있을 것이니, 공의 키만큼 잘라서 침상의 늘 주무시는 곳에 두면 재앙이 없어질 것입니다." 라고 했다. 왕승상은 그의 말대로 했다. 며칠 뒤에 과연 벼락이 쳐서 측백나무가 산산조각이 나자, 자제들이 모두 경하 드렸다. 대장군(王敦)이 이르길 "당신은 결국 죄를 나무에 전가시켰군요."라고 했다.(王丞相令郭璞試作一卦, 卦成, 郭意色甚惡; 云:「公有震厄!」王問:「有可消伏理不?」郭曰:「命駕西出數里, 得一柏樹, 截斷如公長, 置牀上常寢處, 災可消矣.」王從其語. 數日中, 果震柏粉碎, 子弟皆稱慶. 大將軍云:「君乃復委罪於樹木!」)

*품평자: 郭璞
*비교, 비유대상: 주역 卦
*품평방식: 比物
*품평내용: 액운
*품평결과: 惡評

9. 品藻 편 제20조:

왕승상(王導)이 이르길 "근자에 세간의 논평에서 나를 안기(王承)와 천리(阮瞻)에 견주고 있는데, [나] 또한 이 두 사람을 존중한다."라고 했다.(王丞相云:「頃

下論, 以我比安期・千里, 亦推此二人.」)

*품평자: 世論(頃下論)
*비교, 비유대상: 王承(王安期), 阮瞻(千里)
*품평방식: 比他人
*품평결과: 단순비교

10. 容止 편 제15조:

어떤 사람이 왕태위(王衍)를 찾아갔다가 마침 그 자리에 있던 안풍(王戎), 대장군(王敦), 승상(王導)를 만나 별채로 가서 계윤(王詡), 평자(王澄)를 보았는데, 돌아와서 사람들에게 말하길 "오늘의 방문에서 눈에 보이는 것은 모두 임랑의 주옥이었소."라고 했다.(有人詣王太尉, 遇安豐・大將軍・丞相在坐; 往別屋見季胤・平子. 還, 語人口: 「今日之行, 觸目見琳琅珠玉.」)

*품평자: 世論(有人)
*비교, 비유대상: 琳琅珠玉(美玉의 명칭)
*품평방식: 比物
*품평내용: 品格(인물)
*품평결과: 好評

11. 品藻 편 제6조:

또한 팔배를 팔왕에 견주었는데, 배휘를 왕상에, 배해를 왕이보에, 배강을 왕수에, 배작을 왕징에, 배찬을 왕돈에, 배하를 왕도에, 배위를 왕융에, 배막을 왕현에 견주었다.(又以八裴方八王: 裴徽方王祥, 裴楷方王夷甫, 裴康方王綏, 裴綽方王澄, 裴瓚方王敦, 裴遐方王導, 裴頠方王戎, 裴邈方王玄.)

*품평자: 世論(正始 時期의 人士)
*비교, 비유대상: 裴遐
*품평방식: 比他人
*품평결과: 단순비교

＜王敦＞

1. 豪爽 편 제3조:

왕대장군(王敦)이 자신을 평하기를 "고명하고 진솔하며 학문은 춘추좌씨전에 밝다."라고 했다.(王大將軍自曰「高朗疎率, 學通左氏.」)

＊품평자: 王敦
＊관계: 자신(本人)
＊품평방식: 自評
＊품평내용: 品格(고명, 진솔, 학식)
＊품평결과: 好評

2. 方正 편 제31조:

왕대장군(王敦)이 [長江을 따라 공격하여] 내려왔을 때 사람들이 모두 그럴 이유가 없다고들 하자, 백인(周顗)이 말하길 "지금의 군주는 요순이 아니니 어찌 허물이 없을 수 있겠소? 그렇다고 또한 신하가 어찌 군대를 이끌고 조정을 공격할 수 있겠소? 하지만 처중(王敦)은 난폭하고 거칠기 짝이 없소. 왕평자(王澄)는 어디에 있소? [그의 손에 죽었지 않소?]"라고 했다.(王大將軍當下, 時咸謂無緣爾. 伯仁曰:「今主非堯舜, 何能無過? 且人臣安得稱兵以向朝廷? 處仲狼抗剛愎, 王平子何在?」)

＊품평자: 周顗
＊관계: ⑤, ⑦
＊품평내용: 品格(성격)
＊품평결과: 惡評

3. 賞譽 편 제79조:

환온이 길을 가다가 왕돈의 묘 옆을 지나가면서 바라보며 이르길 "괜찮은 사람이야! 괜찮은 사람이야!"라고 했다.(桓溫行經王敦墓邊過, 望之云:「可兒! 可兒!」)

＊품평자: 桓溫
＊관계: 親屬(사돈), ⑦

*품평내용: 品格(인물)
*품평결과: 好評(권력찬탈 욕심 같음)

4. 識鑒 편 제6조:

반양중(潘滔)이 어린 시절의 왕돈을 보고 평하길 "자네는 벌 같은 눈이 이미 튀어나왔지만 승냥이 같은 목소리는 아직 내지 못하니, 틀림없이 남을 잡아먹을 수도 있지만 또한 남에게 잡아먹힐 수도 있네."라고 했다.(潘陽仲見王敦少時, 謂曰:「君蜂目已露, 但豺聲未振耳. 必能食人, 亦當爲人所食!」)

*품평자: 潘陽仲(潘滔)
*비교, 비유대상: 벌, 승냥이
*품평방식: 比物
*품평내용: 外貌, 品格(인물)
*품평결과: ～이나 ～이다

5. 品藻 편 제21조:

송위는 일찍이 왕대장군(王敦)의 첩이었으나 나중에는 사진서(謝尙)에게 속하게 되었다. 사진서가 송위에게 묻길 "나는 왕돈과 비교하여 어떤가?"라고 하자, 대답하길 "왕돈을 나으리와 비교하면 시골뜨기와 귀인일 따름이지요!"라고 했다. [이것은] 사진서가 미끈하게 잘 생겼기 때문이었다.(宋褘曾爲王大將軍姜, 後屬謝鎭西; 鎭西問褘:「我何如王?」答曰:「王比使君, 田舍·貴人耳!」鎭西妖冶故也.)

*품평자: 宋褘
*관계: 첩
*비교, 비유대상: 謝尙(謝安사촌)
*품평방식: 比自家人
*품평내용: 外貌
*품평결과: 惡評, 비교대상 好評(왕돈<사상)

6. 排調 편 제60조:

효무제(司馬曜)가 왕순에게 사윗감을 찾아달라고 부탁하면서 말하길, "왕돈이나 환온 같은 탁월한 인물은 이미 다시 얻기 어렵지만, 또한 약간 뜻을 얻었다고 해서 다른 사람의 집안일에 관여하길 좋아한다면, 정말 필요한 사람이 아니오. 다만 진장(劉惔)이나 자경(王獻之) 같은 사람이라면 가장 좋겠소."라고 하자, 왕순이 사혼을 추천했다. 나중에 원산송이 사혼과 혼인관계를 맺으려 하자, 왕순이 말하길 "그대는 천자의 고기에 접근하지 마시오."라고 했다.(孝武屬王珣求女壻, 曰：「王敦·桓溫, 磊砢之流, 既不可復得, 且小如意, 亦好豫人家事, 酷非所須; 止如眞長·子敬比, 最佳.」珣舉謝混. 後袁山松欲擬謝婚, 王曰：「卿莫近禁臠.」)

*품평자: 孝武帝
*관계: 황제가문의 사위
*품평내용: 品格(인물)
*품평결과: 惡評(비꼼), ～이나 ～이다

7. 容止 편 제15조:

어떤 사람이 왕태위(王衍)를 찾아갔다가 마침 그 자리에 있던 안풍(王戎), 대장군(王敦), 승상(王導)을 만나 별채로 가서 계윤(王詡), 평자(王澄)를 보았는데, 돌아와서 사람들에게 말하길 "오늘의 방문에서 눈에 보이는 것은 모두 임랑의 주옥이었소."라고 했다.(有人詣王太尉, 遇安豐·大將軍·丞相在坐; 往別屋見季胤·平子. 還, 語人曰：「今日之行, 觸目見琳琅珠玉.」)

*품평자: 世論(有人)
*비교, 비유대상: 琳琅珠玉(美玉의 명칭)
*품평방식: 比物
*품평내용: 品格(인물)
*품평결과: 好評

8. 豪爽 편 제2조:

왕처중(王敦)은 세간에서 고상하다는 평가를 받았는데, 일찍이 여색에 푹 빠져 몸이 그것 때문에 허약해졌었다. 좌우에서 간언하자, 처중이 말하길 "나는 그런 줄 느끼지 못했는데, 그와 같은 것이라면 매우 간단하지."라고 하고는, 곧장 後房을 열어 하녀와 첩 수십 명을 쫓아 길거리로 내보내 가고 싶은 대로 가게 했다. 당시 사람들은 [그것을 보고] 감탄했다.(王處仲世許高尙之目, 嘗荒恣於色, 體爲之弊, 左右諫之. 處仲曰：「吾乃不覺爾! 如此者, 甚易耳.」乃開內後閤, 驅諸婢妾數十人出路, 任其所之. 時人歎焉.)

*품평자: 世論
*품평내용: 品格(고상, 결단성)
*품평결과: 好評

9. 品藻 편 제6조:

또한 팔배를 팔왕에 견주었는데, 배휘를 왕상에, 배해를 왕이보에, 배강을 왕수에, 배작을 왕징에, 배찬을 왕돈에, 배하를 왕도에, 배위를 왕융에, 배막을 왕현에 견주었다.(又以八裴方八王: 裴徽方王祥, 裴楷方王夷甫, 裴康方王綏, 裴綽方王澄, 裴瓚方王敦, 裴遐方王導, 裴頠方王戎, 裴邈方王玄.)

*품평자: 世論(正始 時期의 人士)
*비교, 비유대상: 裴瓚
*품평방식: 比他人
*품평결과: 단순비교

<王珣>

1. 雅量 편 제39조:

[왕동정(王珣)은] 처음 [환공을] 만나 인사할 때 예의절차에 실수를 범했지만 안색은 태연자약했다. 좌중의 빈객들이 [그의 실수를 보고] 즉시 비꼬면서 웃자, 환공(桓溫)이 말하길 "그렇지 않소. 그의 표정과 모습을 보니 틀림없이 평범한 인물은 아닐 것이오 내가 마땅히 시험해 보겠소."라고 했다. 나중에 매월 초하루에 열리는 조회에서 [환온의 속관들이] 관청 앞에 엎드려 있을 때, 환공이 안에서 말을 타고 곧장 돌진해 나왔다. 좌우의 사람들은 모두 어지럽게 넘어졌으나 왕동정은 꼼짝도 하지 않았다. 이에 명성이 크게 높아져 사람들이 모두 말하길 "재상이 될 만한 그릇이야!"라고 했다.(初見謝失儀, 而神色自若; 坐上賓客卽相眨笑. 公曰:「不然. 觀其情貌, 必自不凡; 吾當試之.」後因月朝閣下伏, 公於內走馬直出突之, 左右皆宕仆, 而王不動. 名價於是大重, 咸云:「是公輔器也!」)

*품평자: 桓溫
*관계: 親屬(사돈), ②, ③
*품평내용: 外貌, 品格(표정, 모습 非凡)
*품평결과: 好評(사건대처능력)

2. 賞譽 편　제147조:

사공(謝安)은 집으로 돌아가서 유부인에게 말하길 "아까 아과(王珣)을 만났는데, 진실로 쉽게 얻을 수 있는 인물은 아니었소. 비록 [두 집안이 이젠] 서로 관계가 없지만, 진정 사람을 감탄해 마지않게 했소."라고 했다.(還, 謂劉夫人曰:「向見阿瓜, 故自未易有; 雖不相關, 正自使人不能已已!」)

*품평자: 謝安
*관계: 親屬(사위), ⑤
*품평내용: 品格(쉽게 얻을 수 없는 인물)
*품평결과: 好評

3. 規箴 편　제22조:

왕대(王忱)가 동정(王珣)에게 말하길 "그대 또한 담론의 성취가 나쁘지는 않지만 어떻게 승미(王珉)와 겨룰 수 있겠소?"라고 했다.(王大語東亭:「卿乃復倫成不惡, 那得與僧彌戲?」)

*품평자: 王忱
*관계: 親屬, 太原 王氏
*비교, 비유대상: 王珉
*품평방식: 比他人
*품평내용: 談論
*품평결과: ～이나 ～이다, 형제우열, 비교대상 好評(왕순<왕민)

4. 讒險 편　제3조:

효무제(司馬曜)는 왕국보와 왕아를 매우 신임하고 경애했다. 왕아가 효무제에게 왕순을 추천하자, 효무제는 그를 만나보고자 했다. 한번은 밤에 왕국보, 왕아와 함께 마주 앉아 있었는데, 무제가 약간 술기운이 있는 상태에서 왕순을 불러들이라고 했다. [왕순이] 거의 도착할 즈음에, 사졸이 보고하는 소리가 이미 들렸다. 왕국보는 자신의 재능이 왕순보다 못하다는 것을 알고 있었기 때문에, 황제의 총애를 빼앗길까봐 두려워서 말하길 "왕순은 당대의 이름 난 명사이므로, 폐하께서 술기운이 있는 상태에서 그를 접견하시는 것은 마땅하지 못하오니, 따로 조서를 내려 부르시는 것이 좋겠습니다."라고 했다. 효무제는 그의 말이 옳다고 여겼으며 마음속으로 충성스럽다고 생각하여, 결국 왕순을 접견하지 않았다.(孝

武甚親敬王國寶·王雅. 雅薦王珣於帝, 帝欲見之; 嘗夜與國寶及雅相對, 帝微有酒
色, 令喚珣. 垂至, 已聞卒傳聲, 國寶自知才出珣下, 恐傾奪其寵, 因曰:「王珣當今名
流, 陛下不宜有酒色見之, 自可別詔召也.」帝然其言, 心以爲忠, 遂不見珣.)

*품평자: 王國寶
*관계: 親屬, 太原 王氏, ⑤
*비교, 비유대상: 王國寶(자신)
*품평방식: 比自己
*품평내용: 品格(재능)
*품평결과: (왕국보＜왕순)

5. 仇隙 편 제6조:

왕동정(王珣)과 왕효백(王恭)은 나중에 의견이 점점 달라졌다. 왕효백이 왕동정
에게 말하길 "그대는 정말 알 수가 없소."라고 하자, 대답하길 "왕릉은 조정에서
直諫했고 진평은 따르며 침묵했지만, 문제는 끝마무리를 어떻게 하느냐는 것일
뿐이오."라고 했다.(王東亭與孝伯語, 後漸異. 孝伯謂東亭曰:「卿便不可復測!」 答
曰:「王陵廷爭, 陳平從默, 但問克終云何耳.」)

*품평자: 王孝伯(王恭)
*관계: 親屬, 太原 王氏
*품평내용: 品格(성격)

6. 雅量 편 제39조:

왕동정(王珣)이 환선무(桓溫)의 주부가 되었는데, 이미 가문의 명예를 이어받은
데다가 훌륭한 명성까지 지니고 있어서, 환공(桓溫)은 그의 인품과 가문이 온
府의 명망을 받고 있는 것을 매우 존경했다. [왕동정]은 처음 환공을 만나 인사
할 때 예의절차에 실수를 범했지만 안색은 태연자약했다. 좌중의 빈객들이 [그
의 실수를 보고] 바로 비꼬면서 웃자, 환공이 말하길 "그렇지 않소. 그의 표정과
모습을 보니 틀림없이 평범한 인물은 아닐 것이오. 내가 마땅히 시험해 보겠소."
라고 했다. 나중에 매 월 초하루에 열리는 조회에서 [환온의 속관들이] 관청 앞
에 엎드려 있을 때, 환공이 안에서 말을 타고 곧장 돌진해 나왔다. 좌우의 사람
들은 모두 어지럽게 넘어졌으나 왕동정은 꼼짝도 하지 않았다. 이에 명성이 크
게 높아져 사람들이 모두 말하길 "재상이 될 만한 그릇이야!"라고 했다.(王東亭
爲桓宣武主簿, 旣承藉有美譽, 公甚敬其人地, 爲一府之望, 初見謝失儀, 而神色自

若; 坐上賓客卽相貶笑. 公曰:「不然. 觀其情貌, 必自不凡; 吾當試之.」 後因月朝閣
下伏, 公於內走馬直出突之, 左右皆宕仆, 而王不動. 名價於是大重, 咸云:「是公輔
器也!」)

*품평자: 世論(咸云)
*비교, 비유대상: 그릇
*품평방식: 比物
*품평내용: 品格(인재)
*품평결과: 好評(사건대처능력)

7. 寵禮 편 제3조:

왕순과 치초는 모두 훌륭한 재능을 갖고 있어서 대사마(桓溫)의 중시를 받아 발
탁되었다. 왕순은 주부가 되었고 치초는 기실참군이 되었는데, 치초는 수염이
많은 사람이었고 왕순은 모습이 왜소했다. 그래서 당시에 형주 사람들이 그들을
두고 말하길 "털보 참군, 땅딸보 주부. 공을 기쁘게 할 수도 있고, 공을 화나게
할 수도 있다네."라고 했다.(王珣・郗超並有奇才, 爲大司馬所眷拔; 珣爲主簿, 超
爲記室參軍. 超爲人多須, 珣形狀短小; 于時荊州爲之語曰:「髥參軍, 短主簿; 能令
公喜, 能令公怒.」)

*품평자: 世論(荊州爲之語)
*품평내용: 外貌(외소)
*품평결과: 땅딸보

<王衍>

1. 賞譽 편 제25조:

왕이보(王衍)가 스스로 탄식하길 "나는 악령(樂廣)과 담론할 때마다 일찍이 나
의 언담이 번잡하다고 느끼지 않은 적이 없다."라고 했다.(王夷甫自嘆:「我與樂
令談, 未嘗不覺我言爲煩.」)

*품평자: 王衍
*관계: 자신(本人)
*비교, 비유대상: 樂令(樂廣)

*품평방식: 自評, 比他人
*품평내용: 談論
*품평결과: 비교대상을 好評하면서 자신을 폄하(객관적 자신평)

2. 賞譽 편 제37조:

왕공(王導)이 태위(王衍)를 품평하기를 "높고 험준하며 특출한 것이 천길 암벽 같이 서있다."라고 했다.(王公曰太尉:「巖巖淸峙, 壁立千仞.」)

*품평자: 王導
*관계: 別族
*비교, 비유대상: 巖巖(험준한 모양)
*품평방식: 比物
*품평내용: 品格, 外貌
*품평결과: 好評

3. 容止 편 제17조:

왕대장군(王敦)이 태위(王衍)를 칭찬하기를 "사람들 속에 있으면 주옥이 기와조각 사이에 있는 것 같다."라고 했다.(王大將軍稱太尉:「處衆人之中, 似珠玉在瓦石間.」)

*품평자: 王敦
*관계: 別族, ⑥
*비교, 비유대상: 珠玉
*품평방식: 比物
*품평결과: 好評

4. 賞譽 편 제16조:

왕융이 이르길 "태위(王衍)는 정신과 자태가 고상하고 고결하여 옥림옥수와 같으니, 본디 풍진 밖의 인물이다."라고 했다.(王戎云:「太尉神姿高徹, 如搖林瓊樹, 自然是風塵外物!」)

*품평자: 王戎
*관계: 親族(사촌)

*비교, 비유대상: 搖林瓊樹, 風塵外物
*품평방식: 比物
*품평내용: 品格(정신, 자태)
*품평결과: 好評

5. 賞譽 편 제27조:

왕평자(王澄)가 [형] 태위(王衍)를 품평하길 "형님은 겉으로는 [無爲의] 도를 체
득한 듯하지만, 정신적인 기세가 너무 예리합니다."라고 하자, 태위가 답하길
"진실로 그대의 대범하고 침착함에는 미치지 못하지."라고 했다.(王平子曰太尉:
「阿兄形似道, 而神鋒太雋.」太尉答曰:「誠不如卿落落穆穆.」)

*품평자: 王平子(王澄)
*관계: 親族(형제)
*품평내용: 品格(정신적 기세)
*품평결과: ～이나 ～이다(객관적 평)

6. 識鑒 편 제5조:

왕이보(王衍)의 부친 왕예가 평북장군으로 있을 때 공무상의 사건이 발생하자,
使者를 [도성에] 파견하여 소청하게 했으나 효과가 없었다. 당시 왕이보는 도성
에 있었는데 수레를 채비하라 명하여 복야 양호와 상서 산도를 만나러 갔다. 당
시 청년이었던 왕이보는 풍채가 수려하고 재능이 남달랐는데, 논변이 매우 명쾌
했으며 내용이 훌륭한데다가 조리까지 갖추고 있었다. 산도는 그를 매우 뛰어난
인물이라고 생각하여, [그가] 이미 물러난 뒤에도 그의 뒷모습을 계속 바라보면
서 탄식하길 "아들을 낳으면 왕이보처럼은 되야 하지 않겠는가!"라고 했다. 그
러나 양호는 말하길 "천하를 어지럽히는 자는 틀림없이 이 아이일 것입니다."라
고 했다.(王夷甫父乂, 爲平北將軍, 有公事, 使行人論不得; 時夷甫在京師, 命駕見僕
射羊祜·尙書山濤. 夷甫時總角, 姿才秀異, 敍致旣快, 事加有理, 濤甚奇之. 旣退,
看之不輟; 乃歎曰:「生兒不當如王夷甫邪?」羊祜曰:「亂天下者, 必此子也!」)

*품평자: 羊祜
*관계: 親屬(계모의 사촌오빠)
*품평내용: 천하를 어지럽히는 자
*품평결과: 惡評

7. 識鑒 편 제5조:

왕이보(王衍)의 부친 왕예가 평북장군으로 있을 때 공무상의 사건이 발생하자, 使者를 [도성에] 파견하여 소청하게 했으나 효과가 없었다. 당시 왕이보는 도성에 있었는데 수레를 채비하라 명하여 복야 양호와 상서 산도를 만나러 갔다. 당시 청년이었던 왕이보는 풍채가 수려하고 재능이 남달랐는데, 논변이 매우 명쾌했으며 내용이 훌륭한데다가 조리까지 갖추고 있었다. 산도는 그를 매우 뛰어난 인물이라고 생각하여, [그가] 이미 물러난 뒤에도 그의 뒷모습을 계속 바라보면서 탄식하길 "아들을 낳으면 왕이보처럼은 되야 하지 않겠는가!"라고 했다. 그러나 양호는 말하길 "천하를 어지럽히는 자는 틀림없이 이 아이일 것입니다."라고 했다.(王夷甫父乂, 爲平北將軍, 有公事, 使行人論不得; 時夷甫在京師, 命駕見僕射羊祜·尚書山濤. 夷甫時總角, 姿才秀異, 敍致既快, 事加有理, 濤甚奇之. 既退, 看之不輟; 乃歎曰:「生兒不當如王夷甫邪?」羊祜曰:「亂天下者, 必此子也!」)

*품평자: 山濤
*관계: ⑥
*품평내용: 品格(아들은 이처럼)
*품평결과: 好評

8. 識鑒 편 제5조:

왕이보(王衍)의 부친 왕예가 평북장군으로 있을 때 공무상의 사건이 발생하자, 使者를 [도성에] 파견하여 소청하게 했으나 효과가 없었다. 당시 왕이보는 도성에 있었는데 수레를 채비하라 명하여 복야 양호와 상서 산도를 만나러 갔다. 당시 청년이었던 왕이보는 풍채가 수려하고 재능이 남달랐는데, 논변이 매우 명쾌했으며 내용이 훌륭한데다가 조리까지 갖추고 있었다. 산도는 그를 매우 뛰어난 인물이라고 생각하여, [그가] 이미 물러난 뒤에도 그의 뒷모습을 계속 바라보면서 탄식하길 "아들을 낳으면 왕이보처럼은 되야 하지 않겠는가!"라고 했다. 그러나 양호는 말하길 "천하를 어지럽히는 자는 틀림없이 이 아이일 것입니다."라고 했다.(王夷甫父乂, 爲平北將軍, 有公事, 使行人論不得; 時夷甫在京師, 命駕見僕射羊祜·尚書山濤. 夷甫時總角, 姿才秀異, 敍致既快, 事加有理, 濤甚奇之. 既退, 看之不輟; 乃歎曰:「生兒不當如王夷甫邪?」羊祜曰:「亂天下者, 必此子也!」)

*품평자: 世論(總角時)
*품평내용: 외모(수려), 品格(재능), 談論(논변)
*품평결과: 好評

9. 規箴 편　제9조:

왕이보(王衍)는 평소에 현묘하고 심원한 이치를 숭상했는데, 항상 부인의 탐욕스러움을 미워하여 일찍이 돈 '錢'자를 입에 담은 적이 없었다. 부인이 그를 시험해보려고 하녀에게 명하여 돈으로 침상을 에워싸 걸어갈 수 없게 만들어 놓았다. 왕이보는 아침에 일어나 [깔려 있는] 돈 때문에 발 디딜 틈이 없는 것을 보고 하녀를 불러 말하길 "이 물건 좀 치워라!"라고 했다.(王夷甫雅尚玄遠, 常嫉其婦貪濁, 口未嘗言「錢」. 婦欲試之, 令婢以錢繞牀, 不得行. 夷甫晨起, 見錢閡行, 謂婢曰:「舉阿堵物卻!」)

*품평자: 世論(著者評)
*비교, 비유대상: 처의 탐욕
*품평방식: 比自家人
*품평내용: 品格(청빈)
*품평결과: 好評

10. 品藻 편　제20조:

왕승상(王導)이 이르길 "근자에 세간의 논평에서 나를 안기(王承)와 천리(阮瞻)에 견주고 있는데, [나] 또한 이 두 사람을 존중한다. [그러나 사람들이] 오로지 태위(王衍)를 존중하는 것은 이 사람이 특별히 빼어나기 때문이다."라고 했다.(王丞相云:「頃下論, 以我比安期・千里, 亦推此二人. 唯共推太尉, 此君特秀.」)

*품평자: 世論(頃下論)
*품평내용: 品格(빼어남)
*품평결과: 好評

11. 品藻 편　제6조:

또한 팔배를 팔왕에 견주었는데, 배휘를 왕상에, 배해를 왕이보에, 배강을 왕수에, 배작을 왕징에, 배찬을 왕돈에, 배하를 왕도에, 배위를 왕융에, 배막을 왕현에 견주었다.(又以八裴方八王: 裴徽方王祥, 裴楷方王夷甫, 裴康方王綏, 裴綽方王澄, 裴瓚方王敦, 裴遐方王導, 裴頠方王戎, 裴邈方王玄.)

*품평자: 世論(正始 時期의 人士)

390

*비교, 비유대상: 裴楷
*품평방식: 比他人
*품평결과: 단순비교

12. 品藻 편 제8조:

유령언(劉訥)이 처음 낙양에 들어왔을 때, 여러 명사들을 만나보고 감탄하길 "왕이보(王衍)는 너무 명철하고, 악언보(樂廣)는 내가 존경하는 인물이고, 장무선(張華)은 내가 이해할 수 없는 인물이고, 주홍무(周恢)는 단점을 활용하는 데 능숙하고, 두방숙(杜育)은 장점을 활용하는 데 서툴다."라고 했다.(劉令言始入洛, 見諸名士而歎曰:「王夷甫太鮮明, 樂彦輔我所敬, 張茂先我所不解, 周弘武巧於用短, 杜方叔拙於用長.」)

*품평자: 劉令言(劉訥)
*품평내용: 品格(두뇌명철)
*품평결과: 好評

13. 排調 편 제29조:

王濛과 劉惔은 늘 채공(蔡謨)을 존경하지 않았다. 두 사람이 한 번은 채공을 방문하여 한참 동안 얘기한 뒤에 채공에게 묻길 "공은 스스로 보기에 이보(王衍)와 비교하여 어떻습니까?"라고 하자, 대답하길 "나는 이보만 못하지."라고 했다. 왕몽과 유담이 서로 눈짓하고 웃으며 말하길 "공의 어떤 점이 못합니까?"라고 하자, 대답하길 "이보에겐 그대들과 같은 손님이 없지!"라고 했다.(王·劉每不重蔡公, 二人嘗詣蔡, 語良久, 乃問蔡曰:「公自言何如夷甫?」答曰:「身不如夷甫.」王·劉相目而笑曰:「公何處不如?」答曰:「夷甫無君輩客!」)

*품평자: 蔡謨
*비교, 비유대상: 蔡謨(자신)
*품평방식: 比自己
*품평내용: 王濛, 劉惔에 반전
*품평결과: 好評(왕연>채모)

＜王承＞

1. 賞譽 편　제74조:

왕람전(王述)이 양주자사에 임명되었을 때, 주부가 [왕람전의 조부와 부친의] 휘를 묻자, 가르쳐주며 이르기를 "돌아가신 조부님과 부친께서는 함자가 천하에 널리 알려져 있어서 원근의 사람들이 [모두 잘] 알고 있으며, 부인의 휘는 밖을 나가지 않는 법이오. 그 나머지는 꺼릴 것이 없소."라고 했다.(王藍田拜揚州, 主簿請諱. 敎云:「亡祖先君, 名播海內, 遠近所知; 內諱不出於外. 餘無所諱.」)

*품평자: 王述, 또는 世論
*관계: 親族(父子)
*품평내용: 品格(명성)
*품평결과: 好評

2. 品藻 편　제10조:

왕이보(王衍)가 왕동해(王承)를 악령에게 견주었기 때문에 [왕동해의 손자] 왕중랑(王坦之)이 [왕동해]의 비문을 지어 이르길 "당시 사람들이 높이 기리어 악광의 짝이라 했다."라고 했다.(王夷甫以王東海比樂令; 故王中郞作碑云:「當時標榜, 爲樂廣之儷.」)

*품평자: 王坦之, 또는 世論
*관계: 親族
*비교, 비유대상: 樂令(樂廣)
*품평방식: 比他人
*품평결과: 好評

3. 品藻 편　제20조:

왕승상(王導)이 이르길 "근자에 세간의 논평에서 나를 안기(王承)와 천리(阮瞻)에 견주고 있는데, [나] 또한 이 두 사람을 존중한다."라고 했다.(王丞相云:「頃下論, 以我比安期·千里, 亦推此二人」)

*품평자: 王導

*관계: 琅琊 → 太原 王氏, 親屬(사돈의 사돈)
*품평내용: 品格(존중)
*품평결과: 好評

4. 品藻 편 제10조:

왕이보(王衍)가 왕동해(王承)를 악령에게 견주었기 때문에 [왕동해의 손자] 왕중랑(王坦之)이 [왕동해]의 비문을 지어 이르길 "당시 사람들이 높이 기리어 악광의 짝이라 했다."라고 했다.(王夷甫以王東海比樂令; 故王中郎作碑云:「當時標榜, 爲樂廣之儷.」)

*품평자: 王衍
*관계: 琅琊 → 太原 王氏
*비교, 비유대상: 樂令(樂廣)
*품평방식: 比他人
*품평결과: 好評

5. 賞譽 편 제34조:

태부 동해왕(司馬越)이 허창을 다스리고 있을 때, 왕안기(王承)를 기실참군으로 삼았는데, 평소에 그를 인정해주고 존중했다. 그래서 세자 사마비에게 勸誡하길 "대저 배워서 얻는 것은 얕고, 몸으로 체득한 것은 깊다. 예법을 힘써 익히는 것은 예의바른 몸가짐을 모범삼아 견습하는 것만 못하고, [성현이] 남긴 말씀을 음미하는 것은 직접 가르침을 받는 것만 못하다. 왕참군(王承)은 사람들의 사표이니, 너는 그를 스승으로 모시도록 하거라."라고 했다. 혹은 말하길 "왕, 조, 등세 참군은 사람들의 사표이니, 너는 그들을 스승으로 모시도록 하거라."라고 했다고도 한다. [왕, 조, 등은] 왕안기, 등백도(鄧攸), 조목을 말하는 것이다. 원굉이지은 명사전에서는 다만 왕참군만을 거론했다. 혹자는 조씨 집안에 예전부터 그러한 판본이 있었다고 말하기도 한다.(太傅東海王鎭許昌, 以王安期爲記室參軍, 雅相知重. 敕世子毗曰:「夫學之所益者淺, 體之所安者深, 閑習禮道, 不如式瞻儀形; 諷味遺言, 不如親承音旨. 王參軍人倫之表, 汝其師之.」 或曰:「王·趙·鄧三參軍, 人倫之表, 汝其師之.」 謂安期·鄧伯道·趙穆也. 袁宏作名士傳, 直云王參軍. 或云趙家先猶有此本.)

*품평자: 東海王(司馬越)
*관계: ②

*비교, 비유대상: 師表
*품평방식: 比物
*품평내용: 品格
*품평결과: 好評

6. 品藻 편　제20조:

왕승상(王導)이 이르길 "근자에 세간의 논평에서 나를 안기(王承)와 천리(阮瞻)에 견주고 있는데, [나] 또한 이 두 사람을 존중한다."라고 했다.(王丞相云: 「頃下論, 以我比安期·千里, 亦推此二人」)

*품평자: 世論(頃下論)
*비교, 비유대상: 王導
*품평방식: 比他人
*품평결과: 好評

<王述>

1. 簡傲 편　제10조:

"사람들이 군후를 어리석다고 하더니, 군후는 정말로 어리석습니다."라고 하자, 왕람전(王述)이 말하길 "그런 평론이 없는 것은 아니지만 다만 [나는] 늦게 훌륭해졌을 뿐이지."라고 했다.(直言曰: 「人言君侯癡, 君侯信自癡.」 藍田曰: 「非無此論, 但晚令耳.」)

*품평자: 王述
*관계: 자신(本人)
*품평방식: 自評
*품평내용: 品格(대기만성)
*품평결과: 好評(객관, 자기합리)

2. 品藻 편　제23조:

유공(庾亮)이 왕승상(王導)에게 묻길 "남전(王述)은 어떻소이까?"라고 하자, 왕승상이 말하길 "진솔하고 특출하며 간약하고 고귀한 것은 부친[王承]이나 조부

[王澄]에 뒤지 않지만, 그러나 활달하고 담담한 점은 진실로 그만 못하지요."라고 했다.(庾公問丞相: 「藍田何似?」 王曰: 「眞獨簡貴, 不減父祖; 然曠澹處, 故當不如爾.」)

*품평자: 王導
*관계: 親屬, 太原 王氏, ①, ②
*비교, 비유대상: 王承, 王澄
*품평방식: 比自家人
*품평내용: 品格(진솔, 활달)
*품평결과: ～이나 ～이다
(어떤 점은 비교대상과 같거나 낫지만, 또 다른 어떤 점은 비교대상만 못하다.)

3. 賞譽 편 제143조:

사공(謝安)이 왕효백(王恭)에게 말하길 "당신 집안의 남전(王述)은 모든 행동거지가 보통 사람의 것과는 다르오."라고 했다.(謝公語王孝伯: 「君家藍田, 學體無常人事.」)

*품평자: 謝安
*관계: 親屬, 太原 王氏
*품평내용: 品格(비범)
*품평결과: 好評

4. 賞譽 편 제78조:

사공(謝安)이 왕람전(王述)을 칭찬하길 "살갗을 걷어내면 [그 속은] 모두 眞하다."라고 했다.(謝公稱藍田: 「掇皮皆眞.」)

*품평자: 謝安
*관계: 親屬, 太原 王氏
*품평내용: 品格(진솔)
*품평결과: 好評

5. 文學 편　제22조:

왕승상(王導)과 은중군(殷浩)이 서로 반복하여 응수하는 바람에 나머지 여러 명현들은 조금도 끼어 들 틈이 없었다. 이미 쌍방이 서로의 견해를 남김없이 다 펼치고 난 뒤에 왕승상이 탄식하여 말하길 "방금 전의 담론은 결국 그 명리의 근원이 귀착되는 바를 알지는 못하겠지만, 언변과 비유만큼은 서로에게 손색이 없으니 정시시기의 청담이 바로 이러했도다."라고 했다. 다음 날 아침에 환선무(桓溫)가 사람들에게 말하길 "어제 밤에 은중군과 왕승상의 청담을 들었는데 매우 훌륭했소. 사인조(謝尚) 역시 심심해하지는 않았고, 나 또한 때때로 마음에 와 닿는 점이 있었소. 그러나 두 王掾을 돌아보니 마치 [사람 구경을 못해 본] 야생 암캐처럼 우두커니 놀란 모습이었소."라고 했다.(丞相與殷共相往反, 其餘諸賢, 略無所關. 既彼我相盡, 丞相乃歎曰:「向來語, 乃竟未知理源所歸; 至於辭喻不相負. 正始之音, 正當爾耳!」明旦, 桓宣武語人曰:「昨夜聽殷·王淸言, 甚佳. 仁祖亦不寂寞, 我亦時復造心; 顧看兩王掾, 輒翣如生母狗聲.」

*품평자: 桓溫
*관계: 親屬, 太原 王氏, ①
*비교, 비유대상: 암캐
*품평방식: 比物
*품평내용: 談論(淸談)
*품평결과: 惡評

6. 品藻 편　제47조:

왕수령(王胡之)이 왕장사(王濛)에게 묻길 "우리 집안의 임천(王羲之)은 그대 집안의 완릉(王述)과 비교하여 어떻소?"라고 했다. 왕장사가 미처 대답하지 못하자, 왕수령이 말하길 "임천은 명성이 높고 고귀하오."라고 했더니, 왕장사가 말하길 "완릉도 고귀하지 않은 것은 아니오."라고 했다.(王俯齡問王長史:「我家臨川, 何如卿家宛陵?」長史未答. 俯齡曰:「臨川譽貴.」長史曰:「宛陵未爲不貴」)

*품평자: 王濛
*관계: 別族, ①
*비교, 비유대상: 王羲之
*품평방식: 比他人
*품평내용: 品格(명성)
*품평결과: 好評

7. 簡傲 편 제10조:

시중랑(謝萬)은 왕람전(王述)의 사위였다. 한 번은 백륜건을 쓴 채 견여를 타고 곧장 양주자사의 관청으로 가서 왕람전을 보고는 다짜고짜 말하길 "사람들이 군후를 어리석다고 하더니, 군후는 정말로 어리석습니다."라고 하자, 왕람전이 말하길 "그런 평론이 없는 것은 아니지만 다만 [나는] 늦게 훌륭해졌을 뿐이지." 라고 했다.(謝中郎是王藍田女壻, 嘗箸白綸巾, 肩輿徑至揚州聽事見王, 直言曰:「人言君侯癡, 君侯信自癡.」藍田曰:「非無此論, 但晚令耳.」)

*품평자: 謝萬
*관계: 親屬(사위)
*품평내용: 品格(어리석음)
*품평결과: 惡評

8. 簡傲 편 제10조:

시중랑(謝萬)은 왕람전(王述)의 사위였다. 한 번은 백륜건을 쓴 채 견여를 타고 곧장 양주자사의 관청으로 가서 왕람전을 보고는 다짜고짜 말하길 "사람들이 군후를 어리석다고 하더니, 군후는 정말로 어리석습니다."라고 하자, 왕람전이 말하길 "그런 평론이 없는 것은 아니지만 다만 [나는] 늦게 훌륭해졌을 뿐이지." 라고 했다.(謝中郎是王藍田女壻, 嘗箸白綸巾, 肩輿徑至揚州聽事見王, 直言曰:「人言君侯癡, 君侯信自癡.」藍田曰:「非無此論, 但晚令耳.」)

*품평자: 世論(人言)
*품평내용: 品格(어리석음)
*품평결과: 惡評

9. 賞譽 편 제62조:

왕람전(王述)은 대기만성형의 인물이었기 때문에, 당시 사람들이 그를 어리석다고 말했다. 왕승상(王導)은 그가 동해태수(王承)의 아들이라고 해서 초징하여 속관으로 삼았다. 항상 집회가 열리면 왕공(王導)이 말을 할 때마다 뭇 사람들이 다투어 찬성했다. [그러나] 왕술이 말석에서 말하길 "주인[왕도]이 요, 순이 아닌데 어떻게 일마다 모두 옳을 수 있겠소?"라고 했더니, [이 말을 듣고] 승상이 크게 찬탄했다.(王藍田爲人晚成, 時人乃謂之癡, 王丞相以其東海子辟爲掾; 常集聚, 王公每發言, 衆人競賛之. 述於末坐曰:「主非堯舜, 何得事事皆是?」丞相甚相歎賞.)

*품평자: 世論(時人)
*품평내용: 品格(어리석음, 대기만성)
*품평결과: 惡評

10. 賞譽 편 제91조:

간문제(司馬昱)가 왕회조(王洽)를 평하길 "재능도 뛰어나지 못하고 영리에도 담담하지 못하지만, 다만 약간의 진솔함만으로도 다른 사람들의 여러 가지 [장점]에 필적하기에 충분하다."라고 했다.(簡文道王懷祖:「才旣不長, 於榮利又不淡; 直以眞率少許, 便足對人多多許.」)

*품평자: 簡文帝
*관계: ②
*품평내용: 品格(진솔)
*품평결과: 好評

<王坦之>

1. 方正 편 제47조:

왕술이 상서령으로 전임되어 인사 발령이 나자 곧바로 부임했다. [그의 아들] 문도(王坦之)가 말하길 "일부러라도 두씨나 허씨에게 양보하는 것이 마땅합니다."라고 했더니, 남전(王述)이 이르길 "너는 내가 이 직분을 감당할 수 없다고 생각하는 것이냐?"라고 하자, 문도가 말하길 "어찌 감당하실 수 없겠습니까? 다만 겸양을 잘 하는 것은 자고로 훌륭한 일로 여겨지는지라 아마도 빼놓을 수 없는 덕목일 것입니다."라고 했다. 이에 남전이 탄식하며 말하길 "이미 감당할 수 있다고 한다면 어찌 다시 겸양할 필요가 있겠느냐? 사람들은 너를 나보다 낫다고 하는데 [이제 보니] 분명 나만 못하구나."라고 했다.(王述轉尙書令, 事行便拜. 文度曰:「故應讓杜許.」藍田云:「汝謂我堪此不?」文度曰:「何爲不堪! 但克讓自是美事, 恐不可闕.」藍田慨然曰:「旣云堪, 何爲復讓? 人言汝勝我, 實不如我!」)

*품평자: 王述
*관계: 親族(아들)
*비교, 비유대상: 王述(부친)
*품평방식: 比自己

*품평내용: 品格
*품평결과: 惡評

2. 方正 편 제58조:

문도(王坦之)가 환공(桓溫)이 자신의 딸을 며느릿감으로 청한다는 말을 했더니, 남전(王述)이 대노하여 문도를 무릎 아래로 밀쳐내며 말하길 "문도 네가 이렇게 멍청한 줄을 어찌 알았겠느냐? 환온의 얼굴을 두려워하다니! 군인 나부랭이에게 어떻게 딸을 시집보낼 수 있단 말이냐?"라고 했다.(文度因言桓求己女婿. 藍田大怒, 排文度下膝曰:「惡見文度已復癡, 畏桓溫面? 兵, 那可嫁女與之!」)

*품평자: 王述
*관계: 親族(아들)
*품평내용: 品格
*품평결과: 惡評(멍청)

3. 品藻 편 제64조:

왕승은(王僧恩)이 임공(支遁)을 경시하자, [부친] 남전(王述)이 말하길 "네 형[왕탄지]을 따라 하지 말아라. 네 형은 본래 그만 못하느니라."라고 했다.(王僧恩輕林公. 藍田曰:「勿學汝兄, 汝兄自不如伊.」)

*품평자: 王述
*관계: 親族(아들)
*비교, 비유대상: 支遁
*품평방식: 比他人
*품평결과: 惡評(왕탄지<지둔)

4. 賞譽 편 제128조:

사태부(謝安)가 안북(王坦之)을 평하길 "그를 만나면 남으로 하여금 싫증나지 않게 하지만, [그가] 문 밖으로 나가기만 하면 더 이상 남으로 하여금 [그를] 생각하지 않게 한다."라고 했다.(謝太傅道安北:「見之乃不使人厭; 然出戶去, 不復使人思.」)

*품평자: 謝安
*관계: 親屬(조카사위아들, 사돈), 太原 王氏, ⑦
*품평내용: 品格(직언)
*품평결과: ~이나 ~이다

5. 賞譽 편 제149조:

사거기(謝玄)가 처음 왕문도(王坦之)를 만나보고 말하길 "문도를 만나 보니, 비록 [별 기대 없이] 담담하게 서로 만났지만 저녁 내내 즐거움이 계속되었다."라고 했다.(謝車騎初見王文度, 曰:「見文度, 雖蕭灑相遇, 其復恬恬竟夕.」)

*품평자: 謝玄
*관계: 親屬
*품평내용: 品格(온화하고 즐거움)
*품평결과: 好評

6. 品藻 편 제72조:

어떤 사람이 왕중랑(王坦之)을 거기(謝玄)와 비교했는데, 거기가 그것을 듣고 말하길 "그는 탁월한 성취가 있소이다."라고 했다.(有人以王中郎比車騎. 車騎聞之, 曰:「伊窟窟成就.」)

*품평자: 謝玄
*관계: 親屬
*품평내용: 品格(노력)
*품평결과: 好評

7. 輕詆 편 제21조:

왕중랑(王坦之)과 임공(支遁)은 사이가 몹시 좋지 않았다. 왕중랑이 임공을 궤변가라고 말했더니, 임공이 왕중랑을 평하길 "때 묻은 모자[帢]를 쓰고, 거친 베 홑옷을 걸치고, 좌전을 끼고서, 정강성(鄭玄)의 수레 뒤나 쫓아다니고 있으니, 묻건대 [그는 도대체] 어떤 먼지차두인가?"라고 했다.(王中郎與林公絶不相得, 王謂林公詭辯; 林公道王云:「箸膩顔帢, 緷布單衣, 挾左傳, 逐鄭康成車後, 問是何物塵垢囊!」)

*품평자: 支遁
*관계: ①, ⑤
*비교, 비유대상: 유가사수 태도
*품평방식: 比物
*품평내용: 品格(유학사수)
*품평결과: 惡評

8. 品藻 편 제63조:

유도계(庾龢)가 이르길 "사고의 논리가 조리 있고 조화로운 점은 내가 강백(韓伯)에게 부끄럽고, 의지력이 강직한 점은 내가 문도(王坦之)에게 부끄럽지만, 이 [두 사람] 이하로는 내가 백 배 낫다."라고 했다.(庾道季云:「思理倫和, 吾愧康伯; 志力强正, 吾愧文度; 自此以還, 吾皆百之.」)

*품평자: 庾道季(庾龢)
*비교, 비유대상: 庾道季(자신)
*품평방식: 比自己
*품평내용: 品格(의지력)
*품평결과: 好評

9. 品藻 편 제53조:

왕중랑(王坦之)이 일찍이 유장사(劉瓛)에게 묻길 "나는 구자(王攸)와 비교하여 어떤가?"라고 했더니, 유장사가 대답하길 "그대의 재능은 당연히 구자보다 못하지만 명성을 얻는 경우는 [그보다] 많지."라고 하자, 왕중랑이 웃으며 말하길 "어리석긴!"이라고 했다.(王中郎嘗問劉長沙曰:「我何如苟子?」劉答曰:「卿才乃當不勝苟子; 然會名處多.」王笑曰:「癡!」)

*품평자: 劉瓛(劉長沙)
*비교, 비유대상: 王攸
*품평방식: 比他人
*품평내용: 品格(재능, 명성)
*품평결과: ～이나 ～이다

10. 排調 편　제46조:

왕문도(王文度)와 범영기(范啓)가 함께 간문제(簡文帝)의 초청을 받았는데, 범영기는 나이는 많았지만 지위가 낮았고, 왕문도는 나이는 적었지만 지위가 높았다. 앞으로 나아가려 할 때 서로 앞서라고 양보하다가 한참 [실랑이를 벌인] 뒤에 왕문도가 결국 범영기의 뒤에 있게 되었다. 그래서 왕문도가 말하길 "까부르고 날리고 나니 겨와 쭉정이만 앞에 있네."라고 하자, 범영기가 말하길 "씻어내고 골라내고 나니 모래와 조약돌만 뒤에 있네."라고 했다.(王文度・范榮期俱爲簡文所要; 范年大而位小, 王年小而位大; 將前, 更相推在前; 旣移久, 王遂在范後. 王因謂曰: 「簸之揚之, 糠秕在前.」范曰: 「洮之汰之, 沙礫在後.」)

*품평자: 范榮期(范啓)
*비교, 비유대상: 모래, 조약돌
*품평방식: 比物
*품평내용: 品格
*품평결과: 惡評

11. 方正 편　제47조:

왕술이 상서령으로 전임되어 인사 발령이 나자 곧바로 부임했다. [그의 아들] 문도(王文度)가 말하길 "일부러라도 두씨나 허씨에게 양보하는 것이 마땅합니다."라고 했더니, 남전(王述)이 이르길 "너는 내가 이 직분을 감당할 수 없다고 생각하는 것이냐?"라고 하자, 문도가 말하길 "어찌 감당하실 수 없겠습니까? 다만 겸양을 잘 하는 것은 자고로 훌륭한 일로 여겨지는지라 아마도 빼놓을 수 없는 덕목일 것입니다."라고 했다. 이에 남전이 탄식하며 말하길 "이미 감당할 수 있다고 한다면 어찌 다시 겸양할 필요가 있겠느냐? 사람들은 너를 나보다 낫다고 하는데 [이제 보니] 분명 나만 못하구나."라고 했다.(王述轉尙書令, 事行便拜. 文度曰: 「故應讓杜許.」藍田云: 「汝謂我堪此不?」文度曰: 「何爲不堪! 但克讓自是美事, 恐不可闕.」藍田慨然曰: 「旣云堪, 何爲復讓? 人言汝勝我, 實不如我!」)

*품평자: 世論(人言)
*비교, 비유대상: 王述(부친)
*품평방식: 比他人
*품평내용: 品格
*품평결과: 好評

12. 賞譽 편 제126조:

세간에 "양주의 독보적인 존재 왕문도(王坦之), 후진 가운데 출중한 인물 치가빈(郗超)."이라는 말이 있다.(諺曰: 「揚州獨步王文度, 後來出人郗嘉賓.」)

*품평자: 世論(諺曰)
*품평내용: 品格
*품평결과: 好評

<謝安>

1. 賞譽 편 제101조:

사태부(謝安)가 환공(桓溫)의 사마로 있을 때 환공이 사태부를 찾아갔는데, 사태부는 머리를 빗고 있다가 급히 의관을 착용하려 했다. [이것을 보고] 환공이 이르길 "어찌 이렇게 번거롭게 하시는가?"라고 하면서 그대로 앉아 날이 저물 때까지 함께 담론했다. [환공은] 돌아간 뒤에 좌우 사람들에게 말하길 "일찍이 이러한 사람을 본 적이 있는가?"라고 했다.(謝太傅爲桓公司馬, 桓詣謝, 値謝梳頭, 遽取衣幘; 桓公云: 「何煩此?」 因下共語至暝. 既去, 謂左右曰: 「頗曾見如此人不?」)

*품평자: 桓溫
*관계: 親屬(사돈의 사돈), ①, ②
*품평내용: 談論
*품평결과: 好評

2. 文學 편 제87조:

환공(桓溫)은 사안석(謝安)이 지은 <간문제의 시호를 정하기 위한 상주문[簡文謚議]>을 보았는데, 그것을 다 보고 나서 좌중의 여러 빈객들에게 던지면서 말하길 "이것은 안석의 금 조각[碎金]이오."라고 했다.(桓公見謝安石作簡文謚議, 看竟, 擲與坐上諸客曰: 「此是安石碎金.」)

*품평자: 桓溫
*관계: 親屬, ①, ②
*비교, 비유대상: 금 조각

*품평방식: 比物
*품평내용: 品格(文學的　재질)
*품평결과: 好評

3. 賞譽 편　제105조:

환대사마(桓溫)가 병이 들었을 때 사공(謝安)이 병문안하러 갔는데 동쪽 문으로 들어갔다. 환공(桓溫)이 멀리서 바라보며 감탄하길 "나의 문 안에서 이런 사람을 오랫동안 보지 못했다!"라고 했다.(桓大司馬病, 謝公往省病, 從東門入; 桓公遙望, 歎曰:「吾門中久不見如此人!」)

*품평자: 桓溫
*관계: 親屬, ①, ②
*품평내용: 品格
*품평결과: 好評

4. 品藻 편　제45조:

환공(桓溫)이 공서양(孔巖)에게 묻길 "안석(謝安)은 중문(殷仲文)과 비교하여 어떻소?"라고 했는데, 공서양이 생각하면서 대답하지 못하다가 오히려 환공에게 반문하길 "어떻습니까?"라고 하자, [환공]이 대답하길 "안석은 확고부동하여 업신여길 수 없으니, 그의 처지가 저절로 [중문보다] 뛰어난 것이오."라고 했다.(桓公問孔西陽:「安石何如仲文?」孔思未對, 反問公曰:「何如?」答曰:「安石居然不可陵踐; 其處,故勝也.」)

*품평자: 桓溫
*관계: 親屬, ①, ②
*비교, 비유대상: 殷仲文(殷浩의　조카)
*품평방식: 比他人
*품평내용: 品格(확고부동)
*품평결과: 好評(사안＞은중문)

5. 品藻 편　제62조:

치가빈(郗超)이 사공(謝安)을 평하길 "무릎을 맞대고 담론해보니 비록 [철리를]

통찰한[徹] 것은 아니지만 [논리가] 면밀하고 매우 조리가 있다."라고 했다. 어떤 사람이 말하길 "우군(王羲之)은 경지에 이르렀다.[詣]"라고 했는데, 치가빈이 그 것을 듣고 이르길 "[우군은] 경지에 이르렀다고는 할 수 없고, 정작 [사공과] 같 은 무리라고 할 수 있을 뿐이다."라고 했다. 사공은 치가빈의 말을 타당하다고 생각했다.(郗嘉賓道謝公:「造膝雖不深徹, 而纏綿綿至.」 又曰:「右軍詣嘉賓.」 嘉賓 聞之云:「不得稱詣, 政得謂之朋耳.」 謝公以嘉賓言爲得.)

*품평자: 郗超
*관계: 親屬(사돈의 사촌, 형 사돈, 친구 → 王羲之의 생질), ①
*품평내용: 談論
*품평결과: 好評(〜이나 〜이다)

6. 文學 편 제24조:

사안이 젊었을 때 완광록(阮裕)에게 백마론을 강론해 달라고 청하자, 완광록이 논을 지어 사안에게 보여 주었다. 그러나 그때 사안은 완광록의 말을 금방 이해 하지 못하여 끝까지 거듭 질문을 했다. 이에 완광록이 감탄하여 말하길 "다만 언변에 뛰어난 사람도 찾아보기 어려울 뿐만 아니라, 정작 이처럼 알려고 애쓰 는 사람도 찾아보기 어렵도다!"라고 했다.(謝安年少時, 請阮光錄道白馬論, 爲論以 示謝. 于時謝不卽解, 阮語重相咨盡. 阮乃歎曰:「非但能言人不可得, 正索解人亦不 可得!」)

*품평자: 阮裕
*품평내용: 品格(지식욕)
*품평결과: 好評

7. 簡傲 편 제9조:

사만이 형[謝安]의 앞에서 일어나 요강을 찾으려 했는데, 그때 완사광(阮裕)이 그 자리에 있다가 말하길 "신출내기 가문은 진솔하지만 예의가 없군!"이라고 했 다.(謝萬在兄前, 欲起索便器; 于時阮思曠在坐曰:「新出門戶, 篤而無禮.」)

*품평자: 阮裕
*품평내용: 品格(예의 없음)
*품평결과: 惡評

8. 賞譽 편　제76조:

사태부(謝安)가 20세가 채 안되었을 때, 처음 서쪽[建康]으로 나와 왕장사(王濛)를 방문하여 오랫동안 청담을 나누었다. [사태부가] 떠난 뒤에 [왕장사의 아들] 구자(王修)가 묻길 "방금 전의 손님은 아버님과 비교하여 어떻습니까?"라고 하자, 장사가 말하길 "방금 전의 손님은 담론이 끊이지 않고 이어지니 장차 나를 바짝 따라오게 될 것이다."라고 했다.(謝太傅未冠, 始出西, 詣王長史, 淸言良久. 去後, 苟子問曰:「向客何如尊?」 長史曰:「向客亹亹, 爲來逼人.」)

*품평자: 王濛
*관계: ①
*비교, 비유대상: 王濛(자신)
*품평방식: 比自己
*품평내용: 談論
*품평결과: 好評

9. 賞譽 편　제148조:

왕자경(王獻之)이 사공(謝安)에게 말하길 "공은 진실로 시원시원하십니다."라고 하자, 사공이 말하길 "나는 시원시원하지 않지만, 당신이 나를 가장 적절하게 평가했다면 나는 정말 기분이 좋소."라고 했다.(王子敬語謝公:「公故蕭灑.」 謝曰:「身不蕭灑, 君道身最得, 身正自調暢.」)

*품평자: 王獻之
*관계: 親屬(사돈의 조카, 사위의 사촌, 친구 王羲之의 아들)
*품평내용: 品格(성격대범)
*품평결과: 好評

10. 品藻 편　제84조:

왕효백(王恭)이 평하길 "사공(謝安)은 정이 매우 깊다."라고 했으며, 또 말하길 "장사(王濛)는 淸虛하고, 유윤(劉恢)은 준수하며, 사공은 和樂하다."라고 했다.(王孝伯道謝公「濃至」. 又曰:「長史虛, 劉尹秀, 謝公融.」)

*품평자: 王孝伯(王恭)

*품평내용: 品格(정이 깊음)
*품평결과: 好評(非구체적)

11. 容止 편 제36조:

사거기(謝玄)가 사공(謝安)을 평하길 "한가하게 노닐 때에는 그다지 큰 소리로 노래하지 않지만, 단정하게 앉아 코를 잡고 [노래하며] 주위를 둘러보면 산수에서 기거하는 자태가 생겨난다."라고 했다.(謝車騎道謝公: 「遊肆復無乃高唱, 但恭坐捻鼻顧睞, 便自有寢處山澤間儀.」)

*품평자: 謝玄
*관계: 親族(조카)
*품평내용: 品格(자태, 창법)
*품평결과: 好評

12. 言語 편 제90조:

효무제(司馬曜)가 장차 효경을 강론하려 할 때 사공 형제[謝安, 謝石]가 여러 사람과 함께 사저에서 강론에 대비하고 있었다. 차무자(車胤)가 사공 형제에게 질문하는 것을 어려워하면서, 원양에게 말하길 "질문하지 않으면 학덕 높으신 말씀을 못 들을 것 같고, 질문을 많이 하면 두 사공을 번거롭게 할 것 같습니다."라고 하자, 원양이 말하길 "그러한 걱정은 할 필요가 없습니다."라고 했다. 그래서 차무자가 말하길 "어떻게 그것을 아시오?"라고 하자, 원양이 말하길 "맑은 거울이 자주 비추는 것을 피곤해 하고 맑은 물이 다사로운 바람을 꺼려하는 것을 어찌 일찍이 본 적이 있으리오?"라고 했다.(孝武將講孝經, 謝公兄弟與諸人私庭講習, 車武子難苦問謝, 謂(袁羊)[袁虎]曰: 「不問, 則德音有遺; 多問, 則重勞二謝.」袁曰: 「必無此嫌.」車曰: 「何以知爾?」袁曰: 「何嘗見明鏡疲於屢照, 淸流憚於惠風?」)

*품평자: 袁羊
*비교, 비유대상: 맑은 물, 맑은 거울
*품평방식: 比物
*품평내용: 品格(학식)
*품평결과: 好評

13. 文學 편　제55조:

지도림(支遁), 허(許詢), 사(謝安) 등 명현들이 모두 왕(王濛)의 집에 모였다. 사안이 사람들을 돌아보며 말하길 "오늘은 가히 명사의 모임이라 할 만합니다. 시간은 더 이상 붙잡아 둘 수 없으며 이 모임 역시 진실로 늘 있기 어려우니, 마땅히 함께 담론을 벌려 마음속의 생각을 펼쳐보도록 합시다."라고 했다. 허순이 곧 주인에게 "莊子가 있습니까?"하고 물었더니, 마침 漁父 한 편을 찾아내 왔다. 사안이 표제를 보고 나서 곧 좌중의 사람들에게 각자 해석을 해보라고 했다. 지도림이 먼저 해석하여 칠백여 언을 지었는데, 서술이 精美하고 재기가 기발하여 사람들이 모두 훌륭하다고 칭찬했다. 이윽고 좌중의 사람들이 각자 생각을 다 피력했다. 사안이 묻길 "경들은 다 말씀하셨습니까?"라고 하자, 모두들 말하길 "오늘의 담론에서는 다 피력하지 못한 것이 거의 없습니다."라고 했다. 사안이 나중에 문제점을 지적한 뒤 스스로 자신의 생각을 서술하여 만여 언을 지었는데, 재기 넘치는 필봉이 수려하여 더 이상 건드릴 수 없었으며 게다가 意氣까지 깃들어 있어서 흔연히 스스로 만족해했다. 그래서 좌중에서 흡족해 하지 않는 사람이 없었다. 지도림이 사안에게 말하길 "당신은 일거에 핵심을 찔렀기 때문에 더욱 절로 훌륭한 것이오."라고 했다.(支道林·許·謝盛德, 共集王家. 謝顧謂諸人:「今日可謂彦會, 時既不可留, 此集固亦難常; 當共言詠, 以寫其懷.」許便問主人有莊子不? 正得漁父一篇. 謝看題, 便各使四坐通. 支道林先通, 作七百許語; 敍致精麗, 才藻奇拔, 衆咸稱善. 於是四坐各言懷畢. 謝問曰:「卿等盡不?」皆曰:「今日之言, 少不自竭.」謝後粗難, 因自敍其意, 作萬餘語, 才峯秀逸; 既自難干, 加意氣擬託, 蕭然自得, 四坐莫不厭心. 支謂謝曰:「君一往奔詣, 故復自佳耳.」)

*품평자: 支遁(支道林)
*관계: ①
*품평내용: 品格(재기 넘친 필봉)
*품평결과: 好評

14. 品藻 편　제59조:

손흥공(孫統)이 이르길 "사공(謝安)은 [형] 무혁보다 청아하고, 임도(陳逵)보다 온윤하다."라고 했다.(孫興公云:「謝公淸於無奕, 潤於林道.」)

*품평자: 孫興公(孫統)
*비교, 비유대상: 謝奕, 林道(陳逵)
*품평방식: 比他人

408

*품평내용: 品格
*품평결과: 好評(非구체적)

<桓溫>

1. 容止 편 제34조:

간문제(司馬昱)가 상왕으로 있을 때, 사공(謝安)과 함께 환선무(桓溫)을 찾아갔
다. 왕순이 먼저 와서 안에 있었는데, 환선무가 왕순에게 말하길 "그대는 일찍이
상왕을 보고 싶어 했으니 휘장 안에 들어가 [살펴보고] 있으면 될 걸세."라고 했
다. 두 손님이 돌아간 뒤에 환선무가 왕순에게 말하길 "정작 어떠하던가?"라고
하자, 왕순이 말하길 "상왕은 재상으로서 본디 神君처럼 청정하고 공(桓溫) 또
한 만인의 존망을 받고 있습니다. 그렇지 않다면 복야(謝安)가 어떻게 스스로
[공에게] 머리를 숙일 수 있겠습니까?"라고 했다.(簡文作相王時, 與謝公共詣桓宣
武; 王珣先在内, 桓語王: 「卿嘗欲見相王, 可住帳裏.」 二客旣去, 桓謂王曰: 「定何
如?」 王曰: 「相王作輔, 自然湛若神君, 公亦萬夫之望; 不然, 僕射何得自沒?」)

*품평자: 王珣
*관계: 親屬(사돈), ②, ③
*품평내용: 品格(관상, 만인의 존망)
*품평결과: 好評

2. 方正 편 제58조:

문도(王坦之)가 환공(桓溫)이 자신의 딸을 며느릿감으로 청한다는 말을 했더니,
남전(王述)이 대노하여 문도를 무릎 아래로 밀쳐내며 말하길 "문도 네가 이렇게
멍청한 줄을 어찌 알았겠느냐? 환온의 얼굴을 두려워하다니! 군인 나부랭이에게
어떻게 딸을 시집보낼 수 있단 말이냐?"라고 했다.(文度因言桓求己女婚. 藍田大
怒, 排文度下膝曰: 「惡見文度已復癡, 畏桓溫面? 兵, 那可嫁女與之!」)

*품평자: 王述
*관계: 親屬(아들의 사돈), ①
*품평내용: 品格(군인나부랭이)
*품평결과: 惡評

3. 識鑒 편　제19조:

소유(庾翼)가 임종할 때 스스로 아들 원객(庾爰之)을 [형주자사의] 후임으로 임명해달라는 표문을 올렸다. 조정에서는 [다른 사람을 임명하면] 원객이 명령에 따르지 않을까 걱정했지만 누구를 파견해야 할지 몰랐다. 그래서 함께 논의한 끝에 환온을 임용하기로 했더니, 유윤(劉惔)이 말하길 "그를 보낸다면 틀림없이 서초지역을 평정할 수는 있겠지만, 더 이상 그를 제어할 수 없게 될까 걱정입니다."라고 했다.(小庾臨終, 自表以子園客爲代; 朝廷慮其不從命, 未知所遣, 乃共議用桓溫. 劉尹曰: 「使伊去, 必能克定西楚, 然恐不可復制.」)

*품평자: 劉尹(劉惔)
*관계: ⑤
*품평내용: 品格(야욕에 대한 우려 예언)
*품평결과: 惡評(우려)

4. 識鑒 편　제20조:

환공(桓溫)이 장차 촉을 정벌하려 할 때, 정사를 맡고 있던 여러 인사들은 이세가 오랫동안 촉에 있으면서 대대로 선조의 세력을 이어받았고 게다가 지형상으로도 [장강] 상류의 삼협을 점거하고 있기 때문에 쉽게 격파할 수 없을 것이라고 모두들 생각했다. 그러나 오직 유윤(劉惔)은 말하길 "그는 틀림없이 촉을 격파할 수 있을 것입니다. 그가 도박하는 것을 보았더니 반드시 이길 수 없으면 덤벼들지 않더군요."라고 했다.(桓公將伐蜀, 在事諸賢, 咸以李勢在蜀旣久, 承藉累葉, 且形據上流, 三峽未易可克. 唯劉尹云: 「伊必能克蜀. 觀其蒲博, 不必得, 則不爲.」)

*품평자: 劉尹(劉惔)
*관계: ⑤
*비교, 비유대상: 도박하는 것
*품평내용: 品格(성격)
*품평결과: 惡評

5. 品藻 편　제37조:

환대사마(桓溫)가 도성[建康]으로 [공략해] 들어간 뒤에 진장(劉惔)에게 묻길 "듣자하니 회계왕(司馬昱)의 담론이 뛰어나게 진보했다는 데 그렇소?"라고 하자, 유진장이 말하길 "대단히 진보했습니다만 결국 제2류에 속하는 인물이지요!"라고 했다. 환대사마가 말하길 "그럼 제1류는 누구요?"라고 하자, 유진장이 말하길 "바로 우리들이지요!"라고 했다.(桓大司馬下都, 問眞長曰:「聞會稽王語奇進, 爾邪?」劉曰:「極進, 然故是第二流中人耳!」桓曰:「第一流復是誰?」劉曰:「正是我輩耳!」)

*품평자: 劉尹(劉惔)
*관계: ⑤
*비교, 비유대상: 제1류
*품평방식: 比物
*품평내용: 談論
*품평결과: 好評

6. 容止 편 제27조:

유윤(劉惔)이 환공(桓溫)을 평하길 "귀밑털은 거꾸로 선 고슴도치의 [뻣뻣한] 털 같고 눈썹은 자석영의 [날카로운] 모서리 같으니, 진실로 손중모(孫權), 司馬宣王(司馬懿)과 같은 부류의 인물이다."라고 했다.(劉尹道桓公:「鬢如反猬皮, 眉如紫石稜, 自是孫仲謀・司馬宣王一流人!」)

*품평자: 劉尹(劉惔)
*관계: ⑤
*비교, 비유대상: 고슴도치 털, 자석영 모서리
*품평방식: 比物
*품평내용: 外貌
*품평결과: 惡評(비범)

7. 容止 편 제27조:

유윤(劉惔)이 환공(桓溫)을 평하길 "귀밑털은 거꾸로 선 고슴도치의 [뻣뻣한] 털 같고 눈썹은 자석영의 [날카로운] 모서리 같으니, 진실로 손중모(孫權), 司馬宣王(司馬懿)과 같은 부류의 인물이다."라고 했다(.劉尹道桓公:「鬢如反猬皮, 眉如紫石稜, 自是孫仲謀・司馬宣王一流人!」)

*품평자: 劉尹(劉惔)
*관계: ⑤
*비교, 비유대상: 孫權, 司馬懿

＊품평방식: 比他人
＊품평내용: 品格(재능)
＊품평결과: 好評

8. 排調 편　제60조:

효무제(司馬曜)가 왕순에게 사윗감을 찾아달라고 부탁하면서 말하길, "왕돈이나 환온 같은 탁월한 인물은 이미 다시 얻기 어렵지만, 또한 약간 뜻을 얻었다고 해서 다른 사람의 집안일에 관여하길 좋아한다면, 정말 필요한 사람이 아니오. 정작 진장(劉惔)이나 자경(王獻之) 같은 사람이라면 가장 좋겠소."라고 하자, 왕 순이 사혼을 추천했다. 나중에 원산송이 사혼과 혼인관계를 맺으려 하자, 왕순 이 말하길 "그대는 천자의 고기에 접근하지 마시오."라고 했다.(孝武屬王珣求女 壻, 曰:「王敦·桓溫, 磊砢之流, 旣不可復得, 且小如意, 亦好豫人家事, 酷非所須; 正如眞長·子敬比, 最佳.」珣擧謝混. 後袁山松欲擬謝婚, 王曰:「卿莫近禁臠.」)

＊품평자: 孝武帝
＊품평결과: ～이나 ～이다(비꼼)

9. 品藻 편　제36조:

무군(司馬昱)이 손홍공(孫綽)에게 묻길 "유진장(劉惔)은 어떠하오?"라고 하자, 말 하길 "청아하고 [재기가] 풍성하며 간결하고 훌륭합니다."라고 했다. "왕중조(王 濛)은 어떠하오?", "온아하고 유순하며 차분하고 온화합니다.", "환온은 어떠하 오?", "고명하고 호방하며 고매하고 출중합니다.", "사인조(謝尙)은 어떠하오?", "청아하고 簡易하며 훌륭하고 활달합니다.", "완사광(阮裕)는 어떠하오?", "[도량 이] 넓고 유순하며 [사리에] 통달하고 뛰어납니다.", "원양(袁喬)는 어떠하오?", "물이 흐르듯이 청아하고 신속합니다.", "은홍원(殷融)은 어떠하오?", "멀리 [세 속을 초탈한] 정취와 마음을 지니고 있습니다.", "그대는 스스로 어떠하다고 생 각하오?", "하관의 재능으로 할 수 있는 바는 모두 [위에서 언급한] 여러 명현들 만 못하며, 시대에 합당한 일을 헤아리고 당대를 통찰하여 파악하는 것 또한 대 부분 [그들에] 미치지 못합니다. 하지만 부족한 재능으로 때때로 현원한 경지에 마음을 의탁하고 노자와 장자를 고원하게 읊으면서 한적한 심사를 고고하게 실 은 채 세상일에 마음 쓰지 않으니, 이러한 마음만큼은 양보할 수 없다고 스스로 생각합니다."(撫軍問孫興公:「劉眞長何如?」曰:「淸蔚簡令.」,「王仲祖何如?」曰: 「溫潤恬和.」,「桓溫何如?」曰:「高爽邁出.」,「謝仁祖何如?」曰:「淸令易達.」,「阮 思曠何如?」曰:「弘潤通長.」,「袁羊何如?」曰:「洮洮淸便.」,「殷洪遠何如?」曰:「遠 有致思.」,「卿自謂何如?」曰:「下官才能所經, 悉不如諸賢; 至於斟酌時宜, 籠罩當

世, 亦多所不及. 然以不才, 時復託懷玄勝, 遠詠老莊, 蕭條高寄, 不與時務經懷; 自
謂此心無所與讓也.」)

*품평자: 孫興公(孫綽)
*품평내용: 品格
*품평결과: 好評

＜殷浩＞

1. 品藻 편 제34조:

무군(司馬昱)이 은호에게 묻길 "그대는 정작 배일민(裵頠)과 비교하여 어떻다고
생각하오?"라고 하자, 한참 있다가 대답하길 "당연히 [그보다] 뛰어납니다."라고
했다.(撫軍問殷浩:「卿定何如裵逸民?」良久答曰:「故當勝耳.」)

*품평자: 殷浩
*관계: 殷浩(자신)
*비교, 비유대상: 裵逸民(裵頠)
*품평방식: 自評, 比他人
*품평결과: 好評(은호＞배위)

2. 文學 편 제22조:

왕승상(王導)과 은중군(殷浩)이 서로 반복하여 응수하는 바람에 나머지 여러 명
현들은 조금도 끼어 들 틈이 없었다. 이미 쌍방이 서로의 견해를 남김없이 다
펼치고 난 뒤에 왕승상이 탄식하여 말하길 "방금 전의 담론은 결국 그 명리의
근원이 귀착되는 바를 알지는 못하겠지만, 언변과 비유만큼은 서로에게 손색이
없으니 정시시기의 청담이 바로 이러했도다."라고 했다.(丞相與殷共相往反, 其餘
諸賢, 略無所關. 旣彼我相盡, 丞相乃歎曰:「向來語, 乃竟未知理源所歸; 至於辭喩
不相負. 正始之音, 正當爾耳!」)

*품평자: 王導
*관계: 親屬(사돈의 동서), ①
*비교, 비유대상: 正始之音(정시시기의 청담)
*품평방식: 比物(사건에 비유)

*품평내용: 談論
*품평결과: 好評

3. 品藻 편　제67조:

[치가빈이] 다시 묻길 "殷浩는 지둔과 비교하여 어떻습니까?"라고 하자, 사태부(謝安)가 말하길 "진정 초탈하고 특출한 것은 지둔이 은호보다 낫지만, 열심히 논변하는 것은 아마도 [은호의] 구변이 지둔을 제압할 것 같소."라고 했다.(又問: 「殷何如支?」 謝曰: 「正爾有超拔, 支乃過殷; 然亹亹論辯, 恐口欲制支.」)

*품평자: 謝安
*관계: 親屬(사촌 謝尙과 동서), ①
*비교, 비유대상: 支遁
*품평방식: 比他人
*품평내용: 談論
*품평결과: ～이나 ～이다(지둔>은호, 은호>지둔)

4. 賞譽 편　제117조:

환공(桓溫)이 가빈(郗超)에게 말하길 "아원(殷浩)은 덕행도 있고 언변도 있으니, 지난날 [그를] 상서령이나 상서복야로 삼았더라면 충분히 백관의 모범이 되었을 것인데, 조정에서 그의 재능을 잘못 썼을 따름이오."라고 했다.(桓公語嘉賓: 「阿源有德有言, 向使作令僕, 足以儀刑百揆; 制廷用違其才耳!」)

*품평자: 桓溫
*관계: 親屬(사돈의 사돈의 동서), ①
*비교, 비유대상: 백관의 모범
*품평내용: 品格, 談論(언변)
*품평결과: 好評

5. 品藻 편　제38조:

은후(殷浩)가 이미 파직 당한 뒤에 환공(桓溫)이 사람들에게 말하길 "어렸을 때 연원(殷浩)과 함께 죽마를 타고 놀았는데, 내가 [죽마를] 버리면 연원이 바로 그것을 주워서 타곤 했으니, 내 밑에 있는 것이 진실로 당연하다."라고 했다.(殷侯

旣廢, 桓公語諸人曰:「少時與淵源共騎竹馬, 我棄去, 己輒取之, 故當出我下.」)

*품평자: 桓溫
*관계: 親屬, ①
*비교, 비유대상: 桓溫(자신)
*품평결과: 惡評(환온>은호)

6. 賞譽 편 제81조:

왕중조(王濛)가 은연원(殷浩)을 칭찬하길 "[자신의] 장점을 가지고 남을 능가할 뿐만 아니라, 그 장점을 살리는 것 역시 남보다 뛰어나다."라고 했다.(王仲祖稱殷淵源:「非以長勝人, 處長亦勝人.」)

*품평자: 王濛
*관계: ①
*품평내용: 品格(성품)
*품평결과: 好評

7. 賞譽 편 제115조:

왕장사(王濛)가 대사마(桓溫)에게 서찰을 보내 연원(殷浩)을 평하길 "훌륭한 식견과 [마음을] 편하게 하는 처세태도는 충분히 世評에 부합된다."라고 했다.(王長史與大司馬書, 道淵源「識致安處, 足副時談.」)

*품평자: 王濛
*관계: ①
*품평내용: 品格(식견, 처세)
*품평결과: 好評

8. 賞譽 편 제121조:

왕장사(王濛)가 유윤(劉惔)에게 서찰을 보내 연원(殷浩)을 평하길 "어떠한 일에 대해서든 易의 이치를 잘 펼칩니다."라고 했다.(王長史與劉尹書, 道淵源「觸事長易.」)

*품평자: 王濛

＊관계: ①
＊품평내용: 談論(易 이치)
＊품평결과: 好評

9. 賞譽 편 제113조:

간문제(司馬昱)가 이르길 "연원(殷浩)의 언담은 심오한 경지에 나아가거나 핵심에 이르지는 않지만, [주도면밀하게] 계획하고 사색하는 점에서는 진실로 陣法의 형국이 있다."라고 했다.(簡文云:「淵源語不超詣簡至, 然經綸思尋處, 故有局陳.」)

＊품평자: 簡文帝
＊관계: ②
＊비교, 비유대상: 바둑의 포진
＊품평방식: 比物
＊품평내용: 談論(언담)
＊품평결과: 好評

10. 品藻 편 제39조:

어떤 사람이 무군(司馬昱)에게 묻길 "은호의 청담은 어느 수준입니까?"라고 하자, 대답하길 "남을 제압할 수는 없지만 거의 사람들의 의견에 응수할 정도는 되오."라고 했다.(人問撫軍:「殷浩淡竟何如?」答曰:「不能勝人; 差可獻酬群心.」)

＊품평자: 簡文帝
＊관계: ②
＊품평내용: 談論(청담)
＊품평결과: 好評

11. 賞譽 편 제86조:

왕중조(王濛)와 유진장(劉惔)이 은중군(殷浩)을 찾아가 담론을 했는데, 담론이 끝난 뒤 [왕중조와 유진장은] 함께 수레를 타고 떠났다. 유진장이 왕중조에게 말하길, "연원(殷浩)은 정말 훌륭합니다!"라고 하자, 왕중조가 말하길 "그대는 완전히 그의 운무 속에 빠져버렸군."이라고 했다.(王仲祖·劉眞長造殷中軍談; 談竟, 俱載去. 劉謂王曰:「淵源眞可!」王曰:「卿故墮其雲霧中.」)

*품평자: 劉眞長(劉惔)
*관계: 親屬, ①
*품평내용: 談論
*품평결과: 好評

12. 賞譽 편 제82조:

왕사주(王胡之)가 은중군(殷浩)과 함께 담론을 하고 나서 탄식하길 "나는 마음속 깊은 생가까지 일찍 이미 쏟아 부어 보여주었지만, 은중군의 형세는 광대한[浩] 강물과 같아서 그 여러 연원[源]을 헤아릴 수가 없다!"라고 했다.(王司州與殷中軍語, 歎云:「己之府奧, 蚤已傾寫而見; 殷陳勢浩汗, 衆源未可得測.」)

*품평자: 王司州(王胡之)
*비교, 비유대상: 강물
*품평내용: 談論
*품평결과: 好評

13. 文學 편 제34조:

은중군(殷浩)은 사고력이 뛰어나 무슨 일에든 통달했지만 재성 문제에 특히 정통했다. 四本論을 언급했다 하면 곧장 끓는 해자를 두른 철옹성처럼 도무지 공략해 들어갈 수 없는 형세였다.(殷中軍雖思慮通長, 然於才性偏精; 忽言及四本, 便若湯池鐵城, 無可攻之勢.)

*품평자: 世論
*비교, 비유대상: 철옹성
*품평방식: 比物
*품평내용: 談論(才性, 四本論)
*품평결과: 好評

14. 品藻 편 제51조:

세간에서 은중군(殷浩)을 평하길 "사고의 맥락이 두루 통하여 양숙자(羊祜)에 견줄 만하다."라고 했다.(世目殷中軍:「思緯淹通, 比羊叔子.」)

＊품평자: 世論(世目)
＊비교, 비유대상: 羊叔子(羊祜)
＊품평방식: 比他人
＊품평내용: 品格, 談論(사고의 맥락)
＊품평결과: 好評(은호＝양호)

＜郗超＞

1. 言語 편 제75조:

사공(謝安)이 이르길 "현인, 성인과 범인과의 차이는 그 사이가 가깝다."라고 했는데, 자식과 조카들이 이를 인정하지 않자 사공이 탄식하며 말하길 "郗超가 이 말을 들었다면 반드시 은하수처럼 끝없는 말로는 여기지 않을 터인데."라고 했다.(謝公云: 「賢聖去人, 其間亦邇.」 子姪未之許. 公歎曰: 「若郗超聞此語, 必不至河漢.」)

＊품평자: 謝安
＊관계: 親屬(형 사돈의 생질, 사돈의 사촌(王羲之)의 생질 ②
　or 친구 王羲之의 생질, 조카 謝玄과 不善(7.22)
＊비교, 비유대상: 謝安의 조카들(조카 謝玄과 不善 7.22)
＊품평방식: 比自家人
＊품평내용: 談論(哲理)
＊품평결과: 好評

2. 雅量 편 제27조:

환선무(桓溫)가 치초와 함께 조정의 신하를 숙청할 것을 의논하여 명단이 들어 있는 문서를 이미 작성해 놓고 그날 밤 함께 잠을 잣다. 다음날 새벽에 일어나 사안과 왕탄지를 불러 들어오게 하여 그 문서를 던져 보여 주었다. 치초는 아직 침대 휘장 속에서 자고 있었다. 사안은 아무 말도 하지 않았지만, 왕탄지는 곧바로 던져 돌려주면서 "많습니다."라고 했다. 환선무가 붓을 들어 [일부 명단을] 삭제하려 하자, 치초가 어느덧 휘장을 사이에 두고 환선무와 가만히 이야기를 나누었다. 사안이 웃음을 머금고 말하길 "치생은 가히 장막 속에 들어 있는 손님이라 할 만하군요."라고 했다.(桓宣武與郗超議芟夷朝臣, 條牒既定, 其夜同宿. 明晨起, 呼謝安·王坦之入, 擲疏示之. 郗猶在帳內, 謝都無言, 王直擲還, 云多. 宣武取筆欲除, 郗不覺竊從帳中與宣武言. 謝含笑曰: 「郗生可謂入幕賓也!」)

*품평자: 謝安
*관계: 親屬(형 사돈의 생질, 사돈의 사촌(王羲之)의 생질 ②
  or 친구 王羲之의 생질, 조카 謝玄과 不善(7.22)
*비교, 비유대상: 入幕賓
*품평내용: 品格
*품평결과: 惡評(비꼼)

3. 品藻 편 제82조:

왕자경(王獻之)이 사공(謝安)에게 묻길 "가빈(郗超)은 도계(庾龢)와 비교하여 어떻습니까?"라고 하자, 대답하길 "도계는 진실로 뛰어난 깨달음의 경지를 체득하고 있지만, 가빈은 본래 [도계보다] 훌륭하오."라고 했다.(王子敬問謝公:「嘉賓何如道季?」答曰:「道季誠復鈔撮淸悟, 嘉賓故自上.」)

*품평자: 謝安
*관계: 親屬(형 사돈의 생질, 사돈의 사촌(王羲之)의 생질, ①
  or 친구 王羲之의 생질, 조카 謝玄과 不善(7.22)
*비교, 비유대상: 庾道季(庾龢), 庾亮의 조카
*품평방식: 比他人
*품평결과: 好評(치초>유화)

4. 識鑒 편 제22조:

치초는 사현과 사이가 좋지 않았다. 부견이 장차 동진을 倂呑할 작정으로 이미 梁, 岐지역을 승냥이처럼 집어삼키고 또한 회수의 남쪽을 호시탐탐 넘보고 있었다. 당시 조정에서는 사현을 파견하여 북벌하기로 결의했지만 논자들 사이에서는 자못 찬반양론이 엇갈렸다. 그러나 오직 치초만은 말하길 "그는 반드시 일을 성공시킬 것입니다. 내가 옛날에 그와 함께 환선무(桓溫)의 막부에 있을 때 보았는데, [그는 사람들의] 재능을 모두 남김없이 발휘하도록 하여 비록 미천한 자 일지라도 또한 자신의 임무를 해낼 수 있게 했습니다. 이것으로 미루어 보면 틀림없이 공훈을 세울 수 있을 것입니다."라고 했다. [나중에 사현이] 과연 큰 공을 세우자, 당시 사람들은 모두 치초의 선견지명에 감탄했으며, 또한 그가 [자신의] 애증의 감정으로 [남의] 장점을 덮어버리지 않는 것을 높이 평가했다.(郗超與謝玄不善, 苻堅將問晉鼎, 旣已狼噬梁·岐, 又虎視淮陰矣. 于時朝議遣玄北討, 人問頗有異同之論; 唯超曰:「是必濟事. 吾昔嘗與共在桓宣武府, 見使才皆盡, 雖履屐之間, 亦得其任; 以此推之, 容必能立勳.」元功旣擧, 時人咸歎超之先覺, 又重其

不以愛憎匪善.)

*품평자: 世論(時人)
*품평내용: 品格(선견지명)
*품평결과: 好評

5. 賞譽 편　제126조:

세간에 "양주의 독보적인 존재 왕문도(王文度), 후진 가운데 출중한 인물 치가빈.(郗超)"이라는 말이 있다.(諺口: 「揚州獨步王文度, 後來出人郗嘉賓.」)

*품평자: 世論(諺曰)
*품평내용: 品格(출중한 인물)
*품평결과: 好評

6. 寵禮 편　제3조:

왕순과 치초는 모두 훌륭한 재능을 갖고 있어서 대사마(桓溫)의 중시를 받아 발탁되었다. 왕순은 주부가 되었고 치초는 기실참군이 되었는데, 치초는 수염이 많은 사람이었고 왕순은 모습이 왜소했다. 그래서 당시에 형주 사람들이 그들을 두고 말하길 "털보 참군, 땅딸보 주부. 공을 기쁘게 할 수도 있고, 공을 화나게 할 수도 있다네."라고 했다.(王珣·郗超並有奇才, 爲大司馬所眷拔; 珣爲主簿, 超爲記室參軍. 超爲人多須, 珣形狀短小; 于時荊州爲之語口: 「髥參軍, 短主簿; 能令公喜, 能令公怒.」)

*품평자: 世論(荊州爲之語)
*품평내용: 外貌

<庾亮>

1. 容止 편　제24조:

유태위(庾亮)가 무창을 다스리고 있을 때, 날씨 좋고 경치 아름다운 가을밤에 막료 은호, 왕호지 등이 남루에 올라 [시를] 읊조렸다. 음조가 막 높아지려 할 때 계단에서 나막신 소리가 크게 들렸는데 틀림없는 유공(庾亮)이었다. 잠시 후

[유공이] 종자 10여 명을 이끌고 걸어오자 여러 명사들이 일어나 피하려 했더니, 유공이 천천히 이르길 "여러분, 잠시 머무시게. 이 늙은이도 이 자리에 흥취가 적지 않소이다."라고 했다. 그리고는 곧장 접이 의자에 앉아 사람들과 함께 읊조리고 담소하면서 그 자리가 끝날 때까지 마음껏 즐겼다. 나중에 왕일소(王羲之)가 [도성으로] 내려와 승상(王導)과 얘기하다가 그 일에 대해서 언급했더니, 승상이 말하길 "원규(庾亮)도 그때엔 위의가 약간 흐트러지지 않을 수 없었을 걸."이라고 하자, 우군(王羲之)이 말하길 [그의 마음에는] 오직 산수만 들어 있지요."라고 했다.(庾太尉在武昌, 秋夜氣佳景淸, 佐吏殷浩·王胡之之徒登南樓理詠, 音調始遒; 聞函道中有屐聲甚厲, 定是庾公. 俄而, 率左右十許人步來, 諸賢欲起避之. 公徐云: 「諸君少住, 老子於此處興復不淺!」因便據胡牀, 與諸人詠謔, 竟坐甚得任樂. 後王逸少下, 與丞相言及此事; 丞相曰: 「元規爾時風範, 不得不小頹.」右軍答曰: 「唯丘壑獨存.」)

*품평자: 王羲之
*비교, 비유대상: 山水
*품평방식: 比物
*품평내용: 談論
*품평결과: 好評

2. 輕詆 편 제3조:

심공(竺法深)이 이르길 "사람들은 유원규(庾亮)를 명사라고 하지만, [그의] 가슴 속엔 가시가 3말쯤 들어 있지."라고 했다.(深公云: 「人謂庾元規名士, 胸中柴棘三斗許.」)

*품평자: 深公(竺法深)
*관계: ⑦
*비교, 비유대상: 가시
*품평방식: 比物
*품평결과: 惡評

3. 文學 편 제77조:

유천이 처음 양도부를 지어 온교와 유량을 평하길 "온교는 義의 표상을 내걸고, 유량은 만민의 희망이 되니, 명성을 비유하면 쇠의 소리요, 덕을 비유하면 옥의 광택이로다."라고 했는데, 유량이 그 부가 완성되었다는 말을 듣고 보여 달라고 하면서 아울러 선물을 주자, 유천은 희망[望]을 준일[雋]로 고치고 광택[亮]을 윤택[潤]으로 고쳤다.(庾闡始作揚都賦, 道溫・庾云: 「溫挺義之標, 庾作民之望; 方響則金聲, 比德則玉亮.」 庾公聞賦成, 求看, 兼贈貺之. 闡更改「望」爲「雋」, 以「亮」爲「潤」云.)

*품평자: 庾闡
*관계: 別族
*비교, 비유대상: 희망
*품평방식: 比物
*품평결과: 好評

4. 文學 편 제77조:

유천이 처음 양도부를 지어 온교와 유량을 평하길 "온교는 義의 표상을 내걸고, 유량은 만민의 희망이 되니, 명성을 비유하면 쇠의 소리요, 덕을 비유하면 옥의 광택이로다."라고 했는데, 유량이 그 부가 완성되었다는 말을 듣고 보여 달라고 하면서 아울러 선물을 주자, 유천은 희망[望]을 준일[雋]로 고치고 광택[亮]을 윤택[潤]으로 고쳤다.(庾闡始作揚都賦, 道溫・庾云: 「溫挺義之標, 庾作民之望; 方響則金聲, 比德則玉亮.」 庾公聞賦成, 求看, 兼贈貺之. 闡更改「望」爲「雋」, 以「亮」爲「潤」云.)

*품평자: 庾闡
*관계: 別族
*비교, 비유대상: 쇠소리, 옥의 광택
*품평방식: 比物
*품평내용: 品格(명성, 덕)
*품평결과: 好評

5. 儉嗇 편 제8조:

소준이 난을 일으켰을 때, 유태위(庾亮)가 남쪽으로 도망가 도공(陶侃)을 만났는데, 도공은 [유태위를] 매우 존중했다. 도공은 천성이 인색했다. 식사를 하며 부추를 먹다가 유태위가 흰 부분을 남겨 놓자, 도공이 묻길 "그것으로 무얼 하려오?"라고 했더니, 유태위가 말하길 "물론 심으려고요."라고 했다. 그래서 [도공은] 유태위가 풍류뿐만 아니라 일을 처리하는 실제능력도 겸비하고 있음에 크게 감탄했다.(蘇峻之亂, 庾太尉南奔見陶公, 陶公雅相賞重. 陶性儉吝, 及食, 噉薤, 庾

因留白. 陶問:「用此何爲?」庾云:「故可種.」於是大歎庾非唯風流, 兼有治實.)

*품평자: 陶公(陶侃)
*품평내용: 品格(풍류, 섭정능력)
*품평결과: 好評

6. 品藻 편 제17조:

명제(司馬紹)가 사곤에게 묻길 "당신은 스스로 유량과 비교하여 어떻다고 생각하오?"라고 하자, [사곤이] 대답하길 "조정에서 단정하게 예복을 입고 백관에게 모범으로 삼도록 하는 것은 신이 유량만 못하지만, 한 언덕에서 은거하고 한 골짜기에서 낚시하는 것은 그보다 낫다고 스스로 생각합니다."라고 했다.(明帝問謝鯤:「君自謂何如庾亮?」答曰:「端委廟堂, 使百僚準則, 臣不如亮; 一丘一壑, 自謂過之.」)

*품평자: 謝鯤
*비교, 비유대상: 謝鯤(자신)
*품평방식: 比自己
*품평내용: 品格(조정에서의)
*품평결과: ~이나 ~이다

7. 傷逝 편 제9조:

유문강(庾亮)이 죽었을 때 하양주(何充)가 장례식에 참석하여 이르길 "옥수를 땅 속에 묻고 보니 사람의 마음(슬픔)이 어떻게 멈출 수 있겠는가!"라고 했다.(庾文康亡, 何揚州臨葬云:「埋玉樹箸土中, 使人情何能已已!」)

*품평자: 何揚州(何充)
*비교, 비유대상: 玉樹
*품평방식: 比物
*품평내용: 品格(죽음을 애도)
*품평결과: 好評

8. 賞譽 편　제69조:

세간에서 칭찬하길 "유문강(庾亮)은 풍년의 옥이고 [그의 동생]유치공(庾翼)은 흉년의 곡식이다."라고 했다. [그러나] 유가론에서는 이르길 "문강이 칭찬하길, [동생] 치공은 흉년의 곡식이고 [조카] 유장인(庾統)은 풍년의 옥이라고 했다."라고 했다.(世稱「庾文康爲豐年玉, 稺恭爲荒年穀.」 庾家論云: 「是文康稱恭爲荒年穀, 庾長仁爲豐年玉.」)

*품평자: 世論(世稱)
*비교, 비유대상: 풍년의 玉
*품평방식: 比物
*품평내용: 品格(재능)
*품평결과: 好評

9. 輕詆 편　제3조:

심공(竺法深)이 이르길 "사람들은 유원규(庾亮)를 명사라고 하지만, [그의] 가슴 속엔 가시가 3말쯤 들어 있지."라고 했다.(深公云: 「人謂庾元規名士, 胸中柴棘三斗許.」)

*품평자: 世論(人謂)
*품평내용: 品格(명사)
*품평결과: 好評

＜周顗＞

1. 品藻 편　제14조:

명제(司馬紹)가 주백인(周顗)에게 묻길 "그대는 스스로 치감과 비교하여 어떻다고 생각하오?"라고 하자, 주백인이 말하길 "치감은 신과 비교하면 조예가 있는 듯합니다."라고 했다. [명제가 같은 질문을] 다시 치감에게 물었더니, 치감이 말하길 "주의는 신과 비교하면 국사로서의 가풍이 있습니다."라고 했다.(明帝問周伯仁: 「卿自謂何如郗鑒?」 周曰: 「鑒方臣, 如有功夫.」 復問郗. 郗曰: 「周顗比臣, 有國士門風.」)

＊품평자: 周顗
＊관계: 자신(本人)
＊비교, 비유대상: 郗鑒(郗超의 조부)
＊품평방식: 比他人, 自評
＊품평내용: 品格(조예)
＊품평결과: 비교대상 好評(치감<주의)

2. 品藻 편 제22조:

명제(司馬紹)가 주백인(周顗)에게 묻길 "그대는 스스로 유원규(庾亮)와 비교하여 어떻다고 생각하오?"라고 하자, 대답하길 "속세 밖에서 한적하게 노니는 것은 유량이 신만 못하지만, 조정에서 유유하게 일을 처리하는 것은 신이 유량만 못합니다."라고 했다.(明帝問周伯仁: 「卿自謂何如庾元規?」 對曰: 「蕭條方外, 亮不如臣; 從容廊廟, 臣不如亮.」)

＊품평자: 周顗
＊관계: 자신(本人)
＊비교, 비유대상: 庾亮
＊품평방식: 比他人, 自評
＊품평내용: 品格
＊품평결과: ～이나 ～이다(속세 밖: 주의>유량, 조정: 주의 <유량)

3. 任誕 편 제25조:

어떤 사람이 주복야(周顗)를 비난하길 "친구들과 말장난이나 하고 난잡하게 굴면서 절제함이 없다."라고 하자, 주복야가 말하길 "나는 만리장강과 같으니, 어찌 천리마다 한 번씩 굽이지지 않을 수 있겠소?"라고 했다.(有人譏周僕射與親友言戲, 穢雜無檢節 周曰: 「吾若萬里長江, 何能不千里一曲?」)

＊품평자: 周顗
＊관계: 자신(本人)
＊비교, 비유대상: 만리장강
＊품평방식: 比物, 自評
＊품평내용: 品格

*품평결과: 好評(변명)

4. 排調 편　제14조:

왕공(王導)이 조정의 관리들과 함께 술을 마시다가, 유리 주발을 들고서 주백인(周顗)에게 말하길 "이 주발은 속이 텅 비었는데도 보배로운 기물이라 하니 왜 그렇소?"라고 하자, 주백인이 대답하길 "이 주발은 밝게 빛나며 진실로 맑고 투명합니다. 그래서 보물로 여기는 것이지요."라고 했다.(王公與朝士共飮酒, 擧瑠璃盌謂伯仁曰:「此盌腹殊空, 謂之寶器, 何邪?」答曰:「此盌英英, 誠爲淸徹, 所以爲寶耳.」)

*품평자: 周顗
*관계: 자신(本人)
*비교, 비유대상: 보석(유리 주발)
*품평방식: 比物, 自評
*품평내용: 品格
*품평결과: 好評

5. 輕詆 편　제2조:

유원규(庾亮)가 주백인(周顗)에게 말하길 "사람들이 모두 당신을 악씨에 견주더군요."라고 하자, 주백인이 말하길 "어떤 악씨요? 樂毅 말입니까?"라고 했다. 유원규가 말하길 "그 사람이 아니고 樂令(樂廣)이랍니다."라고 했더니, 주백인이 말하길 "어찌하여 무염을 곱게 그려서 서자(西施)를 범하려 하는가?"라고 했다.(庾元規語周伯仁:「諸人皆以君方樂.」周曰:「何樂? 謂樂毅邪?」庾曰:「不爾. 樂令耳.」周曰:「何乃刻畫無鹽, 以唐突西子也!」)

*품평자: 周顗
*관계: 자신(本人)
*비교, 비유대상: 西施
*품평방식: 比他人, 自評
*품평내용: 외모, 品格
*품평결과: 好評(反論)

6. 品藻 편 제16조:

어떤 사람이 승상(王導)에게 묻길 "주후(周顗)는 화교와 비교하면 어떻습니까?"라고 하자, 대답하길 "장여(和嶠)는 우뚝 솟아 있지요."라고 했다.(人問丞相:「周侯何如和嶠?」答曰:「長輿嵯櫱.」)

*품평자: 王導
*비교, 비유대상: 和嶠(長輿)
*품평방식: 比他人
*품평내용: 비교대상과 단순우열 비교
*품평결과: 비교대상 好評. 내용상 화교가 주의보다 뛰어나다는 뜻.(주의 < 화교)

7. 賞譽 편 제47조:

왕승상(王導)이 어떤 사람에게 서찰을 보내 말하길 "[주의는] 고아한 인물로 큰 기량을 지니고 있으니 어찌 버려둘 수 있으리오?"라고 했다.(王丞相與人書曰:「雅流弘器, 何可得遺?」)

*품평자: 王導
*품평방식: 直敍
*품평내용: 品格(고아, 기량)
*품평결과: 好評

8. 方正 편 제27조:

주백인(周顗)이 이부상서로 있을 때, 관청에 있다가 밤에 병이 나서 위독했다. 당시 상서령으로 있던 조현량(刁協)이 애써 간호하면서 매우 친밀함을 보였는데, 한참 뒤 [병세가] 조금 호전되었다. 다음 날 아침에 [동생] 중지(周嵩)에게 알렸더니 중지가 황급히 달려왔다. [중지가] 막 문으로 들어서자 조현량은 침상에서 내려와 그를 향하여 큰소리로 울면서 주백인이 어젯밤에 처했던 위급한 상황을 설명했다. 중지가 조현량을 손으로 후려치자 그는 놀라면서 문가로 뒷걸음쳤다. [중지는 주백인] 앞으로 다가가 병세에 대해서는 한 마디도 묻지 않고 다만 말하길 "그대는 서진의 조정에서는 화장여(和嶠)와 이름을 나란히 했었는데, [지금은] 어찌하여 아첨배인 조협과 친하게 지낸단 말이오?"라고 하고는 곧바로 나가버렸다.(周伯仁爲吏部尙書, 在省內夜疾危急; 時刁玄亮爲尙書令, 營救備

親好之至. 良久小損. 明旦報仲智, 仲智狼狽來. 始入戶, 刁下牀對之大泣, 說伯仁昨危急之狀. 仲智手批之, 刁爲辟易於戶側. 旣前, 都不問病, 直云: 「君在中朝, 與和長興齊名, 那與佞人刁協有情!」 遂便出.)

*품평자: 周嵩
*관계: 親族(형제)
*비교, 비유대상: 和嶠(長興)
*품평방식: 比他人
*품평내용: 品格(명성)
*품평결과: 惡評(~이나　~이다)

9. 雅量 편　제21조:

주중지(周崇)가 술을 마시고 취하여 눈을 부라리면서 얼굴을 돌려 백인(周顗)에게 말하길 "그대는 재주가 이 동생만 못한데도 터무니없이 높은 명성만 얻고 있소!"라고 했다. 잠시 후 촛불을 집어 들어 백인에게 던지자, 백인이 웃으면서 말하길 "아우의 화공은 진실로 하책에서 나온 것일 뿐이야!"라고 했다.(周仲智飮酒醉, 瞋目還面, 謂伯仁曰: 「君才不如弟, 而橫得重名!」 須臾, 擧蠟燭火擲伯仁. 伯仁笑曰: 「阿奴火攻, 固出下策耳!」)

*품평자: 周嵩
*관계: 親族(형제)
*비교, 비유대상: 周嵩(자신)
*품평방식: 比自己
*품평내용: 品格(재주, 명성)
*품평결과: 惡評(재주: 주숭>주의)

10. 識鑒 편　제14조:

주백인(周顗)의 모친이 동짓날에 술잔을 들어 세 아들에게 주면서 말하길 "나는 처음 장강을 건너왔을 때 발붙일 곳이 없을 것이라고 생각했는데, 너희 집안에 복록이 있어서 너희들이 모두 [훌륭하게 장성하여] 내 앞에 늘어서 있으니 더 이상 무엇을 걱정하겠느냐?"라고 하자, [둘째 아들] 주숭이 일어나 한참 동안 무릎 꿇고 있다가 울면서 말하길 "어머니의 말씀과 같지는 않습니다. [형] 백인은 사람됨이 뜻은 크지만 재주가 부족하고 명성은 높지만 식견이 어두우며 남의 결점을 이용하기 좋아하니, 이것은 자신을 보전하는 길이 아닙니다. [소자] 숭은 성질이 드세고 강직하여 또한 세상에 용납되지 못합니다. 오직 [동생] 아노(周謨)만은 평범하므로 틀림없이 어머니의 눈앞에 [오랫동안] 있을 것입니다."라고 했다.(周伯仁母, 冬至擧酒賜三子曰:「吾本謂度江託足無所. 爾家有相, 爾等並羅列, 吾復何憂?」周嵩起, 長跪而泣曰:「不如阿母言. 伯仁爲人, 志大而才短, 名重而識闇, 好乘人之弊, 此非自全之道. 嵩性狼抗, 亦不容於世. 唯阿奴碌碌, 當在阿母目下耳.」)

*품평자: 周嵩
*관계: 親族(형제)
*품평내용: 品格
*품평결과: 惡評

11. 方正 편 제29조:

고맹저(顧顯)가 한 번은 주백인(周顗)에게 술을 권했으나 주백인이 받질 않았다. 그래서 고맹저는 자리를 옮겨 기둥에게 [술을] 권하면서 기둥에 대고 말하길 "어찌 동량이 되었다고 자처할 수 있겠는가?"라고 했다. 주백인은 그 말을 듣고 매우 기뻐하여 마침내 친한 친구가 되었다.(顧孟箸嘗以酒勸周伯仁, 伯仁不受; 顧因移勸柱, 而語柱曰:「詎可便作棟梁自遇?」周得之欣然, 遂爲衿契.)

*품평자: 顧孟箸(顧顯)
*관계: ⑥
*비교, 비유대상: 동량(대들보)
*품평방식: 比物
*품평내용: 品格
*품평결과: 好評

12. 排調 편 제15조:

사유여(謝鯤)가 주후(周顗)에게 말하길 "당신은 토지신단의 神樹와 같소. 멀리서 바라보면 까마득히 높아서 푸른 하늘을 스치지만, 가까이 다가가서 보면 그 뿌리에 뭇 여우들이 살고 있어서 아래엔 오물이 쌓여 있을 뿐이오."라고 하자, [주후가] 대답하길 "가지가 푸른 하늘을 스쳐도 높다고 생각하지 않으며, 뭇 여우들이 그 아래를 어지럽혀도 더럽다고 생각하지 않소. 쌓여 있는 오물의 더러움은 당신이 가지고 있는 바이니, 어찌 스스로 자랑할 필요가 있겠소?"라고 했다.(謝幼輿謂周侯曰:「卿類社樹: 遠望之, 峨峨拂靑天; 就而視之, 其根則群狐所託, 下聚溷而已.」答曰:「枝條拂靑天, 不以爲高; 群狐亂其下, 不以爲濁; 聚溷之穢, 卿之

所保, 何足自稱?」)

*품평자: 謝幼輿(謝鯤)
*비교, 비유대상: 社樹
*품평방식: 比物
*품평내용: 品格
*품평결과: 惡評(～이나 ～이다)

13. 賞譽 편　제56조:

세간에서 주후(周顗)를 품평하길 "깎아지른 산처럼 높고 준엄하다."라고 했다. (世曰周侯: 「嶷如斷山.」)

*품평자: 世論(世曰)
*비교, 비유대상: 산
*품평방식: 比物
*품평내용: 品格(준엄)
*품평결과: 好評

14. 任誕 편　제25조:

어떤 사람이 주복야(周顗)를 비난하길 "친구들과 말장난이나 하고 난잡하게 굴면서 절제함이 없다."라고 하자, 주복야가 말하길 "나는 만리장강과 같으니, 어찌 천리마다 한 번씩 굽이지지 않을 수 있겠소?"라고 했다.(有人譏周僕射與親友言戲, 穢雜無檢節 周口: 「吾若萬里長江, 何能不千里一曲?」)

*품평자: 世論(有人)
*품평내용: 品格(말장난, 절제)
*품평결과: 惡評

15. 任誕 편　제28조:

주백인(周顗)은 품덕이 아정하고 중후했으며, 위험하고 어지러운 시국을 깊이 통찰하고 있었다. 강남으로 건너온 뒤로는 다년간 늘 진탕 술을 마셨는데, 한번은 사흘 동안 깨어나지 못한 적도 있었다. [그래서] 당시 사람들이 그를 삼일복

야라고 불렀다.(周伯仁風德雅重, 深達危亂; 過江積年, 恒大飮酒, 嘗經三日不醒. 時
人謂之「三日僕射.」)

*품평자: 世論(時人)
*품평내용: 品格(품덕, 술)
*품평결과: 惡評(〜이나 〜이다)

16. 言語 편 제40조:

주복야(周顗)는 풍모가 온화하고 위의가 훌륭했다. 왕공(王導)을 방문하여 처음
수레에서 내릴 때 여러 사람의 부축을 받았는데, 왕공이 웃음을 머금고 그를 보
고 있었다. 이미 좌정하고 나서 도도히 노래를 불렀더니, 왕공이 말하길 "그대는
혜강이나 완적과 같이 되고자 하는가?"라고 하자, 대답하길 "어찌 감히 가까이
계시는 明公을 버려두고 먼 옛날의 혜강이나 완적과 같이 되고자 하리이까?"라
고 했다.(周僕射維容好儀形, 詣王公, 初下車, 隱數人. 王公含笑看之. 旣坐, 傲然嘯
咏. 王公曰:「卿欲希嵇阮邪?」答曰:「何敢近捨明公, 遠希嵇阮?」)

*품평자: 世論
*품평내용: 品格(풍모, 위의)
*품평결과: 好評

<交遊關係表>

①함께 담론 ②속관(부하, 군신, 동료) ③중시 ④천거 ⑤사이 不睦 ⑥사이 和睦 ⑦내용상
●: 품평 有無 ★: 친속, 친족관계 등

	왕 도	왕 돈	왕 순	왕 연	왕 승	왕 술	왕탄지	사 안	환 온	은 호	치 초	유 량	주 의
왕 도					★	②8.62 ①4.22 ★			①4.22 ●★	①4.22 ★		①4.22 ②26.4 ⑦5.45 6.13 26.3	●
왕 돈		●		⑥9.15 ★					⑦30.10 ●★			⑦9.15 26.5	⑤9.12 ⑦33.8
왕 순								⑤19.26 8.147 7.28 22.3 17.15 14.34 ●★	②22.3 注 4.95 11.7 ③22.3 ●★				
왕 연	●★	⑥9.15 ●★		●					●			⑦8.35 왕연 아들 평	
왕 승	★			●		●★							
왕 술	②8.62 9.23 ①4.22●★					●		●★	①4.22 ●★	①4.22 ★		①4.22	
왕탄지						●★		⑦3.16注 ●★	②5.58 ★				

	왕 도	왕 돈	왕 순	왕 연	왕 승	왕 술	왕탄지	사 안	환 온	은 호	치 초	유 량	주 의
사 안			⑤19.26 8.147 7.28 22.3 17.15 14.34 ★				⑦31.6 注 ★		①8.101 ②6.27 6.30 8.101 25.26 ●★	①4.48 ★	①9.67 ●★		
환 온	①4.22 ★	⑦30.10 ★	②22.3 注 4.95 11.7 ③22.3 ●★			①4.22 ●★	②5.58 ★	①8.101 ②6.27 6.30 8.101 25.26 ★		①4.22 ★	②22.3 ③22.3 ★	⑥8.48 注 ①4.22 ⑦25.35	⑥8.48注 (환온부친 환이와 친교)
은 호	①4.22 ●★					①4.22 ★		①4.48 ●★	①4.22 ●★	●		①4.22 ②4.22	
치 초								①9.67 ●★	②22.3 ③22.3 ★				
유 량	①4.22 ②26.4 ⑦5.45 6.13 26.3	⑦26.5 ⑦9.15		⑦8.35 유량이 왕연 아들을 평		①4.22		①4.22 ⑦25.35 ⑥8.48 注	②4.22 ①4.22				⑦2.30 ⑥8.48 注
주 의	●	⑤9.12 ⑦33.8						⑥8.48 注				⑥8.48注 ⑦2.30	●
왕 몽	①4.22				★	①4.22 ★	★	①8.76 4.55 ●	①4.22 ●	①8.86 8.121 ①4.22		①4.22	④14.21
유 담								●★	⑤25.24	①8.86 8.121 4.26 4.33 4.46 ●★			④25.17注 ●

	왕 도	왕 돈	왕 순	왕 연	왕 승	왕 술	왕탄지	사 안	환 온	은 호	치 초	유 량	주 의
지 둔							①25.52 ⑤26.21 26.25	①4.55 ●		①4.51			
왕희지	●★	●★				⑤36.5 ★		★ (친구)		●★	●★	●	③30.12 ④2.62
왕호지								⑥8.125 注 ●★ (친구 사촌)		⑦16.4 ①8.82 ★			
왕헌지								②5.62 ●★ (친구 아들)					
사 상	⑦9.26 ●★					①4.22			①4.22 ●★	③26.10①4 .22 4.28 ★		①4.22	
유 애		⑥9.15		⑤5.20								●★	
양 수								②5.60					
범 왕									②27.13 ●				
손 성										①4.31		②2.49	
나 함									②10.19				
나 우								●	②23.41 23.44				
간문제			● ②14.34			● ②8.91			⑤4.29 4.80 3.20 28.7 ②6.25 ●	①4.51			

	왕 도	왕 돈	왕 순	왕 연	왕 승	왕 술	왕탄지	사 안	환 온	은 호	치 초	유 량	주 의
온 교												⑦23.26 23.27	
제갈굉				③4.13 ①4.13 ●									
고개지									②2.95 注				
원 굉									②4.92				
위 개	●	①8.51 ●											
조 약	①8.57 ●												
하 충	①8.59 8.82 9.26 ●												
사 현							●★	●★			⑤7.22 ②7.22 ●★		
부 원											⑥7.25 ●		
사 혁									⑥24.8 ●★				
장 현			⑥3.25										
고 현													⑥5.29

<人物品評關係表Ⓐ>

품평자	被품평자	품평자와 被품평자의 관계	비교·비유대상	품평자와 비교·비유대상과의 관계	被품평자와 비교·비유 대상과의 관계	품평내용 외모·품격(인품, 성격, 재능 등)·담론	품평결과	품평방식	상호평가 有無	
왕 도	왕 연	別族	험준한 바위			품격, 외모	호평	比物		8.37
	왕 술	친속, 태원왕씨 ①②	왕승, 왕담	친속, 태원왕씨	친족	품격	~이나 ~이다(≥ , <)	比白家人		9.23
	은 호	친속 ①	정시청담			담론	호평	比物		4.22
	주 의		화교				비교대상(주<화), (단순비교)	比他人	有 (2.40 5.23 25.17)	9.16
	주 의					품격(고아. 큰기량)	호평	自敍		8.47
	왕희지	친족	유수				(왕>유) (단순비교)	比他人		9.28
	사 상	친속 ⑦				품격(사람을 진보하게 해줌)	호평			9.26
	위 개					외모	악평			14.16
	위 개					품격(고아)	호평			17.6
	조 약	①				담론	호평			8.57
	하 충	①				담론	악평			9.26
	왕팽지· 왕표지	친족	小字			품격(재능)	악평	比物		26.8

品評者	被品評者	品評者와 被品評者의 관계	비교·비유대상	品評者와 비교·비유대 상과의 관계	被品評者와 비교·비유 대상과의 관계	品評內容 외모·품격 (인품. 성격. 재능 등)·담론	品評結果	品評方式	상호평가 有無	
왕 도	왕 염	친족	왕염의 외모			품격(재능), 외모	악평(재능<외모)			14.25
	조헌랑					품격(명찰)	호평			8.54
	대약사		산모양			품격(태도)	호평	比物		8.54
	변망지		산봉우리 모양			품격(성품)	호평	比物		8.54
	우 비		공유, 정담			품격(명망. 재능)	호평	比他人		9.13
	고 화		珪璋			품격(임품.기지)	호평	比物		2.33
	유자궁		왕도(자신)	자신		품격(철리)	호평(유>왕)	比自己		8.40
	제갈도명		黑頭公 (검은머리 재상)			품격(인재)	호평	比物		7.11
	유 주					품격(인재)	호평	直敍		8.61
	채 모						악평			26.6
	임 첨					품격(성품)	악평			34.4
	주 진		호위			품격(청렴)	호평	比他人		1.27
왕 돈	왕 돈	자신				품격 (고명.진솔.학식)	호평	白評		13.3
	왕 연	別族 ⑥	珠玉				호평	比物		14.17

品評者	被品評者	品評者와 被品評者의 관계	비교·비유대상	品評者와 비교·비유대상과의 관계	被品評者와 비교·비유 대상과의 관계	品評內容 외모·품격(인품. 성격. 재능 등)·담론	品評結果	品評方式	상호평가 有無	
왕 돈	왕희지	친족	완유			품격(집안의 훌륭한 자재)	호평(왕＝완)	比他人		8.55
	위 개	①	정시청담			담론	호평	比物		8.51
	왕 응	친족				품격(정신)	호평			8.49
	왕 함	친족				품격(정치)	호평			5.28
	왕 서	친족	왕수	친족	친족	품격(진솔.雅人)	호평	比白家人		8.46
	양 랑	④	그릇(器)			품격(감식력.논리. 인재)	호평	比物		8.58
	조 적					품격	호평(감탄)			8.43
왕 순	환 온	친속 ②③				품격(관상·만인의 존망)	호평		有 (6.39)	14.34
	간문제	②	神君			품격(청정)	호평	比物		14.34
	은중감						악평			7.28
왕 연	왕 연	자신	악령			담론	비교대상 호평	自評, 比他人		8.25
	왕 승	태원왕씨	악령					比他人		9.10
	제갈굉	①③				담론, 품격(재능)	호평			4.13
	왕 징	친족	왕연자신			품격 (대범. 침착. 솔직)	호평	比自己	有 (8.27)	8.27

품평자 被품평자	被품평자	품평자와 被품평자의 관계	비교·비유대상	품평자와 비교·비유대상과의 관계	被품평자와 비교·비유대상과의 관계	품평내용 외모·품격(인품. 성격. 재능 등)·담론	품평결과	품평방식	상호평가 有無	
왕 연	왕 징	친족				품격(인물평가능력)	호평			8.31
	왕 융	친족				품격(심오.진지)	호평		有 (8.16)	2.23
	배 위					담론(명리論)	호평			2.23
	장 화					담론(사기. 한서論)	호평			2.23
	배 해					품격(명철. 식견)	호평			8.24
	배 해		번개			품격(정신)	호평	比物		14.10
	산 도	⑥				담론(노·장 논지 부합)	호평		有 (7.5)	8.21
	산 도	⑥				담론(도에 합치)	호평		有 (7.5)	7.4
	곽 상		폭포의 물			담론(언변)	호평	比物		8.32
	여구충		만분, 학륭			품격(현달 〔관직. 학식선배〕)	호평(비교대상도 호평)	比他人		9.9
왕 승	없 음									
왕 술	왕승·왕담	친족				품격(명성)	호평			8.74
	왕 술	자신				품격(대기만성)	호평(객관적·자기합리)	自評		24.10

品評者	被品評者	品評者와 被品評者의 관계	비교·비유대상	品評者와 비교·비유대상과의 관계	被品評者와 비교·비유대상과의 관계	品評內容 외모·품격(인품. 성격. 재능 등)·담론	品評結果	品評方式	상호평가 有無	
왕 술	왕탄지	친족	왕술	자신	친족	품격	악평	比白ㄴ		5.47
	왕탄지	친족				품격	악평(명청)			5.58
	왕탄지	친족	지둔				악평(왕<지)	比他人		9.64
	환 온	친속 ①				품격(군인나부랭이)	악평			5.58
왕탄지	유 석						악평		有 (상호비방)	9.53
	범 계		겨, 쭉정이				악평	比物	有 (상호비방)	25.46
사 안	왕 순	친속 ⑤				품격(쉽게 얻을 수 없는 인물)	호평			8.147
	왕 흡	친속				품격	호평			8.141
	왕 술	친속, 태원왕씨				품격(非凡)	호평			8.143
	왕 술	친속, 태원왕씨				품격(진솔)	호평			8.78
	왕탄지	친속, 태원왕씨 ⑦				품격(직언)	~이나 ~이다			8.128
	왕 몽	친속, 태원왕씨 ①				품격(말)	호평			8.133
	치 초	친속 ①	사안 조카들	친족	⑤	담론(철리)	호평	比白家人	有 (9.62)	2.75

품평자	被品評者	품평자와 被品評者의 관계	비교·비유대상	품평자와 비교·비유대상과의 관계	被品評者와 비교·비유대상과의 관계	품평내용 외모·품격 (인품, 성격, 재능 등)·담론	품평결과	품평방식	상호평가 有無	
사 안	치 초	친속 ①	人幕賓			품격(人幕賓)	악평(비꼼)			6.27
	치 초	친속 ①	도계				호평(치>유)	比他人		9.82
	왕헌지	친속 ②	왕희지, 왕조지	친속	친족	품격(古人)	호평	比自家人	有 (8.148)	9.74
	왕헌지	친속 ②	왕몽, 유담	친속		품격	호평	比他人		9.77
	왕헌지	친속 ②				품격(청고한 인물)	호평(걱정)			31.6
	왕호지	친속 ⑥				품격(성품)	호평			8.125
	왕호지	친속 ⑥				담론	호평			8.129
	왕호지	친속 ⑥				품격(청렴수신)	호평			8.131
	유 담	친속	왕몽			품격	~이나 ~이다(유<왕)	比他人		9.73
	유 담	친속				담론	호평			8.116
	유 담	친속	왕헌지	친속 ②		품격(성품)	호평(유>왕)	比自家人		8.146
	지 둔	①	유량				비교대상 호평(유>지)	比他人	有 (4.55)	9.70
	지 둔	①	혜강			담론	호평(지>혜)	比他人		9.67
	지 둔	①	왕몽				악평.비교대상 호평(임<왕)	比他人		9.76

品評者 / 被品評者	被品評者	품평자와 被品評자의 관계	비교·비유대상	품평자와 비교·비유대상과의 관계	被품평자와 비교·비유 대상과의 관계	품평내용 외모·품격 (인품. 성격. 재능 등)·담론	품평결과	품평방식	상호평가 有無	
사 안	지 둔	①	유담	친속			악평.비교대상 호평(임<유)	比他人		9.76
	지 둔	①	왕희지	친속			비교대상 호평(왕>임)	比他人		9.85
	지 둔	①	왕호지	친속 ⑥			호평(왕<임)	比他人		9.85
	지 둔	①	빛			외모(눈: 내면의 세계)	호평	比物		14.37
	사 현	친족				품격(예의)	~이나 ~이다		有 (14.36)	25.55
	사 만	친족				품격(명성)	호평(사건)			26.23
	사 곤	친족	죽림칠현			담론(청담)	호평	比他人		8.97
	사거의 처	친속				품격(말. 심정)	호평			4.39
	사 봉	別族				품격(성격)	호평			6.33
	환 이	친속				품격(정)	호평			23.42
	저계야	③				품격(기운)	호평			1.34
	저기생	⑦				품격(인물)	호평			7.24
	유 천		집 밑에 집지음			품격	악평	比物		4.79
	양 랑					품격(인재)	호평			8.63

品評者	被品評者	品評者와 被品評者의 관계	비교·비유대상	品評者와 비교·비유대상과의 관계	被品評者와 비교·비유대상과의 관계	品評내용 외모·品格 (인품, 성격, 재능 등)·담론	品評결과	品評방식	상호평가 有無	
	왕 감					品格(인물)	호평			8.139
	이홍도					品格(식견)	호평			9.46
	은 호	친속①	지둔	①	①	담론	~이나 ~이다 (지>은. 은>지)	比他人		9.67
	소 소					品格(가장 뛰어남)	호평			9.57
	위 영					담론(명리)	호평			9.69
	효무제	②	간문제	②	친족	담론(논리)	호평(효＝간)	比他人		12.6
	대규형제					品格(뜻. 일)	객관적 질문			18.12
	고개지 그림					그림	호평			21.7
	나 우		위서			品格(식견)	호평(나>위)	比他人		23.41
환 온	은호·왕도	친속 ①				담론(청담)	호평			4.22
	왕술·왕몽	친속, 태원왕씨 ①	암캐			담론(청담)	악평	比物	有 (5.58)	4.22
	왕 돈	친속 ⑦				品格(인물)	호평			8.79
	사 안	친속 ①				담론	호평			8.101
	사 안	친속 ①②	금 조각			品格(문학적 재질)	호평	比物		4.87

品評者	被品評者	品評者와 被品評者의 관계	비교·비유대상	品評者와 비교·비유대상과의 관계	被品評者와 비교·비유 대상과의 관계	品評內容 외모·품격(인품. 성격. 재능 등)·담론	品評結果	品評方式	相互評價 有無	
환 온	사 안	친속 ①②				품격	호평			8.105
	사 안	친속 ①②	은중문	친속	친속	품격	호평(사>은)	比他人		9.45
	사 상	친속 ①				품격(진솔. 정신력. 인망)	호평			8.103
	사 상	친속 ①	환온, 나함	자신	친속 ①	품격(인물)	호평(사>환. 사>나)	比自己, 比他人		10.19
	사 상	친속 ①	天際眞人(仙人)			품격	호평	比物		14.32
	사 혁	친속 ⑥	方外司馬			품격	호평	比物		24.8
	사 만	친속 ⑦				품격(凡才)	악평			5.55
	왕 순	친속 ②③				외모,품격(표정.모습非凡.사건대처능력)	호평		有 (14.34)	6.39
	은 호	친속 ①	백관의 모범			품격, 담론(언변)	호평	比物		8.117
	은 호	친속 ①	환온(자신)	자신	친속 ①		악평(환>은)			9.38
	환표노	친족				외모, 품격(정신)	악평			25.42
	왕 소	친속 ②	봉황의 깃털			품격(위의)	호평	比物		14.28
	원 굉	②					호평			4.92

품평자	被품평자	품평자와 被품평자의 관계	비교·비유대상	품평자와 비교·비유대상과의 관계	被품평자와 비교·비유대상과의 관계	품평내용 외모·품격 (인품. 성격. 재능 등)·담론	품평결과	품평방식	상호평가 有無	
환 온	간문제	②⑤				품격(賢者)	호평			6.25
	고좌도인					품격(정신)	호평			8.48
	범현평	②				품격(인재)	호평			27.13
은 호	은 호	자신	배일민				호평(은>배)	自評, 比他人		9.34
	왕희지	친속				품격(청아. 존귀)	호평			8.80
	왕희지	친속				품격(식견)	호평			8.100
	사 만	친속				담론(논리), 품격(문장)	호평			8.93
	유 담	친속 ①				품격(속 좁은자)	악평		有 (8.86)	26.10
	한 백	친속				품격, 담론	호평			8.90
	한 백	친속								4.27
치 초	사 안	친속 ①				담론	호평(~이나 ~이다)		有 (2.75)	9.62
	왕희지	친족				담론	(사안＝왕희지)			9.62
	사 현	친속 ②⑤				품격(임무수행 능력)	호평			7.22
	사 만	친속				품격(지혜. 용기무분별)	악평			9.49

品評者	被品評者	品評者와 被品評者의 관계	비교·비유대상	品評者와 비교·비유대상과의 관계	被品評者와 비교·비유대상과의 관계	品評內容 외모·品格(인품. 성격. 재능 등)·담론	品評結果	品評方式	상호평가 有無	
치 초	부 량	⑥⑦				품격(재능. 명성)	호평			7.25
	부 적						호평(형제우열)			7.25
유 량	유치공	친족	곡식(흉년의)			품격(재능)	호평	比物		8.69
	유장인	친족	玉(풍년의)			품격(재능)	호평	比物		8.69
	유중랑	친족				담론	호평			8.41
	유중랑	친족				품격(정신. 기색)	호평			8.42
	유순조	친족	양호의 학			담론	악평	比物		25.47
	왕희지					품격(인재)	호평		有(14.24)	8.72
	왕미자		집			품격(도량)	호평	比物		8.35
	유주·배해	①				담론(재능)	호평			8.38
	온 기	①				담론(청아. 淸미)	호평			8.38
	두홍치					외모(허약)	걱정			8.68
	위 영					품격(문장. 운치)	~이나 ~이다(품격. 운치 無 문장 有)			8.107
주 의	주 의	자신	치감			품격(조예)	비교대상 호평(치>주)	比他人, 自評		9.14
	주 의	자신	유량	⑥⑦	⑥⑦	품격	~이나 ~이다(속세밖: 주>유. 조정: 주<유)	比他人, 自評		9.22

품평자	被품평자	품평자와 被품평자의 관계	비교·비유대상	품평자와 비교·비유대상과의 관계	被품평자와 비교·비유대상과의 관계	품평내용 외모·품격(인품. 성격. 재능 등)·담론	품평결과	품평방식	상호평가 有無	
주 의	주 의	자신	만리장강			품격	호평(변명)	比物, 自評		23.25
	주 의	자신	보석(유리주발)			품격	호평	比物, 自評		25.14
	주 의	자신	서시			외모. 품격	호평	比他人, 自評		26.2
	왕 도		혜강. 완적			품격	호평(왕>혜·완)	比他人	有 (8.47 9.16)	2.40
	왕 도		주의	자신		품격(사건대처 능력)	호평(왕>주)	比自己		5.23
	왕 도		암소			품격(일처리)	악평(비꼼)	比物		25.17
	유 담	④	수소			품격(인재)	호평	比物		25.17
	왕 돈	⑤⑦				품격(성격)	악평			5.31
	왕 눌	태원왕씨 ④				외모, 품격(성품. 인재 천거)	호평			14.21
	환 이	⑥	금기(산이높고 험한모양)			품격	호평(~이나 ~이다)	比物		14.20
	고좌도인					품격(고명)	호평			8.48
	고 화					품격(인재)	호평			6.22
	악 광		무염			외모, 품격	악평	比他人		26.2

<人物品評關係表Ⓑ>

품평자	被품평자	품평자와 被품평자의 관계	비교·비유대상	품평자와 비교·비유대상과의 관계	被품평자와 비교·비유대상과의 관계	품평내용 외모·품격 (인품. 성격. 재능 등)·담론	품평결과	품평방식	상호평가 有無	
주 의	왕 도		혜강, 완적			품격	호평(왕>혜. 완)	比他人	有 (8.47 9.16)	2.40
주 의	왕 도		주의	자신		품격(사건 대처 능력)	호평(왕>주)	比自己		5.23
주 의	왕 도		암소			품격(일처리)	악평(비꿈)	比物		25.17
환 이	왕도(어릴 적)	친속				품격(뛰어남)	호평	直敍		16.1
유 담	왕 도	친속				품격(정치관)	악평(비꿈)	直敍		25.13
온 교	왕 도		管仲(管夷吾)			품격(충정. 감개. 인정)	호평	比他人		2.36
이 흠	왕 도						악평(비꿈)	直敍		18.4
곽 박	왕 도		주역 卦			액운	악평	比物		20.8
頃下論	왕 도		왕승, 완담		친속		단순비교	比他人		9.20
有 人	왕도 等		琳琅珠玉			품격(인물)	호평	比物		14.15
正始人士	왕 도		배하				단순비교	比他人		9.6
왕 돈	왕 돈	자신				품격(고명. 진솔. 학식)	호평	自評		13.3
주 의	왕 돈	⑤⑦				품격(성격)	악평			5.31

품평자	被품평자	품평자와 被품평자의 관계	비교·비유대상	품평자와 비교·비유대상과의 관계	被품평자와 비교·비유대상과의 관계	품평내용 외모·품격(인품. 성격. 재능 등)·담론	품평결과	품평방식	상호평가 有無	
환 온	왕 돈	친속 ⑦				품격(인물)	호평			8.79
반양중	왕돈(어릴 적)		벌. 승냥이			외모, 품격(인물)	~이나 ~이다	比物		7.6
송 위	왕 돈	첩	사상	첩(현재의 첩)	첩(이전의 첩)	외모	악평, 비교대상호평(왕<사)	比自家人		9.21
효무제	왕돈·환온	황제 가문의 사위				품격(인물)	악평(비꼼) ~이나 ~이다			25.60
有 人	왕돈 等		琳琅珠玉			품격(인물)	호평	比物		14.15
世 評	왕 돈					품격(고상)	호평			13.2
正始人士	왕 돈		배찬				단순비교	比他人		9.6
환 온	왕 순	친속 ②③				외모, 품격 (표정. 모습非凡. 사건대처능력)	호평		有 (14.34)	6.39
사 안	왕 순	친속 ⑤				품격(인물)	호평			8.147
왕 침	왕 순	친속, 태원왕씨	왕민	친속	친족	담론	~이나 ~이다 형제우열 비교대상 호평(순<민)	比他人		10.22
왕국보	왕 순	친속, 태원왕씨 ⑤	왕국보	자신	친속, 태원왕씨 ⑤	품격(재능)	국보<순	比自己		32.3

품평자	被品평자	품평자와 被品평자의 관계	비교·비유대상	품평자와 비교·비유대상과의 관계	被品평자와 비교·비유대상과의 관계	품평내용 외모·품격 (인품. 성격. 재능 등)·담론	품평결과	품평방식	상호평가 有無	
왕 공	왕 순	친속, 태원왕씨				품격(성격)				36.6
咸云	왕 순		그릇			품격(인재. 사건대처능력)	호평	比物		6.39
荊州僞之語	왕 순					외모(외소)				22.3
왕 연	왕 연	자신	악령			담론	비교대상 호평	自評, 比他人		8.25
왕 도	왕 연	別族	험준한 바위			품격, 외모	호평	比物		8.37
왕 돈	왕 연	別族 ⑥	珠玉				호평	比物		14.17
왕 융	왕 연	친족	瑤林瓊樹, 風塵外物			품격(정신. 자태)	호평	比物	有 (2.23)	8.16
왕 징	왕 연	친족				품격(정신적 기세)	~이나 ~이다		有 (8.27 8.31)	8.27
양 호	왕연(청년)	친속					악평			7.5
산 도	왕연(청년)	⑥				품격	호평		有 (8.21 7.4)	7.5
산 도	왕연 (청년)					외모(수려), 품격(재능), 담론(논변)	호평			7.5

品評者	被品評者	品評者와 被品評者의 관계	비교·비유대상	品評者와 비교·비유대상과의 관계	被品評者와 비교·비유 대상과의 관계	品評內容 외모·품격 (인품. 성격. 재능 등)·담론	品評結果	品評方식	상호평가 有無	
著者評	왕 연		처의 탐욕			품격(청빈)	호평	比自家人		10.9
頃下論	왕 연					품격(빼어남)	호평			9.20
正始人士	왕 연		배해				단순비교	比他人		9.6
유 남	왕 연					품격(두뇌 명철)	호평			9.8
채 모	왕 연		채모				호평(왕>채)	比自己		25.29
왕 술	왕 승	친족				품격(명성)	호평			8.74
왕탄지	왕 승	친족	악광				호평	比他人		9.10
왕 도	왕 승	친속				품격(존중)	호평			9.20
왕 연	왕 승		악광				호평	比他人		9.10
사마월	왕 승	②	師表			품격	호평	比物		8.34
頃下論	왕 승		왕도				호평	比他人		9.20
왕 술	왕 술	자신				품격(대기만성)	호평(객관적. 자기합리)	白評		24.10
왕 도	왕 술	친속, 태원왕씨 ①②	왕승, 왕담	친속, 태원왕씨	친족	품격(진솔. 활달)	~이나 ~이다 (≥ . <)	比自家人		9.23

품평자	被품평자	품평자와 被품평자의 관계	비교·비유대상	품평자와 비교·비유대상과의 관계	被품평자와 비교·비유대상과의 관계	품평내용 외모·품격 (인품, 성격, 재능 등)·담론	품평결과	품평방식	상호평가 有無	
사 안	왕 술	친속, 태원왕씨				품격(非凡)	호평			8.143
사 안	왕 술	친속, 태원왕씨				품격(진솔)	호평			8.78
환 온	왕 술	친속, 태원왕씨 ①	암캐			담론(청담)	악평	比物	有 (5.58)	4.22
왕 몽	왕 술	친족 ①	왕희지			품격(명성)	호평	比他人		9.47
사 만	왕 술	친속				품격(어리석음)	악평			24.10
人 ㄷ	왕 술					품격(어리석음)	악평			24.10
時 人	왕 술					품격(어리석음. 대기만성)	악평			8.62
간문제	왕 술	②				품격(진솔)	호평			8.91
왕 술	왕탄지	친족	왕술	자신	친족	품격	악평	比自己		5.47
왕 술	왕탄지	친족				품격(명청)	악평			5.58
왕 술	왕탄지	친족	지둔				악평(왕<지)	比他人		9.64
사 안	왕탄지	친속 ⑦				품격(직언)	~이나 ~이다			8.128
사 현	왕탄지	친속				품격(온화하고 즐거운)	호평			8.149
사 현	왕탄지	친속				품격(노력)	호평			9.72

품평자	被품평자	품평자와 被품평자의 관계	비교·비유대상	품평자와 비교·비유대상과의 관계	被품평자와 비교·비유대상과의 관계	품평내용 외모·품격 (인품. 성격. 재능 등)·담론	품평결과	품평방식	상호평가 有無	
지 둔	왕탄지	①⑤	유가사수 태도			품격(유학사수)	악평	比物		26.21
유도계	왕탄지		유도계			품격(의지력)	호평	比自己		9.63
유 석	왕탄지		왕유			품격(재능. 명성)	~이나 ~이다	比他人	有(상호 비방)	9.53
범영기	왕탄지		모래, 조약돌			품격	악평	比物	有(상호 비방)	25.46
人言	왕탄지		왕술		친족	품격	호평	比他人		5.47
諺曰	왕탄지					품격	호평			8.126
환 온	사 안	친속 ①②				담론	호평			8.101
환 온	사 안	친속 ①②	금 조각			품격(문학적 재질)	호평	比物		4.87
환 온	사 안	친속 ①②				품격	호평			8.105
환 온	사 안	친속 ①②	은중문	친속	친속	품격(확고부동)	호평(사>은)	比他人		9.45
치 초	사 안	친속 ①				담론	호평(~이나 ~이다)		有 (2.75 6.27 9.82)	9.62
완 유	사 안					품격(지식욕)	호평			4.24
완 유	사 안					품격(예의 無)	악평			24.9

品評者	被品評者	品평자와 被品評자의 관계	비교 · 비유대상	品평자와 비교 · 비유대상과의 관계	被品평자와 비교 · 비유 대상과의 관계	品평내용 외모 · 品格 (인품. 성격. 재능 등) · 담론	品평결과	品평방식	상호평가 有無	
왕 몽	사안(청년)	①	왕몽			담론	호평	比百己		8.76
왕헌지	사 안	친속 ②				품격(성격 대범)	호평		有 (9.74 9.77 31.6)	8.148
왕효백	사 안					품격(情이 깊음)	호평(非구체적)			9.84
사 현	사 안	친족				품격(자태. 창법)	호평		有 (25.55)	14.36
원 양	사안형제 (사안.사석)		맑은물, 맑은 거울			품격(학식)	호평	比物		2.90
지 둔	사 안	①				품격(재기넘친 필봉)	호평		有 (9.70 9.85 9.67) (14.37 9.76)	4.55
손 통	사 안		사혁, 임도		형제	품격	호평(非구체적)	比他人		9.59
왕 순	환 온	친속 ②③				품격(관상. 만인의 존망)	호평		有 (6.39)	14.34
왕 술	환 온	친속 ①				품격(군인 나부랭이)	악평		有 (4.22)	5.58
유 담	환 온	⑤				품격(야욕에 대한 우려 예언)	악평(우려)			7.19

品評者	被品評者	品評자와 被品評자의 관계	비교·비유대상	品評자와 비교·비유대상과의 관계	被品評자와 비교·비유대상과의 관계	品評내용 외모·品格(인품. 성격. 재능 등)·담론	品評결과	品評방식	상호평가 有無	
유 담	환 온	⑤	도박하는 것			品格(성격)	악평			7.20
유 담	환 온	⑤	제1류			담론	호평	比物		9.37
유 담	환 온	⑤	고슴도치 털, 자석영 모서리			외모	악평(비범)	比物		14.27
유 담	환 온	⑤	손권, 사마예			品格(재능)	호평	比他人		14.27
효무제	환 온						~이나 ~이다 (비꿈)			25.60
손 작	환 온					品格	호평			9.36
왕 도	은 호	친속 ①	정시 청담			담론	호평	比物		4.22
은 호	은 호	자신	배일민				호평(은>배)	自評, 比他人		9.34
사 안	은 호	친속 ①	지둔	①	①	담론	~이나 ~이다(지>은. 은>지)	比他人		9.67
환 온	은 호	친속 ①	백관의 모범			品格, 담론(언변)	호평			8.117
환 온	은 호	친속 ①	환온	자신	친속 ①		악평(환>은)			9.38
왕 몽	은 호	①				品格(성품)	호평			8.81
왕 몽	은 호	①				品格(식견. 처세)	호평			8.115

品評者	被品評者	품평자와 被品評者의 관계	비교·비유대상	품평자와 비교·비유대상과의 관계	被品評者와 비교·비유대상과의 관계	품평내용 외모·품격 (인품. 성격. 재능 등)·담론	품평결과	품평방식	상호평가 有無	
왕 몽	은 호	①				담론(易 이치)	호평			8.121
간문제	은 호	②	바둑의 포진			담론(언담)	호평	比物		8.113
간문제	은 호	②				담론(청담)	호평			9.39
유 담	은 호	친속 ①				담론	호평		有 (26.10)	8.86
왕호지	은 호		강물			담론	호평			8.82
○	은 호		철옹성			담론(才性. 사본론)	호평	比物		4.34
世H	은 호		양호			품격, 담론(사고의 맥락)	호평(은＝양)	比他人		9.51
사 안	치 초	친속 ①	사안 조카들	친족	⑤	담론(철리)	호평	比他 家人	有 (9.62)	2.75
사 안	치 초	친속 ①	人幕賓			품격	악평(비꿈)			6.27
사 안	치 초	친속 ①	유도계				호평(치＞유)	比他人		9.82
時人	치 초					품격(선견지명)	호평			7.22
諺曰	치 초					품격(출중한 인물)	호평			8.126
荊州爲之語	치 초					외모				22.3
왕희지	유량(의 마음속)		山水			담론	호평	比物	有 (8.72)	14.24

품평자 / 被품평자	被품평자	품평자와 被품평자의 관계	비교·비유대상	품평자와 비교·비유대상 과의 관계	被품평자와 비교·비유 대상과의 관계	품평내용 외모·품격 (인품. 성격. 재능 등)·담론	품평결과	품평방 식	상호평가 有無	
심 공	유 량(속)	⑦	가시					比物		26.3
유 천	유 량	別族	희망				호평	比物		4.77
유 천	유 량	別族	쇠소리, 옥의 광택			품격(명성. 덕)	호평	比物		4.77
도 간	유 량					품격(풍류. 섭정능력)	호평			29.8
사 곤	유 량		사곤			품격	~이나 ~이다 (조정:유>사. 은거:유<사)	比自己		9.17
하 충	유 량		玉樹			품격(죽음을 애도)	호평	比物		17.9
世稱	유 량		풍년의 玉			품격(재능. 태평성대)	호평	比物		8.69
人謂	유 량					품격(명사)	호평			26.3
주 의	주 의	자신	치감			품격(조예)	비교대상 호평(치>주)	自評, 比他人		9.14
주 의	주 의	자신	유량	⑥⑦	⑥⑦	품격	~이나 ~이다 (속세밖:주>유. 조정:주<유)	自評, 比他人		9.22
주 의	주 의	자신	만리장강			품격	호평(변명)	自評, 比物		23.25

· 저자 ·

김 진 영　▌약　력
(金 鎭 永)　　성균관대학교 문과대학 중어중문학과 졸업
　　　　　　대만 국립정치대학 중문연구소 문학석사
　　　　　　성균관대학교 대학원 중어중문학과 문학박사

　　　　　　성균관대학교 사회과학연구소 전임연구원
　　　　　　성균관대학교 어학원 중국어 전담강사
　　　　　　숙명여자대학교 국제언어교육원 중국어집중과정 주임교수
　　　　　　중국문화연구학회 운영이사
　　　　　　인덕대학 중국어과 교수

　　　　　　▌주요논저
　　　　　　「竹林七賢及其自然與名敎之硏究」
　　　　　　「世說新語 中 主要人物의 品評內容 分析」-王導를 中心으로-
　　　　　　「魏晉竹林七賢與高麗竹林高會之成立及現實態度比較小考」
　　　　　　「世說新語 人物品評 硏究」
　　　　　　「世說新語의 품평을 통해 본 王導와 謝安의 인물형상」
　　　　　　「竹林七賢의 交遊時期와 交遊場所」
　　　　　　『中國歷代小說序跋譯註』(공역).
　　　　　　외 다수

주요인물을 통해 본 世說新語의 인물품평

· 초판 인쇄	2006년 1월 20일
· 초판 발행	2006년 1월 20일
· 지 은 이	김진영
· 펴 낸 이	채종준
· 펴 낸 곳	한국학술정보㈜
	경기도 파주시 교하읍 문발리 526-2
	파주출판문화정보산업단지
	전화　031) 908-3181(대표)·팩스　031) 908-3189
	홈페이지　http://www.kstudy.com
	e-mail(e-Book사업부)　ebook@kstudy.com
· 등　　록	제일산-115호(2000. 6. 19)
· 가　　격	30,000원

ISBN　　89-534-4486-1　93720　(Paper Book)
　　　　89-534-4487-X　98720　(e-Book)